本书是浙江省哲学社会科学规划立项课题和绍兴文理学院越文化研究中心招标课题（编号07JDYW09YB）、绍兴市哲学社会科学研究"十五"规划重点课题（编号0591）的研究成果，得到绍兴文理学院学术著作出版基金资助。

柯灵评传

张理明 著

中国社会科学出版社

图书在版编目（CIP）数据

柯灵评传/张理明著. —北京：中国社会科学出版社，2008.7
ISBN 978-7-5004-6909-4

Ⅰ.柯… Ⅱ.张… Ⅲ.柯灵（1909～2000）－评传
Ⅳ.K825.6

中国版本图书馆 CIP 数据核字（2008）第 057216 号

策　　划	王　磊　晓　颐
责任编辑	晓　颐　王　磊
责任校对	林福国
封面设计	毛国宣
技术设计	木　子

出版发行	中国社会科学出版社		
社　　址	北京鼓楼西大街甲 158 号	邮　编	100720
电　　话	010－84029450（邮购）		
网　　址	http：//www.csspw.cn		
经　　销	新华书店		
印　　刷	北京一二零一印刷厂		
版　　次	2008 年 7 月第 1 版	印　次	2008 年 7 月第 1 次印刷
开　　本	880×1230　1/32		
印　　张	16.625		
字　　数	386 千字		
定　　价	31.00 元		

凡购买中国社会科学出版社图书，如有质量问题请与本社发行部联系调换
版权所有　侵权必究

越文化研究文库编委会

学术顾问（以姓氏笔画为序）
　　　　　　李学勤　陈伯海　陈桥驿　高丙中
　　　　　　董乃斌　董楚平　章培恒　葛剑雄

主　　编　王建华

编　　委（以姓氏笔画为序）
　　　　　　王建华　叶　岗　朱志勇　寿永明
　　　　　　李生校　张炎兴　费君清　高利华
　　　　　　梁　涌　陶　侃　章　融

目　录

绍兴故家 …………………………………………（3）
　　一　古镇斗门 ……………………………………（3）
　　二　高家台门 ……………………………………（8）
　　三　家境中落 ……………………………………（13）

童年、少年时代 ……………………………………（17）
　　一　苦涩童心 ……………………………………（17）
　　二　钉店弄私塾、辨志学堂 ……………………（24）
　　三　偏科生 ………………………………………（28）
　　四　辍学、乡游 …………………………………（32）

教书生涯 …………………………………………（41）
　　一　务实小学 ……………………………………（41）
　　二　浔阳小学、西村小学 ………………………（46）
　　三　阅读、练笔 …………………………………（51）
　　四　处女作 ………………………………………（58）

涉足报界……………………………………………………（67）
    一　《时事周刊》……………………………………（67）
    二　《儿童时报》……………………………………（72）
    三　儿童文学…………………………………………（80）
    四　水乡记忆…………………………………………（89）
    五　城市印象…………………………………………（100）

投身影业……………………………………………………（109）
    一　"天一"、《有夫之妇》…………………………（109）
    二　"明星"、"左翼"影评……………………………（118）
    三　《明星半月刊》、"联华"………………………（131）
    四　《晨报》《文化街》《动与静》《大晚报》………（145）
    五　追随鲁迅…………………………………………（151）

亡命"孤岛"………………………………………………（164）
    一　《救亡日报》《民族呼声》………………………（164）
    二　《世纪风》………………………………………（171）
    三　"鲁迅风"…………………………………………（177）
    四　《早茶》《浅草》《草原》《大美晚报》…………（185）
    五　《斗室漫步》……………………………………（201）
    六　《市楼独唱》《晦明》……………………………（211）
    七　《武则天》《乱世风光》、"上职"………………（221）

上海全境沦陷………………………………………………（238）
    一　"金星"、《浪子行》……………………………（238）
    二　"苦干"、《飘》…………………………………（245）

三　《万象》……………………………………（255）
　　四　《恨海》《夜店》…………………………（269）
　　五　"贝公馆"……………………………………（278）

争取和平、民主的日子……………………………（291）
　　一　《周报》……………………………………（291）
　　二　"民进"、《读者的话》、上海出版公司 …（305）
　　三　《文综》《十字街头》《浮世绘》…………（319）
　　四　上海逃捕、"文华"…………………………（331）
　　五　香港《文汇报》《春城花落》《海誓》……（340）

共和国的早春………………………………………（355）
　　一　北平行、《文汇报》………………………（355）
　　二　《遥夜集》《同伴》………………………（365）
　　三　《腐蚀》《为了和平》……………………（372）
　　四　《不夜城》、"鸣放"经历…………………（382）
　　五　《上影画报》、东欧行、《春满人间》……（395）
　　六　《暖流》、艺评艺论………………………（406）
　　七　《秋瑾传》、运动对象……………………（415）

"文革"岁月…………………………………………（430）
　　一　牢狱之灾、株连之祸………………………（430）
　　二　下放"干校"、"靠边站"、假"解放"………（440）

第二个春天…………………………………………（451）
　　一　重返文坛……………………………………（451）
　　二　微言大义……………………………………（462）

  三　《浪迹五记》…………………………………（478）
  四　情系绍兴……………………………………（489）

压台大戏 ………………………………………………（505）
  一　《上海一百年》、"序跋"篇 ………………（505）
  二　谢幕："永别了，世界！祝福你前途无量"…………（516）

参考书目 ………………………………………………（520）
后　　记 ………………………………………………（523）

玉山斗门闸

老高家台门

斗门镇西街

磨坊桥

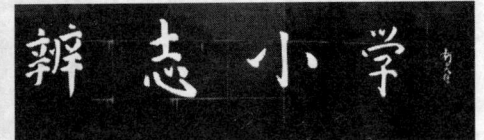

钉店弄

辨志小学（柯灵题）

街河

绍兴故家

一 古镇斗门

绍兴城的昌安门外，北去二十里处有一个古镇叫斗门，已有一千二百多岁了。

绍兴境内的地形呈南高北低之势。南为山岭，会稽山如屏障般耸立，峰峦叠嶂；北为水乡，河流密布如网，四通八达。山水相映，自成一幅美丽的江南图画。斗门镇地处"北低"，上承千山万壑之水。若遇淫雨不断，山洪暴发，田亩便沦为沧海。自大禹以来，绍兴的历史上继有治水人物、工程出现。

东汉永和五年（公元140年），马臻任会稽郡太守。马太守为绍兴人氏，深知家乡水害之苦，遂发动黎民百姓兴修水利，围建出一片鉴湖。作为鉴湖水利工程之一，择江水流经玉山与鸡山间的峡谷处修建了一个蓄泄枢纽：二孔斗门。

斗门是一种设有启闭装置的水利设施。"斗门"两字由"陡䂬"简化而来。从字义辨，山势峻峭曰"陡"，两山相峙曰"䂬"。在浙东山会（山阴、会稽）平原上，玉山居西，鸡山处东，恰如向两边打开的门扇。玉山、鸡山又美称玉蟾山、金鸡山，玉蟾对金鸡，增添了不少诗意。两山之间，一条直落江南来北去，流向杭州湾入海。斗门因修建于偏近玉山一侧，所以又称玉山斗门。修建玉山斗门，既控制山会平原的水量，又灌溉万亩田地，当是造福于一方的良举。

唐贞元二年（公元786年），河南人氏皇甫政任越州刺史、浙东观察使，继施为民良策：为适应垦地扩展而日益增加的蓄泄负荷，把有着六百多年历史的二孔玉山斗门加以改建、扩建为八孔闸门，称玉山斗门闸。八孔闸门的蓄泄功能较之过去又大为增强，以确保一方百姓的生活高枕无忧。

明嘉靖十六年（公元1537年），绍兴府太守、四川人氏汤绍恩再动水利大工程：在玉山斗门闸以北六里处的三江口——钱塘、钱清、曹娥三江汇合之地——新建二十八孔大闸，全长一百米略多，以二十八星宿名编号，故称应宿闸。汤太守为建新闸日夜操劳，历尽千辛万苦。新闸的功能作用又大大地超过了玉山斗门闸。

因为建了新闸，有着七百多年历史的玉山斗门闸自然称为老闸了，同时功成身退。但是汤太守把它作为备闸依然保护有加，还在闸上修建了神殿、戏台。20世纪30年代，柯灵饶有情致地写过一篇回忆斗门老闸的散文《闸》（1935）：

假如你不嫌地方乡僻，又有机缘坐着一桨一划的乌篷小船，过小镇留连片刻，我准得先带你到街梢去看看一座古旧的老闸。

路不远，就在镇中心，有名的金鸡山和玉蟾山，隔水相峙，中间跨河横锁一道闸。河面很宽，闸上法相庄严的张神殿，香火终年不断。……殿前有一个石基的戏台，屋楼般在水上浮着，精细古雅的雕镂，辉煌金碧的粉饰，在乡间小镇上，算得上第一等华美的建筑。庙左右手臂般伸出两道高大的石桥，桥下河水深碧，平静时映出桥影巍然，连那桥上石刻的"古老闸头"四个苍劲的大字，也随着微波从容浮荡，冷眼看人世的沧桑。

水涨时一开闸，古潭似的静水就咆哮起来了。行人跑上老闸头，只听满耳是轰轰的巨响，像动着春雷——不，有点像在高楼静夜听满山松涛。凭栏下望，世界在脚底暴变：别小觑那安静的小河，激怒了就胜似海啸，翻卷着，飞起万朵银花，汹汹然向镇外流去。偶然有迫不得已的舟楫经过，顺水船照例得胆颤心惊地出动全体船夫，一个在船尾把紧了舵，其余的拿定篙子，站在船头和中舱上，像挺着长矛临阵的将军；因为一不小心，船就会撞得粉碎。是逆水船，就得用七八个壮健的汉子，引着系在闸下的粗大的棕索，在惊涛骇浪中曳过。

这座斗门老闸如今已改闸为桥，只剩下了历史的记忆。1954年，拆闸后修造了"建设桥"。1981年，河道拓宽，拆旧桥新建长达百米的"斗门大桥"。可是不管是"建设桥"还是"斗门大桥"，镇上的人们都把它们称为"老闸桥"，仿佛要与古老的历史和水利工程保持一种精神上的联系。

唐建玉山斗门闸时，附近村庄有人开始迁往其周围生活居住，所以公元786年大约可算作建镇之始了。小镇的名称就得之于斗门闸，称斗门。宋嘉祐二年（公元1057年），"斗门"作为地名开始被载入绍兴的史志典籍中，沿袭至今。

玉蟾山呈东南往西走向，如一弯半月环抱着古镇。俗称"城隍山"，因为山上原有一座城隍庙，后毁于抗战时的日寇之手。山之东南尽头处有一座宝积寺，历经风雨，却依然屹立，很远就能看到它斑驳的顶檐。斗门老街绵延三四里，老闸桥居中，也是古镇的活动中心。老闸桥之南，金鸡山下是南街。从老闸桥上过江，便来到玉蟾山麓下蜿蜒相接的东街、西街。东街弯弯西街直，以洞桥为分界。古镇街区集老闸遗址、街河石桥、小弄长巷、古寺小庵、路亭教堂、台门商铺于一体。当地有一顺口溜《斗门大地方》："斗门大地方，有庵有庙有祠堂。条条大路通官塘，七支盐舍八爿当。张老相公坐中堂，直落檐下土地堂，西街笃底财神堂。宝积寺，原先叫作观音堂。华佗殿，一对石狮放两旁。高宗祠，有名望，冯家祠堂是洋房……"

东、西街的街路全由一块块青石板铺就，取"一横四纵"排列法。"一横"是中间的那块大石板，下面暗设排水沟；"四纵"就是大石板两边各有两排直铺的小石板。临街一间间楼屋相连，多为木质结构，成一楼一底、前店后屋的格局。东、西街的南面有一条与之并行的小河环绕，叫街河。街河通官塘，直达绍兴城。既有河，便有船。街河里时有乌篷船划过，船身狭长如纺锤，其宽不过一米，竹篷低低，宜穿行于绍兴无处不有的水道、小桥。船首上可见头戴乌毡帽的船夫，两手划一桨于左，操控方向，稀奇的是两脚划另一桨于右，作为行船的动力。手脚并用如杂耍表演，小船便缓缓行走。既有河，也便有桥。街河上有若干座小桥，皆有名称，洞桥、磨坊桥、鹅池桥、宝积桥……绍兴美称"水乡"、"桥乡"，这个小镇可谓代表。古街、窄巷、小桥、流水，吸引了一些影、视剧组的到来，《祥林嫂》《围城》《鉴湖女侠》等十多部片子都钟情于古镇的风貌、民俗。也是在《闸》（1935）中，柯灵这样回忆小镇：

    我生长在一个小市镇上。

和多数越中的乡村一样,有些山和水,点缀平原景色,就像村姑鬓边的野花。小街平静如太古,田野间铺开一片锦绣。在阳光下,在风雪中,在灰色的小屋里,有些用劳动创造了历史、却又从不在历史家笔底出现的人物,胼手胝足,辛苦而乐天地工作着,顽强得好像水牛。……

永远活在游子心里的,是那些终古长流的小河。
市镇有水村的秀逸:小河萦绕,长年不倦地作着活活的絮语,仿佛诗人窝深的独白。水是清澈的。春来水面漂着玲珑的浮萍;一到冬天,满河是嫩绿的菜叶。桨声终夜不断。

走过街河上的磨坊桥,左边就是西街上的"高街沿"了。西街紧傍玉蟾山,街面狭窄,宽仅三四米,两边的屋檐几乎相衔,使得天空只剩下了一条透亮的长线。西街与东街的衔接处有一个街段被称作"高街沿",因为傍山侧这片楼屋是顺依着山势由低往高筑就。"高街沿"两边有店家商铺五六十家,如马聚兴水作店、傅家法理发店、高柏记肉店、照福园茶馆、赖家贤纸扎店、蒋氏烟管店、丁柏仙卜课、王明星伤科……"高街沿"的中间留有一条小道,修得数十石阶,蜿蜒曲折地通往山上。沿着石阶拾级而上十余阶,左边便是"高家台门"。此台门坐北朝南,二开间二进,前一进为平房,后一进为楼房。还有一个后庭花园,四周长满错落有致的花花草草,中间一棵大樟树,枝叶婆娑。如按新编门牌,为西街72号。

1911年辛亥革命爆发,身为大清两广总督府内的重要幕僚高馨圃就此去职丢薪,匆匆地携众多家眷从广州返回故家——绍兴斗门镇上的"高家台门"。那一年高家的四少爷季琳——日后的柯灵——年仅三岁。

二　高家台门

台门是一种绍兴地方特色的民居，充溢着民间私家府邸的艺趣。一般有门斗、退堂、厅间、天井、侧厢、花园等，屋宇幽深，气度森严。其类别、名称，按官职如"大夫第"、"秋官第"，按科举名次如"状元台门"、"探花台门"，按行业如"药店台门"、"胭脂台门"，按姓氏如"周家台门"、"寿家台门"，按样式如"石箍台门"、"铁板台门"，等等。这就属于独特的台门文化了。然而，台门是富户人家的住宅，或是官宦台门，或是商贾台门。每座台门的大门内都关闭着一个家族的故事，或是读书、当官、经商的经历，或是生活中的逸事，使台门文化显得生动、丰富起来。

与绍兴台门一样，而且更具有地方特色的当是绍兴师爷。绍兴师爷曾经活跃于明、清政治舞台四百年。师爷不是官职，而是地方军政大吏幕府中参谋、书记之类的幕僚。幕府里尊称他们为"师老爷"，"师爷"是简称。按职责管辖范围可分为账房师爷、书启师爷、刑名师爷、钱谷师爷等。其中尤以刑名师爷广为人知，素有刀笔吏之称，享有恶名。有时人们讲"绍兴师爷"就专指"刑名师爷"。其实，性情温敦、办事公允的师爷也大有人在。

绍兴素为文化之邦，人文荟萃而仕进有限，读书无成者，学幕为一大出路。在本府当不成幕僚，就到外府去。能去外府，得靠那里绍兴幕友的引荐。引荐是出于乡情，也考虑将来互相之间便于合作和照应。明、清时期盛传"无绍不成衙"，是说绍兴师爷遍及全国各地的衙门。绍兴出师爷，斗门也不少。镇上的吴采之、朱莘田、高济川、贺晴岚、高海棠、朱子眉、张荫垂、高馨圃等，都是有名的师爷。

师爷与台门似乎没有什么必然的联系，但可以说台门文化是酝酿师爷诞生的温床。台门里弥漫着仕读文化、商业文化、官场文化，一些绍兴人就踩着这样的文化台阶，从而得以步入衙门。能写会算，理事有序，察言观色，机智灵巧，师爷的这些"独门"素质、能力多半来自于台门的文化积淀和熏陶。但是，真要走师爷的道路，还得有一个"内部"的"密训"过程。师爷技能为内传，从如何学习当一个师爷到怎样做好一个师爷，其间大有学问，又足以构成一部独特的师爷文化。如今在绍兴的一个叫"安昌古镇"的地方设有一"师爷馆"，游人可在那里领略到师爷文化的精髓。

斗门有两支高家：老高家、新高家。老高家的高馨圃先生，受了地方文化的浸润，年轻时离乡背井、闯荡天下，走的就是一条师爷的道路。大致说来，他先要用三至五年的时间来学习师爷行当，其业师多半是他的亲戚长辈。然后，再通过绍兴幕友的引荐，从而进入外府。初时，他寄身于福建幕府，大约从较低的挂号师爷、书启师爷做起。后来跟上了岑春煊，开始走红。岑春煊是清政府的要官，屡建功勋，声名显赫。特别是1900年八国联军攻陷北京时，尽力护送慈禧太后和光绪皇帝西逃避祸。因护驾有功，返京后即被提升为陕西巡抚，又先后升任为四川、两广总督。高先生便跟着岑春煊，从陕西、四川一直来到广东。

高先生满腹文才，办事得力，深得上司器重和信任，逐渐地成了府里红得发紫的幕僚。岑春煊权重势大，幕僚也跟着吃香，特别是他身边的那些红人。当地的官绅若要升迁或办事，都会间接地走幕僚的路子。高先生周围自然也有不少人巴结他，纷纷送上财物礼品，还有美女。

师爷行当朝不保夕，居无定所。若居府内，其住所也狭窄有限。一般说来,师爷在外都是单身独处,不带家眷。高老爷也是如此。他在斗门老家已娶有妻室。元配夫人是书香门第的小姐,知书达理,喜清静而不喜应酬。夫妻之间有着十分称心的"互补"。老爷出门做事,夫人则闲居于幽深的台门府第中,在寂寞中抚养一子,便是高家的大少爷伯琳。

旧时的达官贵人,娶上三妻四妾自是不在话下。高先生独身外出谋职,有人送上美女,也就照单收下。先后收下了福建姨太太、陕西姨太太、四川姨太太。可见,他当时不仅是地位重要,而且收入可观,既置办了私宅,也养得起多房姨太太。到了广东,又先后收下俞姑娘、陈姑娘两房姨太太。俞姑娘生下三少爷叔琳,陈姑娘生下的四少爷季琳。

柯灵于宣统元年元月二十五(公历1909年2月25日)出生在广州。高老爷给刚出生的孩子起的小名叫元元。上年底,慈禧、光绪驾崩,三岁的溥仪接位当皇帝。"元元"便指生于宣统元年元月,顺便搭上一个王朝的开始;出生时正逢子时,则是一天时光的开始了。而且"元"字在汉语中意思吉利,庄重又谦虚,蕴涵哲学意味,大合书香弟子的身价和期望。

高老爷为孩子起的名字同样很有气派:名隆任,字季琳。旧时名字中有一个字表示辈分,取名后需向祠堂登记,称为"谱名"。家谱中一组表示辈分的词组叫"字辈",皆由吉语构成。老高家的"字辈"是:"隆普齐天圣,化股万年同"。隆任即属老高家的"隆"字辈,"隆"配一个"任"字,就寄寓为"重任在肩"吧。

高老爷膝下四子一女。四子排来是伯琳、仲琳、叔琳、季琳。伯、仲、叔、季是为排序,无须多说。"琳"字为高家子弟所共用,用意则颇为深奥精妙,老高大约花费过一番心思。"琳"的释义是玉,暗合着紧贴"高家台门"背后的那座有名的玉山。但是玉山根本无玉啊？然而，从绍兴地方语言的字音上，"玉"由"余"音变而来，"余"由"盐"音变而来。古时，玉山外就是大海。斗转星移，有了海滩，有了海塘，有了盐场。玉山原来是盐山，因为山下是盐场而得名。隔杭州湾，正北对面也有一盐场，就是海宁县的盐官镇，也就是那个杭州湾、钱塘江"八月十八潮，壮观天下无"的观潮胜地。所以"琳"就是盐，而盐在国计民生中当然居有重要的地位。是否老高对儿子们寄予厚望，愿他们像"盐"一样的重要？在西方，也有贵为"面包和盐"的说法。名和字之间，"琳"又与"隆任"相合呼应。想来，高老爷不是一般的师爷，其刀笔功夫必高人一筹。

　　元元的生母是渔家姑娘，自小随父亲一起出海捕鱼。海上的生活养得她有几分健康、几分勤劳、几分野性、几分自由，天生还有几分姿色。渔家人的生活固穷，而这个家庭更是见穷。母亲患有重病，弟妹多个且幼小，父亲欠下了一屁股债。债主催逼，于万般无奈之下只得卖去长女，随之被人献给高老爷。陈姑娘正值妙龄，与所有在这个年龄上的姑娘一样幻想着生活和爱情。听说要去当有钱人的小妾，不啻于晴天霹雳，想到伤心之处，不禁泪水涟涟。哭归哭，还是进了高家。

　　初面高老爷，身子顿时凉了半截，心里万分委屈。想想自己年轻健壮，却要跟上一个干瘪老头。高老爷走南闯北，却乡音未改，操一口绍兴官话，其中夹杂不少绍兴土话，什么"哼个老倌"、"嗯扭所西"（"那个家伙"、"没有什么"），一点也听不懂，陈姑娘更是暗暗叫苦。各房姨太太，说的福建话、四川话、陕西话，还有一个寡居的妯娌金氏说的是糯软的苏州话。她听不懂她们的话，她的一口广东话她们也实在听不懂。一个家庭里，来自五湖四海，南腔北调。她试着找上同是广东人家过来的俞姑娘拉家常。可是俞姑娘因为在两年前生下了个儿子,在众女眷面前有点神气活现,对人爱搭不理的。

高老爷公务、应酬颇多,加上又有几房姨太太,对新来的陈姑娘不见得特别地宠爱。但高老爷脾气和顺,为人周全,她还是受到关怀和体恤。在高家,有吃有穿有用,较之在娘家生活是好了许多,只是没有一点欢乐。绍兴人家,本是礼数重、规矩大,什么事情做得,什么事情不能做,讲究到日常生活的细枝末节。陈姑娘简直不知道如何做人行事了。她大部分的时间是在自己的房间里发呆,心里不由地升起了对海上自由自在生活的怀念,更是升起了对穷苦的父母弟妹的牵挂。时间过去,非但高兴不起来,反倒觉得高家像一个牢笼。她胆子却大,竟然想到要离开高家。

趁着老爷一个高兴的时机,她鼓足勇气哀求老爷。老爷大为吃惊,想想自己历经人事无数,其中不乏曲折复杂,眼前发生的事情却闻所未闻。缘何要走?叫老爷的颜面往哪搁?毕竟是善于算度的师爷,心下狐疑且不悦,却不动声色。脑际中即刻有了谱,见出机智解难题、"四两拨千斤"的处事风格。他一口应承,说是陈姑娘野性未泯,也难为她对父母的孝心和对弟妹的关爱。话锋一转,又说到陈姑娘已有身孕,是高家的骨肉血脉,不妨生下孩子再走不迟。陈姑娘简直不相信自己的耳朵,老爷果然仁慈,说话也句句在理。她跪谢再三,答应为老爷生下孩子再走。

陈姑娘有说有笑了。她感受着肚子里的孩子在一天天地长大,母性也随之一天天地生长。孩子出世了。现在她才知道,自己过去是少不更事。等到身边实实在在地有一个亲生小骨肉紧紧依偎着时,她没有再向老爷提起要走的事,但也没有把这件事忘记。

三　家境中落

1911年，辛亥革命在武昌爆发，清王朝崩溃。在广州，革命党人实力雄厚，战斗一触即发。城里已是"山雨欲来风满楼"，百业萧条，官员、民众纷纷离城逃难。岑春煊之后的继任总督感到形势不妙而仓皇出逃，府里的幕僚顿作树倒猢狲散。

高老爷丢了职位，断了生计。时局纷乱，将来的前途如何，也迷惑不清。他突感年事已高，精力不济，而身处危局，不如及早告老还乡，安度晚年。此虽是明智之虑，也实在是无奈之举。好在那些年手面宽绰的时候，已在故乡斗门置下了若干田产，用以养家糊口、维持一份简朴的退隐生活自属不难。高老爷主意甫定，即刻吩咐各房姨太太、还有寄居在高家守寡的弟媳妇，打点好金银细软，准备上路。

长子伯琳却不愿随同北返，意欲留在广州谋生。他已三十好几，风度翩翩，更兼才华横溢。先前因有父亲关照，曾在广东的地方上放过一任知县。如今赋闲在家，追随新文化潮流，洞观时局变幻。辛亥革命过后，剪掉辫子换成西式发型，褪去长袍马褂一身洋装打扮。他对父亲的退隐乡村田园颇不以为然，言称识得一些革命党中的朋友，可保家里安全无虞。又说斗门小地方保守闭塞。父子俩虽都是有才的文化人，但除了年龄差别之外，接受的文化影响也不同。他们各陈己见，论判相左，终而分道扬镳。

高家一行人为避免陆路上的兵荒马乱，而辗转香港，经海路接陆路回到浙江绍兴。老高家原是镇上的体面人家之一。现今草草返回故乡，缺少"衣锦还乡，光宗耀祖"的荣誉，倒有点"遇事不成，打道回府"的落魄。但众人的到来，倒使得寂寞的高家台门突然热闹了起来。

陈姑娘跟着来到斗门。中国的传统观念是居故土、守祖宗，她离开故乡广东，本来心有不愿。况且娘家的家境依然艰难不堪，一直盼着她回去有所照顾。来到江南小镇后，环境、习俗、人际关系完全陌生，难以诉说的孤独感强烈地包围着她。在广州，再怎么说，各房的女眷不过都是小妾。然而进了老高家台门却不一样。元配夫人赫然在堂，而绍兴地方又极为看重辈分礼节。陈姑娘性子倔强，备感歧视和凌辱。她不愿再当小妾了。

"合则留，不合则去"，这是师爷行当的一条职业规则。大约高老爷又把这条职业规则演化成了自己为人处世的道德准则。他答应了陈姑娘，让她一人去了。年轻的母亲痛哭一场，返回了广东。这样，生母留给元元的只是一点朦胧粗浅的印象。等到稍长之后，他从姐姐那里听说了生母的身世。生母到斗门来看过他，也居住过，这是后话了。

寡居的金氏按辈分是元元的叔婶。陈姑娘见金氏心地善良、念佛虔诚，又熬得住生活中的苦，或许在临走之前私底下托付过她。总之还是老爷的吩咐：让金氏抚养元元吧。金氏满心欢喜，一口应诺。元元有了金妈妈。

大约二十多年前，苏州的金小姐急匆匆赶赴陕西完婚。她是一家香烛铺老板的女儿，小家碧玉，没有读过书，却颇识礼数教养。爹娘做主，与高家二爷订了亲。二爷远在潼关府当幕僚。不料没过多久，二爷突患重病。按老法子，遣人至苏州催婚冲喜。爹娘不愿女儿受如此大的委屈，可小姐却认礼数、识道理，不听劝阻，说哪能见死不救！她毅然独自北去，风尘仆仆，要救那个从未谋面的郎君。拜完天地，进入洞房，新郎已是奄奄一息。他嘴角抽动，却难吐言语，泪溢眼眶。新娘纵是侍汤奉药，百般呵护，也无力回天。一个月多，新娘成了寡妇。

苏州的爹娘自觉有愧于女儿，让她赶紧回家无妨。大伯高老爷则以为须得遵守妇道，为死者守节，使不至于损没高家的门第之誉。年轻的寡妇认了大伯的道理，就此寄居大伯家为生。尽管后来大伯也觉不妥，口风有转，允诺可再嫁。寡妇却守定孤灯只影，无怨无悔。大伯待她诚如家人，带着她从陕西到四川、广东，一直来到绍兴斗门。转眼二十多年过去，她已人到中年，依然与青灯做伴，以佛祖为精神寄托。更可悲的是，她还托了在京城当官的亲戚，得到了一块表彰贞洁的"玉洁冰清"的横匾，以难有的高兴样子把它挂在墙上。后来，柯灵在《苏州拾梦记》（1939）中说到过金妈妈的这一段像小说一样离奇而又悲切的真实经历，接着又说：

  苦难的时代普遍将不幸散给世人，母亲得到的似乎是最厚实的一份。她今年已经七十三岁，这一连串悠悠的岁月中，却有近五十年的生涯伴随着绝望和哀痛。在地老天荒的世界里，维系着她一线生机的，除却对生命的执着，也就是后来由大伯过继给她的一个孩子——那就是我。

在这个五方杂处的家庭里，年龄相近的三少爷、四少爷，在一起有玩有闹，倒给阴沉沉的台门老屋平添了几分生气。但这样高兴的时光竟是如此短暂。三少爷突患重症，病魔生生地夺走了一条小生命。俞姑娘欲哭无泪，就此对人生心灰意冷。后来，等到高老爷过世后，她就改嫁随人，离开了这个伤心之地。

高老爷的人生顺当地爬了大半程上坡路，其后一小程却急转直下，走得踉踉跄跄。辛亥革命，丢掉了职位和饭碗，受到物质和精神的双重打击，就此家境中落。虽得身返故乡、叶落归根，但归隐的生活却淡然无味，心生忧郁，身体渐变。二公子仲琳早夭,曾经历了一次中年丧子之悲。灯枯油尽之时,又怎经得起老年丧子之巨痛。不久,他于病榻之上,将元元正式过继给金氏。既是临终托幼,也为金氏作"养儿防老"计,了却了平生最后的一件大心事。

　　老爷的决定对于元元和金氏来说,都有很大影响。从此两人的人生将连在一起,相依为命。但是这个决定也是欠妥的。元元虽是庶出,毕竟属于高家的血脉,而金氏却属外人。元元过继给金氏,就相当于把元元推出了高家。同时却没有为母子俩作出未来生活上实际的、妥善的安排。这将决定母子俩在高家的处境,要经受精神上的歧视和物质上的贫苦。许是自顾不暇,精明的师爷最终办了件糊涂的事。

　　父亲去世了,元元还只有六岁。

童年、少年时代

一 苦涩童心

柯灵在《小浪花》(1978)一文里回顾童年时代，字里行间中透露出幼小的心灵最初尝到的人世苦涩滋味：

> 我童年时，家庭已经破落，世态炎凉的滋味，开始虫蛀一样侵蚀我稚嫩的心灵……
>
> 我的童年生活很暗淡……

这已经是非常遥远的记忆了，但还是那么的清晰、那么的执拗。记忆中的"暗淡"，意味着一个孩子所渴望的亲情、玩乐和撒娇都很少，却感受到很多的冷落、寂寞和贫穷。在斗门老高家，他应该开始记得事情了。可是后来他留下了那么多的文字，却很难看到对父亲、长兄、姐姐以及家里女眷们的回忆，大约是不堪回首吧。当然除了金妈妈以外。

元元记得的父亲就是苍老的、烦闷的，有时还发脾气。父亲对他没有怜爱的举止，他也不敢走近父亲，似乎形同陌路。自三少爷病夭后，父亲身边只剩下四少爷这个儿子了。这时，父亲才像父亲一样怜爱起元元来了。但也仅仅是偶然的举止，而且更多的还是从元元那里为自己寻找安慰。元元依然怕父亲。父亲去了，元元既不能明了这事对他实际生活的影响，也难有情感上的牵挂。

长兄伯琳携妻从广州昼夜兼程赶回斗门，料理丧事的场面阔绰，对得起那个有名气的师爷。从此伯琳安家于斗门，并继承父业打理高家。伯琳夫妇感情不睦，妻子被冷落，成天愁眉不展。不久，他把妻子留在家里，独自闯荡上海去了。

伯琳像父亲，才智过人。却不像父亲那样谨慎、中庸，而是显得时尚、张扬。上海是个大染缸，伯琳的人生开始失控。没有成就可骄傲，却另寻新欢，娶了一房姨太太。不知什么时候，又成了瘾君子。父亲当差勤勉，积累家财，安于收几房姨太太。伯琳差不多是五毒俱全了，入不敷出，便把父亲遗留下来的田产逐渐变卖，不管家里有那么多的人要吃饭。他一年中有几次要回斗门小住。到那个时候，冷寂的老高家台门会很热闹。家里高朋满座，一帮人吃喝玩乐，谈笑风生，打牌赌钱，直弄得晨昏颠倒。

伯琳对元元全无长兄的样子。至于原因嘛，兄弟俩同父异母，元元又是庶出，年龄相差近三十岁，在一起生活的日子也屈指可数。他对元元多有训斥，遇到不快的时候，还要动手。过去元元怕父亲，如今他更怕长兄。兄弟之间有一道鸿沟。

元元还有一个同父异母的姐姐筠贞，比他大了十多岁。不久以后姐姐就出嫁了，嫁给斗门镇附近璜山北村的王福绶为继室，生有二子一女。其中一子叫王湛贤，成年后投靠舅舅柯灵，到上海编《万象》杂志，就是阿湛。

元元从孩提时就把金氏认作母亲。那是心理上、情感上的，小孩还不懂得名分的事。他长大以后，更是从内心深处感念这份养育之恩和慈母之爱。金氏视元元如同己出。她养育这个亲爹亲娘都不管的可怜孩子，多半是母性使然，但要养大这个孩子很是不易。她已四五十岁，体力、精力渐感不逮。更可虑的是高家的经济，虽不至于揭不开锅，但手头是越来越紧。自己在高家本属寄人篱下，老爷一去，处境更为尴尬。不论是在高家或是在街坊邻居间，都会遭受到大大小小的势利白眼，连元元都已经能够感受到虫蛀一样的世态炎凉滋味了，做大人的母亲岂能不知。

母亲尽量让孩子吃饱穿暖，其他能省则省。即使是这样，也得想着法子，怎样让孩子补充一点营养，穿得舒适一点。到元元上学之后，日子更见窘迫。她不得不从外面揽回一些手工活来做，以补贴家用。一有空就急急地做，经常是在油灯下赶活。像世上所有穷苦人家的母亲一样，她要儿子争气，将来有出息。母亲学得了绍兴人行事度日的一种紧吃苦做的脾性，挂在嘴边的也是一句流行的绍兴话"熬熬省省"。

早年，绍兴并不富裕。在艰难的生活中，绍兴人养成了吃苦耐劳、苦来乐受的精神。农民起早贪黑地干活，七八月份顶着毒日耘田，旱天时没日没夜地车水，忍着饥饿收稻谷、背稻草。他们不仅"苦做"，又讲"紧吃"。为了省一点埠船钱，菜农常常挑着一百多斤的担子步行进城。为了节省点灯的菜油，天没黑就上了床。能够吃上白米饭、乌干菜是最现实的享受了。孩子也是，若是下雨在外，他们就会提着鞋子打赤脚回家。但是绍兴人又竭力地保持着做人的尊严和体面。"外头敲铜鼓，里头喝菜卤"，说的是他们的一种严于律己、爱惜面子的传统。

母亲没有读过书，但心地善良，安分守己，这就是中国传统的好女人了。然而她处在困苦的生活环境里，又显示出坚强、勤劳、节俭的一面，以对付难过的日子。她生活的唯一希望是儿子,也正是这一希望给了她生存的力量。母亲的善良和坚强,在潜移默化中给了儿子有益的影响。特别是顽强地应付人生中遭遇到的种种不测和打击,使儿子受益终身。

《野草的自白》(1995)是一篇"答谢词"。1995年6月23日,柯灵荣获"上海文学艺术奖第三届杰出贡献奖"。在这样一个对于个人和上海文艺界都非常隆重的时刻,他在致词答谢中真诚地感谢我们的党、国家和社会,感谢前辈和同辈,感谢读者,最后还特别地感谢自己的母亲:

> 我不能不想到我已故多年的母亲。她是封建制度的牺牲羊,只担了个结婚的空名就终身守寡。她很慈祥,但也很坚强。她自己除了不幸一无所有,却总是慷慨地帮助别人。她不是我的生母,却把全部的爱给了我,把我艰难地抚养成人。她是文盲,但给了我受用不尽的精神力量。希望她地下有知,会对她满头白发的儿子展现一丝笑容。

金妈妈从广州来到绍兴,原是身不由己。不过总算回到了自小就熟悉的江南水乡,而绍兴与苏州离得不远。不久她带着元元去了趟苏州老家。母子俩坐上小航船,一路辛劳,归心似箭,终于踏上了阔别多年的家乡土地。苏州如故,父母却垂垂老矣。母女相见,悲喜交集,痛哭一场。元元怯怯地叫过外公外婆。外公外婆见这孩子温顺、听话,自是怜爱有加。他们给了吃的,又给了玩的。外公还兴致勃勃带着小外孙去游了虎丘塔、狮子林,把孩子乐得直唤外公长外公短的。元元心里想:最好一直住在外婆家,不要回绍兴了。

若干年以后,外婆家搬到了长塘镇,从绍兴城往东大约四五十里。小镇东靠巍然的卧龙山,西临康家湖,位于一个较大的水系。四周的景色幽静美丽，从山里流下来的清清溪水终年不断，缓缓地注入镇上的街河，流过一些人家的房屋底下，流入康家湖。外婆家的房子就建在水边，是真正的"枕河人家"。晚上睡觉时，可以听到淙淙的流水声，伴人进入梦乡。少年时代的季琳喜欢到那儿玩。学校放假了，他总要去外婆家住上一阵，去感受山岭的宽广、溪水的灵气。

母亲虔信佛祖。在绍兴，流行一种结缘的风俗。按佛家的说法，结缘的意思是结佛法缘，破生死关，自度度人，同登彼岸。每逢神诞佛节，例有宿山烧香的仪式。彼时当地和四近的信女，齐集神殿，口诵佛号，手数念珠，通宵达旦。殿上万烛摇红，香烟缭绕，人声喁喁如沸，别是一番庄严的景象。这种时候，母亲便带着元元到庙里烧香宿山。因为长夜漫漫，本地乐善好施之家就会及时地送来热气腾腾的素馅馒头和烧饼，一宵不下三四次，也是结缘的意思。元元每每积极地随母赴会，原是为了那份平时少见的热闹。于半夜三更、睡眼惺忪之时，就津津有味地吃馒头、烧饼，格外享受。但于宗教一事，毕竟糊涂。而终其一生，也与佛祖"无缘"。他对所谓"结缘"完全取现实的、辩证的态度：

> 我却觉得结缘一事，更贴近现世，深入生活。祸福悲欢，兴衰冷暖，日月盈虚，草木荣枯，一对男女萍水相逢，一见钟情，一粒种籽偶然飞坠，落地生根，必然中有偶然，偶然中有必然，关键常在有缘无缘。《结缘——〈闹市的海鸥〉自序》，1993）

童年时候，元元的生活是寂寞、无趣和辛酸的。《遗事》（1942，署笔名"司徒琴"，发表于《万象》杂志第2年第4期）

是打开柯灵童年生活之"暗箱"的一把钥匙。作者借说他人他事,回顾"遗事",透露自己的童年生活。不妨把它看作是一种文学性自传吧,他记忆中的"高家宅第"、"家境中落"、"父亲"、"母亲",还有"自己"是这样的:

"想起童年","一种极不调和的背景,往往是一幢阴森古旧的房子"。"不知道经过了多少年代,转换了多少主人,最后成了一些小小的'书香子弟'的门庭。""它唯一的特色是阴森。""在晴朗的早晨,还有几道稀薄的光线,透过庭树","斜斜地射进屋里,照出一片飞舞的浮尘。一过晌午,黄昏就提前来了。是酿雨的阴天,房子里就先氤氲着浓烈的霉气。""这类房子的格局多半是梯形的,从前到后,每一进有几步石阶,一进高过一进。老年人说是'步步高'。但它们早已走完了最后一步好运,以后只有逐步衰歇,有如下流的江水,永远没有办法叫它回头了。"

"崩溃的黑影正在日趋庞大,不幸的是,这黑影恰恰压在它们无辜的小主人身上。""这些苍白的小生命出生的时候,恰恰是家境中落的开始。他们在襁褓里享受了最后的繁华,听了仆从的歌唱和赞美","老年人说他们长得伶俐,将来会中状元。他们成长起来,苦难也跟着成长。""等到他们长得高过庭前的旧花坛,家计大约已经衰败得跟这花坛一样——除了一些枯槁的荆条,也许还有一枝每年自生自灭的鸡冠花。——只剩着父母竭力支撑的空架子了。"

"父亲大抵是颓唐怪癖而又高傲,累世遗传的美梦这时候完全破灭了,也已经没有再求显达的愿望,有点愤世嫉俗,却缺少深澈晶朗的胸怀。""他们受着父亲严厉的督促","逼紧喉咙念'子曰'和'诗云'。"

"母亲又仿佛一树忧郁的辛夷花,出生是所谓'名门闺秀',经过严格的训练,熟习苟细的礼数;不如意的境遇使她不轻于言笑。""看见母亲,他们被教诲学习温文雅静,怎么圣人一样规行矩步。""往往是一顿教诲以后,朦胧感伤的启示:'只要将来自己争气……懂吗?'结束这训话的是深长的叹息。她们要把丰富的意蕴借一句话传达给孩子——她们将来的明灯。"

"你如果不幸和那些破落户的'书香子弟'一样,那么你就得准备接受一份灰色的赠与。""他们开始懂得欣赏,需要活动,一睁开探索人生的慧眼,却看见了阴森森久已失修的房子。""童稚的心需要温暖,需要滋润,恰如嫩芽需要太阳和雨露。而这却是沙漠,是阴湿的地窖。""他们有过许多情感和想像,可无处扎根,苗长枝叶。他们把小小的温情献给一只猫,一对蟋蟀,或是一箱玲珑洁白、会车水的洋鼠。春昼的窗前,他们梦寐似地静听蜜蜂振翅;冬晨夏晚的庭院,他们欣赏麻雀噪晴,蜻蜓舞雨。他们坐在阶石上,呆呆地仰起脖子,凝望白云飞驰,星星眨眼。这是他们驰骋童心的整个天地。""他们还整年穿着长衫,却已经很少光彩,古铜色的绒马褂,宝蓝团花锦缎长袍,谁都看得出是父亲或祖父的旧衣所改缀。""这些孩子赋有先代的遗传,自然都极爱体面,为着这些古趣的长衫,或者一顶帽子,一双鞋子,常常会跟母亲闹半天别扭。""他们在街上,戏场里","碰到了一些暴发户子弟高昂的表情,鲜丽的衣着。这些少爷的脸上,都充溢着满不在乎的神气。而社会是这样的私利,即使是不相识的路人,射向他们的总是讥笑和轻蔑的眼色。在亲戚的家里,他们又碰到了虚伪的客气,分明潜藏着勉强掩饰的冷淡。""他们发现,这社会不过是一座较大的、阴森的屋子。""在那古旧的世界里,童年埋葬了,也许连青春也腐蚀了。"

辛酸的日子依旧。然而,寂寞、无趣的日子即将过去。元元要上学了,那一年他六岁。

二 钉店弄私塾、辨志学堂

明、清以来,绍兴除了办官学外,私塾和义塾也蓬勃兴起。特别是私塾,可说是村村皆有,甚至是一村数塾。斗门街上,私塾不下数十家。私塾对学龄期儿童的教育起到很大的作用。同时对塾师而言,不失为一种谋生的手段。当然,塾师的学问有高下,教法不尽相同,对学生的影响也就不同。

1914年,少年季琳到西街上的钉店弄私塾拜师就读,蒙师鲁湘齐先生。先生是清末秀才,后屡试不第,遭人暗地耻笑。他在自己的家里办私塾,家又正好坐落在钉店弄,所以人称"锈钉子"。这个外号起得颇为阴毒,以"锈"谐"秀",大大地败坏了先生的声誉。虽说是前清秀才,先生却不从一般的《三字经》《百家姓》《千字文》教起。随着清末的废科举、兴学堂,新式的文化教育得以快速地发展。先生迎合新潮,选一些白话的儿童诗歌、故事作为蒙学教本。还让孩子们唱唱歌、做做操,桌子上也没有戒尺。看来秀才不迁,很懂得"寓教于乐"的道理。

先生有一教法颇具创意:令学生礼拜天休息在家时必动笔记事一二,不论短长。经先生修改后,学生自录入簿,而后互相抄誊。先生谓:此举一为解识字义,二可练习笔墨。小季琳和其他的孩子一样,学得高高兴兴,劲头十足。他对这段快乐学习的经历和亲密的师生间关系,或许印象和感受很深。

可是鲁先生这种有违传统的教法为镇上多数人所不齿,被看作误人子弟的事例。金妈妈不懂文化教育之奥妙,却不断地受街坊邻里之蛊惑。一年后,她把小季琳转到附近的一个传统私塾。

柯灵在短篇小说《巨卿先生》(1935)中的一段描写,大约可看作对这家私塾的印象和感受:

这是一间不很宽大的单层侧厢,三合土的地板已经有好几个大洼;四面的墙壁,石灰剥落得快要完净了,灰尘却布满在上面……屋子里进出只有两扇门,阳光全靠屋顶上的天窗和一个两尺见方的木栅窗里透进来,因此这里没有朝,没有午,整天都是黄昏似的情调。

七、八张涂满了墨迹的书桌,疏朗朗地蹲在屋子四边。靠门边上首是一讲台……

学生上课,须得先在孔夫子像前一鞠躬,再向老先生一鞠躬。老先生执教严厉,学生稍有懈怠,便有置于桌角上的戒尺伺候。两年里,他读诗诵经,弄得口干舌燥、昏昏然,无半点乐趣。蒙学时代的受学影响不可低估,好比在一张白纸上作画。传统私塾的好坏,也是"仁者见仁,智者见智"。这个少年后来偏废于自然科学,却对传统文化历史了然于胸,于行文造句中颇显古典色彩,与蒙学时代的苦苦诵读不无一点关系吧。

义塾,亦称义学,系私人集资或以地方、家族公产公款所设的免费学塾。"辨志义塾"是斗门有记载的最早的学塾之一("辨志",西汉戴圣《礼记·学记》中有"离经辨志")。清光绪年间戊戌变法,政府通令改书院为学堂,中西兼习,并奖掖绅商捐资办学。变法失败,蔡元培以为盖因"不先培养革新之才",乃决心从事教育，回家乡任"绍兴府中西学堂"监督。1898年，在蔡元培、高天民等十多人的帮助下，将辨志义塾改建为"辨志学堂"，使之成为绍兴最早的新式学堂之一，堪与"绍兴府中西学堂"、"东湖通艺学堂"比肩齐名。

辨志学堂里，大礼堂、教室、办公室、教职员工寝室等，一应俱全。风雨操场里设有跳高跳远的沙坑、爬高的竹竿，后来还添置了秋千架、跷跷板。校园内还有"古辨志校"、"莫忘辨志"等由当地名人名家题写的挂匾，以及桂花树、花圃、竹园、菜地、水池、天井等附属景物。旧有"辨志校歌"，唱的是"忆昔辨志校，创自戊戌年"，"古闸文澜汇百川，造就莘莘子，无忘劳辛艰"，"继续努力快加鞭，吾校风气多开先……"首任堂长为高天民，前清秀才，颇有文才，又循循善诱，学生受其教导，所获甚多。

清末，1903年，辨志学堂正名为"公立辨志两等小学堂"。民初，1912年，南京临时政府通令学堂改称学校，称"辨志小学校"。据通令，小学校分为初等、高等两级。初小学制四年、男女同校；高小学制三年、男女分校。各小学废除读经课。初小课程为修身、国文、算术、图画、音乐、体操、手工；高小课程增加理化、历史、地理、博物。

继任校长傅天弼是镇上有名的新文化人。他遵循前辈同乡蔡元培先生的教育思想和方法来办学，推行自由民主，要求自然科学、社会科学及音、体、美全面发展，意欲培养出一批又一批的"革新之才"。他还与同人一起在镇上办了个"阅报楼"。卸任后，他走出斗门，先后到杭州、上海的新闻、出版界工作。后来30年代初，他拉着青年季琳一起到上海办报，成就了后者人生道路上的一个重要的转折。

1917年，小季琳从私塾转入镇上老闸桥附近、大江沿边的这所小学读书。从传统私塾来到现代的公立小学，一个少年算是跳出了苦海，被压抑了许久的好动天性一下子得到最大限度的释放，重新体会到上学读书的乐趣。从高街沿上沿着弧形的东街走，一路上店铺林立，百杂货品琳琅满目，贩夫船家的吆喝、鸡鸣犬吠之声不绝于耳，煞是有趣。转过宝积寺，从老闸桥桥脚旁下十数级石阶，来到滔滔的直落江边。过杨茂兴家的台门、毡帽制作坊、砖灰店，左转穿过一条曲尺形的小弄，全程大约二里许，便来到了"辨志小学校"。上一年学校已改称"禹门乡立第一小学"了，不过镇上的人仍习惯地称其为"辨志小学校"。

小季琳每天到校读书，从不请假旷课。江南多雨天，可他照样打着油布伞、挽起裤脚上学去，风雨无阻。奇怪的是，他不觉得雨天的苦厌，相反感受到一种难以言说的趣味。也许正是一天天在上学、放学的这条路上，少年的心中渐渐地养成了一个"雨天情结"。他在《雨》（1930）中说：

> 不知是什么因缘，我向来对雨有好感。记得我童年时代就喜欢雨，那时我在乡间小学读书，一遇到阴沉的天气，就觉得兴奋，老早背了书包，撑着伞上学去。有时雨大了，母亲劝我告一天假，但我总不愿意。

少年的"雨天情结"，往深处说，是应和着他的一种柔顺、敏感、细腻的气质，一种忧郁的蓝调气质，也是后来他文学写作的原色。说到底，这个少年与生俱来有着一种文人气质、一种作家气质。这种气质也可以从他的父亲、长兄身上看到许多，来自于遥远的家族血脉和素养积淀。所以"雨天情结"将是终身的。

三 偏科生

  前几年读私塾,场地狭小逼仄,光线暗淡;"之乎者也",则催人昏睡。现在来到了绍兴有名的小学校,建筑、场地和设施都不可同日而语,小季琳犹如蛟龙腾空入水,得以自由欢畅地遨游。和所有的男孩子一样,吸引他的,不是明亮宽敞的教室,而是室外的风雨操场、花圃、竹园、菜地、水池、天井……他和几个贪玩的同学成了好朋友,所谓"近朱者赤,近墨者黑"。花圃、竹园、菜地的面积都很大,从不缺少蟋蟀、螳螂、蚯蚓,还有飞来飞去的麻雀、蝴蝶、蜻蜓。他们一有时机,便往那里飞奔而去。一年四季里都很忙活,常玩常新,兴致不减。

  若是雨天,家住乡村的学生就逃学了。老师见教室里人头稀少,扔下一句"自修功课",也就不见了。这种时候对小季琳一伙便是天赐良机。老师前脚一走,他们后脚就把教室改成了游乐场。他们把课桌椅推到四周墙边,往上叠加起来,在自己建造的"堡垒"中,玩起捉迷藏、翻九楼等等的游戏来。捉迷藏不新鲜,"翻九楼"则是绍兴一种独有的民间杂耍:将一张张八仙桌用不同的方式向上架叠,表演者随着桌子的叠高而一层层翻上去,并在上面进行翻跟斗等表演,直至最后叠起九层桌子。小季琳一伙只是学点皮毛,叠起二三层课桌来寻开心。更为有创意的是,居然发现教室旁边的一个采光天井也是好玩的场所:

    不知从什么时候起,又发明了一种我们称之为"推潮头"的新游戏。在教室后面,原有个狭长的天井,久雨之后,积水成塘,阶石的隙缝里,常有许多红色的小毛蟹爬出来。我们起先是脱了鞋袜，涉水捉蟹；后来又异想天开，把门板横放在天井的一端，用三四个人，每人拿一根球杆，一头抵住门框，一头抵住自己的肩膀，一声呼啸，协力把板门向前推去，直推到天井的另一端，抢步逃上阶沿，积水受门板推挤，突然高涨，汩汩然向前涌去，到天井的尽头，在墙上轰然一击，浪花四散，又卷簟似的汩汩然涌回，这一瞬间，真有点像在钱塘江湖畔看撼动山岳的秋潮！

散文《雨》（1930）中不厌其详地记下了这段充满野趣和快乐的学校经历。但诚如作者随后所说的，离开了学校，这种心情与机会便不复再有。愉快的心情，依着少年的情感逻辑而来，那是对私塾课堂里童心被疏忽和压抑后的释放，也是对高家老屋里备受孤独和冷落的逃避。这段回顾，在读者至多不过一笑而已。可是对于作者来说，那是一种少有的、珍贵的好时光，文字也就自然地从笔端汩汩流出来了。少年不识愁滋味。母亲常嘱咐"要争气啊……"在他听来是一知半解。

小季琳玩得起劲，读书却不见出色，但也不能一概而论。副科的手工、图画、唱歌、体操，都不是枯燥无味的课，基本上接近于玩，自然属于他有兴趣的、喜欢的科目范围。兴趣是学习的动力。你让他到操场上跑跑跳跳、爬个竹竿啊，让他唱个民歌小曲，拉个胡琴、吹个管箫的，还有折纸鸟、捏小泥人，只要老师稍加点拨，都学得像模像样。

图画是他的强项，老师赞不绝口、同学羡慕不已。无论画田园风景、将军仕女，还是猪狗牛羊，在班级里享有独占鳌头之誉。照老师的说法：线条准确、流畅，色彩协调而充满想象力。不知是他确实有绘画才能，还是老师对他倍加鼓励，大约兼而有之吧。老师的鼓励使他对画图的兴趣和信心大增。礼拜天回到家里，也是画啊画的。母亲以为他读书用功，竟至于废寝忘食，遂大为惊喜：这孩子"争气啊"！

　　乡僻之处难以寻得画谱，他就把"香烟牌子"充作自己的画谱。那是一种随香烟附送的小画片，一包里插有一张。小画片上内容广泛，如古代美女图、新女性生活图、二十四孝图、十八般兵器图、花鸟鱼虫图、山水风景图，还有《三国演义》《封神榜》《西游记》《三侠五义》等的人物图或故事图。画面和印刷都很精美，五彩颜色，有的还烫金，背面印有相应的文字说明。好在长兄烟瘾不小，小季琳得到不少香烟盒。他对着画面临摹学画，惟妙惟肖，制作了一幅幅的"艺术品"。这使人想起元代时绍兴的诸暨地方上那位自学成才的大画家、大文人王冕，以及他童年时代流连山水、坐在牛背上面对大自然作画的故事。

　　小季琳曾得到过一套具有民族特色的中国风景画的香烟盒，那画面上的山川、白云和树木，令他神往和陶醉。多少年以后，还记得自己临写的"杰作"：一幅题作《夕阳返照》，平远的秋林，灼灼的晚霞，临水人家，一个村姑临流浣衣，双手没入水中，夕阳照得她满脸通红；一幅题作《渔村夜月》，天连水，水连天，天上一轮圆月，水滨一个小小的人影，拉起一张四角玲珑的大网；还有一幅题作《欸乃一声山水绿》，一江春水，一抹远山，扶疏的树影下有一叶扁舟，舟子正悠然打桨，仿佛桨声里也荡漾着绿意。不过，这可能不是一般的临写，其中有画者心情、理想的寄托。二十多年后，他在《我的童年》（1946）一文中如是说：

　　　　如果家里能培植我，或者我自己能够潜修苦练，我想我是很可能成为一个画家的。并不是说我有这种才分，给我自信的是兴趣，兴趣是一切事业的始基。

虽说副科的成绩骄人，但主科不免尴尬。主科是修身、国文、算术，因为兴趣寡然，成绩屡屡落后，真是"成也兴趣，败也兴趣"。修身教你怎样做人，例如社会上有什么重要的纪念日，什么叫自治会、乡公所，怎样集会，还包括公共卫生、卫生公约、人体的肌肉和骨骼、急救的方法和措施等。大约老师又往往是照本宣科，显得枯燥、难懂。对小季琳来说，不仅无情趣，也大而无当。

国文课也提不起兴趣。如课文《蟋蟀》，老师有这样的"准备词"："汝等于秋夜亦闻墙下有虫声否？其虫为何虫？其声若何？本课为汝等讲蟋蟀之形体。"小季琳对蟋蟀当然大有兴趣，而且对"蟋蟀之形体"之类还可以教老师。接下来是读写生字、讲解字义，还算比较好过。即使反复抄写不免厌烦，也可以开小差画只乌龟。再下来老师便问："本课为何种文体？记何事？可分几段？首段至何处？何意？次段至何处？何意？末段何意？"他就开始蔫了。他国文基础不实，自然影响作文水平，常常是有了"起"，却没有"承、转、合"，连半途而废都没有达到。到了高小阶段，他的国文水平才渐有起色，并在课外痴痴地看小说，开始显出一个未来作家的模糊轮廓。

高小增加了理化、历史、地理、博物等科。他明显偏文。按"大脑分工"论，他善使右脑，形象思维能力强。而算术始终是个"死穴"。在《我的童年》（1946）中又自曝"家底"，也不惧少年朋友们笑话：

> 我有许多缺点，其一是数学低能。小小一个数字，最简单的加和减，可以算老半天，还算不清楚。有一次要算一笔账，是一万几千几百几十几元几角几分，除去一万还有多少。那成串的阿拉伯字骇住了我，我想，太艰深了，不行，

赶快请教旁边一位学会计的朋友。他愣了一愣:"怎么,这还算不出来?"我呆呆地看着,听他说:"除了一万,不还有几千几百几十几?"叫他这一说,我才恍然大悟,可不是吗,太容易了!我怎么还算不出来?

不懂数学使我吃了大亏。我没有科学头脑,不能条分缕析,有计划地做事,大概跟这个缺点有关。但像前面这样简单的算法,我还不至于算不出来,为什么一笨至此呢?考察原因,只是因为懒得用心。仗着自己不会算,索性对阿拉伯字存心别扭,没看见它们,先抱了"敬而远之"的态度。原来犯得正是自暴自弃的毛病。

这病根还真深,是从小种下了的。在小学里我就不喜欢算术,平常敷衍了事,考试起来,一狠心就交它个白卷。跟一般少年一样,我有强烈的好胜心,可是对这一门自愿认输,而且处之恬然。如今纵然想"老牛爬槛",不用想再爬上去了。

因为是"为《少年读物》作",写来不免有点夸张,借着自揭短处的方法来接近少年朋友们。其实,他要告诉少年朋友:什么事情都得从小来。少年人自以为来日方长,不妨等将来再说。可是等到将来,就什么都晚了,来不及了。这是"少小不努力,老大徒伤悲"的道理。但是他的算术不好终究也是事实。

四　辍学、乡游

"辨志小学校"那个"志"字,应该有"志向、志气"的寄托。学校倡导自由、平等风气,逐渐养成了学生的正义感、反抗性和团队精神，赋予"志"以独特的内涵。校歌里就有"继续努力快加鞭，吾校风气多开先"云云。据说有一次，一教师行为不端，全体学生遂聚集于学校附近的"斗坛庙"，宣布罢课。后来校长答应学生提出的条件，立即开除了该教师。当晚全校学生开"提灯会"自贺之。小学生罢课，乃前所未闻。

1919年，"五四"爱国运动的风云席卷全国，也波及到了小镇斗门。师生们到镇中心的老闸桥上集会，戏台成了现成的演讲台，向镇民们作激昂的爱国演讲，随后游行。游行队伍游过了南街，再游东、西街。至西街尽头，后军改作前军，再游回去。小镇狭窄的街道本不宜游行，致使队伍拉得老长，不时还有一些觉悟的群众自愿加入，行进缓慢。但是其沸腾壮观之势在小镇虽不能说"后无来者"，却至少是"前无古人"。

小季琳又是举纸旗，又是呼口号，满脸涨得通红，竟至忘了饥渴疲乏。他随队伍在"高街沿"来回游过，计算下来是二过家门而不入，接近于在古越大地上盛传的"三过家门而不入"的"大禹精神"。在"风气多开先"的学校读书，特别是经过这次难以忘却的政治风潮洗礼，在他的心里有了自由、爱国、斗争的种子。

他曾在私塾里前后读书三年，已有一定的文化基础，到"辨志"后直接读三年级。读完初小三、四年级，高小五、六、七年级，5年后于1922年夏小学毕业。接着又重读了一年高小，至1923年夏离开"辨志"。

到小学毕业时，小季琳已不是原来那个贪玩的少年了。他想继续读书，到绍兴城里去读中学。母亲也这样希望，然而担心那笔更大的读书费用从何而来？这事得与长兄商量，因为他执掌着家里的经济大权。长兄宣称无商量余地，家中缺钱，冷冰冰地一口回绝。小季琳几乎一直受着长兄的欺凌和侮辱，此次感觉尤甚。少年心中美丽的梦想，顷刻之间被彻底击碎，这样的事情在人生中应是十分残酷的。他心中很是不平：钱是父亲留下的，为什么长兄可以用来吸食鸦片，却不能给兄弟读书呢？然而他怕长兄。突然间，他明白了母亲那句"要争气"的话。

长兄也是个读书人，对家里人并非完全冷酷无情。缺钱是事实。或许他更清楚兄弟的学业水平。凭这样的"三脚猫"功夫，哪能考取城里的中学？一个书香弟子考中学即落榜，老高家岂不成全镇的笑柄？总之不知道他作何感想。或许也是受到良心的谴责，他答应让弟弟去重读一年高小，打实学业基础。此话也通情达理。这就是小季琳为什么要去重读一年高小。

小季琳又回到"辨志"。较之于辍学在家，能回课堂重拾笔墨、再抚书卷，照念佛的母亲说是"菩萨保佑"。可是对于喜欢新鲜的少年来说，一切味同嚼蜡。尤其是他感到自己的自尊心、好胜心受到了伤害。这种伤害是深入骨髓的。他更多的时间是在读小说，不知不觉间培养起了浓厚的阅读和文学的兴趣。这有点"歪打正着"的意味。对于造就一个未来的作家来说，自由广泛的阅读远比课堂里的背诵默写来得重要，那是艺术感悟和手艺训练的区别。俄国大文豪高尔基的自传体三部曲《童年》《在人间》《我的大学》，昭示了一种文学的"高尔基道路"。小季琳或许也要走一条"高尔基道路"。

一年以后，他终于辍学。他接受了这一事实：学业没有明显提高，因为他严重偏科，难以达到中学的应试要求。离开学校，他一时被寂寞和空虚所包围，同时也以自己的方式进行拒绝和抵抗。

我曾经生活在寂寞里，一大堆少年的日子，像春初天气,都在雨声潺潺中逝去。家庭的光景正在中落,念书的幸福我算是无份了。刚懂得一星半点世事,世事便无情地压到我的身上,而理想却已经日渐远去,真所谓"四顾茫茫",生命失了着落。因为要填补这空虚,有一年多时间,我每晚埋头于黝黯的煤油灯光圈下,用一本红格簿子,细心地抄写报纸副刊上自己所喜欢的文字,算是练习小楷,也算是欣赏作品罢;而目的却显然只在用一些纤细的字迹,来对付那庞大的寂寞的侵袭。(《掠影集·序》,1939)

像有些作家一样,因为寂寞空虚而与文学做伴,想不到后来走上了文学道路。他从报纸副刊上抄写喜欢的文章,不失为一种特殊的练笔方法。这种方法或许是受启发于当年鲁湘齐先生的一次次"抄誊作文"的作业。他通过抄写副刊上的文章,获得了对文字的敏感和理解。当抄写出一本一本的"作品集"时,无疑很有"写作"的成就感。大约就在这些时候,他爱上了文艺副刊。那是一种"文艺副刊情结"的萌芽,因为他后来有漫长的编辑生涯,而对编辑文艺副刊则情有独钟。

为了打发寂寞的时光,他走出台门老屋,投入自然山水、纯朴乡村的怀抱。它们安抚和净化着少年的心灵,并打上深深的烙印。对一个未来的作家来说,不仅是一个生活素材积累的过程,更是一段必须及早完成的思想情感经历,从而达到一种精神境界。

我的童年是过得很寂寞的,常常独自溜出阴森的家,跑向黄昏的街头,静静的田野和小山,正在演社戏或傀儡戏的热闹场所,睁着稚弱好奇的眼睛,去看一切自己所不能了解的事物,当时有许多印象,至今还占着我心坎的一角。(《古

宅》,1935)

在野渡渡头,他听潺潺的河流催眠似的低吟浅唱,去罢"摇渡"去"揉渡"。在绍兴,如果是远来的外方行客高叫"摆渡呀",对岸不久就会发出橹声,多半是一个白须白发的老人,将一只小船咿咿呀呀地摇过来。渡过后,客人掏出一二铜子丢到船肚。那是所谓"摇渡"。如果是山脚边传来一串俚歌,接着树林里闪出一个人影,向水里捞起系在船上的绳子,一把一把将那渡船从对岸缓缓"揉"过,再拉着绳子连船带人曳向对岸。那是所谓"揉渡"。这样的自然、风俗细节,他一辈子都记得清清楚楚。

凡是绍兴人,都有或浓或淡的一份"戏剧情结"。他从小就喜欢乡间的社戏演出和迎神赛会活动。如今失去了课堂学习,便从乡镇的"狂欢"中感受乡风民俗的意蕴,接受戏剧精神的熏陶:

> 我的童年生活很暗淡,看社戏几乎是我当年最大的欢乐,也是我记忆里少数色彩斑斓的事物之一。鲁迅小说的读者,大概能想像社戏的风味。我小时候的太平年月,我们乡间的社戏也真多,一年四季,几乎每月不断,逢到传统的大节日,镇上可以有四五台戏同时开演,锣鼓喧天,笙歌达旦,镇上的居民倾巢而出,其中总也少不了我这个年幼的老看客。邻近农村有社戏,不论三里五里,我也不怕披星戴月,跋山涉水,跟着成人赶去欣赏。我如醉如痴地接受优孟衣冠的熏陶,就是从这些草台班开始的。(《小浪花》,1978)

他最喜欢那出绍剧《伐子都》,一出类似于莎翁《麦克白》的"阴暗的心理悲剧"。第一次看那出戏是在离家有五里地外的一个邻村。那是一个晚上，夜空辽阔，秋意渐深。在急管繁弦声里，看完了那出惊心动魄、使人战栗的戏。他稚弱的心灵第一次被人性中黑暗的深渊所震慑，也第一次被如此强烈的艺术感染力所吸引，如遭电击雷轰。

同时又被剧中扮演公孙阏的一位无名艺人所征服：绝妙的气概风度，矫健的腰腿身手，活灵活现地创造了一个胸襟狭窄而野心无限膨胀的角色。尤其是将金殿发疯那场戏演得石破天惊，使人毛骨悚然。从那天晚上起，他痴迷上了那个无名艺人。以后他跑遍四邻远近的村镇，如痴如醉地看心中偶像的表演，特别是那出《伐子都》。有一次，这个草台班来镇上演出。当班船在河边停泊后，他终于得以近距离见识了这个无名艺人的"庐山真面目"：在台上威风凛凛、呼风唤雨的角色，在台下却完全像个朴实的庄稼人，端着蓝花粗瓷饭碗，在津津有味地吃白米饭、乌干菜。

从一个少年对《伐子都》和那个无名艺人如此的痴迷程度来看，多少显出一个未来的剧作家、剧评家的潜质。而他未来在文学、戏剧事业上出道后，见识过古典的、现代的各式剧院和舞台，观赏过东、西方的各个剧种和各派名家名角，但最为难忘且记忆犹新的还是故乡的戏剧"狂欢"：

> 梦里真真，常常萦绕心曲的，却是故乡镇上古朴的庙台，村口河边临时搭成的戏棚，入夜在汽油灯的映照下，远远望去，宛如缥缈的仙山楼阁；笙歌悠扬，在田野里因歌传送，端得是天上应有，人间难得。（《无名氏》，1982）

小季琳似乎在走出辍学后所遭遇的精神困境。但是现实依然困顿，就像一座山拦在面前，无法搬动丝毫。他说大不大，说小不小，该是读书的年龄，可是失学在家。外出去干活吧，又嫌小了点。成天在家里闲着，不是个办法。母亲既可怜儿子，又为他犯愁。托了亲戚朋友，说是在杭州那边有个丝绸印花厂需要刻制图案雕版的纹工。季琳要去，他想干活挣钱，再说刻图案也是他喜欢的工艺美术。可是母亲不同意。她以为书香弟子哪能到工厂去干粗活，而且去杭州那边也远了点。毕竟只是个大孩子，从未离开过家。

　　她心里琢磨，最好让儿子到城里的钱庄或当铺去学生意。在那种地方，做活斯文体面，将来生意学成后挣钱又多，才是有出息。虽是托了一些关系，但是总也没有回音。其实真有回音，季琳也去不成。去钱庄当铺，要有算账的本事，既迅速又正确，而算账恰恰是他的弱项。再说，他性格率真、爱好浪漫想像，具有艺术家的气质，怎能练就商家的心计城府。

　　时光流转，一年多过去了。踏破铁鞋无觅处，得来全不费工夫。一个偶然的机会，宣告季琳辍学在家的日子就此结束：他要去当小学教师了。

朱储村私立务实小学

《越铎日报》

《儿童世界》杂志

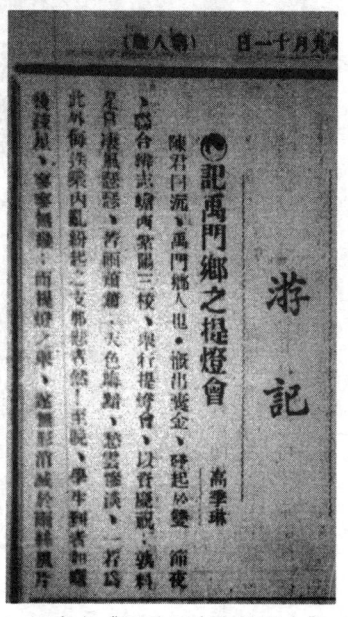

记事文《记禹门乡之提灯会》

小说《心的跳舞》

《红玫瑰》杂志

《少年》杂志

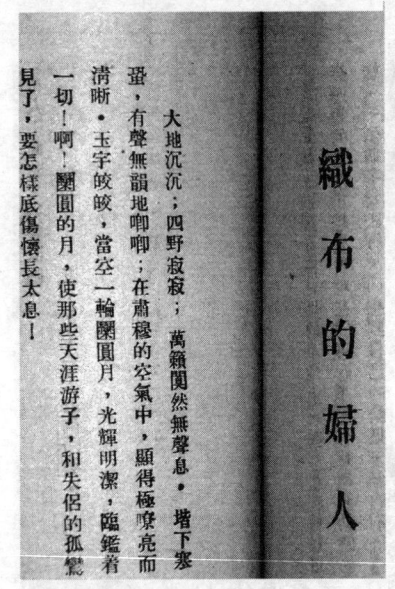

叙事诗《织布的妇人》

《妇女》杂志

教 书 生 涯

一 务实小学

斗门人向有尊重文化之传统，即使文盲、乡妇，对文化也敬若神明。书籍落地，得赶快拾起。执笔、翻书之前，先得洗手。他们还认为，字纸被人践踏是对文章之大不敬。看到地上有字纸，都要拣起来放入字纸箱。在镇的各街口上可以见到悬挂着的字纸箱，箱外写有"敬惜字纸"四字。镇上旧时还有一个"惜字会"，他们收集字纸，然后集中到一个焚纸炉里去烧掉。甚至可以看到，镇上那位非常有名的退休师爷高济川也手执藤篮、火钳，经常在街上拣拾纸屑。

斗门的陈宛香先生家境殷实，又感乡风重教，于是在镇附近的朱储村办了一所私立务实小学，算是做一件文化善事。本学期学校开学已有时日，因为走了一名教师，空缺尚无人顶替，陈校董心里不免焦急。他是高家的熟客，遂在酒饭之间问起伯琳，高家老四可否去顶此一缺？伯琳不假思索，一口应承。

季琳一时又惊又喜。惊的是自己仅高小程度，论资格不够。喜的是从此可摆脱寂寞赋闲的日子了。容不得季琳摇头点头，事情就定下了。由于环境所迫和生存需要，完全被动地去做一件自己一知半解的、力所难及的事情,而事情又关乎自己的人生和事业。在季琳,这是第一次,但不是最后一次。他要去当教师了,从此开始踏上社会。那一年,才十五岁。

　　还在浑浑噩噩的少年,就过早地投身社会,赤手空拳,迎接命运的挑战。(《应是屐齿印苍苔——〈柯灵散文选〉序》,1983)

　　我的学历表略高于文盲的一档,在理应求学的年龄,却被迫"好为人师",当了小学教员。这就免不了自误误人,举步艰难。为了勉力应付,只好一面教人,一面自学。(《早熟的悲欢》,1988)

救场如救火。1924年秋天的一个早上,季琳上路去学校。太阳出来,他已经从一个少年、学生变成了一个青年、教师。一夜之际,他还无法消化掉人生角色转换所带来的种种迷惘。但还是感觉到自己的突然成长,同时感觉到一种担子压肩的重量,心里不由地忐忑起来。这样的感觉,他在六十年后还记忆犹新:

　　六十年前,我在你们狭猱湖乡的一个小学校里当过教师……我那时还是十五六岁的少年,是个不够格的老师,提起来很惭愧。(《书简·致周伟明》,1991)

学校地处小镇西去约三四里。他安步当车,来到了朱储村的一个土地庙外。学校自去年即1923年起办,至今不过一岁多的校龄。学校就在土地庙内,光线晦暗,安置若干旧的桌椅板凳即成课堂。不计简陋至此,在乎启蒙求知,的确体现出学校的"务实"精神。眼下校里只有金校长一人,加上前来救场的季琳,组成一个微型的教育团体。

金校长年长、敦厚,盛情欢迎这个乳臭未干的大孩子。他介绍说,学校初办,人手有限。除了国语,其他只是蜻蜓点水。至于副课嘛,自己腿脚已硬且五音不全,暂付阙如。学生大部分来自本村,年龄参差不齐,有的明目张胆地挂着鼻涕,有的则喉结都已经开始微微凸起、声音变粗。他们打量着这位仅仅大几岁的老师,颇感好奇。务实小学的境况举步维艰、聊胜于无。

务实小学是一所初级小学。1922年开始,政府通令小学实行新学制。国民小学校分初级小学校(学制四年)、高级小学校(学制由原三年改为二年)和完全小学校(初、高等兼设,学制六年)。各年级废止修身科,改称公民,并改国文为国语,课文由文言文改为语体文。初级小学校的卫生、历史、地理、公民合称社会科。

执教之初,不难想见季琳一副捉襟见肘的尴尬。主要的困难是经常在课文里遇到自己也不认识的字、解释不通的词汇和把握不住的句子。于是就祭出以前读小说时用过的"法宝":杀强盗。所谓"杀强盗",就是自己为生字定音、定义,也就是以读白字、望文生义来混混了。他善于凭着自己的一知半解来解决课文中出现的种种"疑难杂症",达到自圆其说。他怎么教,学生就怎么学,他们哪里知道老师是在课堂上"杀强盗"。这也就是多少年以后,他仍旧心有不安的"自误误人"和"惭愧"。

但是他给学校带来了勃勃生气。他给学生上图画课,把自己保留的作品《夕阳返照》《渔村夜月》《欸乃一声山水绿》等拿到课堂,让学生学着画。还把学生的画贴得满墙都是,使大家都感到很荣耀。他还给学生上唱歌课,教得像模像样。把音乐简谱和歌词写在黑板上,手打着拍子,先学唱乐谱,再合上歌词,最后拉起胡琴来伴奏。至于体操课嘛，就用捉迷藏、抽陀螺或者爬树等娱乐活动来代替了。许是想起了蒙师鲁湘齐先生的"教法"，他也让学生既读书又感到快乐。在鲁湘齐先生是不迁，在季琳则是童心未泯，其实他本来就是一个大孩子。他和学生在一起，也分不清谁是老师，谁是学生。学生都管他叫"小先生"、"小高先生"，亲热之情溢于言表。

陈校董来学校观摩教学。他眼光独到，对季琳"杀强盗"不以为然，以为那只是一个时间问题。他相信老高家的人血脉里就有文才，可予期望。出乎意料的是，季琳竟把图画课、音乐课、体育课教得那么有声有色。不仅填补了学校副科教学的空白，还使学生在读书时享受到一份快乐。惊喜之余，他"雪中送炭"，拿来了一些书籍、字典、报纸杂志，鼓励季琳通过自学提高学识水平。

季琳成了陈校董家的常客，经常去借书，请教课文中的问题。陈校董和蔼可亲，知识渊博，每次都不厌其烦地指点迷津，也算是在做一件文化善事。这学期结束时，他给了季琳十几块银圆，作为试用期的津贴。下学期起正式聘用他为教师，按月发给薪水。

在季琳的人生中，陈宛香先生于他有知遇之恩。在他的社会人生起步时，给了他机会。在最需要文化、精神和物质帮助的时候，帮助了他。

不久，务实小学从土地庙搬出，有了两间教室，还有一间则以板壁隔开，兼作办公室和教师宿舍。季琳得以搬到学校来住宿，既免却了每天来回的奔波劳顿，更有了充裕的时间，用于自学、备课和练习写作。一个瘦弱的大孩子，孤身离家在外，每天晚上在摇曳的烛影里埋头苦读，成了一幅感人的"孤影苦读"图。这图使人想起师爷高馨圃早年外出谋生的艰辛，父子俩人生轨迹有着某种相似；又会使人联想到二千多年以前越王勾践"卧薪尝胆"的故事以及其中的刻苦和顽强精神。

小先生实在可称得上是"老"教师。在务实小学，季琳执教前后近四年，而校长则换了几个，真可谓"铁打的'小先生'，流水的'校长'"。金校长年迈谢职，聘来了马校长。他年届不惑，虽嫌乡村小学池水太浅，却碍于陈校董的面子。自视甚高，还不够厚道，因而很瞧不起季琳，常有冷嘲热讽，使季琳忌惮三分。可谁知这个过去勉强毕业的小学生，却熟谙音乐、体育、美术之道，俨然成了孩子们的精神"领袖"。孩子们知有"小高先生"，却不知有"马校长"。而且还经常在报纸杂志上发表一些文章、作品，《记禹门乡之提灯会》《织布的女人》等，在村里的声势闹得比校长还大。马校长既生妒意，却又不得不刮目相看，不由得想起"长江后浪推前浪"这句诗。

走了马校长，又来了高校长。高天栖校长是一个与"礼拜六"派有往来的小说家。季琳读过一些"礼拜六"派的杂志，曾津津乐道于风花雪月的故事。听到校长的名字，见到妙笔生花的小说家就在眼前身边，不由得肃然起敬。高校长没有因季琳学步文坛而有所轻视。相反两人很快成了文学的"忘年交"，大谈小说创作。高校长借给季琳几本最近出版的《红玫瑰》杂志，上面刊有他的小说《上课之前》《漂流的红叶》《溪滨》等。季琳看后，觉得都不是什么风花雪月，而是清晰纯朴的乡村故事。他尤其对那篇《上课之前》感兴趣，写的是一个乡村小学在上课之前几个学生调皮的事。他觉得自己也能写，便模仿着写几个学生在课间休息时的调皮事，最后完成了一篇叫《心的跳舞》的小说处女作。高校长热心地把这篇小说推荐到上海"礼拜六"派的杂志——《红玫瑰》第5卷第3期（1928年3月出版）——上发表了。可是好景不长，高校长擢升到绍兴县教育局去当教育科长了。

继任校长傅天锡,对季琳如师长,两人关系融洽。他是原辨志小学校校长傅天弼的弟弟。季琳与傅家兄弟很有缘,傅家还有个小弟就在务实小学读书,是季琳教的学生,这师生两人还同住于一个仅半间的斗室。

这一年里,季琳感到工作、生活都是乐融融的,却不知这是他在务实小学的"最后辉煌"了。1928年夏,朱储村私立务实小学因经费不足而停办。但季琳还得继续他的教书生涯。秋天,新学年开始,绍兴县教育局委任他到陶堰镇浔阳小学去当校长。这真是意外之喜。

二　浔阳小学、西村小学

季琳才十九岁,就被县教育局看中并委以重任,这在乡镇上是件很了不起的事。是不是"隆任"这个名字有灵验,这不好说。好说的是,他教书已经近四年了,而且在绍兴、上海等地的报纸杂志上发表过一些文章、作品。或许他给人的印象不错,有执著的敬业精神,做一行、爱一行、专一行。或许还是如今在县教育局任科长的高天栖赏识并推荐了他。

浔阳小学是一所完全小学,比起务实小学,规模大多了,而从这一年起小学开始普遍实行男女同校读书。同时他的角色已经转换,从普通的教书先生跃为一校之长。他意识到将面临许多新变化、新挑战。与四年以前到务实小学去上任的那天一样,他又感到了重任在肩的压力。不过,现在他已不是那个手足无措的毛孩子了,而是出落得英俊潇洒、风华正茂和成竹在胸。

初到浔阳小学时,他发现这里的教育秩序和纪律都很混乱。

他想起了早年就读的辨志学堂，校风既自由又严谨，名冠全县。他以辨志学堂为榜样，又吸取了自己在务实小学四年的经验，制定出若干师生须遵守的条例和纪律，以图扭转校风。辨志学堂有对学生的处罚。比如，打架关入禁闭室，骂人用红墨水在嘴上画圈示众，怪叫、随地扔字纸或果壳则面壁站立反省等。浔阳小学也处罚不守纪律的学生，但有一些特殊的高招，把教育、人情和文学结合起来，可谓继承"辨志"超越"辨志"。当学生面壁而立，面对着的是贴在墙壁上的儿童诗歌、警句或当地谚语，给以正面的教育和鼓励。这些都是小高校长的精心之作：什么"绵绵同学情，相知又相亲"、"少小须努力，长大成栋梁"等等。

他还搬来了辨志学堂的一首"放学歌"："一天容易，夕阳西下。铃声报放学。欢天喜地各回家。日里欢聚，晚上暂别。先生们，明天见！同学们，明天见！"每天放学，学生雄赳赳、乐融融地唱着歌曲回家。

当时日寇的魔掌已伸向我国的东三省，侵略野心已经暴露。他借用《苏武牧羊》的曲调作谱，编写了一首《浔阳校歌》来激励学生：

美哉！我浔阳。碧水长流，青山在望。惜分阴，同奋励，五育俱增长。加紧培良材，共乐乐无涯。警倭患日迫，桑梓衰弱似残阳。卫国兴乡，责在吾辈，毋负我浔阳。

县教育局的督学田锡安到校视察，对年轻的高校长大为赞许。特别对他专为学生"面壁"而设的儿童诗歌、警句、越谚的条幅大感兴趣，并建议把条幅放低到适合儿童阅读的位置高度。在年底的学校评比时，田督学表扬了浔阳完小的突出成绩。县教育局颁发了年度学校"办理优良"的奖状，只有两个学校得奖，而浔阳完小荣居其一。

陶堰镇靠近季琳的外婆家长塘,也是一个水系特别发达的地方。浔阳小学地处浔阳江畔、白塔洋头。靠江边有一溜并排五间的江楼,季琳就住在其中的一间。他在素壁上张贴一幅录自刘大白诗句的条幅当作"江楼铭":"故乡多少佳山水,不似西湖浪得名。"新文化的先驱者、由旧入新过渡时代的诗人刘大白,是绍兴平水镇人,曾在故乡教过书、编过《绍兴公报》。季琳读过他的诗文,尤其是对反映农民生活疾苦的《卖布谣》一诗印象很深。

房间的南面有一排纸窗。窗外的远处是一幅曼妙无比的天然图画:连绵起伏的青山横亘在前,山下的小村襟山带水,零落的村舍掩映在绿树丛中。窗下是整日潺潺的浔阳江,对岸有一座路亭,亭边常年系着一只渡船。东望白塔洋,烟波浩淼,白茫茫一望无际,普照寺玲珑剔透的琉璃阁矗立其间。眼前的一切景观,似乎在印证着那句"江楼铭"。

季琳的"雨天情结"使他特别喜欢雨中的浔阳江:烟雨濛濛,轻纱似的笼住一切,遥望对面青山淡极欲无。这时,他会与江流悠悠对坐,历二三小时。几年以后,他客居上海时作了一篇《忆江楼》(1932)的美文,抒写明月、歌声、渔舟、湖菱……忆及浔阳江畔、白塔洋头的景致、风物和自己在彼时彼刻的体验。

> 看月最宜在水边,江楼正是此中佳境。
>
> 月明之夜,与友人三五,在门前的石凳上闲坐。暮色初合,静看一轮鹅黄的圆月,给普照寺琉璃阁的塔尖轻轻挑起,云霞暧䨴,月影朦胧。天上人间,纵谈今古,这是一景。
>
> 黄昏在江边漫步,秋水盈盈,一弯新月,像金钩斜挂半

空。微风不动,水波不兴,天上一牙,遥对水底一牙,看自然盈虚,察世态升沉,这又是一景。

小楼夜静,灯火青荧,一卷在手,心醉神移,固然是一种极大的享受。熄了灯,无忧枕上,黑甜乡里,好梦不惊,更是最好的将息。

但在更深夜阑,万籁无声的时候,却常有断续的歌声,夹在小舟的欸乃声中,送到枕畔,破碎了无边的恬静。歌声如飘风,如一缕摇曳的游丝,在夜空中遥远地传来,渐行渐近,渐渐的清越,终于到了窗下,歌词也清晰可辨了。咿呀的桨声,夹着激荡的水声,缓慢地为歌声击节。然后歌声又渐渐远去,渐渐地微弱,渐渐地模糊,终于轻烟般在静夜中消失。

在陶堰镇的一年,是季琳重要的一年。既是他立业的起点,成功地管理着一所学校;也是他成家的起点,小有曲折地与陶小姐结婚。1929年春,陶堰的乡绅陶慎庵可谓"慧眼识英雄",有意识地结交了季琳。陶先生有个女儿,时年十六岁,长得亭亭玉立、文雅娴静,正在浔阳小学读六年级。他以家长身份邀请高校长到家里吃饭,趁此机会让夫人察看自己中意的"乘龙快婿"。夫人看后满意地点了头。于是便托人去斗门打听高家的情况。当得知高家的"家道中落"底细以后,一时踌躇难决。季琳办学出色,且为人谦虚和善,在镇上享有很好的声誉和口碑。所以陶家的亲戚朋友都从旁竭力撮掇,最终留下了一段师生联姻的佳话。然而这仅仅是一段为时短暂的佳话。没有几年,妻子携子回了娘家,就此一去而不复返。从陶小姐说,一则这段婚姻原是父母之命,自然缺乏感情基础。二则季琳迫于生计,婚后几年在绍兴、上海、杭州等地方四处奔波忙碌，夫妻之间离多聚少，感情自然日渐淡薄。

季琳在浔阳小学的事业蒸蒸日上。然而因为经费不足，浔阳小学停办了。傅天锡在离开务实小学后，被转聘到马鞍镇西村小学任校长。他闻知浔阳小学停办的消息，遂向校董推荐了季琳。

1929秋，季琳到西村小学执教，并任教导主任。但他在教务、教学工作上并不顺心。经过几年的教学实践，特别是一年的校长工作，他渐渐地有了自己的一种"寓教于乐"的教育理念和风格。他把它们带到了西村小学，成天在孩子堆里有说有笑的，当他的"孩子王"。"寓教于乐"既可以说是具有现代色彩，也可以说是追求时髦。不幸的是，几个老校董守旧、刻板而老派，不懂传统教育向现代转化的趋势，却认为年轻人好赶时髦。在他们看来，所谓"寓教于乐"，简直就是没有规矩法度，以至于"师不师、生不生"。季琳也很烦恼，自己突然不会教书了。校董们与季琳渐生龃龉，且显日益扩大之势，傅校长的调和也无济于事。一个学期不到，季琳即遭解雇，丢了饭碗。

"饭碗"，如今已是季琳生活中一个重要的词汇。他结婚了，孩子又将出生，母亲年纪也大了，都需要他有一个养家糊口的饭碗。然而"天无绝人之路"，不久他的新"饭碗"来了。这次他要作一次很长的漂泊，不仅要离开故乡绍兴到大都会上海去，还要经历从教书先生到报人的转行。他像父亲一样，也像很多浙东文人一样，要越过钱塘江，到外地去成就事业。那么，如果他继续教书是否能成为一个著名的教育家，如同他的同乡前辈经亨颐、夏丏尊、陈鹤琴等人一样？因为事实上他告别了教坛，就不得而知了。但是，一个著名的报刊编辑将渐渐地出现。

别了，教书生涯！

三 阅读、练笔

几年来,季琳"三管齐下":努力教书、勤奋阅读和刻苦写作。作为一个文学大家,他最初的阅读和练笔经历,总是值得追踪一番的。

他喜欢上阅读是偶然的。还是在辨志小学读书时,班上的一个同学借了一部《西游记》给他。《西游记》的情节、形象深深地吸引了他,读得津津有味。后来,他一生手不释卷,可以说是《西游记》拉开了他阅读生涯的序幕。

> 我还记得,是一位善于讲故事的同学,他灵活的口才引我打开教科书以外的书本。第一部是《西游记》。生字真多,词句更多不能了然。我的办法是,看见生字就跳过去,丢开不管,或者自作主张替它假定音义,这在我们那时候的术语叫做"杀强盗";整句不懂的就打哑谜。情形苦得很。但慢慢的终于看出了味道,虽然眼睛害着病,见光就睁不开,还在摇晃的烛影里看得津津有味。(《我的童年》,1946)

他读了许多"闲书",旧小说,更多的是武侠小说,如《封神榜》《三侠五义》《江湖奇侠传》《施公案》。主要是读故事情节,满足少年的好奇心。随着文字能力的提高,渐渐的阅读入迷。甚至在上课的时候,也把"闲书"压在课本下面偷偷地读。与许多人一样,因为读小说而喜欢上了文学。这也说明了他学有所偏、整体学业水平难以提高的原因。

他特别喜欢《三国演义》《红楼梦》《水浒》等古典文学名

著。他找出收藏的香烟牌子,一边细细欣赏上面的"三国"文臣武将、"水浒"绿林好汉、"红楼"金陵十二钗等绘画人像,一边品味小说,觉得十分有趣和受用。小说的人物和故事仿佛在脑子里活动起来了,记得特别牢。后来他在文学写作中,古典小说中的人物、情节能随手拈来,应是来自少年时代的阅读"童子功"。

辍学期间读了不少新文学作品和报纸杂志。《少年》《小说世界》,然后是《洪水》《小说月报》……从虚幻到现实,从眼花缭乱的传奇故事到有血有肉的真实人生,他似乎忽然对世界明白了许多。所以说到书籍,他显得很是动情。根本上说,阅读起初是由兴趣所驱动,后来是要弥补学历学识的不足。而凭着长期地阅读和自学,才使他从教师、编辑走向作家,最后成为一个文学大家。

> 书是我的恩师。贫穷剥夺了我童年的幸福,把我关在学校大门的外面,是书本敞开它宽厚的胸脯,接纳了我,给我以慷慨的哺育。没有书,就没有我的今天。——也许我早就委身于沟壑。
>
> 书是我的良友。它给我一把金钥匙,诱导我打开浅短的视界,愚昧的头脑,闭塞的心灵。它从不吝惜对我帮助。
>
> 书是我青春期的恋人,中年的知己,暮年的伴侣。有了它,我就不再愁寂寞,不再怕人情冷暖,世态炎凉。它使我成为精神世界的富翁。我真的是"不可一日无此君"。当我忙完了,累极了;当我愤怒时,苦恼时,我就想亲近它,因为这是一种绝妙的安抚。(《书的抒情》,1985)

父亲留下一些书,但大都是典册,并不适合于他。倒是长兄伯琳从广州、上海带过来一些新文学作品、杂志。伯琳见他初涉讲台举步艰难，动了恻隐之心，便经常拿些书报给他，并嘱可随时回家来取。这件事，倒也把兄弟之间的关系拉近了一点。

镇上旧有一个简陋的"阅报楼"。后来由辨志小学校长傅天弼等人发起，将"阅报楼"移地设于老闸桥上的一所楼里，面貌焕然一新。南北两面都是玻璃窗，光线充足。墙上挂一幅对联："禹疏九河水，门对浙江潮。"他常去"阅报楼"，如饥似渴地了解社会、文化、教育的最新动态。对季琳而言，这座"阅报楼"的意义是重要的。不仅是因为他在那里经常读到绍兴的《越铎日报》，后来的"处女作"也发表在那张报纸上。而且，他今后几乎一辈子都与报刊打交道，在二十多家报刊当过编辑，大约有三分之一的文字发表在报刊上。他与报刊结缘，正是从这座"阅报楼"开始的。

务实小学的陈宛香校董家里有些书籍，唐诗、宋词、元曲，明清小说，鲁迅的小说和杂文，译本《茶花女遗事》，《小说月报》杂志等，使季琳大开眼界。陈校董慷慨地借书给他，还特地拿给他一本字典，说是对看书、教书、写作都会很有用处。他对那本字典爱不释手。它是最好的老师，有求必应。有人认为，通读字典是一种特殊而有效的学习方法。由于当时教学的急迫需要，或许他通读过字典，而且不止一遍，从而终身受益。在他一生的文学写作中，语言文字水平堪称一流。其中所用字词正确、规范，合乎字典水平。《巷》《重温历史的旅行》等作品被陆续选入中、小学的语文课本，《乡土情结》还被用于高考的语文试卷。

他喜欢上阅读是偶然的，喜欢上写作也是偶然的。写作的冲动，始于务实小学教书的时候：

我走上文学道路是偶然的事。小时了了，就"胸怀大志"，发愤要当作家那样的念头，我从来也没有过。……我执教的小学在我家邻村，那时的农村是真正的文化沙漠，会把人的心灵渴死的。可怕的是大家并不感到这一点，因为肉身的饥渴更重要。我碰上难得的幸运，有机会零星地读到少量上海出版的杂志，纸上的大千世界打开了我的眼界，使我着了迷。久而久之，也就自然而然地萌生了写作冲动。厨川白村认为文学是由于生命力受压抑而产生的，是"苦闷的象征"，我相信这个话不无道理。现在回想，我开始接触文学，迷恋文学，肯定和我寂寞而骚动不安的灵魂有关。(《早熟的悲欢》，1988)

他用厨川白村的文学理论观点来解释自己写作的动机和起源。因为"苦闷"，他从身边的人与事中就近取材，把自己的点滴人生感受熔铸其间，铺衍成文。在昏黄的烛影里，从他的笔端下流出了《斗门提灯会记》《织布的女人》《潇潇狭猻雨》《心的跳舞》《耕余随感》，还有儿童故事、儿童诗歌……有很多人向柯灵问起过"处女作"的问题。他说：

我的第一篇习作，题目大概是《斗门提灯会记》。我的故乡是浙江绍兴斗门镇，约在1924年的国庆节，为了表示庆祝，举行了一次提灯会，宛若游龙的灯火给了我灵感。那是用文言写的记事文，发表在《越铎日报》上。这张报纸因为鲁迅写过文章而著名，但此时早已和鲁迅无关，只是一张内地县城普通的日报。《提灯会记》的文字，至多也只达到通顺的水平。(《早熟的悲欢》，1988)

斗门镇历史古老，文化悠久，所以也多会节。大的有：正月的"三官会"、"元宵提灯会"，三月的"张神会"，四月的"朱天会"，七月的"元帅会"，九月的"姥姆会"等。遇会节时，老闸桥一带摩肩接踵、人山人海。民国时期，双十节的晚上也仿效"元宵"举行"提灯会"。夜间，集会的人们点亮各式各样自扎的彩灯，兔子灯、蝴蝶灯、神仙灯、走马灯……在街道、田间和河边提灯游行，煞是美妙和有趣。傅天锡校长曾在《斗门民教馆最近的二个月》一文中这样描述"提灯会"："十月十日双十节上午在老闸戏台举行扩大庆祝会，参加机关及学校计十余单位，民众二百余人，会后出发游行。晚间举行提灯会，大小彩灯计百数十盏，内以本馆特扎喷火坦克车及斗门中心校制大型炸弹为最新颖精彩。"

《早熟的悲欢》写于1988年，其中回忆起了六十多年前的"第一篇习作"。由于年代相隔久远，只是说"题目大概是《斗门提灯会记》"，"约在1924年"，用了"大概"、"约"来表示不十分确定。他参加了那次"提灯会"。夜晚的景色里，星星点点的彩色灯光游动于西街、东街、南街、老闸桥、金鸡山、玉蟾山、田野、江边，又相伴着人们的呼叫声、欢笑声，一路来去。这一美妙的景象让他赞叹不已，也触动了他的创作灵感。回家后便写下了一篇记事文，一星期后在《越铎日报》上发表。

柯灵早年发表在报纸杂志上的"习作"大都佚散。虽然他自谦早年的作品"至多也只达到通顺的水平"，但内心里还是有所留恋，因为它们与一段少年的、辛酸的经历紧紧联系。同时也是因为编《柯灵文集》的需要，因此他给绍兴的友人、当时《野草》杂志主编陈雪琛去信："因沪上有友人约编拙作文集，藉志鸿爪。犹忆1926—1929年间，我在绍兴《越铎日报》及《民国日报》副刊投稿不少（主要在《民国日报》，署名"季琳"或"高季琳"）。拟求就近一查，代为复制拙作全份。"（《书简·致陈

雪琛》，1998.2.10）

　　这两种旧报已经严重缺损。而且在抗日战争末期又被日寇掠走一批，幸好日本投降时尚滞留于大连港，得以残存。幸运的是其中有发表在1926年10月17日的《越铎日报》上署名"高季琳"的、题名为《记禹门乡之提灯会》一文。柯灵把"1926年"误记成了"1924年"。后者确实也是一个重要的年份，以至于印象很深，那是他开始教书的年份。题名则记成了《斗门提灯会记》。"斗门"也称"禹门"，他曾就读的"辨志小学校"一度就称"禹门乡立第一小学"。"禹门"中所含的那个"禹"字，与绍兴广为流传的"大禹治水"故事没有关系，而是"盐"的古越译音。《越绝书》上说"越人谓盐曰余"。"余"、"禹"或"玉"都属译音。如前所述，斗门地方曾是盐场。

　　《越铎日报》是一家民办进步报纸，由鲁迅发起创办，1912年1月3日创刊于绍兴。报名为鲁迅拟定。"铎"即"木铎"，为一种木舌之铃，系古代传达政令、宣传教化之工具。"越铎"意为"越中人民之喉舌"，体现该报开创时期之办报宗旨。初创时，鲁迅担任该报名誉编辑。创刊号上，以"黄棘"的笔名发表了《〈越铎〉出世辞》，阐明了报纸的宗旨："抒自由之言议，尽个人之天权，促共和之进行，尺政治之得失，发社会之蒙覆，振勇毅之精神。灌输真知，扬表方物。"

　　1998年，柯灵的搜求早作和编辑文集同步进行。不知何种原因，这篇重要的《记禹门乡之提灯会》没有收入《柯灵文集》。是否没有赶上排版，还是不合文集的编辑体例，或者是此文已残缺不全？总之是件憾事。笔者到绍兴市图书馆的"地方文献室"找到了它。那是一个《越铎日报》的"缩微胶卷"版，看去字迹略感模糊，但均可辨认。全文如下：

陈君曰沅，禹门乡人也。慨出囊金，发起于双十节夜，联合辨志、蟾西、紫阳三校，举行提灯会，以资庆祝；孰料是日凄风瑟瑟，苦雨潇潇；天色晦黯，愁云惨淡，一若为此外侮迭乘、内乱纷起之支那悲者然！至晚，学生到者如曙后疏星、寥寥无几；而提灯之举，遂无形消灭于雨丝风片之奈何天中矣！

十一号，忽而晴明，碧空如洗，气爽天高。于是三校诸人，议决重行为。晚七时，记者承蟾西之邀，匆匆赶彼；预备既竟，率队出发。至辨志校，紫阳已先在；乃相与连成一长蛇之势，迤逦向市西游行。旌旗飘扬，灯火辉煌；天真烂漫之小学生，口唱国庆歌，顿挫抑扬，尤如山谷黄鹂、呢喃春燕之悦耳也！

行行重行行，过赵家桥巷牌下等处，复折而东。经沿河一带：灯光映水，流淡闪铄，如彩龙之翻舞，似金蛇之纷蚩，灿烂光华，奇幻莫名！一般小学生，亦啧啧称道不置。

是晚，适财神堂有剧，观者如蚁，途几为塞，学生二百余人亦莫不喜上眉端，欢欣鼓舞。熙熙攘攘，大有共庆升平之象！及合镇环绕一周，游罢奏旋，时已鱼更三跃，钟鸣十下矣。归后濡笔志之，为异日之鸿印云。

一五、十、十一夜，蟾山麓下。

"灯光映水，流淡闪铄，如彩龙之翻舞，似金蛇之纷蚩……"等句子，见出几分古文的涵养、功力。从"外侮迭乘、内乱纷起"等句，又可知此次提灯会非孩童一般的嬉戏之举，而是小学生爱国忧民之行，包括作者本人。意外的发现是：此次提灯会及写作的日期并非那年的"国庆节"当天，而是后一日。

四 处女作

　　自己写的东西，还有自己的姓名，第一次变成印刷文字在报纸上登出来，还是一家曾与故乡大文豪鲁迅有过密切关系的报纸。这事对于一个身处乡镇、受教育不多、利用业余时间舞文弄墨的青少年来说，不是一件平常事。他为此如痴如醉、飘飘欲仙了好些日子。这种难以形容的喜悦，似乎以后再也没有经历过。同时又给了他写作的勇气和兴致，开始不断地向本地、外地的报纸杂志投稿。遗憾的是他一直不知道：《越铎日报》的哪一个编辑给了他这种强大的第一推动力？

　　在柯灵的记忆中，《提灯会记》是"第一篇习作"。这也代表着对柯灵"处女作"问题的一种观点。但是早于《提灯会记》写成的是一首叙事诗《织布的妇人》：

> 　　这是我第一次用幼稚的目光注视中国妇女的不幸命运，大概和我母亲的遭遇有关，虽然我那时还不能真正理解她的痛苦。这篇东西是用韵文写的，一韵到底，约百余韵，大概可以算作叙事诗——如果不嫌过甚其辞的话，因为压韵并不就是诗。（《早熟的悲欢》，1988）

　　诗在开头处先营造一种凄凉的气氛作为铺垫，然后以外貌和动作的细腻描写来塑造女主人公悲惨的形象：

> 　　大地沉沉，四野寂寂，万籁阒然无声息。阶下寒蛩，有声无韵地唧唧；在肃穆的空气中，显得嘹亮而清晰。玉宇皎

皎，当空一轮团圞月，光辉明洁，临鉴着一切！啊！团圞月，使那些天涯的游子，失侣的孤鹜见了，要怎样地伤怀长太息！

……

织着布的少妇，看她年纪不上三十，头发已经花白，脸上现着黄蜡色，她的眼睛，一瞬不瞬的盯住布机，虽然身体憔悴，却是精神奕奕！枯柴般的两手左右的动；竹篾似的双足上下的踏，好像她的生命，全是为了几匹布，不住地织！不住地织！

那个织布的妇人是个苦命人：新婚不到十个月，丈夫当兵离乡，谁知此一别竟成永诀。她几番欲悬梁自绝，却问白发老娘何人抚养？家徒四壁，只有拼命织布勉强度日。邻居王先生动了恻隐之心，日助她们二十铜元。然而世风不古，人心如蛇蝎！招来了人言啧啧："荡妇偏会装贞节，这样的女人，哪里能冰清玉洁！"人世间给了她物质和精神的双重打击。她痛苦又忧愁，连夜晚也不停歇地织布，一直织到天亮。

这是绍兴的又一个"祥林嫂"，一个旧中国底层妇女的悲剧，也是一出"几乎无事的悲剧"。诗中用了"冰清玉洁"一语，源于母亲的那块挂在堂屋墙上的"玉洁冰清"的横匾。他开始体味到家里众女眷的不幸命运："玉洁冰清"的背后，隐藏了妇女无数的肉体和精神的痛苦。

诗的叙事链一环扣一环，走向悲剧的高潮，显见作者对悲剧体裁并不陌生。情感饱满，将之寄托在叙事和描写中间。诗约一千五百字的篇幅，节奏时徐时疾，一韵到底，首尾重复以形成凄切情调的呼应。其铺排、对偶等古典韵味，当是吸收了骈俪文的表达手法，也可以看到《木兰辞》《孔雀东南飞》等古诗的影响。

全诗在"叙事"和"诗"的特性以及两者的融合上,都显出较强的把握能力。所以虽属少作,但却老成。诗为《妇女》杂志的"可怜的寡妇"命题征文而作,在数百篇的应征作品中脱颖而出,得以发表。

《妇女》杂志是中国妇女报刊史上历史悠久、发行面最广的大型刊物之一。1915年5月5日在上海创刊,商务印书馆发行。以提倡女学、辅助家政为宗旨,而教养儿童之法尤为注意。五四运动推动了该刊的革新,开始转向追求女子的根本解放。1921年由章锡琛接任主编,对刊物进一步实行改革,直接提出妇女解放和家庭革新等问题,并由文言文改为白话体,在社会上产生广泛影响。章锡琛是我国现代著名的爱国出版家,浙江绍兴人。1926年,他离开《妇女》杂志,去创办开明书店。继任编辑杜就田继承前编辑方针,并发起"可怜的寡妇"的命题征文。

《织布的妇人》在文末注明"一九二六年九月一日于禹门乡",发表在《妇女》杂志第十二卷第十号上,也就是1926年10月的这一期。虽然写作日期要早于《提灯会记》一个多月,但是远在斗门镇乡下教书的季琳迟至何时才看到这一期的《妇女杂志》,就不得而知了。可以肯定,他是先看到了发表在《越铎日报》上的《提灯会记》,所以是《提灯会记》给了他第一次发表习作的喜悦。《早熟的悲欢》中,虽然误记了《提灯会记》发表的年份,但对看到作品发表时的喜悦仍记忆犹新。若论报刊之影响,当然《妇女》杂志甚于《越铎日报》。所以,有一种观点视《织布的妇人》为"处女作",也不无道理。柯灵自己也有把它看作"处女作"的意思:

> 《织布的妇人》经过五十余年的流离生活,居然还在,所以决心入选集,作为处女作,另立一辑。此篇文字、思想

都很幼稚,当时是《妇女杂志》征文当选的作品之一。(《书简·致刘以鬯》,1980.4.22)

然而,若论最早发表的作品,那么《提灯会记》《织布的妇人》都不是。《早熟的悲欢》中说道:在《织布的妇人》之前,他向《儿童世界》《少年》杂志投过稿。令人气闷的是,他不能经常看到这些刊物,投稿像打哑谜,是否被采用很难知道。他曾根据民间传说,写过一篇"呆女婿的故事",投给《儿童世界》,此后就杳如黄鹤,作者自己也忘了。一年以后,他偶然进城,看到大街上一个就地摆设的旧书摊,随手翻看了几本《儿童世界》。"呆女婿的故事"赫然出现在其中,还配有插图。这是一次戏剧性的奇遇。

他给《少年》杂志的投稿,同样石沉大海。二十年后,大约抗日战争末期在上海,有一次他去拜访钱锺书、杨绛夫妇。钱锺书忽然想起什么,从女儿正在阅读的旧杂志中抽出一本《少年》杂志,指着其中一篇叫《仁术》的故事,含笑相问这是不是他早年的大作?又是一次意外的巧遇,太令人吃惊了。他感觉仿佛偶然在路上拾到了遗失多年的旧物,虽然未免有情,却已没有那种恍如梦寐的意味了。因为时间太久,这事早已忘得一干二净了。

他向《少年》杂志投过一些稿子,除了《仁术》,都没有如此幸运地再度谋面。但《少年》杂志给他寄来过两张书券,表示他的"大作"被录用了。这两张书券值二元钱,那时还没有正规的稿酬制度。《少年》杂志是商务印书馆办的,规定可以用书券购买本馆出版的图书或订阅杂志。还是个大孩子的季琳,得到一纸轻飘飘的书券,就像贫儿突然暴富似的高兴。

想不到的是,这两张书券将开创季琳个人的一种历史:购买书刊的历史。同时又推动了个人的另一种历史的产生:发表作品的历史。他用书券订了一年的《妇女》杂志，因为这是他能够接触到的、寥寥可数的三五种杂志中的一种。而《妇女》杂志一年的订费就是二元钱。成为《妇女》杂志的固定读者以后，也就自然地成为它的投稿者。之后就是《妇女》杂志的"可怜的寡妇"的命题征文和《织布的妇人》的应征了。

40年代柯灵主编《万象》杂志时的助理编辑杨幼生撰写的作家小传《柯灵》中说道："现在人们谈到柯灵的处女作似乎常指1926年发表的《妇女杂志》上的《织布的妇人》，但根据柯灵同志自己回忆，1925年到1926年，他还有一篇散文《潇潇狭猻雨》刊在绍兴的《民国日报》上。可惜年久失传，这份报纸至今没有找到。"从上下文语境和"1925年到1926年"来揣摩，似乎此文要早于《织布的妇人》。也就是说，似乎更适合于称为处女作。《柯灵》一文的"按"中说："本文所谈史实，除承柯灵同志提供大量资料外，许多还直接引自柯灵夫人陈国容同志所编的《柯灵年谱》，并此致谢。"这说明《柯灵》一文可靠。

狭猻湖位于斗门老镇的西南面，是绍兴境内最大的天然淡水湖。湖面原有六千多亩，湖内建有长达七里的避塘，也是舟楫往来之道，风景十分优美。狭猻两字少见，音读如"肮桑"，是一种小鱼，味却很鲜美。绍兴人喜欢把狭猻鱼与本地名特产乌干菜放在一起蒸着吃，其鲜香甚为难得，又极富地方风味。大约过去湖里多狭猻，因而得名。季琳教书的朱储村靠近狭猻湖。若是雨天，水气蒸腾，平时瞭望不到的狭猻湖，这时会在前面一个村庄的绿树梢头浮起小片的白光，隐约可见。

可惜《潇潇狭猻雨》至今未能找到。从题目看，似乎是一篇抒写湖畔雨景的散文。若参照后来那篇写浔阳江的《忆江楼》来推想：不仅是写景，又写湖周围的风土人情，还写自己心里独特而微妙的感受。柯灵还能隐约回忆起的是此文采用了一种"散文兼诗歌"的体裁样式，一段散文一段诗歌地轮流表达，显得自由而抒情，十分别致。柯灵为什么会回忆起这篇早年的散文，并且告诉别人？因为这是他发表的第一篇白话文作品，可谓他白话写作之滥觞。除了早年极为少量的几篇文言体作品，柯灵一生以白话写作。

据此，也有人认为此文可看作"处女作"。但可能如《提灯会记》一样，柯灵对发表的时间记忆有误，大约也提前了2年。若是发表在绍兴《民国日报》上，应该在1927年之后。1927年3月24日，北伐的国民革命军抵达绍兴，由国共两党合作的绍兴县党部接管《越铎日报》，4月5日改组为绍兴《民国日报》。

《早熟的悲欢》写于1988年6月，两个月后首发于8月10日的台湾《联合报·联合副刊》。《联合报》十分重视这篇两千字的回忆性散文，用了近半个版面来编排和装饰。有《柯灵简介》，并配以作者的近影，还有一句"富有书卷气的柯灵"的照片说明。撰写了一个颇长的引题，"海峡两岸首次发表三十年代作家柯灵为联副写的第一篇文章"，还摘了该文的两段句子并用黑体字来表现。

这是一篇珍贵的回忆性散文，回忆作者六十多年前走出文学道路第一步时所有的辛酸和欢乐。回忆正是从"处女作"话题开始的。他把《提灯会记》《织布的妇人》等少作称为"一系列习作"，并由此对所谓"处女作"的含义提出个人的见解：

> 我想，"处女作"的含义，重点不在"处女"而在"作"，就是说，本身得是较为像样的作品。"处女"只对中国的封建头脑有特别的重要性，以作品而论，光凭"处女"，并没有多少价值，只是对作者本人不无意义。（《早熟的悲

欢》,1988)

在"一系列习作"中,那一篇"对作者本人不无意义"的就首推《提灯会记》了。所以,他首肯的"第一篇习作"是《提灯会记》。那么,依据他"本身得是较为像样的作品"的"作"的观点,《织布的妇人》不妨看作是步入文坛的首作。此文由1996年4月版的《柯灵七十年文选》首次收入作品集。柯灵在"前记"中如是说:

> 收入一九二六所作《织布的妇人》,排在卷首,另立"集外卷",目的是勉力凑足整七十年。描红不能冒充书法,二十年代后半叶,我原来很有一些习作,幸而都已散失,随风而逝,使我得以藏拙遮羞,《织布的妇人》如雪泥鸿爪,偶留一痕,青涩稚嫩,更不合本集体例,只好请读者大度宽容,付之一笑了。

当然,所说"青涩稚嫩"、"请读者大度宽容"都是自谦之词了。

龙山

《中国儿童时报》

越王台

《自己的岗位》
（专栏）

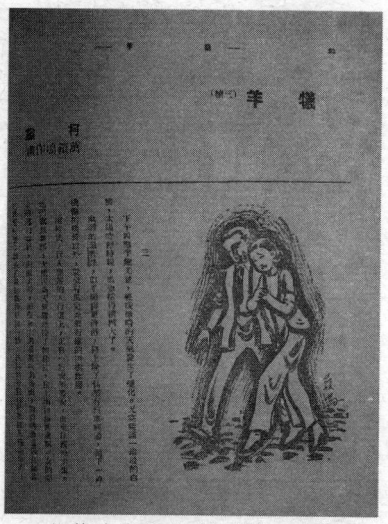

《新小说》杂志创刊号　　　　　长篇连载小说《牺羊》

连载小说《一九三二年银光曲》（《时报·电影时报》）

涉足报界

一 《时事周刊》

1930年初,季琳不得不离开马鞍镇西村小学。正在走投无路之际,"救兵"从天而降。他将从教育界转到报界去。原辨志小学校的校长傅天弼卸职后,先后去杭州《民国日报》、上海"大东书局"谋职。从小地方走到大地方,颇长见识。眼下正退居乡间,于空闲无聊中忽生奇想:到上海去办一张报纸,叫它《时事周刊》。从上海浩繁的报纸中摘要、汇编七天内的新闻,"一报在手,要闻不漏"。

他的想法看似很有道理,且显得前景光明。其一,上海报纸、新闻铺天盖地,但都市人生活节奏紧张,要读新闻却时间太少。《时事周刊》可使这种都市新矛盾迎刃而解,订户必定踊跃。其二,他当校长时,每周一次的时事教育活动里,照例要由校长领读"总理遗嘱",随后报告时事。后者在乡间做来颇为不易,大概令他很感烦恼。而有了《时事周刊》,只须照本宣科。即便按全国小学各订一份,其数字也十分可观。然而这仅是从表面观察而生出的主意。须知新闻要新,过了一周,岂非旧闻。文人的弱点之一是善于构筑美好远景,却忽略创业的艰苦过程。傅校长也有这一弱点。

他"慧眼识英雄",第一件事便是请季琳"出山"。一则还记得那个好玩乐的"偏科生",且常见"高季琳"的大名赫然出现在报纸上。二则从他的二弟傅天锡那里听到了季琳丢掉教职的消息。一切都显出好兆头,好像季琳就是为他宏伟的办报计划而存在。傅校长来到老高家台门,与季琳谈起《时事周刊》的计划。季琳正盼望有一份新的职业,闻之怦然心动,直至受宠若惊,自然惟命是从。他丝毫没有察觉其中的幻想成分,同样为美好的前景所陶醉。因为他未出乡关一步,是个纯粹的乡下人,对外面的现实世界要比傅校长无知得多。

初春时节,二十一岁的季琳离开绍兴初次闯荡上海,也开始了他一生中最重要的第二次居地大迁徙。以他一生计:居广州3年,在故乡绍兴18年,客寓上海70年。期间,因为编辑《中国儿童时报》在杭州住过的二三个月,又因为躲避国民党特务的追捕流寓香港一年。上海不仅是他后来大半辈子居住的地方,也是他人生活动的大舞台。

30年代的上海是远东最繁华的都市,甚于东京、香港。一幢幢的高楼大厦和一批批的新里弄、石库门房屋,从"S"形的黄浦江东岸向西伸展蔓延。丁丁当当的有轨电车四通八达,半空中则布满蛛网般的电线。十里洋场,百业发达,不仅是外国冒险家的乐园,也是外地人的淘金之都。

傅校长雇了一个烧饭、打杂的本乡农民一起去打前站。随后,季琳自掏腰包,水陆兼程,先是从斗门的街河坐上乌篷船,沿官塘水路到绍兴城的大江桥船埠。转乘小火轮走运河,过钱塘江,至杭州的南星桥码头。再从沪杭线搭乘火车到上海的北站。这就是季琳从绍兴人到上海人、乡下人到都市人的蜕变史第一章。

傅校长租下了南阳桥附近旧式弄堂里的一间前楼，兼作《时事周刊》编辑部和宿舍。南阳桥在西藏南路与自忠路交会处，泛指包括附近的会稽路、人民路、中华路一带，靠近老西门，是旧城与新区、法租界交接的热闹之地，便于业务工作和日常生活。其中一条短短的"会稽路"使三个绍兴人感到无比亲切，好像是绍兴的会稽山也接踵来到了上海。

傅校长马不停蹄，即刻着手办报。在报摊上订购了《申报》《新闻报》等作为"生产资料"；又联系了一家印刷厂和一个报贩小头目，作为"生产"和"流通"的环节；季琳属于"生产者"，那个本乡农民就是"后勤"了；至于"生产工具"，则是"剪刀加糨糊"。傅老板认为，他该做的事情至此都已经全部做完，于是就安闲地走进燕子巢里过烟瘾去了。至于《时事周刊》究竟怎么编，怎么让上海社会知道有这么个独特的刊物，恐怕他连想也没有想过。

季琳不敢怠慢，投入了所有的精力和体力。有道是："初学三年，走遍天下。"不仅遵嘱使用剪刀、糨糊，从几张报纸上剪辑新闻，再涂鸦出几篇短评，实际上编、写、校对、跑印刷厂，把办一张报纸要做的全部事情都包下了。甚至连封面题签，也是他手书的美术字。一个乡下的小知识分子、初到上海的无名小卒，靠一个人居然轻而易举地办出了一本三十二开、三十二页的《时事周刊》。这不能不说是个奇迹，也说明季琳确有编报的才能。但是《时事周刊》有"唯一的缺点"：

唯一的缺点就是它们老坐在报摊上吃灰尘，没有读者光顾。出了五、六期，就太太平平地寿终正寝。在春申江汪洋如海的出版物和读者群中，连一点泡沫也不曾泛起。其实，只要我们对上海这个城市有一点点常识，一点点正常头脑，再加上一点点自知之明，早就应该知道这完全是多此一举。
（《文字生涯第一步》，1981）

六十年以后，在 1990 年，有位读者朋友从徐家汇藏书楼卷帙浩繁的书海中居然发现了几本《时事周刊》，全部复印后送到当年的编辑"季琳"手上。白发老人柯灵看着意外出现的、青年时代编辑的"处女刊"，就好像看着自己最初孕育的婴儿，在外面辗转了漫长的年月之后，突然回到了自己的身边。感慨万千之余，欣然提笔在封面上写下："这是我编的第一个刊物，起点低得令人吃惊，但我感谢它给了我学步的机会。"

傅校长并未吸取《时事周刊》失败的教训，因为根本不去分析失败的原因，却有不甘失败的意志。他决定另起炉灶，继续办报创业，以图东山再起。他熟悉绍兴历史上的东晋政治家及"东山再起"的典故。他学着先作"退隐"，便是到报贩、报摊各处暗探了一番。很快就发现上海这地方小报特别流行，销路热门，遂决定再办一张小报。这里所谓的小报，就是那种追奇猎艳的商业性报纸，办报的、读报的都属等而下之。一般小报都是四开的日报，而他又突发奇想，办成八开的三日刊。如此构想，摆明着是为了节约成本。一切都说明，傅校长这一回办报已是胸无大志、只图小利，把事情又一古脑儿交给季琳去办，自己吞云吐雾去了。

季琳勉力地独自支撑一张报纸，包编、包写、包校。真难以想像，他是怎么使用剪刀和糨糊的，怎么编派出那么些文字来填满版面的。而真正的问题在于，像他这样一个来自乡下的、才二十出头的小青年，叫他编写乡下的赛会、社戏、采菱、挖笋等趣事逸闻尚可胜任，至于对都市的声色犬马，简直就是懵懂无知。

连当年的主编也已记不得这张小报的报名了。但记得总共也就出了四五期，比短命的《时事周刊》更短一点。能够记起的是一篇"声援"洪深先生的文章。2月，由罗克主演的美国辱华影片《不怕死》在上海大光明影戏院（今南京东路216号，大光明电影院）上映时，复旦大学教授、剧作家洪深激于爱国义愤当场登台演说、抗议，却遭巡捕房拘留。季琳出于爱国心，在他编的这张小报上发表了一篇文章，支持洪深先生的抗议行为。事件以罗克道歉、该片的拷贝全部收回和大光明影戏院被罚款5000元而告终。

此事从一个侧面说明这张小报有着关注时政的倾向，这就与傅校长所构想的办报方针大为相左。但是从中又可见季琳的眼界有所提高，不再囿于乡村和小学教师的见识，而是开始意识到了租界统治、民族压迫等大事情。同时可以看到一个中华青年拳拳的爱国之心，与在家乡参加过爱国游行的那颗少年之心是相通的。爱祖国、爱民族，对于一个未来的作家以及他的作品来说，都是不可或缺的思想情感的底色。这篇关乎影事的文章于他个人有一种历史的意味：后来著名电影人柯灵的电影活动的开端应溯源至此。

傅校长征战上海报界，出师不利，再战又溃，终于偃旗息鼓。虽然损失了一些资金，却不减雍容风范，经常对季琳发表一些高论。到餐馆里吃夹心面包，见到食单上写的是上海"洋泾浜"英语"三明治"时，他脱口而出，建议改作"三民治"。"明"与"民"虽一字之改，夹心面包便有了"政治"意味。但有些高论却有失"大将"风度。他终于总结起经验教训来，把初战、再战之败因全都归罪于"士兵"季琳。或许好像终于看出了季琳的低能，还很有点责怪怨尤的意思。什么版面凌乱无序呀，文章老生常谈呀，说了一大堆。至于"大将"之指挥不力、拖欠"士兵"之关饷，却避而不谈。末了，则甩下一句绍兴话头："歇搁拉倒,勿做哉!"此话头实为示意季琳:你得自谋出路了。傅校长的长处和短处都很明显:对教育和校务管理有方,可是办报却不识分寸,所谓"盲人骑瞎马",留下了与西班牙乡村游侠堂·吉诃德"大战风车"同样的笑柄。

季琳心中自是十分委屈,而且陷入了进退失据的困境。绍兴的富裕人家雇用贫家少女做帮佣,惯例只供食宿不给工钱,叫作"白吃饭"。三个月来,他这个包揽一切的刊物主编、主笔,也仅是"白吃饭"之流。他原先对傅校长栽培、提携的感激之情,一时荡然无存。但晚年回忆起《时事周刊》和傅校长时,还是心存感谢之意:

> 我还是应该感谢那位老师,他实际上给了我一个见习编辑的机会。正是在那时,我第一次接触排字架和印刷机,第一次闻到油墨的香味。(《文字生涯第一步》,1981)

文中的"那位老师",想来就是傅校长了。跟年初时一样,季琳正处在进退两难之际,又有"救兵"及时赶到。

二 《儿童时报》

《儿童时报》从报名看去,似乎因为"儿童"一词而不起眼,其实名气很大:它是我国的第一张儿童报纸!由绍兴县政府教育局的田锡安、高天栖、翁天寥等人发起,绍兴小学教育界集资创办。1930年6月1日创刊于绍兴,常务理事会主席兼社长是田锡安。这是一种适合小学三、四年级以上文化程度的儿童读物,小型的综合性报刊,三日刊,四开四版。

《儿童时报》即将呱呱落地,编辑高天栖却急着要去上海天一电影公司当编剧。田锡安猝不及防,急中生智忽然想到了季琳。两年以前,田锡安督学前往浔阳小学巡视,对小高校长赏识有加。此外,季琳熟悉儿童教育工作,更是在绍兴《越铎日报》《民国日报》上屡现大名。获悉季琳已随傅校长到上海去办报后,更增加了他对季琳的期望和渴求,遂将一纸言辞恳切的书信投寄上海:恳请效力、扶助于桑梓,振兴儿童教育和新闻事业云云。

田锡安万万没有想到季琳在上海正狼狈不堪。季琳也万万没有想到,在前后无着之际居然能接到一封如此看重和期望自己的信,自是惊喜和感动无比。不仅把自己从窘境中救出,并荣获效力家乡的美誉,还可继续从事文字编辑工作。不要说正丢了破饭碗,即使是捧着金饭碗,也要答应田督学的盛情邀请。说得重一点,叫作"士为知己者死"。

季琳充满着对新的编辑工作的希望。过去的三个月里,他已经喜欢上编辑工作,而且还积累了粗浅的经验,不再是"初出茅庐"的生手了。他直奔浙江省立第五中学,也就是现在绍兴市第一中学的前身。"省立五中"坐落于龙山山麓原浙江省立第五师范学校的校址上。1923年,"第五师范"并入"省立五中",成为新设立的"师范部"。田锡安在辞去县教育局督学的职务后,来到"省立五中"师范部任教,就住在学校的校舍内。《儿童时报》社址也跟着田社长设在这里。

季琳见到了几年未见的高天栖。高天栖对他从繁华而充满活力的大城市退回到偏僻、守旧的乡镇之举止,感到百思不得其解。季琳天真朴实,把两次失败的经过和盘托出。高天栖理解他的遭遇,并留下一句热情的话:今后想去上海做文字工作的话,可以帮忙。后来证明,这句口头承诺对季琳的人生是多么重要!

《儿童时报》的班底与《时事周刊》一样,也是"三驾马车"：田社长，高季琳编辑，还有一个打杂的年轻工友。只是傅校长换成了田社长，但这一换情形就大不一样。田锡安既懂教育，又知经济。三十多岁，精力充沛，一边教书一边办报。因为涉足教育界多年，所以形成了一套颇具创见的儿童教育理论：要培育国家的英才，应当在儿童时代就灌输时事教育，打开他们的眼界，关心国家和世界大事，乃至宏观宇宙。在办报的经营运作上也十分老到：在筹备期便极力宣传报纸的方针主张，预先向全县乃至全省小学征求订户。从筹集资金着手，按部就班、有条不紊地进行。

由于高天栖在《儿童时报》创刊前已经离去，所以季琳就是首任编辑，从而成为这张报纸历史上的"开国功臣"之一。同时《儿童时报》也是他漫长、辉煌的个人编辑史上的一个真正的"起点"。季琳撰写的《发刊词》中声明：报纸的宗旨是"培养社会儿童与科学儿童相结合的新中国儿童"，要把报纸办成"小学时事教学的辅助教材，儿童课外阅读的补充读物"。这可以看作柯灵写作"发刊词"的"处女作"。

他接手《儿童时报》，编辑、写作、改译、校对，依然大包大揽，还兼管发行。除了第四版的"自己的园地"，专门用来发表小读者的来稿，但也少不了他的修改润色。前面三版大多是他的手笔，不再是简单的"剪刀加糨糊"了。第一版为时事版，有国际、国内要闻，主要从上海各大报取材，把文言译成白话，综合改编，使之适合儿童阅读，还配有他写的通俗易懂的短评，署名"翱翔"和一个叫《小评论》的固定栏目。第二版为科学版，介绍科学知识，从报纸杂志上采录、编写。第三版为文艺版，起名"儿童乐园"，登载怡情说性的童话、故事、诗歌等，每期上都有他的署名为"季琳"、"琳君"、"凌君"的几篇作品。二三年后出版的三本儿童文学作品集《月亮姑娘》《粉蝶儿的故事》和

《小朋友讲话》，即得之于此。还有歌曲、谜语、游戏等，插图也多，插编在各版。

在我迄今为止的社会经历中，编辑报刊占有很大的比重，后来逐渐积累了经验，懂得多一些了，有的刊物也发生过较大的影响。饮水思源，《儿童时报》可以算是个起点。（《文字生涯第一步》，1981）

《儿童时报》的编排很有特色，内容丰富，又活泼轻松。这是季琳呕心沥血的成果。虽然编务繁重而紧迫，却使他的编辑和写作水平了得到了很大提高。他似乎有用不尽的精力和文思，在编辑之余还写出了脍炙人口的系列散文《龙山杂记》，陆续发表在杭州《民国日报》的副刊上。

《儿童时报》蒸蒸日上，省内各地的订单如雪片似的飞来，既代表着对报纸的认可，也增强了办报的资金实力。田社长了解季琳在精力、体力上的双重付出，同时因为报纸挣了钱，所以给出了优厚的工资待遇，较之于过去几年教书时的微薄薪金多出几倍，更别提不久前在傅校长那里只是"白吃饭"的待遇。说来可怜，季琳自懂事起就与"穷"字寸步不离。如今他一下子没有搞清楚究竟是现实还是在梦里。作为绍兴县教育会会长，田锡安又特意安排季琳担任教育会秘书一职，如此就能名正言顺地参加教育界的一应活动，自然也有利于办报纸。这样，季琳既有稳定的收入，又经常在社会上露面，感到有几分出人头地的自豪。

田锡安在新文化运动时期就读、毕业于浙江省立第一师范学校，那是省内一所知名的学府。在他的师长、学友中有一些教育界、文艺界的知名人士，如校长经亨颐，老师李叔同、夏丏尊，同学丰子恺、潘天寿等。20年代初，经亨颐回故乡上虞，在驿亭镇创办春晖中学，聚集起一批人文英才，一时有"北有南开，南有春晖"之盛传。"春晖"景色宜人，青山绿水三面怀抱，那湾绿水便是白马湖。佳山佳水隔绝了尘世的喧哗，使一批知识分子在乱世中受伤的心灵获得了暂时的抚慰，生出对本色生活的挚爱。于是他们在教书之余写下了一批显示出天然风姿的白话美文，形成了一个现代散文流派：白马湖派。

因了田锡安和《儿童时报》的关系，季琳有缘结识了"春晖"的一些作家、文人。其中的夏丏尊、叶圣陶、丰子恺、王任叔等人，都成了季琳终身的师长和朋友，也是他后来编辑生涯中所依赖的作家队伍、可靠的支持者。

1931年9月1日，《儿童时报》迁往杭州，后来更名为《中国儿童时报》，升格为一张全国性的儿童报纸。田锡安请曾经担任过浙江省教育会会长的经亨颐题写了报头，以加强报纸的"全国性"分量。不过，原来的报头也很有创意、特色：季琳约请儿童轮流执笔题写，稚气生动，每月更换一次。

《儿童时报》在绍兴发行时，范围已遍及浙江全省各地。迁杭后，聘请了教育界的知名人士组成理事会，还聘请了文字、美术等方面的特约撰稿人，如丰子恺、潘天寿等名家。《中国儿童时报》的影响逐渐扩大，远发至上海、江苏、福建等东南沿海城镇的小学。甚至还发往国外。一些旅居日本、朝鲜、泰国及东南亚地区的华侨儿童，直接汇款来订阅。巴黎、伦敦、东京的报纸都曾专文介绍《中国儿童时报》。当时的发行量，最高达二万五千份，成为国内销量较大的报纸之一。

《儿童时报》的社址跟着田锡安的行止而搬迁辗转。他先后任县教育局督学、"五中"师范部教师、县教育会会长，社址则从教育局到龙山"五中"，到试弄的教育会会所。1931年秋，他调至杭州市教育局任督学，正式在杭州涌金门韶华巷（俗名桃花巷）租赁民宅作为社址，并挂出了《中国儿童时报》的招牌。

季琳跟着来到了省城杭州。"上有天堂，下有苏杭"。他抬脚出门就是湖滨六公园，西湖美景一览无余，以及周围的紫阳山、保俶塔、平湖秋月、柳浪闻莺、三潭印月……然而他却得不到休闲。现在是一张面向全国的报纸，编务要求更高，工作也更繁忙。通过田锡安的关系，他到著名的高等学府浙江大学去参加一个师范短训班的学习。虽不能提高他的学历资格，却实在地提高了他的文化理论修养。

1931年9月是一个不平静的历史时间。日本帝国主义对我国的东北虎视眈眈，终于爆发了震惊中外的"九·一八"事件。东北沦陷，难民四处流浪，悲愤的《东北松花江上》歌声响遍全国。人民集会、游行、请愿，抗议国民党政府的"不抵抗主义"，却遭到残酷的镇压。这就更加激起了抗日爱国运动的怒潮。

季琳积极参加杭州各界的抗日爱国活动，还把这些活动编写成新闻和短评，形成了这个时期《中国儿童时报》的主要内容。这是要让小朋友了解国际、国内近期发生的大事，从小培养他们的爱国之心，将来为国家、民族出力。他想起少时读《儿童世界》，每期都有一个《国耻纪念日》栏目。灵机一动，在《中国儿童时报》上开辟了一个新栏目《纪念碑》。这个新栏目顺应时代需要，使儿童记住历史的伤痕，激励他们的民族自尊心。为了办好这个新栏目，他经常跑浙江大学图书馆查找历史资料。他还把第四版的名称"自己的园地"改为"自己的岗位"，以培养小作者的社会责任感，适应新的时代气氛。

这个期间，他写下了一些抗日内容的诗歌、小说、评论等作品，有些发表在《中国儿童时报》上。因为版面的限制，有些篇幅较长的作品就只能向其他大的报刊投稿。散文《征尘》投给了杭州《民国日报》副刊《沙发》。作品采用书信体，是女儿给妈妈写去的一封封信,讲述自己在学校里参加抗日宣传的一件件事情。

他每期都为头版的"小评论"栏目写一篇短评。有一篇的内容是谈小朋友如何参加抗日救国活动,由于谈到了一些具体的设想和途径,文章就写长了。但他觉得文章很有分量,舍不得割短,就投到了《小朋友》杂志。《小朋友》为上海中华书局所办,拥有大量的小读者,影响很大。杂志很重视这篇有现实意义的文章,采用特别增发附页的方式予以发表,而这是没有先例的。然而,这是一件所谓"稿件外投"的事,不久后便引起了"严重"的后果,不妨称作"《小朋友》事件"。

以"增发附页"发文,得到一些朋友的称赞、祝贺。但有一人却郁闷不已,他是田社长。按照行内雇佣制的惯例,本报人员写稿须得给自己的报纸,而向外投稿,那是"吃里扒外"。季琳向外投稿不是第一次,所以田锡安早有不满。只不过身为教育家、报社社长,为人处世颇有涵养,不能直接拿出一副雇主的样子,而季琳又是报纸不可缺少的"支柱",所以心有不悦、嘴上依然客气。但是这篇外投稿把事情搞大了,最终导致了田、高关系中的变故。

在季琳这个年纪上,内心是十分敏感的。一段时间来,他感到田锡安对自己有所不满,想解释一下,又苦于没有合适的时机。他每天都要拆阅外来信件。一天,他看到一张明信片,这是一封复信。似乎是因为田锡安去信询问是否愿意来报社做文字工作,复信表示十分愿意。季琳认识这位"复信人",他是田锡安的学生,在绍兴县民众教育馆工作。季琳立刻想到,他的编辑工作将要被这个"复信人"顶替了。因为报社做文字工作的仅他一人,也无须再增加一人。田锡安"明修栈道,暗度陈仓"了。

季琳又伤心、又愤怒、又忧愁。伤心和愤怒，是因为他勤勤恳恳工作一年半，得到的却是如此薄情寡义的对待。忧愁，是因为他不知道下一份工作在哪里？季琳喜欢这份编辑工作。如果没有这场变故，甚至想过要把终身前途寄托于《中国儿童时报》。然而，他心里突生一种自尊，那是一种强烈的、文人独具的自尊。于是，他不等田锡安提出解雇，在"复信人"来接替他之前，主动提出了辞呈。果然，田锡安连一言挽留的客套话也没有。不久，正是那个"复信人"顶替了他的编辑职位，证明早先的猜测不错。告别《中国儿童时报》是祸是福？"祸兮福所倚，福兮祸所伏"，人生之事，毕竟一时难以说得清楚。

《中国儿童时报》后来遭受到不少艰难曲折。杭州沦陷后，在连天炮火中辗转浙西的金华、江山，福建的永安，几番停刊、复刊，却坚持出版。抗战胜利后迁返杭州。1949年5月，杭州解放，《中国儿童时报》终刊，历经十九年。至于田锡安，在1943年11月就辞去了社长职务。

田锡安是教育家，虽说不是全国知名，却也有自己的创见、理论，并身体力行。特别是创办《儿童时报》，在中国新闻史上足以留名。在柯灵的文字生涯中，他是不可或缺的。柯灵在1981年、1985年、1999年先后三次说到田锡安，可见还是感念过去的那份情谊：

> 不久以前，听说田锡安先生在杭州逝世。我感到惘然。这并不是一位全国知名的教育家，但的确是很有见地的切实的教育工作者。他对我曾有过知遇之情，有过赏识和信赖。如果没有那一次对我感情上的伤害，我大概将和《儿童时报》相始终，我后来所走的也许会是和现在不同的另一种道路。人生的际遇有时也真是难说。前尘如梦，一切都过去

了，伤痕也早已愈合，他对我的好处，我也一直没有忘记。（《文字生涯第一步》，1981）

季琳与田锡安及《中国儿童时报》的关系告终，可是他与报刊编辑工作的缘分远远未尽。他的人生方向下一步究竟朝哪里走？这里需要先来回顾一下他已完成的一些文学创作。按先后顺序是一组儿童文学作品、一组"水乡记忆"散文。"水乡记忆"中的"龙山杂记"系列已于30年代初写成，稍后于30年代中期写成的"乡镇风情"系列则要提前讲述。同时要提前说到30年代中期的一组"城市印象"散文，它们与"水乡记忆"散文相对照，从而形成对30年代中国城乡社会的全面认识和感受。至于20年代末的短篇小说《心的跳舞》、杂文《耕余随感》，将在说到他的小说、杂文创作时，再做补述。

三　儿童文学

柯灵写儿童文学作品，正像他写其他东西一样，事先都没有想当儿童文学作家或作家那样的雄心壮志。而是因为文字工作需要，因为心里有话要说，一切都得之于自然天成。30年代初，他一下子出版三本儿童文学作品集，同样是水到渠成的事情。

在编《儿童时报》时，我每期都发表一首诗歌，到上海后略加选辑，寄给了和《儿童时报》有联系的著名儿童教育家陈鹤琴，由他介绍给儿童书局，于1932年印行，这就是《月亮姑娘》，我的第一本书，混合着快乐和酸辛的纪念品。署名高季琳。隔了一年，——1933年，我为《儿童时报》所

写的童话和短评,也在新中国书店出版了两本小册子:《蝴蝶的故事》和《小朋友讲话》。(《文字生涯第一步》,1981)

儿童诗集《月亮姑娘》是柯灵的第一本作品集。虽说只是把已经发表在报纸上的旧作变成了书,但第一次出书毕竟在个人的文学创作道路上有里程碑意义,从而深深地铭记于心。他出版第一本作品集,得到了前辈陈鹤琴的热心帮助。陈鹤琴是浙江上虞人,曾就读于北京清华学校、美国哥伦比亚大学。1918年回国,创办了中国第一个幼儿园即南京鼓楼幼儿园。并结合中国国情,创造性地提出了一套幼儿教育的理论和方法。他是"五四"运动后现代教育的第一代创业者,我国现代幼儿教育的奠基人,被誉为"中国幼教之父"。

柯灵与陈鹤琴甚至未曾谋面。直至50年代,两人才偶然相见,柯灵终于得以向这位教育界、出版界的前辈致谢。

二十几年以后,世代更新,我也已经受了多少风霜雨雪,中年将尽了。有个偶然的机会,在南京的一次宴会上遇见陈鹤琴先生。我诚恳地感谢他对一个年轻人的帮助,说明我的第一本书是由他介绍出版的。他白发童颜,笑得很高兴,说他完全不记得有这回事。但我是永远不会忘记的。(《文字生涯第一步》,1981)

柯灵写于1981年的《文字生涯第一步》,回顾了早期的编辑经历。同时也有一个个人目的:经过几十年的风雨沧桑,《月亮姑娘》等三本儿童文学作品集早已流落人间、不知踪影,而希望借此文从热心的读者中获知它们的下落。

1998年,华夏出版社出版《柯灵代表作》,其中收入了儿童诗17首。除《早起》一首得自商务印书馆出版的《儿童世界》（1927年第23期）——务实小学教书时期的"习作"之一——外，其余16首选自儿童诗集《月亮姑娘》，有《赏月》《花影》《采兰》《卖瓜》《磨豆腐》《春笋》《蝌蚪》《幽静的村庄》《春天不是读书天》等。《〈月亮姑娘〉前记》（1932）中说：

> 我本来不会做诗，尤其是适合于儿童阅读的诗歌。当初动笔，只是一种尝试，不想居然得到不少读者的喜爱，以后我就继续写下去，在一年半中，写了一百多首，这里是经我筛选的结果。我也曾在《儿童世界》和《小朋友》上发表过一些诗歌，一时难以搜求，因此就没有收入。

《月亮姑娘》收有六十八首儿童诗。题材取自于儿童的日常生活和作者的所见所闻，有浓重的乡村社会风习和自然色彩。既突出讲道理，如珍惜光阴、爱勤戒懒、懂礼貌、真诚待人等，也展示人间的冷暖和世事的不平，又不失儿童情趣。想像丰富，文笔质朴。《采兰》鼓励儿童要不怕困难、团结向前；《磨豆腐》揭示贫富不均的社会现实。

> 山里山，湾里湾，姊妹双双去采兰；兰花生在深谷岩，曲径幽幽行路难。肩对肩儿并，手把手儿搀，努力向前不回还；要捉猛虎入荒山，要杀蛟龙下海滩，要采兰，别怕难！（《采兰》）

> 磨豆腐，真正苦！五更起身离床铺，推着石磨团团转，转来转去像辘轳；像辘轳，费工夫，才把黄豆变豆腐。有钱人，嫌它粗，豆腐从来不落肚；穷人吃饭少菜蔬，豆腐摊上

没主顾。磨豆腐，真正苦！（《磨豆腐》）

2000年，在绍兴幸运地找到了《儿童时报》自创刊号起的整整100期。署名"季琳"的儿童诗有30多首，发表在《儿童乐园》栏，有《今天有事今天做》《忙》《朝霞和晚霞》《白鹅诗人》《竹马》《月亮姑娘》《梧桐树》《我的家》等。其中，《今天有事今天做》发表在1930年6月1日《儿童时报》的创刊号上，告诫小朋友切莫"延误时光"；《月亮姑娘》与诗集同名，写得十分优美、感人，以拟人化手法表现"天街"上月亮姑娘"怕羞"和"孤零"的特征。《儿童时报》中还有署名"琳君"或"凌君"的儿童诗，也是属于他的作品。这些诗歌及时地寄给了柯灵，但未编入《柯灵文集》。

《忙（二首）》
嗒郎郎，嗒郎郎，催马过田庄，田头好风光；青山绿水无人赏，只有农夫种田忙。

丁令令，丁令令，跨马走街心，街头闹盈盈；来去奔波没闲人，忙忙碌碌做经营。

《明年再相见》
好衣裳，难得穿；好糖果，难得甜；大好时光不留恋，北风呼呼到冬天。到冬天，到冬天，收拾书包要过年；现在大家分散了，各自纷纷回家园。暂时分别二十天，祝你学问像年岁，过了年假大一天。再会吧，再会吧，到明年，再相见。

季琳的儿童诗歌具有一种乡村童谣风格。《忙》中的"田庄"、"田头"、"青山绿水"、"农夫种田"、"跨马",都再现乡村风光。《明年再相见》写寒假将临,小朋友要回农村各地的"家园"过年,有一个"暂时分别",则是乡村小学才有的读书经历。一切来自于年轻诗人乡村生活的经验,乡村学校求学、教书的经验。诗从乡村小朋友熟悉的生活入手,给以正面的引导和教益,两诗都贯穿着抓住时光、好好读书的题意。前者以农夫种田、商家经营作类比,来加以启发。后者虽然写寒假、过年和分别的校园景象,但不忘鼓励和祝愿学习成绩的提高进步。

与叙事诗《织布的妇人》那种庄重的悲剧叙事风格不同,他的儿童诗具有歌谣的民间气息和吟唱性,也不乏稚拙的童趣。诗句朗朗上口,"丁令令,丁令令"的反复、"好衣裳,难得穿;好糖果,难得甜"的间接反复等诗歌修辞手法的运用,增强了吟唱特点,而其浓郁的古典韵味却与《织布的妇人》一脉相承。《忙》的诗句,呈"三、三、五、五、七、七"的字数逐渐增加的格律,使中心意思"忙"得到强调;《明年再相见》呈"三、七"字诗句交替的格律,最后"三"字诗句的重复使节奏获得延绵、轻快的效果,也突出了快乐的告别情景。既是新体诗,又有格律诗的遗风。

童话集《蝴蝶的故事》出版时的书名为《粉蝶儿的故事》。童话集题材丰富,主要是适合儿童阅读兴趣的动物故事(《粉蝶儿的故事》《淘气的小花狗》《一只雪天的麻雀》《鸡鹅鸭》《野猪国》《蝴蝶姑娘》等);其次是取材现实的儿童生活(《胸头的石块落了地》《馨儿的梦》《明哥悔悟了》《红叶岗上的猛虎》);还有中国古代神话传说(《嫦娥和后羿》)、幻想游记(《荷花仙子》)、外国名人故事(《仁慈的总统》)等。

童话集突出对儿童思想品德的教化功能。首篇,与作品集同名的《粉蝶儿的故事》，奠定了作品集的基本思想内容。白色的粉蝶姑娘是一位有着优美心灵、纯真情感的女艺术家。夏日的晚上，她以柳树叶子作桨、划着莲花小艇，沿着池塘在享受诗意浪漫的清凉。可是，听到了一尾母鲫鱼伤心的哭泣，因为她的孩子在傍晚时被人网去了。粉蝶姑娘也跟着流下了同情的眼泪。接着，遇见萤儿在河边苦苦地等待着当兵三年、至今音信毫无的爸爸，她的鼻子酸溜溜的。最后，看到岸边晚上还在织布的纺织娘，又一个"织布的妇人"，丈夫干活累死，她靠日夜织布为生。优雅的女艺术家终于明白："唉！谁料在这样和平恬美的世界里，却隐藏着这许多人间的悲哀和痛苦呢！"这则拟人化的动物寓言，揭示人间社会存在着许多不幸的人和事，教育了天真的粉蝶姑娘，也教育了天真的儿童。

《一只雪天的麻雀》《红叶岗上的猛虎》接近于《粉蝶儿的故事》，说的是世道不平、穷人受苦。前者以麻雀眼光看人间的"朱门酒肉臭，路有冻死骨"，而乞丐死在佛座边加强了讽刺意味。后者类似于马克·吐温笔下的汤姆和哈克贝利的历险记，两个小主人公冒险去抓伤人的老虎，结果抓了个被逼作强盗的穷汉，就像哈克贝利把黑人奴隶吉姆放走一样，他们也把可怜的"强盗"放了。

《野猪国》有着更为丰富、深沉的寓言内容。在野猪国的国庆纪念日，松林小学的校长胖猪先生给野猪小朋友讲起野猪国的历史：猪族在兽类中原有相当的地位，因为自暴自弃渐渐衰弱。不仅狮族、虎族入侵，连猴子国也来欺辱。猴子兵杀来，猪族便打起投降的旗帜。猴子杀到内地的一个小村落，愚昧的猪们逃避一空，只有猪儿爱国小学的师生奋起抵抗。在一场深谷大战中，爱国的猪师生浴血奋战，最终与侵略者同归于尽，使三千猴子兵葬身深谷。"从此以后，猪族才猛然觉悟，奋发图强；猴子们不敢再犯，我们便成立了这样的一个猪国。"在春雷似的掌声中，胖猪校长继续讲道："可是，不幸啊！猪国的国民，实在太自暴自弃了。它们忘记了堕谷而死的先烈，总是不肯振作。"在30年代的中国背景下，故事对历史、侵略者和国民弱点的针对性、影射性是明确的，意义也是积极的、强烈的。它高扬爱国主义，激励坚决的抵抗精神。同时，不失时机地、坚定地批判落后的国民性和背叛民族先烈的行为。《野猪国》已经超越了儿童文学的范畴，正如安徒生的《卖火柴的小女孩》《皇帝的新衣》一样，不仅是写给儿童看的，也是写给大人看的。

人格、道德教育也是重要的方面。《淘气的小花狗》委婉地批评恃强凌弱、损坏公物和得意忘形的不良品行。《明哥悔悟了》把骄傲自大、势利刻薄与谦和知礼、平等待人放在一起进行对照比较，两种品德孰优孰劣便一目了然。"一个人只有品格高下，知识优劣的分别，没有贫富贵贱的阶级的。对于穷人，我们不但要同情，而且要尽力帮助他。势利待人是最坏的行为。"这样的话，还充满着人生、人道主义的哲理，有很强的教育意义。《馨儿的梦》也有人生哲理意义，一个"明日复明日"的故事。最后，梦中的仙人这样告诉馨哥儿："好孩子，你要做好人吗，你就应该想到了立刻做；假使你要再等一会，或者说'到明天再做起'，那是无论如何，做不了好人！"

《嫦娥和后羿》《仁慈的总统》题材特殊。前者来源于中国古代神话传说，像鲁迅的《故事新编》，重新翻出了一个仁慈战胜暴虐的主题。后者取材美国平民总统林肯的故事：林肯忙于做许多国家大事，但也不惜为一个孤独的平民老母亲做事。仁慈的总统林肯与凶残的暴君后羿又形成了一种对比。

童话集《粉蝶儿的故事》在形式上也有可圈可点之处。动物寓言是主要的形式，运用拟人化的表现手法，使故事的发展、形象的刻画和童稚的对话以及环境的渲染，都显得生动有趣，引人入胜。《鸡鹅鸭》《蝴蝶姑娘》《嫦娥和后羿》，采用民间传说的写法，体现民间的智慧和经验，民间的生活气息。《胸头的石块落了地》是一出儿童喜剧，末了抖出一个快活的"包袱"。《荷花仙子》属于幻想游记体，小主人公不知怎么去到了一个似真亦幻的"莲花宫"，最后又是坐在"飞云帕"从天上回家的。故事使人想起斯威夫特的《格列佛游记》，以及其中的"小人国"游、"大人国"游，还有在人们的头顶、天空上飞来飞去"飞岛"。

童话集"寓教于乐"的方式和特点是非常突出的。可以说，是当年季琳的"快乐"课堂的延伸。其实，当初办那张《儿童时报》的宗旨之一，就是成为课堂教育的一个有益的延伸。

《小朋友讲话》是一本儿童评论集或随笔集。虽然也是讲道理，但深入浅出，热情、亲切，是从《儿童时报》头版的《小评论》栏目的短评文章中选辑而来。短评话题通常与头版新闻内容相关，以社会话题为主，也涉及生活、学习、道德、健康等。这里抄录其中1931年5月的一些短评题目，借以描述一下《小朋友讲话》的大致面貌：《悲壮的五月》（1日）《我们应当明白自己的责任》（4日）《国民议会当中要做些什么事》（7日）《注意病体》（10日）《学生参加社会运动》（13日）《关于汉口市立小学坍屋的事》（16日）《口头发表的需要》（19日）《保护儿童工人》（25日）。该月的评论基本上都与社会、政治相关。然而《小朋友讲话》长久失散，如"黄鹤一去不复返"。

"五四"新文化运动中，真正自觉意义上的中国儿童文学崛起，其生命的"根"生在浙江。初创时期，浙江作家的拓荒作用、群体优势和地域个性，是其他地方所无法比拟的。首先应该提到鲁迅和周作人。早在辛亥革命之前，他们就率先引入了西方儿童文学观念，并合译出版《域外小说集》（1909年），介绍外国的优秀儿童文学作品。他们肩负反封建的历史使命，在《我们现在怎样做父亲》《人的文学》等文章中，大力批判封建主义儿童观，高擎"幼者本位"的思想大旗，对于提高儿童文学的地位、加快儿童文学的发展具有重大的思想指导意义。

浙江作家在儿童文学的创作、理论、研究和教学上成绩卓著。夏丏尊翻译的意大利儿童文学作家亚米契斯的《爱的教育》影响了几代中国人，又有郑振铎的《儿童文学的教授法》、赵景深的《童话概要》、俞平伯的儿童诗、丰子恺的儿童散文、周建人的儿童科学散文；以及沈雁冰、郑振铎任主编的《小说月报》，大量地介绍了外国的儿童文学；还有郑振铎创办的我国第一个纯文学儿童周刊《儿童世界》，田锡安创办的我国第一张儿童报纸《儿童时报》，陆蠡主编的《少年读物》半月刊。特别应该提到，以郑振铎、叶圣陶、沈雁冰为代表的"为人生"的儿童文学创作主张，及现代儿童文学的奠基作叶圣陶的童话《稻草人》，最终把儿童文学引向了与整个新文学的发展主流步调一致的现实主义道路。

浙江是儿童文学的一片沃土，好像只要撒下一颗种子，无须担心它的发芽、生长。季琳的儿童文学创作就生长在这片令人羡慕的沃土上。"为人生"和"幼者本位"的观念都对他产生了影响。但是在30年代的社会背景下，"为人生"成了他儿童文学创作的"主部主题"，"幼者本位"则属于"副部主题"。然而，"为人生"派曾经问道：安徒生的格言称"人生是美丽的童话"，但是"'美丽的、童话的人生'在哪里可以找到呢？当代的人世间，哪里可以实现'美丽的、童话的人生'呢"？季琳的困惑和"为人生"派是同样的。所以，他在《〈月亮姑娘〉前记》（1932）中说：

当本书付印的时候，正值"一·二八"战事刚刚结束。上海烽火连天，日本帝国主义用重量级的枪炮炸弹，疯狂毁灭我和平城市，屠杀我无辜平民，连小孩子也不能幸免，这种惨酷景象还近在眼前。……在这样严重的形势下，中国儿童除了读书以外，也不能不管一点世事了；因为事实摆在前面，中国复兴自强的希望是在我们下一代的身上。他们必须从实际生活中去获得有用的知识，为未来打下坚实的基础，再也不应该专门关在学校里读死书了。——《月亮姑娘》出世在这种时候，我真不知发生了多少感慨。

季琳接连出版三部儿童文学作品集或许带有告别、终结和纪念的多重意味，因为这时他已经在电影界打开了一条新的事业道路。

四　水乡记忆

季琳以趣味文字为小朋友写作的同时，用另一副抒情笔墨写了总题为《龙山杂记》的一组六篇散文，是文学的"水乡记忆"中的一个系列。从1930年秋至1931年5月先后写成：《巷》《雨》《失群的红叶》《离开了秋千院落》《越王台畔》《望春》。用了统一的副标题，从"龙山杂记之一"到"之六"。陆续发表在杭州《民国日报》副刊《沙发》上。

龙山是一座历史、人文底蕴深厚的名山。绍兴城内街河密布、四通八达，且有龙山、塔山、蕺山呈三足鼎立之势，天造的山水相间美景，甚为难得，令人叹为观止。龙山为首，如苍龙卧伏，故本称"卧龙山"。山形加上想像便又有了龙首、龙舌嘴、龙身、龙尾，是一个难得的气象森严、风水吉祥的宝地。更有"古越龙山"之称，是历史上春秋时期大名鼎鼎的越王句践的王家领地，按中国"真龙天子"的说法，使得"龙"之山显得名实相副。"越王殿"雄踞山腰，两旁苍松翠柏相拥，踏级而下二三百米处，用于观望城街和点将出征的"越王台"平地而起，与"越王殿"南北遥对。"越王殿"、"越王台"与著名的"十年生聚，十年教训"、"卧薪尝胆"的故事联系在一起，使人不由得肃然起敬。山顶上有"望海亭"、"飞翼楼"，居高临下。古时用作海事、军事瞭望，站立于此地亦可观赏绍兴城景，市井风光及周围青山绿水一览无余。因为龙山也是历来府治所在，老百姓习称"府山"。公元前496年，句践命范蠡在山阴建都，为绍兴建城之始，距今已二千五百年了。

《龙山杂记》以作者在龙山及周围小巷的居住行踪贯穿相连，由此构成一条基本的叙述线索，所记自谓"身边琐事"。府山横街和府山直街呈直角相交，其交汇之点便是高耸的越王台，楼台下是高大宽敞的王家城门。横、直二街的两边，有着一些被作者称之为"古雅冲淡"的深深小巷。它们不像乡村的陋巷，湫隘破败；不像上海的里弄，拥挤得喘不过气；也不像北地的胡同，满目尘土。它隐藏在江南的小城里，有如古代的少女，躲在僻静的深闺，轻易不会抛头露面（《巷》）。季琳从上海返回绍兴来编《儿童时报》，初来乍到，大约就住在两街边的一条小巷里。

不久，季琳携一只破箱、几本旧书，搬到龙山山麓下的"秋千院落"，因院落内有两架小秋千而得名。时值秋季，见桐叶渐落，感冷雨缠绵，不由忆起少年时代即有的"雨天情结"和嬉戏往事（《雨》）。至霜华初降，层林尽染，拾得庭院内红树叶数片，贴于窗上，不意竟成朝夕相见的伴侣（《失群的红叶》）。

院落清幽、居室雅洁，然而白天有幼儿园小朋友前来院内玩耍笑闹，晚上却过甚凄清。住了大约三个月，迁至半山腰热闹的学校宿舍，与"五中"的师生比邻（《离开了秋千院落》）。此处观景甚好,尤其夜晚。远眺南方是座拥越城一面的会稽山脉,近处则为南街、塔山及苍老的应天塔。朝东望去,稍远处是越州繁华的街区,以及古典的大善塔、开元寺、广宁桥,西洋式的"真神堂"的哥特式尖顶……近前只隔着一垛泥墙的便是越王台。越人痴戏,楼台上常有越剧、绍剧开演,一为婉约、一为高亢,传出丝竹管弦之音,和着动人的唱腔(《越王台畔》)。

恰住满三个月,又移寓离龙山北面数十步外的寂静小巷"试弄"。冬去春来,见山上望春花开,心中随之升起万千希望。但是,"花开终有花落时"。因为感于花事凄切,构思了一个春花少女寻找春天的伤感动人的童话,欲付落花以重生。几番铺笺准备动笔,却终于没有写成(《望春》)。

《龙山杂记》记事,记写作者留在龙山的踪迹行事,间或回顾少年往事。然而,其作品更在抒情,抒发内心的情感,而情至深处,是内心的奥秘。精神分析学说,或"苦闷的象征"说,都是论证因为内心的冲动而有文学写作欲望的学说。于是,文学写作也就是作者内心世界奥秘的宣泄了。

组文的情感基调是寂寞孤独。只有寂寞孤独者,才会对僻静的小巷有如此彻骨的感受,不是感到阴森和肃杀,而是一种平和的静穆(《巷》)。雨声潇潇,如打残荷,不觉嫌厌,反而勾起了一种"雨天情结"(《雨》)。对红叶的褪色萎谢徒增多愁善感,甚至冒着严寒去山上拜访凋零的红树,复演一出类似"黛玉葬花"的伤心之剧(《失群的红叶》)。屋里是一灯荧荧,照着一身茕茕,感觉秋千院落一种近于恐怖的神秘。及至搬去热闹的山腰宿舍,又觉不如先前的独来独往,行云流水,自由自在。既图静,又爱闹,静极思闹,闹极思静,心里尽是矛盾(《离开了秋千院落》)。于是再搬到幽深的小巷"试弄",与单调的钟摆声为伴,而心里极为羡慕那些充满青春活力的少男少女(《越王台畔》)。望春花早开,但担忧花开得早也谢得早,来时寂寞,去时冷落。待到花儿残葩零落,孤独的心头不禁又被无名的怅惘浸蚀(《望春》)。

《龙山杂记》是透露作者独居龙山时的心迹之作。一切皆出自寂寞孤独之心。寂寞孤独几乎是与生俱来,并伴随着童年、少年。后来独自离家教书谋生,单身闯荡上海却铩羽而归。往事不提也罢,而今除了工作还是工作。昨遭家庭婚变,今又无以亲侍老母、哺育孩子,得享天伦之乐。人生直是寂寞难耐,不时生出烦扰、忧愁、伤感、矛盾……往事今事纷扰而来,渐次层累积聚,在内心世界汇成了一种以寂寞孤独为圆心的"情意综",屡屡冲动,唯借写作得以一时宣泄。

《龙山杂记》也堪称写景绘物的佳作。不仅是描写景物的自然气象,并且深入到骨子里,绘制出蕴藉于内的人文习俗。巷陌深深,曲折回旋。不高不矮的围墙挡在两边,墙上挂着一串串的藤萝。墙里常是人家的后院,修竹森森。走过几家墙门,都是紧紧地关着。偶然"呀"的一声,墙门口显现出一个人影;又往往是深居简出的姑娘,看见有人,会娇羞地返身回避了。这就是江南小城、也是绍兴独有的小巷风情(《巷》)。

到了夜间,秋千院落里似乎静得深不可测。梧桐树悄然兀立,投下大片阴影,秋千空荡荡地垂在中间。没有人荡着的秋千,在黑暗中有一种近于恐怖的神秘感。秋风偶尔掠过,树间一阵沙沙,过后越显得静寂(《离开了秋千院落》)。写秋千院落的夜景,显得极为冷落凄清,融入了或者说暗示着作者孤寂的身影和心情。

越王台畔的晚上,于万籁俱寂中传出一片动听的音乐。宿舍内学生的操琴声,戏台上伶人的唱曲声,一样的清妙婉转,袅袅不断。作坊中锡箔工的劳生之曲,丁丁当当,似为琴声与歌声击节。在这多样的音乐里,又可领略不同的意蕴:宿舍的琴声,给人以闲逸之感；打锡箔的声调，却使人感到生活的重压；剧场的歌声，最古典又最复杂，让人想起歌女的悲愁（《越王台畔》）。别出心裁，以交响的声音来写景造境，不仅构造了一种悲喜交互的精神境界，同时也寄托了作者彼时彼刻的复杂心境。

柯灵是散文大家。观其早期作品，即见起点不低，出手不凡。《龙山杂记》是作者青年时代生活的一篇透明清澈的传记，记有行事踪迹，更透露内心的情感奥秘；还是一篇特殊而精美的游记，向人们撩开了绍兴、龙山古老而神秘的面纱，展示古城的风景、风情，还有龙山的文化遗迹、底蕴。记事、抒情、写景，手法多样而成熟，且相互配合得天衣无缝。文脉肌理清晰可辨，文笔行云流水、生动大气，文辞自然清丽，如山间的一泓清水。《龙山杂记》无疑是柯灵散文风格的源头。

30年代的"水乡记忆"还应包括写作时间上稍晚于《龙山杂记》的一些散文，它们与作者在童年、少年时代的生活和故乡斗门古镇的风物习俗有关，不妨称之为"乡镇风情"系列。大多写于1932—1936年，《忆江楼》《故园春》《酒》《路亭》《野渡》《古宅》《闸》《秧歌》《遗事》。

那时，季琳已经再度奔赴上海，进入了处在黄金时期的中国电影界。自《忆江楼》起的"乡镇风情"系列散文，实为身在他地的怀乡忆旧之作。古老的小镇及其周围的乡村、田野，被从记忆中一点一点搜出，以细腻的工笔绘制出"形象"，使作品成为一份特殊的民间采风录，展示独特的江南乡镇的文化韵味。在一个个家乡的景色风物镜头的切换中，浓浓的乡情油然而生。

《故园春》为"乡镇风情"的代表作，写故乡绍兴、斗门的三月，那是田园诗中最美的篇章。先渲染大自然一派欢乐的春意：桃花笑艳迎人，草木好梦初醒，金黄的油菜花遍野，妍红的紫云英满地，暖风吹送着青草和豌豆花的香气，还有燕子和黄莺忘忧的歌声……再描绘民间社会里一场场热闹的春事：是扫墓季节了，在风雨灯里点起红烛，摆开祭祀三牲，还有发芽豆、烧饼、馒头、甘蔗、荸荠等"上坟果"。故乡有句民谣："正月灯，二月鹞，三月上坟船里看姣姣。"三月里，乡间敬神的社戏特别多。演戏那天，家家户户置办酒肴香烛，乘便祭祖上坟，朝山进香。午后社戏开场，热火朝天。夜戏开锣，比白天还要热闹。演戏以外，还有迎神赛会。因为张神就是斗门镇这里镇水的神明，所以三月里的张神会最出名。不仅演戏，还要走浮桥、放焰火，狂欢两天两夜。还有欢乐的孩子们，三五成群，从野草中间剪荠菜、马兰头、黄花麦果，或是到山上去采松花。一边干活，一边唱起乡里流传的民歌。男孩子学唱顽皮的歌子来消遣："荠菜马兰头，姊姊嫁亨（在）后门头；后门春破我来修，修得两只奶奶头。"女孩子就唱有情有义的山歌："油菜开花黄似金，萝卜开花白如银，草紫开花满天星，芝麻开花九莲灯，蚕豆开花当中一点黑良心，怪不得我家爹爹要赖婚。"

一篇《秧歌》记写故乡民间流行的秧歌戏。那是一种草台班子在乡间草场上的业余演出，以释放劳累以后所渴望的快乐和放纵。角色简单，一个男扮女装的花旦，一个小生兼做小丑，再加上一二个闲角。道具、戏装也简陋、将就。正派的戏目，如表现情义的《庵堂相会》，那是不多的。大多是村野气息的戏，如《打气窗》《老实头人烧香》，演出时思春发情的动作和语言也可以在台上放纵。《老实头人烧香》讲的是尼姑的生理苦闷。一个老实的打柴少年，到庵里去为生病的母亲烧香拜佛，一个怀春的尼姑用种种手段诱惑他，最终实行了那一件男女间平凡而又神秘的事情。这戏最淫秽，偏又最受欢迎，里面有几句大胆的唱词来表达那个尼姑内心的秘密："后生呀，我若得同你困一困，打落十八层地狱也甘心！"

《路亭》《野渡》《闸》三篇，写的是斗门地方的物景。小镇周边供行人休息的"路亭"，乡间河边给路人摆渡的"野渡"，还有镇上有名的水利建筑、文化活动中心的老"闸"，都是作者少年时代、特别是辍学时期流连忘返的地方。因为熟悉，便是随手拈来，铺衍成文。格局、方位、形状、细节等，写得富于实感，并挖掘其中的风俗、人文精神。如《路亭》《野渡》中，表现了乡村社会的善举、民风的淳朴。还记下小镇的大江沿边"过渡亭"里的一副对联——"山色湖光，四时佳兴"、"早晚南北，廿里官塘"——展现地方的文化特色和雅趣。《闸》写及越州的历史、自然环境和大禹以来的治水过程，斗门老闸和三江口的"新闸"，还有老闸启闸放水时的壮观景象，老闸桥上敬神、演戏的热闹的人文景观。

绍兴老酒闻名天下。你可以不知绍兴为何地，但你一定知道绍兴老酒之醇厚醉人。正如绍兴城里"咸亨酒店"的大堂上悬挂的那副对联："小店名气大，老酒醉人多。"的确也是，老酒堪称绍兴风物之首，并荣获"酒乡"之美称。一篇《酒》，借酒说绍兴，说绍兴的酒坊、酒味、酒馆、酒菜、酒德、酒趣、酒俗、酒忌、酒醉、酒话，以丰富、深厚的酒文化透视地方的特色文化。在绍兴，喝老酒的未必是酒仙，但却是生活的一部分，人人都沾老酒。俗一点，说"吃老酒"，不仅管"喝"为"吃"，且"酒"前必加"老"字；雅一点呢，就说"雅雅"，绍兴话读音如"哟哟"，以喝绍兴酒为雅事。可见老酒在绍兴属雅俗共赏之物。若是边吃绍兴老酒边听绍兴戏，便进入了极深的乡俗境界。绍兴酒之离不开鉴湖水，犹如茅台酒之离不开赤水河，彼水彼酒乃骨肉相连。清人梁章钜说得明白："盖山阴、会稽之间，水最宜酒，移地不能为良，故他府皆有绍兴人如法制酿，而水不同，酒味远逊。"旧时绍兴府分山阴、会稽二县，鉴湖则归山阴县。《酒》中说到"山阴的酒最好,会稽的就差一点",足见作者熟谙酒道,属绍兴酒之雅友。

怀乡和忆旧往往是形影相伴的。故乡的小镇、山水间,留有作者曾经的足迹、心迹,这些忆旧散文不失为柯灵的童年、少年时代的生活传记。特别是《遗事》《古宅》,披露了极为隐秘的内心。《遗事》以"借说"的方式披露作者童年、少年时期的生活和心路历程。《古宅》涉及作者自少年时代以来一个长久未解的心头之谜:那片宽阔的"古宅",究竟与一个什么样的、类似《红楼梦》中的贾府"树倒猢狲散"的故事联系在一起?从古宅里出来的三个人,一个是细长眉黛、年轻漂亮的女人,一个是身体痴肥、丑陋的中年女人,还有一个衣着不整、肮脏的孩子,她(他)们究竟是何许人?

季琳写乡镇的生活风情得心应手。从根本上说,因为他就是这个乡镇哺育出来的孩子。他的人生感受和经验始于小镇,来自于小镇的风俗人情,还有周围的乡村、田野、山冈和河流。这些都成了他的性格、情感和记忆的一种底色,任凭怎样也抹不掉。作品和作者是浑然一体的,蕴涵着自然、质朴、野趣。这批散文作品,在总体的风格上与《龙山杂记》一脉相承。

季琳写《龙山杂记》时还是一个乡村"才子",而写"乡镇风情"时已是一个准"左翼"作家了。出于自我反思精神,准"左翼"作家对乡村"才子"进行严肃地批判:

> 在我这短短几年的创作生活中,写得比较多的是小品文。当时不知怎么糊里糊涂地写下来了,如今偶一翻检,却只觉得赧然而且悚然,因为在它们中间,我照见了一个颤巍巍的怯弱的灵魂。
>
> 四五年前,我开始对创作发生浓厚的兴趣的时候,好像

很沾染了一点"才子"气,多愁善感……写成的东西,多是身边琐事,无病呻吟,几乎连人生的影子也黯淡到看不见。

不久以后,生活经过了几次沧桑,大概入世较深,"才子"气渐渐俗化:对于那些吟风弄月的雅兴,面对着残酷的现实世界,再也无心重理。但一方面是从个人情感的圈子里逃出来了,一方面却反觉得空空洞洞,不着边际。偶有创作,虽尽力想使它健实一点,却总觉得不能如愿;而且仿佛写作的艺术也退步了许多。(《我这样期望着自己》,1935)

由于并不满意《龙山杂记》限于"身边琐事",季琳有意识地在"乡镇风情"注入了新的"人生"内容。《忆江楼》是最初的努力,其中"暴风雨中的孤舟"虽则也属"浔阳江之一景",却又有象征意味,暗示社会、生活的重压和个人的勇敢抵抗。《故园春》中,插进了一小段地主剥削农民的描写,作为三月里之"社会不平"景象。在《路亭》《野渡》《古宅》等篇章中,都涂上几丝贫富不均的"人生"阴影。即使回顾少年往事,如《遗事》《古宅》也掺入反抗命运、背叛封建家庭和烧毁阴森宅第的愿望。

但是"乡镇风情"的安宁与"人生"的尖锐似乎很难调和,后者甚至成为一种艺术败笔。作者也意识到艺术上的不协调,所以"人生"始终只是出现在背景中的一角,且模糊、隐晦,而浓烈出彩的还是"身边琐事",表现出乡村"才子"的一面。但是,作为准"左翼"作家,他并没有放弃"人生",而是在其他的文学领域里直接表现"人生":"城市印象"散文和"社会批判"杂文。

"水乡记忆"散文,后收入1939年由上海珠林书店出版的《望春草》。这是柯灵的第一本散文集。集名源自于《龙山杂记》

末篇的《望春》。"望春",乃是冬天时节向往春天,寄托着希望:希望着自己创作的春天,希望着我们民族的春天。"草"便是指生活和个性平凡的作者自己了。《〈望春草〉题记》(1939)中说:

> 在世路上跋涉,算来也好些年了,回头望望,却几乎只有茫然。生活的平凡,正如我个性的平凡,这些年月换来的是己于人两无所得。甚至在这样的年代,我也还只能躲在"孤岛"上平凡猥琐地活着,说来又岂止惶愧!但对于人世,我也有欢喜,也有悲愁,也有激动和愤怒;因此有时也不免漏下一声赞叹,一丝感喟,或是一下低弱的叫喊,而多数却像舟人之夜歌,信口吹来,随风逝去,目的只为破除行程的寂寞。
>
> 我的思想如此空疏,笔墨如此萧索,写下它们的时候,又正当战前那些酷寒的、苦闷的年代……其中第四辑写作时间最早(1930—1931年),写的也只是"身边琐事"之类,当此时艰,真可谓"可耻的浪费"了。可是,请原谅我的有私心,我偏爱它们有如偏爱儿时的照片。

"题记"是一篇有感而发之作。一感时代、人生。昔时"远东的明珠"上海正惨遭日寇铁蹄的践踏,耻辱的"租界"竟成了避难的"孤岛"。而人生茫茫,前途难卜。身处乱世,阶级矛盾和民族矛盾纠结,一介文人心有余而力不足,即使发几声叫喊,却难以承担救国救民之责任,是以感喟不尽,热切盼望民族的春天来到。二感昔日少时之作。"第四辑"指的是《龙山杂记》,这一辑即起名为《身边琐事》。少时之作有如童年之照片留影,虽显愚顽可笑,自己看来却倍感亲切。然而写的尽是"身边琐事",而远离"人生"。30年代的左翼评论家意气高昂，高举"人生"大旗，"身边琐事"近于"风花雪月"，落伍、后进不堪，遂作自觉地反省，所以也殷切希望自己的文学创作进入一个春天。

50 年后，时世已经巨变，柯灵把"水乡记忆"编入《柯灵散文选》的一辑，取名"怀土"，还原了"身边琐事"的价值。他说：

> "怀土"抒发了我对故乡的依恋眷念。千山竞秀、万壑争流的越州古国，是把我妪煦成人的土地，父老乡亲，一山一水，一草一木，都和我血肉相连。多少年来，故园如画的风物，常在我梦中浮现。这些文字，就倾诉了我不绝如缕的缱绻。(《应是屐齿印苍苔——〈柯灵散文选〉序》，1983)

这里探讨一下笔名"柯灵"的来龙去脉。笔名"柯灵"最早出现在 1932 年《时报》副刊《电影时报》上，用于发表连载小说《一九三二年银光曲》（11 月 26 日至 12 月 31 日）。所以，"柯灵"原是季琳发表小说的笔名。此后，"柯灵"就成了一个最重要的写作用名，取代了原来的"季琳"、"高季琳"的称谓。

"高季琳"去掉"季"字便是"高琳"，这是一种通常的笔名取法。然而，在绍兴方言的读音里"高"（gao）近于"柯"（go），两者声同韵近。绍兴的地名"柯桥"、"柯岩"，其中的"柯"字都读作"go"。"高琳"（gaolin）依绍兴方言衍变为"柯灵"（goling），至于"柯灵"两字的意义，如果熟悉绍兴，的确会联想到或者愿意联想到一个叫"柯岩"的地方。说到底，"柯灵"终是"怀土"乡情的产物，所以也就成了最重要的笔名。

绍兴有一小镇名"柯桥"。柯桥镇之东南附近有一著名的风景区叫柯岩。柯岩是一观赏天然、人文石景之佳境,多石峰、石洞、石宕、石雕、石刻,有着丰富多变的石文化景观。柯岩的出名,更在于那里的一个石宕旁边有一块巨大的"奇石",系历年采石后留下的奇观。此石高三十多米,周身遍现石体,顶上却长有若干树木花草,如戴着一顶奇妙的草帽,随四季荣枯而变换色调。奇石之"奇",又在于此石竟为"上粗下细",其细小的底部呈狭长条状,最窄之处仅一米左右。看去似有随时倾倒之险,却历经风雨而巍然屹立。视其形状,如一朵带着尾巴在空中飞舞的祥云,故人称"云骨"。

"柯桥"、"柯岩"离斗门不过几里路,是柯灵熟悉的地方。有"柯岩"之奇石,又有石宕水潭之"灵"气,或说"云骨"本为石之"灵",于是笔名"柯灵"便有了开阔的诗意想像空间。诗人、剧作家白桦在一篇纪念文章《柯岩之灵》中说:"柯桥镇有一块柯岩,被当地人奉为灵石。每每途经柯桥镇,我都会联想到柯灵先生的笔名,它的出处也许就在于此。"

五 城市印象

1933—1936年,柯灵在写"乡镇风情"的同时,又有一组记写青岛、上海的散文:"青岛印象"、"上海掠影"。因为都是写城市,又是用速写笔法随手记录眼中之景、心中之感,故统称"城市印象"。

《青岛印象》系列四篇,前三篇均写于1933年9月,连载于《申报·自由谈》:《岛国新秋》《咖啡与海》《魔窟》。与《龙山杂记》一样,每篇列有副标题,"——青岛印象之一"等,所记分别为"海滨"、"咖啡馆"和"大炮台"。速写的风格,同时也较多地借鉴了电影镜头的表现手法。因为柯灵涉足影界已有几年,写作上受到了电影手法的影响。写《青岛印象》时,他正随明星影片公司的外景队在青岛拍摄影片,"印象"由此而来。

《岛国新秋》似乎是一部"纪录片"。以电影拍摄中的"摇"和"拉"的镜头技巧,先是把青岛海滨置于中、远景上,慢慢摇过,使之能够获得整体的观感效果。浅蓝的天,深碧的海,金色的沙滩,避暑的游人,一幢幢德国式的别墅,长堤似的一直伸到海中的栈桥,海边整洁宽阔的马路,路旁罗伞般的槐树等等。然后镜头拉近一点,海滩沙地上的游客多极了:男的,女的,"浸过水的黄发青丝,彩色的游泳衣,人鱼般婉曲的身体,在浪花里滚着,在沙滩上躺着……"

青岛美矣,避暑的桃源胜地。别墅、饭店、舞厅、电影院、咖啡馆、太阳啤酒、崂山矿泉水、可口可乐……都市的物质享受应有尽有。但是,作者并非满怀欣喜地在欣赏和感受着这一切。一个临时来到这里的电影人,因为出现在他的镜头下的都是"有余"阶级的"巨宦富商、公子王孙",所以感到十分愤懑。甚至还有民族耻辱感,看到了那些"异国男女",最多的是"善邻"日本人,真是一片"好客"的国土啊!终于,美丽的青岛成了社会讽刺和民族之痛:

爱呀,喜剧呀!青岛的夏天呀!

青岛是天之骄子,两难具,二美并:锦绣江山兼备物质文明,西方帝国和东方帝国相继为我们借箸代谋,着意经营的避暑胜地。

《咖啡与海》把镜头转向海边一座玲珑剔透的洋楼、一家叫

"青岛咖啡"馆的内景:大厅里是辉煌的壁画,灿烂的明灯,正中的舞场里奏着流行的爵士乐,艳装华服的男女拥搂婆娑起舞……然而,这个优雅地方背后的故事,却让一个有自尊的中国人优雅不起来:这家咖啡馆是白俄商人开的,每年在这儿只做一个夏天,可是一夏的收益就为数可观。还有更优雅不起来的"故实":

> 汇泉饭店是日本人开的。——青岛的经济命脉全在日本人手里,许多工厂也全是他们的摇钱树和吸血管。有的打起招牌说是中国的资本,背地里股东还是日本人。……
> 我想起海滨公园相近的"接收纪念亭"来。只要名义上已经"接收",这当然值得"纪念"了。况且青岛没给德国的时候,原只是一片蛮烟野草的荒岛啊,现在却已给他们修筑得花团锦簇。

作品剥开了"半殖民地"死坏的内核:帝国主义的势力、尤其是日本帝国主义的势力,已经深深地侵入了中国;而"半殖民"统治下的一些愚顽的顺民竟还在感谢帝国主义的"功绩"。于是不免"有了一点不可分说的惆怅"。

《魔窟》是一部"历史文献片",记载下一段德国帝国主义侵华、杀人的怵目惊心的历史,以惊醒"半殖民"统治下"做梦"的中国人。当年德军在湛山修筑了四个大炮台,那是用石头和钢铁建造的杀人机器。炮台里狭长、幽暗、潮湿的通道犹如可怖的"魔窟"。受愚弄的德国兵士屠杀异族人,自己也做了异国的游魂,而奉行铁血政策的德国帝国主义是真正的杀人恶魔、罪魁祸首。令人痛心的是,很少有中国人知道在修建这么大的工程,"中国的老百姓,就常是在梦中过日子"。

《如此桃源——青岛印象之四》补写于六年以后的1939年9月，写的还是那次青岛之旅的印象。那是因为当时听了当地朋友一句"夸耀似的"话，说是"青岛是个好地方，别的不提，单是市内所有的住房，就找不出一所中国式的建筑"。虽时隔多年，仍如骨鲠喉，不得不吐：

> 当青岛给德国人占据以后，几年当中，让他们把这一片蛮烟衰草的荒地，经营得好像蓬莱仙岛，许多达官贵人就像发现了现世武陵，纷纷投向日耳曼德国的荫庇下去做隐士，面对一碧如染的大海，啸傲云烟，乐不思蜀了。但一向是自耕自食的岛上农民，却因此就不知流了多少血泪！他们的田地给强力收买了，他们的劳动力为建筑桃源给白费了，他们在外国入侵者的眼里还是原始的野蛮人，为着一点小事，往往就一枪杀了他们。——灿烂辉煌的青岛是用血奠基的，然而逛青岛的人有几个愿意想这些？

市内的洋楼、富人，市外的草棚、穷人，两组交替式"蒙太奇"镜头形成了鲜明的对比，突出了社会黑暗、不平的主题。德国人从荒地上建起仙岛，中国人却流尽了血泪、失去了生命，这些深刻地揭露了帝国主义的侵华罪行。而那些达官贵人无视血腥事实，乐不思蜀，则再一次惊醒着中国人。作品写在1939年，更具有强烈的现实意义。此时已经不是市场上到处都是日本货了，而是中国国土上到处都有烧杀掳掠的日本兵了。日本帝国主义全面侵华，较之德国帝国主义，其残暴、穷凶极恶有过之而无不及。同时中国人民也已进行全面抗战，所以再次奉劝那些达官贵人该清醒了：不能做亡国奴。

一组"上海掠影"间杂在"乡镇风情"、"青岛印象"之间写成。柯灵旅居上海已有数年，既受到城市生活的改造，但又还保留着外乡人的心情和眼光。这组散文可称之为一个外乡人眼里的"上海掠影"。"鱼书"、"铁路"、"火车"，都是一个外乡人感情生活中敏感、复杂的话题，实际上也是日常生活的一部分。《鱼书》感叹这都市的环境对自己生活习惯的改变，连往日喜欢的鱼书传情一事也日渐寥寥。与朴实单纯的乡镇生活不同，都市环境里让人感到充满矛盾，人与人之间大多只是鲜明的利害关系。《流离颂》《车厢生活》中，一个外乡人常与铁路、火车为伍，所见车窗外、车厢内的种种图景，都显出底层人受到生活的重压，对那些生活的奔波者充满着同情和怜悯。其实自己也是一个生活的奔波者，过着流离颠沛的日子。坐在火车上，幻想着去旅游，但这是件可望而不可即的事，没有足够的"闲"和"钱"。生活仿佛是一个铁笼，一旦被囚禁起来，便永远无法脱身。同情别人，也感伤自己。

这种同病相怜的心情也表现在《生涯》中，怀念那个为自己送报整整两年、贫病交加的老送报人。但是，他突然消失得无影无踪。也许病了？或者悄悄地离开人间了？真是一个不幸人的不幸"生涯"。

"上海掠影"中，又把镜头对准繁华大都市的阴暗角落，翻出它一副罪恶的内囊。《夜行》进入了这个大都市的夜晚，那是罪恶之花开放的时刻，黑暗中显现出"人间天堂"的诸种色相：

> 跳舞场上这时必是最兴奋的一刻了，爵士乐缭绕在黝黯的灯光里，人影憧憧，假笑伴欢的，靠着舞客款款密语；寻花问柳的，感到了女性占有的满足。出卖劳力的，横七竖八地倒在草棚里，无稽的梦揶揄似的来安慰他们了；多美，多

幸福，那梦的王国！而有的却在梦里也仍然震慑于狞恶的脸相，流着冷汗从鞭挞中惊醒。做夜工的，正撑着沉沉下垂的眼皮，在嘈杂的机械声中忙碌。亡命与无赖也许正在干盗窃和掠夺的勾当，也许为了主子们的倾轧，正在黑暗中攫取对手的性命。也许有生活战场上的败北者，怀着末路的悲戚，委身于黄浦江的浊流，激起一阵小小的波浪以后，一切复归宁静。我们还可以看到，在灯光如豆的秘密所在，还有人为着崇高的理想，冒着生命的危险：他们中间不幸的，便在星月无光的郊外受着惨毒的死刑。

舞厅卖笑、妓院卖身、流氓火拼、偷盗抢劫、"跳黄浦"自杀……都是上海特有的罪恶和日常的夜景。作为特有的"夜景"之一，写到了那些为着崇高的理想而英勇斗争、牺牲生命的革命先驱，从中透露出对革命者的崇敬和对刽子手的愤怒。

《狗难》是在市郊荒场中偶见的一景：把市区街头捉来的野狗关入特制的"狗牢"，对它们执行死刑。然后，怵目惊心的一幕出现了：当捕狗人用铁圈到"狗牢"里去套一只黄狗时，黄狗只是后退，最终被轻而易举地套住，才作徒劳的挣扎；而它的同类呢，则张皇地目送着它被拉走，又彷徨无计地来回走着，呜呜地哭泣。这是一个动物场景，但更是一个人间社会寓言。在作品写作的1935年，读者自然能从其中读出一种民族的现实危机和深刻的思想教育意义。作品最后写道：

我接连看了这被宰割的悲剧，最后向那些正在呜咽、彷徨无计的狗子们，投了失望的一瞥，便怏怏离开了荒场。

呜呜的呜声还是从后边传来，我有点悲戚。世上有一种奇怪的动物，他们有天赋的聪明，却没有合群自卫的习惯。

狗子的结局我已经看见了：一例的，分别的宰割，直到最后一匹。

柯灵的"水乡记忆"与"城市印象"不同，是一种属于本质上的不同。"记忆"来自心底的深处，曾有过刻骨的体验，和生命一起成长，经历了长期的积淀，与淳朴的乡镇生活有关，有不可割舍的热情和爱，甚至带着浓重的理想和浪漫色彩。"印象"呢，是一个淳朴的乡镇人感觉光怪陆离的洋场，一个正直的青年对社会压迫的不平，一个爱国的中国人对帝国主义侵略行径的愤怒，一个爱民族的华夏子孙对民族衰败的忧虑。与黑暗的都市现实有关，对都市文明病和殖民伤痕有清醒的理性思考和毫不掩饰的批判。

"水乡记忆"和"城市印象"，它们各自有相对独立的内容、意义。但是，它们复调式地形成了"水乡"和"城市"的对照、应答。把城市和乡村并置对照，使理想和现实、情感和理性相间相融，从而绘制一幅时代、社会的全景图。这是很多作家的写作目标。但要达到这一目标却不容易，甚至是可遇而不可求的。只有一个尚未被都市彻底同化的"乡镇人"，或者刚从乡镇来的"都市边缘人"，才能创造出这样奇妙的文学景象。

这自然使我们想起了30年代的另一位作家，来自湘西而旅居北京的沈从文，他所创造的"湘西世界"和"京华世象"的拱形文学建筑。不过，在柯灵是散文，在沈从文是小说。从一定的意义上，两者也可以说是形成了南北"双璧"。

《晨报》

《明星半月刊》创刊号

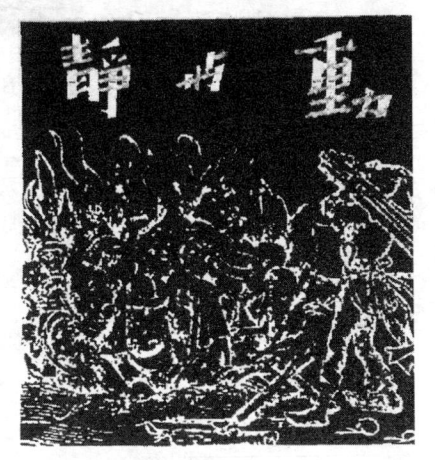

《关于〈狂流〉》(《晨报·每日电影》)

《铁报·动与静》

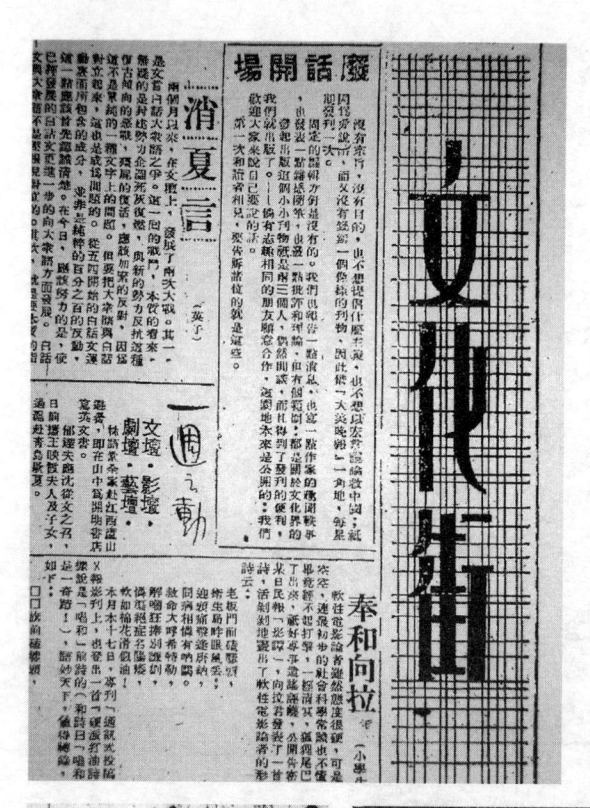

《大美报·文化街》创刊号

影评人评论影片《有夫之妇》

本报记者季琳特写（《大晚报》）

投身影业

一 "天一"、《有夫之妇》

因为《小朋友》事件，季琳不得不辞别《中国儿童时报》。对一个热爱文字工作的青年来说，已经到过现代城市的上海、杭州，再回偏僻的乡镇是难以接受的。又是前途茫茫的时候，这次是几年前务实小学的校长高天栖充当了"救兵"。1931年11月，他第二次来到上海，经高天栖介绍进入天一电影公司。高天栖在公司担任编剧兼宣传科长，他就被编在宣传科。

这是他一生中最大的、决定性的一次漂泊。不仅是继教书、编报之后，又漂到电影行业；同时，也漂到了他的第二故乡——上海，这个中国最大的商业都市、中国电影的"摇篮"。他未来的事业成就和人生磨难，都将在很大程度上与上海、与电影有关。

宁波人邵醉翁多才多艺。昔日为上海地方法院律师，后来创办中法振兴银行，同时经营着颜料、绸布、纸业等商号30余家。1921年又征战娱乐业，与张石川、郑正秋共同收购了一家叫"小舞台"的戏院，改名"笑舞台"。第二年张、郑离开"笑舞台"，与周剑云、郑鹧鸪等组成明星电影公司，拍摄了轰动一时的影片《孤儿救祖记》。邵醉翁从中看到了电影这种新兴娱乐行业的光明前途，于1925年6月在虹口地区东横浜路成立了天一电影公司。不久公司迁至东熙华德路（今东长治路），并在甘世东路（今嘉善路）建了摄影棚。

　　凭着商人的直觉，邵老板将"天一"影片的观众定位在一般市民。上海市民文化是中国早期电影的灵魂。市民阶层固然三教九流，但文化道德的保守与对视听娱乐的追求却是共同的。"天一"影片力倡旧道德、旧伦理。1925年，处女作《立地成佛》便打出"注重旧道德，旧伦理，发扬中华文明，力避欧化"的旗号。公司是一家纯粹的家族企业，邵家兄弟个个有本事：老大邵醉翁，制片兼导演；老二邵村人，编剧兼会计；老三邵山客，管发行；老六邵逸夫，摄影兼编剧。初期生产的11部影片，都由他们兄弟分工合作完成。家庭班搞电影，优点是成本低，公司也就容易支撑下去。唯一需要花大价钱的是聘请优秀的演员。胡蝶以一部一百大洋的酬金为"天一"先后演出了《梁祝痛史》《义妖白蛇传》《孟姜女》等影片。为了省钱，很多电影则由大嫂陈玉梅领衔主演。"天一"采取"低、快、多"的商业电影发展路线，不过几年就雄踞上海电影界。

　　季琳为"天一"影片做宣传，写新片的介绍，制作影片的招贴画、广告，编写影片说明书等。经常署名"嵩灵"到报纸的电影副刊上去发些公司的动态，诸如"天一"篮球队在比赛中艰难获胜等。这些美工、设计和文字工作，以他的经验和水平，都是轻车熟路，但也有别扭之处。统观同行的影片宣传，那是一片"刀光剑影"、"香艳肉感"……文字风、广告风、画风，不仅吹嘘得离谱，也低俗不堪。商业电影的发展本就如此，"天一"也这么做，且有过之而无不及。

　　而季琳来自乡镇，思想感情纯朴，通艺术而不通商业。对

"天一"的影片，心里自然地暗犯嘀咕。就从1931年生产的影片来看：《福尔摩斯侦探案》《乾隆游江南》《亚森罗宾》《歌场春色》《最后之爱》《空门红泪》《夫妻之间》，不外乎侦探片、武侠片、言情片，渲染刺激、打斗、香艳。为了节省成本，古装片里的人物竟还有留西发、着时装、穿皮鞋的，弄得非驴非马。化装也粗糙，面孔白的，头颈和两手还是黑的。公司的宣传工作，莫非要把地上的吹到天上去？嘀咕归嘀咕，宣传还是要做，终究是"饭碗"的事。

与第一次到上海蜗居在老西门的一个前厢房里编商业小报相比，一年多以后到"天一"便是进入了上海的文化前沿。30年代，中国的文化中心已从北京转到了上海。当时的上海，传统文化、现代文化、外来文化、党派文化、市民文化，种种不同的文化间杂、纷争，借着各自执掌的"喉舌"来发出声音，试图占领一方属于自己的文化生存空间。在文化背后，各种政治力量的操控和商业利润的驱使，使得上海的文化版图显得复杂而多变，犹如一座文化"迷宫"。

季琳处在这样的一个文化地带，受到各种文化乃至政治力量的牵引和影响，自是感到十分迷惘。一个文学青年每走一步都得小心翼翼，否则很容易被"腐蚀"而走上一条文化、政治的歧路，从而毁掉自己的一生。然而在季琳，是因为他有一颗淳朴、正直的文化之心而得救，是因为有鲁迅和中国共产党对他的指引而得救。柯灵在五十年后深有感触地说：

我在1931年冬踏进电影界，完全是一件偶然的事。可是对我以后的生活道路却有很大的关系。那时我还是个乡下少年，来自浙江绍兴。……我生平有一件铭记不忘的事，是我开始接触新文艺时，有幸读了鲁迅先生的作品，由此看到了一颗崇高的、战斗的心灵，开始懂得对人世的爱和憎。后来到上海，进了电影界，正是左翼文化运动勃兴的时候，不久又近在身边，碰上了党的"电影小组"成立，这就使我在云横雾塞中逐渐看到了对岸的青山。我的人生探险是很辛苦的，磕磕碰碰的事很不少，幸而没有误入歧途，靠的就是这"旅行指南"。（《我的人生旅行》，1980）

30年代初，上海是文化的多事之地，更是阶级矛盾、民族矛盾的冲突之地。季琳到上海不过两个月，便遭遇一场野蛮的侵略战争。1月28日午夜，日军陆战队分三路突袭闸北，攻占了天通庵车站和上海火车北站。那天半夜里，季琳被一阵激烈的枪炮声猛然惊醒，看到闸北方向已经火光冲天，浓烟滚滚。他第一次感觉自己离战争和炮火是那么近。散文《回到莽原》（1937）中写了他在"一·二八"战争中亲眼目睹的日寇飞机的轰炸：

> 1932年"一·二八"上海战争中，中国藏书最多的东方图书馆和规模最大的出版机关商务印书馆，一开始就在日军的轰炸下摧毁了，在烛天的火光下，古今中外无数学者作家用毕生心血所凝成的作品，都化为片片的纸灰，蝴蝶般在上海全市和近郊十数里圆周的上空，整整飞舞了三四昼夜，路人的头发也几乎变白了。接着是轰炸几所阒焉无人的大学。

日军司令官盐泽幸一叫嚣四个小时攻占上海，但是遭到驻守闸北的国民政府十九路军的迎头痛击。在总指挥蒋光鼐、军长蔡廷锴指挥下官兵们英勇抗战，并得到全国人民的支持。上海市民则立即组织了义勇军、运输队、医疗救护队奔赴战斗前线，与十九路军并肩战斗。上海三大电影公司"明星"、"联华"、"天一"闻风而动，先后派出摄影组赶到炮火连天的战地，冒着枪林弹雨拍下了将士们同仇敌忾、奋勇杀敌的一个个感人场面。

"一·二八"淞沪抗战后，国家、民族存亡成为民众关注的焦点，爱国、进步的影片受到欢迎。武侠片、神怪片、言情片、侦探片，因为脱离时代和现实，一时遭到冷落。"天一"及时调整了市场策略，开始尝试兼走现实主义电影路线。

高天栖、高季琳、孟君谋、李化联合编剧，由高季琳执笔的故事片《有夫之妇》率先推出。当时并没有严格意义上的电影文学剧本，只是编写一个"故事梗概"，或叫"分场提纲"，只不过是"相逢"、"定情"、"离别"……之类的简单说明。所谓高季琳"执笔"，也就是这个意思。

由季琳"执笔"，很大程度上是高天栖对他的有意提携和栽培。但还是值得书写一笔，因为毕竟有某种关系上的"处女作"意味。第一次编剧经历，无疑是认识电影艺术的一次很重要的提高。《有夫之妇》尝试性地采用了现实生活题材，又使得他从编剧实践中了解到生活与电影的关系、从生活到电影的过程。

因为参与编剧，季琳抱着很大的兴趣，时不时溜去摄影棚，观看导演李萍倩的现场拍摄工作。一来二去，几乎知晓了电影生产的全部过程，懂得了镜头运用、画面效果等。对他来说，这是以后从事电影编剧工作所不可缺少的经历、经验。"天一"的生产向来以"快"著称，《有夫之妇》在两个月后就拍摄完成，于6月初在新光大戏院（今宁波路586号，新光影剧场）首映。作为剧本的参编人员之一，"高季琳"这个名字第一次出现在银幕上，使他激动不已。他开始进入电影创作圈了。

《有夫之妇》是都市现实生活的写照。工人王根发（张振铎饰）失业后过着饥寒交迫的生活，稍有姿色的妻子（宣景琳饰）又为富人所强夺，反映出上层社会的罪恶和下层社会的痛苦。影片得到进步影评的肯定："《有夫之妇》是比较接近大众的艺术作品"（《〈有夫之妇〉试片记》，汤小丹，1932）；"至少已经跳出了唱歌，跳舞，玉脚，樱唇，和果报主义，和团圆主义的圈子了"（《〈有夫之妇〉实质的检讨》，尘无，1932）。

"天一"通过招考进了一批电影文化人。季琳与两位新来的同事成了情投意合的朋友，一个是浙江德清人、美工师沈西苓，另一个是广东开平人、美工师兼录音师司徒慧敏。两人经历颇有相似之处：在日本东京"美专"学习美术，并参加话剧表演；回国后在上海"美专"等学校教过美术，是"上海艺术剧社"的成员。季琳当时有所不知：他们都是"左联"成员，是沈端先在话剧界、电影界展开"左翼"文艺活动的两员得力干将，考入"天一"，负有革命的使命。

西苓、司徒也都是二十多岁的青年人。他们经常邀季琳去看电影和话剧演出，并在一起作即兴的评论。季琳觉得，他们都是业内的行家，而且思想进步。他们谈到中国电影的现状，批评商业电影脱离时代、迎合小市民趣味，形式上则不伦不类、粗制滥造。也谈好莱坞电影、苏联电影、日本话剧，斯坦尼斯拉夫斯基表演体系，布莱希特的"间离效果"，奥尼尔的表现主义戏剧……季琳听得一知半解的，却又有浓厚的兴趣，在经历一个电影艺术理论上的"启蒙教育"后不久，季琳开始发表对30年代初中国电影现状的评价和分析：

这时代向我们提供了无数具有重大意义的题材，制片家却一点也把握不住。我们的影片，老是在荒诞的、封建的神怪武侠里兜圈子，在庸俗的、颓废的恋爱故事中打回旋。当然，这样的东西，至多能博取部分小市民的欢心，而为大众所唾弃的。

但这种现象，也有它的背景。第一，电影制作者的阶级支配了他们的意识和行动，他们和一般的小市民一样，要逃避现实的厄运，躲过时代巨浪的袭击，只好借神仙剑侠蝴蝶鸳鸯来欺骗自己，麻醉自己。第二，电影制作比文学创作受环境的拘束来得多，文章在作者笔底写出来以后，便可以发表了直接输送给读者，而影片不但有繁复的摄制过程，公映之前，还必须经过检查机关的审定，制片者毫无自由制作的余地，因为检查机关如果觉得你的作品有违碍，便要悍然宣布死刑。(《中国电影新路线的开始——关于〈狂流〉》，1933)

这篇影评带有严肃的批评精神，一针见血，并正确地分析了问题的症结所在。季琳的带有"左翼"色彩的影评，除了受西苓、司徒的积极影响外，其间又有"剧联"的"影评小组"的影响。

西苓、司徒在文化界有很多朋友。其中有一个三十几岁西装打扮的、瘦瘦的人，戴一副眼镜，总是来去匆匆，显得很神秘。有一次，西苓把他介绍给了季琳，原来他就是大名鼎鼎的沈端先（夏衍）。季琳读过他翻译的高尔基的名著《母亲》和一些文艺评论，心里很敬佩他。沈先生称赞季琳是一个进步的文学青年，并有力地握了握他的手，似是鼓励。沈端先将是季琳未来人生道路上重要的引导人和朋友。

夏天,"天一"发生了"女主角事件"。西苓对电影现状不满,试图走一条拓荒的道路,拍一部真正反映社会现实的电影。他着手编导《女性的呐喊》,内容反映二三十年代上海的"包身工"的悲惨命运,并且揭露日本帝国主义以及中国政府、封建包工头的罪行,要让中国人感到"灵魂的震动"。素材是沈端先提供的。邵老板看过剧本后,却不置可否。西苓则误以为得到默认,便开机拍摄。没有几天,邵老板就把刚拍的几条片子调去,看完后即以"女主角不漂亮"为由,下令停拍。

女主角是王莹,说她不漂亮,很明显是一个借口,不知邵老板的葫芦里卖的是什么药?王莹毕业于复旦大学文学系,曾与西苓、司徒同在"上海艺术剧社"演戏。实际上,她是中共地下党员,受党指派进入电影界展开"左翼"文艺活动。西苓不接受停拍令,要找邵老板论理。王莹则气坏了,司徒、季琳、吴印咸、汤晓丹、苏怡等人都忿忿不平,跟着一起去讨个说法。邵老板面对"秀才们"沉着冷静,只听不辩,却不改变命令。西苓等惟有背水一战:如邵老板不撤销停拍令,就集体辞职。

高天栖向来忠诚于邵老板。他见季琳也在"造反"队伍中间,惊吓不小。季琳是他介绍进厂的呀!他劝季琳不要跟着起哄:当老板、做生意、赚钱是天经地义的事。他以为,自己对季琳是有恩有情,规劝必有立竿见影之效果。谁知季琳却说出一番"反对阶级压迫、反对外族侵略"的带有"左翼"味道的大道理来,他顿时感到大为吃惊和不快。随即忿忿然扔下一句"过河拆桥"的话,拂袖而去。

在季琳,这半年多以来思想成熟不少。他认为,呼喊"反压迫、反侵略"与做生意赚钱,孰轻孰重,本无须辩白。再者,应该说邵老板、高天栖于他都有情有义,但他是对事不对人呀,所以也问心无愧。虽然当时是思想超越了情谊,后来却还是情有所

牵。几年后,他在《鱼书》(1936)中提到一位"好朋友",说的就是高天栖:

> 他比我年长,敦厚善良,我在困难中受过他热情的帮助,一直对他心怀感激。但因为观点分歧,终于渐渐产生隔阂,行迹疏远了,感情冲淡了,重读他深情的旧信,我感到由衷的抱憾。志同道合,知音难得,当然是最理想的境界;志趣不同,本该互相尊重,各行其是,不妨碍真挚的友谊,但事实上常常会闹得不欢而散,这真是一件无可奈何的事。

因为"女主角事件","造反"者集体离开"天一",沈端先把他们安排进了"明星"。西苓在"明星"于1933年完成了《女性的呐喊》,但不幸失败。同一年又执导完成了沈端先编剧的《上海二十四小时》,得到影坛前辈郑正秋等人的肯定,从而奠定了他在电影界的地位。西苓不幸早逝,季琳在《西苓纪念》(1941)一文中说:

> 我曾在电影界混了好几年,一踏进那圈子,最初认识的就是西苓。在这一段不算很短的年月里,除却洞察了许多驳杂的世态,可以倾心相谈的朋友,也不过是屈指可数的几个。我和西苓辗转在三个电影厂服务,也几乎三次都是同时进退。同样服役于人类理想的志士,革命者的热烈使人感泣,学者的庄严使人起敬,而艺术家的亲切使人生爱。西苓属于后者……他的真挚使人易于接近,不但可以常常谈笑往还,也可以不必掩藏自己的幼稚和可笑,彼此倾诉一点私事,从而得到温暖。

西苓,"坦白和可亲"的朋友!

二 "明星"、"左翼"影评

上海弄堂房子的大致格局,若是新式里弄("新里"),从朝南的前门进是小花园、客堂间,客堂间上面是二层楼的前房。从朝北的后门进是灶披间,灶披间上面于一二层楼之间是二层楼亭子间,二三层间是三层楼亭子间。通常二层楼是"单亭子间",大约8平方米左右,贴隔壁是设有浴缸、抽水马桶、盥洗盆的大卫生间,称"大卫"。三层楼是"双亭子间",大约12平方米左右。隔壁是仅设抽水马桶、盥洗盆的小卫生间,称"小卫"。亭子间既小且朝向差,若是租用,自然租金便宜。

明星影片公司由张石川、郑正秋、周剑云等五人于1922年3月创办,当时仅仅是在贵州路7号的一间亭子间。几年后,"明星"奇迹般地成了上海最大的电影公司,有着举足轻重的号召力。

从世界电影发展的进程看,中国电影的起步不晚。1905年秋,在北京丰泰照相馆拍摄的京剧片断《定军山》,标志着中国电影的正式诞生。但它的发展不仅缓慢,而且畸形,是一个低俗游戏加上封建卫道的"死角",乃至"文学革命"风、"革命文学"风都难以吹进那里。柯灵的《试为"五四"与电影画一轮廓——电影回顾录》(1983)一文,以一个亲历者的身份和角度,对中国早期电影的"死角"现象作了详尽地描述和精辟地分析。在《从郑正秋到蔡楚生》(1983)一文中又说道:

谈到中国电影，我们很难忘记30年代。电影西风东渐，20世纪初叶，已经在中国诞生，但童年过得很长，直到30年代，新人竞秀，佳作如林，老一辈的电影艺术家开始显示成熟，才使人刮目相看，由此形成中国电影史上的一道分水岭，划分了两个不同的时期。促成这种转变的是当时沸腾的形势，在这种形势下水到渠成的左翼电影运动。

1932年"一·二八"后，社会对电影界"猛醒救国"的呼声日益高涨。新形势下，三大公司都开始吸收一些进步的电影人，其中"明星"邀请了沈端先（夏衍）、钱杏邨（阿英）和郑伯奇三人来担任编剧顾问，组成编剧委员会。同时，"明星"也需要借助新的力量来摆脱一时的困境。去年，"明星"因拍摄《啼笑因缘》（根据张恨水的同名小说改编）而陷入了经济和声誉的双重困境。一是与另一家公司打小说改编权官司，后又添设备、请名角，拼光了血本。等到影片拍完，上映却遭遇"淞沪战争"，无人进影院。二是"张、胡"谣言流传。谣传"九·一八"那天，《啼笑因缘》女主角胡蝶与张学良跳舞、拍照。此事实为日本人之造谣、阴谋。而《时事新报》刊登马君武的《诗二首》又添乱："赵四风流朱五狂，翩翩胡蝶最当行。沈阳已陷休回顾，更抱佳人舞几回……"

公司"三驾马车"张石川、郑正秋、周剑云愁容满面，情急之中邀来公司里兼职的、有"智多星"之称的编剧顾问、剧作家洪深一起商讨解困对策。洪深"献计"：请"左翼"作家担任编剧顾问，拍摄抗日的、爱国的、进步的影片。5月，作为资方代表的周剑云通过与钱杏邨的关系，在霞飞路（今淮海路）的一家咖啡馆与沈端先、钱杏邨、郑伯奇见面，商谈合作事宜、细节。

上一年，1931年9月，"中国左翼戏剧家联盟"在《最近行动纲领》中提出："除演剧而外，本联盟目前对于中国电影运动实有兼顾的必要，除产生电影剧本供给各制片公司并动员盟员参加各制片公司活动外，应同时设法筹款自制影片。"按照《纲领》的精神和党的指示，沈端先、钱杏邨、郑伯奇分别化名为"黄子布"、"张凤吾"、"席耐芳"进入"明星"，成为"左翼"作家打入上海电影界的第一个据点。

1932年，"左翼"作家开始向电影界进军。先抓剧本。5月，沈端先、郑伯奇、钱杏邨进入"明星"后，分别与导演程步高、徐欣夫、李萍倩合作，帮助他们编写剧本。这一合作意义重大，宣告了一个"分场提纲"时代的结束、电影剧本时代的开始。中国电影就此在艺术上脱胎换骨。再抓影评。7月，"剧联"的"影评小组"成立。这是一个由党领导的群众影评组织，以茶话会、座谈会等形式进行活动，在多家报纸上开辟电影副刊作为影评阵地。小组的领导人是石凌鹤、王尘无，他们是党的地下工作者，"左联"、"剧联"的成员，对30年代"左翼"电影运动的诞生、发展有重要的贡献。石凌鹤是江西乐平人，善于多面出击，编剧和导演，影评和电影理论建设，乃至创办和主编多种影剧刊物。王尘无是浙江宁波人，是电影批评的猛将、先锋。"影评小组"有着罕见的热情，凡是在上海放映的中外影片，每片必评。对于具有进步意义或反动色彩的影片，更会约定日期于各媒体同时刊发影评加以推荐或实施批判。

正是在这个夏天，柯灵进入了"明星"，尤其幸运的是进入了"影评小组"。石凌鹤、王尘无对他有直接的影响。石凌鹤是上海最大的报纸《申报》的本埠增刊《电影专刊》的编辑，每天都有影评发表。作为影评小组的负责人，他经常与小组成员一起看电影、座谈，听取大家的观点和讨论，然后发表自己的意见。

王尘无影评风格尖锐而激昂,论战勇不可挡,大有"五四"时期"浮躁凌厉"的战斗作风。柯灵在1941年的《尘无纪念——〈浮世杂拾〉序》中,对这位年轻的文化战斗者给了很高的评价:

> 尘无是热烈的,他虽然生年不满三十,却也身经战斗,以赤炽的心,卓越的才华,迸发出耀目的火花,甚至被誉为"鬼才"……尘无正是当年健斗的一员,批判、辩难、搏击,作为优秀的电影评论家,他持续了四五年不断的工作。其间痛斥刘呐鸥,力击穆时英,尤其是几场锋芒毕露的电影文化拒毒战。

柯灵后来在回忆中说:

> 我是作为一名摇旗呐喊的小卒,卷进这一场电影革新运动的。邈远的岁月已经使往事如烟,只有一点,历经时间洪流的磨洗而不损其光辉,那就是几位我当时亲炙过的前辈风仪。他们有一种非常突出的共性,是平易近人,不遗余力地汲引后进。而这正是使世界不断前进的引力。(《追思——悼郑伯奇同志》,1979)

在"左翼"电影文化"温床"的培育下,他从1932年7月起步,开始以笔名"芜邨"发表《我所认识的〈人道〉》《评〈新婚第一年〉》《〈城市之夜〉评》《偶像崇拜狂:关于"选举电影皇后"》等影评文章,表现出进步的思想意识、现实主义的艺术态度。其中,《中国电影新路线的开始——关于〈狂流〉》(1933)是一篇有重要影响的、可以载入中国电影史册的评论。"明星"影片《狂流》(1933)由夏衍编剧,程步高导演,胡蝶、龚稼农主演。3月5日,《狂流》在中央大戏院(今北海路247号,工人文化宫影剧场)、大上海大戏院(今西藏中路520号,大上海电影院)同时首映,盛况空前。影片以"九·一八"事变后长江流域十六个省遭受空前的大水灾为背景,再现了土豪劣绅对贫苦农民的残酷压迫和剥削以及广大农民的反抗斗争,揭示了30年代中国农村阶级矛盾和斗争日益尖锐的现实。

《狂流》值得一说。第一,《狂流》是夏衍的第一部电影剧作。他的艺术才华加上刻苦努力,在短时间内成为中国电影史上重要的电影剧作家、理论家之一。第二,《狂流》是中国第一部出版面世的电影剧本。不仅使影片拍摄从"分场提纲"脚本时代发展到"剧本"时代,也是一种新的文学体裁样式的诞生。第三,《狂流》是第一部"左翼"电影作品。新的题材、新的主题、新的人物,刺痛了反动政府,却受到到了广大观众的欢迎,从此揭开了"左翼"电影拍摄、上映的序幕。第四,《狂流》是"明星公司划时代转变的力作"。"明星"就此扭转了困境,恢复了影界"老大"的声誉。公司也开始对"左翼"作家刮目相看、言听计从,为"左翼"电影的拍摄大开"绿灯"。第五,《狂流》使年轻的柯灵一举成为有影响的影评家。由此,夏衍等"左翼"作家对这位非党青年倍加关怀,而《中国电影新路线的开始》一文也得以随"左翼"电影的历史功勋而传世。

《中国电影新路线的开始》以现实主义的批评态度指出,国产影片的致命伤在于严重缺乏现实的、重大的题材,从而与生活、社会和时代脱节。同时分析、评价《狂流》的意义:

> 《狂流》在中国的电影历史上有它特殊的意义,值得我们注意。因为在国产影片中,能够抓取这样紧迫的现实题材,而以这样准确的描写、前进的意识来创作的,还是一个

新的记录。

《狂流》写出了猛兽般的洪水对平民生活的破坏，写出了灾民大众和洪水搏斗的困苦艰难；写出了有钱有闲的人们幸灾乐祸，驾着汽油船观赏"水景"，登高眺远，嬉笑地赞叹"登楼观水，不可不说是眼福不浅"。还写出了绅士先生们怎样利用"赈济水灾"的名义搜刮钱财，计划造洋房、买汽车，让农民赤手空拳，用肉身筑堤抢险；怎样用狯猾的阴谋中伤农民代表，提出他们惯用的罪名："煽惑乡愚，谋为不轨"！

我认为，《狂流》的出现，无疑是中国电影新的路线的开始。

《中国电影新路线的开始》，是对影片《狂流》的高度评价，也是对中国电影发展时局的一个判断、宣布，而历史证明它是正确的，富有远见卓识的。但文章绝不是廉价的、吹嘘的"宣传品"。它也批评影片《狂流》的两点不足："剧本的故事线索也是恋爱，严格地说，也是一种失计"；"《狂流》把酿成水灾的原因明白地告诉了观众，微感遗憾的是还没有揭露得更彻底。"这是对编剧夏衍、导演程步高的批评。你不过刚出道，可他们都是"大人物"啊！足见柯灵的批评是独立、真实和艺术的。

这种独立态度的影评，也见之于他发表在1933年《晨报·每日电影》上的《诗人导演孙瑜》。他借用西苓的"诗人孙瑜"的评价，肯定孙瑜从《野玫瑰》《火山情血》《天明》到《小玩意》，都带有浪漫、童话和牧歌的气息。但他不同意一般的对孙瑜作品耽于"空想"的评论：

孙瑜的作品里有许多幻美的描写，这是事实。但他是理想主义者,而不是虚无缥缈的空想家。

……他虽然总是使农村充满诗情画意,仿佛世外桃源,把穷愁交迫的劳苦大众写得融融泄泄,好像尧舜之民;但他也写了军阀混战,地主土豪横行不法,写了农村破产,农民无家可归,写了城市的畸形繁华和普遍贫困。他并没有掩盖事实,替日趋崩溃的社会粉饰太平。

同时,对于影评人唐纳指《小玩意》为"玩具救国"说教,他也予以有理有据的反驳:《小玩意》利用玩具陶冶儿童的爱国主义思想是有意义的,引申为"玩具救国"只能是有意无意的歪曲;而《小玩意》更是一曲热烈的人生颂歌。五十年以后,1982年,他又作《尊重历史,尊重艺术劳动——祝孙瑜同志从影55年》一文,从历史的高度积极评价了孙瑜的进步电影的功绩:

孙瑜的名字和30年代进步电影的光辉历史密切地联系在一起。他当时的一批作品,如《野草闲花》《野玫瑰》《火山情血》《天明》《小玩意》《大路》等等,曾经给乌烟瘴气的银幕带来了清新的气息,开辟了崭新的境界,吸引了大批新的观众;同时也把一批朝气蓬勃的新星送上银幕。他的历史功绩是不应该被遗忘的。

柯灵是30年代中国进步电影崛起时期著名的影评家之一。最早是以"芜邨"笔名在《时报·电影时报》上发表《我所认识的〈人道〉》等数篇影评,大部分影评是以"芜村"、"柯灵"笔名发表在《晨报·每日电影》上,如《中国电影新路线的开始——关于〈狂流〉》《评〈粉腻脂香〉》等,以及《影坛杂观》

《影评杂谈》《是非之场》栏目上的影事杂感、杂谈，计有二三十篇。后来还有《明星月报》上署名柯灵的《论电影宣传》《光明的尾巴》等，《电影画报》上署名"凌君"的"艺人印象记"五篇，分别介绍导演李萍倩、郑正秋、蔡楚生等五人，《明星半月刊》上署名"郁文"、"林真"、"曹毓芬"的《国防电影漫谈》《无理取闹的控告》《看！"友邦"的"电影国策"！》等。

1933年3月，中共中央文委成立了以沈端先、钱杏邨、王尘无、石凌鹤、司徒慧敏五人组成的党的"电影小组"，沈端先任组长。主要着手于三方面工作：一是分头到上海各主要电影公司担任编剧主任或顾问，掌握编剧大权；二是通过"影评小组"积极在上海各主要报纸上开辟和占领电影副刊评论阵地；三是广泛联系、影响、团结、争取原有的一些进步的和暂时还处于中间状态的电影工作者，从而在上海掀起了左翼电影运动。6月，沈端先、郑伯奇、钱杏邨、洪深等十五人，其中有青年柯灵，在《晨报·每日电影》上联名发表《我们的陈诉》，声明《每日电影》今后"批判的方针"："一、如其是有毒害的，揭发它；二、如其是良好的，教育它、宣扬它；三、编辑、演出、技术上的优点，介绍它；四、社会的背景、摄制的目的……剖解它。"1933年被称为"中国电影的转变年"，"左翼"电影大量涌现，从而实现了历史性的转变。

不知是否有意，恰是五十年后的1983年，柯灵在《试为"五四"与电影画一轮廓——电影回顾录》（1983）一文中，回顾、总结了难忘的"1933年"："1933年，党的'电影小组'成立，促成了中国电影的历史性转变。""（一）长期处于化外而终于纳入新文化运动轨道，这是电影界的头等大事。""（二）改变电影面貌，剧本是基本的一环。""（三）剧本风格的改变，必然影响导演风格。""（四）评论工作起了积极的推动作用。"这篇论述"30年代电影"的专文,以翔实的材料、清晰的梳理、深刻的分析和概括,把历史的真相告诉了后人。同时不失时机地驳斥了"文化大革命"时期对"30年代文艺"的污蔑:

> 中国电影接受新文艺与左翼文艺的影响,并引起方向性转变,时在1933年,是党对电影界进行工作的结果。这段历史离我们不算太远,稍加考订,就可以证实。"四人帮"把30年代文艺称为黑线,把30年代电影当作彻底扫荡的大目标,这样的抹杀事实,歪曲历史,颠倒是非,实际是对毛泽东在《新民主主义论》中的论述彻底否定。请看这些人的无知与专横,到了什么地步!

在30年代文化战场上的电影一翼,一方面是"左翼"电影在"荆棘和泥泞"中艰难地行进,另一方面则是国民党政府以剪刀"检查"、暴力"捣毁"、鼓吹"软性电影"等疯狂地反扑。1930年11月,国民政府颁布《电影检查法》。1932年3月,组成"电影检查委员会";6月,对上海各电影公司发出禁止拍摄抗日影片的"通告"。1933年9月,设立"剧本审查委员会"和"电影检查委员会"。

扼杀"左翼"电影的白色恐怖甚嚣尘上。1933年11月,发生了震惊上海的"捣毁'艺华'"事件。艺华影业有限公司的编剧委员会由沈端先、田汉、阳翰笙等"左翼"作家主持,拍摄了《民族生存》《中国海的怒潮》《肉搏》《烈焰》等进步电影。11月12日,"蓝衣社"特务指使三十多人的一帮自称"中国电影界铲共同志会"的暴徒闯入公司肆意打砸破坏,并散发恐吓传单和宣言,妄图借此杀一儆百。

"软性电影"也跳出来对抗"左翼"电影。1933年创刊的

《现代电影》由刘呐鸥、黄嘉谟等编辑。黄嘉谟发表《硬性影片与软性影片》一文，提出"电影是软片，所以应当是软性的"，极力推崇影片的娱乐性，并攻击左翼电影内容空虚、贫血。"捣毁'艺华'"事件后，"艺华"成了成了"软性电影"的巢穴，加紧拍摄《化身姑娘》等渲染糜烂生活、麻痹人们斗志的电影。11月22日，尘无、凌鹤、白尘、鲁思、柯灵等三十六人，在《民报》副刊《影谭》上联名发表了《向艺华公司当局进一言》，晓以民族大义，并提出义正词严的忠告。沈端先、尘无、凌鹤、鲁思、唐纳等纷纷撰文，对软性电影论者展开了论战和批判，以维护"左翼"电影运动的基本方针和路线。后来，柯灵在《和韬奋、柳湜先生谈电影与消遣》(1936)中也对软性电影论者进行了批判：

他们不愿意看到社会进步，不愿意电影成为教育观众、组织观众的手段，别有用心，揭橥"纯粹娱乐"论，即所谓"眼睛吃冰淇淋，心灵坐沙发椅"。这种谬论早被批驳得体无完肤，原形毕露。

在白色恐怖中，进步电影依然屡有问世。1934年有两部影片特别轰动：2月，"明星"郑正秋编导的《姊妹花》在新光大戏院（今宁波路五百八十六号，新光影剧场）上映，连映六十天，创当时最高卖座纪录。6月，"联华"蔡楚生编导的《渔光曲》在金城大戏院（今北京东路七百八十号，黄浦剧场）上映，连映八十四天，超过了《姊妹花》的卖座纪录。

在柯灵看来，两部影片的编导，从郑正秋到蔡楚生，代表中国电影史的两个不同的阶段。郑正秋是广东潮州人，最有影响的老一辈编导，筚路蓝缕，功绩不可磨灭。他主张"教化社会"，编剧的第一部作品、也是中国第一部故事片《难夫难妻》（1913），就对不合理的封建婚姻制度进行批评，比胡适在《新青年》上发表著名的独幕剧《终身大事》（1919）还早，内容也更有深度。但他并未坚守自己的主张，一度屈从于商业电影，如曾经受到舆论指责的武侠片《火烧红莲寺》（第一集）。1983年，柯灵追忆这位电影老前辈，给以客观、公正、历史的评价：

> 他的大多数作品，都有一定的社会意义，有的挖掘相当深刻。但这些作品的意识形态和美学价值，却给人一种感觉：他一直在新旧两岸之间的野渡上容与中流。直到1933年，才舍舟登陆，发表他的"独立宣言"："中国正在存亡绝续之交的时期；横在我们面前的只有两条路，一条越走越光明的生路，一条越走越狭的死路。走生路是向时代前进的，走死路是背着时代后退的，电影负着时代前驱的责任。"这位弱不禁风的"老夫子"（电影界当时已经这样尊称他），当然绝对没有任何共产嫌疑，却喊出了反帝、反资、反封的"三反主义"口号。《姊妹花》就是他送别过去的"阳关三叠"。（《从郑正秋到蔡楚生》，1983）

蔡楚生祖籍广东潮州，出生在上海。初时给郑正秋当副导演兼任美工师，自《南国之春》（1932）起独立编导。他走一条现实主义、电影民族化的艺术道路，编导的影片大都揭示近代中国的社会矛盾，控诉旧中国的社会、统治阶级的腐败，倾吐人民大众的心声，呼唤黎明解放的到来。代表作是《渔光曲》和《一江春水向东流》（与郑君里合导），两部影片都分别创造了三四十年代国产影片最高上座纪录。柯灵在《从郑正秋到蔡楚生》（1983）

中这样评价蔡楚生：

> 蔡楚生一度在象牙塔里流连光景，但很快就退回十字街头，把全部精力献给下层社会和劳动人民。产业工人、苦力、渔民、缝穷婆、"露天舞台"的卖艺人、挣扎在饥饿线上的知识分子，特别是成群的流浪儿童，都进入了他的人物画廊；茫茫的东海，荒芜的田园，人流汹涌的街道，帝国主义炮舰纵横的黄浦江、码头、陋巷、棚户，都用意蕴丰富的构图搬上了银幕。炮火般的热情，巨大的时代和历史感，是蔡楚生作品的特点。他用自己的艺术划分了中国电影的昨天和今天。

"捣毁'艺华'"事件以来，上海进步的电影界受到了来自反动势力的极大压力。"明星"老板张石川先是在庐山被蒋介石当面"敲打"了一番；此后，政府当局对"明星"一方面进行更为苛刻的、无理的"检查"，另一方面则是假手银行"卡断"资金来路。1934年10月，"明星"资方在无奈之下仍由周剑云出面，与三"编剧顾问"和气"摊牌"："明星"正式宣布解除三人的顾问职务，但依旧是顾问，可以替"明星"写剧本，车马费照发。这是一个"敷衍"政府的方案。三"编剧顾问"表示理解和接受，至于车马费就婉谢了。

白色恐怖愈演愈烈，政府当局大肆追捕中共地下党人。在电影界，田汉、阳翰笙于同一天被捕，沈端先、钱杏邨则幸运脱逃，"左翼"电影阵地遭到重创。那是1935年初的一天清晨，钱杏邨突然来到柯灵的家里。昨天晚上，梅兰芳于即将赴苏联演出前托人宴请沈端先、田汉、钱杏邨等，以了解苏联文艺动态。散席时已是深夜，钱杏邨返家，在昏暗的弄堂口警觉地发现家里"出事"了。于是直奔柯灵家半夜敲门,叫他立刻去通知钱筱章不能回家,自己则去告知沈端先,再由沈端先转告田汉。柯灵赶到"明星",向筱章作了交代。筱章是钱杏邨的堂弟,在"明星"搞电影技术工作。警察候捕钱杏邨失败,却把他的父亲当作人质掳走了。沈端先接到通知后到田汉家附近时,正在观察周边"敌情",恰遇田家的女佣人,被告知田汉已被捕,此刻家里还有便衣特务守候。沈端先以革命家的机警,戏剧性地躲过了这场灾难。

经过这次"抓捕"事件,柯灵意识到:自己与"左翼"电影和文化、共产党人、地下工作者、社会革命、阶级斗争、被捕和坐牢……正在有着越来越近的关系,白色恐怖的阴影同样笼罩在他的周围。之前,他经人介绍曾几次去"渔阳里"(今淮海中路567弄)6号参加秘密会议,听到过"飞行集会"、"武装保卫苏联"等一些慷慨激昂的言辞。他知道这里是一个不寻常的地方,感到一种救助中国的责任、使命和献身精神。"渔阳里"6号是一栋一正一厢的旧式石库门房子,为欧式联排建筑,被称为"中国青年的红色起点"。1920年,这里诞生了中国第一个有共产主义色彩的青年组织——上海社会主义青年团,以及上海共产党发起组创的首个干部学校"外国语学社"。20年代,这里是酝酿中国革命风云人物的摇篮。

柯灵也曾被通知去参加实际斗争。那时,上海常有罢工、罢课、示威游行等斗争,特别是在"二七"、"三八"、"五一"等纪念日。有一次他被叫去参加在静安寺路(今南京西路)纪念"一·二八"抗战的"飞行集会"。他的印象是:所谓飞行集会,就是大家集合在一起大喊一声,然后四散奔去。至于激烈的飞行集会,就是拿着啤酒瓶去砸大马路上商店的大玻璃窗,砸完后迅疾撤走。他被告知这是一种既要扩大政治影响,又要减少被捕牺牲的特殊斗争方式。但没有被告知"立三路线"、"王明路线"的内幕，因为他只是一个非党的、进步的青年。

三 《明星半月刊》、"联华"

柯灵到"明星"先后任宣传秘书、宣传科长。顶头上司周剑云很赏识他。周剑云是安徽合肥人，电影事业家。作为公司"三驾马车"之一，主要负责制片、发行，掌控一个巨大的影片发行网。自从三个"编剧顾问"走后，公司出现了"剧本荒"，并导致了一个生产低谷期。于是"三驾马车"决定筹备出版一份新刊物《明星半月刊》，以加强对公司影片的宣传。周剑云全力推荐柯灵。

公司已有一份《明星日报》，于1933年1月1日创刊，陈蝶衣任主编，走"娱乐"路线。来了三个"编剧顾问"后，在他们的建议下又办了一份《明星月报》，于1933年5月1日创刊，陆小洛任主编，走"思想"路线，是"左翼"电影的重要论坛。沈端先、钱杏邨、郑伯奇、王尘无、柯灵等发表过不少论文、影评。但《明星月报》面孔"严肃"，曲高和寡。作为一份商业血统的刊物，其销路无多、期期赔本，在出满一年12期后，便接到了电影资本家的停刊令。

柯灵主编的《明星半月刊》（下称《半月刊》）于1935年4月创刊，半月1期，6期为1卷。一方面，他知道刊物须得宣传公司生产的影片，要有读者和发行量；另一方面，他又反对宣传上的低俗趣味，且近几年来又多受"左翼"作家的影响，他总结了公司"两报"的成败得失，独辟蹊径，定下了一条"'思想'结合'娱乐'"的办刊路线。他在《半月刊》第1期的《编后杂记》中公开承诺：这"不是一般纯粹的宣传刊物"，而是"影片以外一种文字上的出品——对于电影文化另一方面的努力"；"这里有许多明星公司的图片文字，但我们决不用夸张的说谎来欺骗读者"。

《半月刊》很快获得了一批读者知音。及至三个月后，在第2卷第1期的《编辑后记》中，他就可以自豪地说："我们所引以自慰的是：本刊的实销数字，已经到了两万五千，这证明本刊是为广大读者爱护着。""两万五千"，是当时一般期刊很难达到的数字。《明星影片公司年表》中也宣称：《半月刊》"为中国电影刊物拥有最多读者之一种"。

《半月刊》属于画报型刊物，图片、漫画、文字三者兼顾，而以文字为重点。文字方面，他确定应与电影有关，但不局限于电影，可以借题发挥。"影坛杂观"、"读报见闻记"等是每期的固定专栏。"影坛杂观"上发表的都是千字以内的杂文，从影事出发，锋芒所及政治、社会、艺术等种种问题。尘无、凌鹤、西苓、鲁思、唐瑜等影人经常撰稿，柯灵则以"林真"、"郁文"、"曹毓芬"等笔名在上面发文。

"读报见闻记"摘录报纸上的奇见异闻予以二度"曝光"，"不着一字、尽得风流"。有的则加上片言只语的点评或着重号，以增强抨击、讽刺。如讽刺《社会晚报》仿效选举"中国电影皇后"发起的举行"歌星姨太太"的笑剧；抨击天津《大公报》载《阮玲玉自杀之灵异记》借"命相"迷信污蔑、贬低阮玲玉；暴露日本领事要求"禁止全国拍摄排日影片"的非分妄想等。

"影坛杂观"、"读报见闻记"等文字栏目，思想尖锐、切入现实，但又显得自由敏捷、潇洒脱俗。加之多样的编排格式、体裁样式，以及生动活泼的语言，以艺术的、趣味的方式实现娱乐。"影坛杂观"后改称"半月闲话"，"读报见闻记"又改称

"无轨电车"、"新闻剪接",也体现出主编柯灵追求"细节"、反复打造、精益求精的办刊精神。

《自我导演以来》是一个特别的、带有权威色彩的栏目,组织"导演谈电影创作"的系列文章。郑正秋结合着自己的导演经历、经验完成了一篇"创作谈",因为月余后突然去世,而成为"遗作"。张石川编、导俱佳,却不善文墨。结果是张石川提供资料、由主编柯灵"捉刀"成文。两篇"创作谈"翔实地记录早期中国电影界的一些史实、掌故、人物,为中国早期电影史研究留下丰富、重要的史料。

《半月刊》多方面介绍和宣传世界上第一个社会主义国家苏联的文艺,对于推动中国革命、"左翼"文艺发展有着很大的意义。《周剑云、胡蝶在苏联——莫斯科通讯》中,详尽报道了周剑云一行7人参加"莫斯科国际电影展览会"的始末,《渔光曲》获得"荣誉奖"的经过。这是一份中、苏电影艺术家第一次接触、交流的历史性文献。苏联电影理论家托慈埃夫的专著《苏联电影艺术之路》,由社会科学家吴清友翻译后在《半月刊》上进行长篇连载,向读者宣传苏联文艺,也从一个侧面宣传苏联社会主义的发展和成就。

刊物办得红火,读者踊跃,销量上升。张石川老板眉开眼笑,不时地夸奖柯灵对公司有贡献。张石川是浙江宁波人,中国电影元勋之一,与郑正秋联合导演的《难夫难妻》可算是中国故事片的开山之作。但他也是一个颇受争议的人。单说他善钻"生意眼",所以拍片也坚持走"票房价值"、"小市民趣味"的路线。他在公司里的地位为"三驾马车"之首,喜端老板的架势派头。"三驾马车"中,柯灵觉得郑正秋、周剑云可亲,对张石川却心存抵触,自然也没把他的夸奖当真。

1936年春,张石川、柯灵之间意外地发生了一场争吵。三年前，周剑云"慧眼识美人"，把女演员徐来揽入公司。她主演《残春》以来，因为人长得漂亮，表演又自然朴实，所主演的影片一直很卖座。影迷都追着叫她"东方标准美人"。由于影迷来信太多，她还不得不请一位私人女秘书来帮她处理信件，而成为第一个聘女秘书的中国影星。如此，徐来自然身价不菲。因为"阮玲玉自杀"一事使她受到很大的刺激，在拍完西苓导演的《船家女》后准备息影。

张老板岂肯轻易放弃这棵"摇钱树"？他通过不断加码片酬以留住"票房"美人。这是一场秘密进行的谈判，自然不会让公司下面的人知道。恰于此时，《半月刊》的一编辑写了一篇"女演员徐来的银幕生涯"。柯灵见是一篇宣传本公司女演员的专稿，就拿给一家大报去发表了。未料张老板闻知后竟大发雷霆：该文一出，美人身价必涨！这不是捣乱、破坏"生意"吗？

办公室里，张老板当面冲着柯灵发脾气。很快就互相顶撞了起来，因为双方都觉得自己"在理"，声音就越来越高。一个宁波话，一个绍兴话。这两种话，因为都带有不少入声音，属于一种"硬语"，尤其是宁波话。张老板哪里容得"以下犯上"，火气越来越大，话也越来越"离谱"，情急之下居然说出"……倷阿是看相（你们是不是看中）人家徐来漂亮啦"！这一宁波腔的讥笑如火上浇油。"倷"虽然并非直指柯灵，但起码是"二分之一"的攻击面。柯灵顿觉一种人格侮辱，忍无可忍。终于这位"好好先生"难得有脾气一倔，不再做任何辩解，"砰"地关门而去：走人！这算是"徐来事件"吧。

柯灵因为"徐来事件"离开了"明星"，理由似乎不太充足。事后心平气和了，想想也是：自己有自己的理由，老板也有老板的算盘，冲突的发生有点阴错阳差。不过，再转回去主动"和解"，又太没有"骨气"了。不久前还为张石川"捉刀"过"创作谈",知道他在编导中把握小市民的趣味、心理确有本领,但却不了解他为人做事的、不敢恭维的另一面。知人实难!

本来"明星"给他的职务、待遇都不低,他也喜欢"明星"和《半月刊》,做得很有成绩。已经过去的事不提也罢。眼下须得考虑重谋生路。他已经不是几年前的"季琳"了,像当初离开《时事周报》《中国儿童时报》、"天一"一样。如今在上海的影界、报界,虽说不能呼风唤雨,却也识得不少头面人物。姑且不说《铁报》《大晚报》闻讯便前来恳切邀请。而他在这两家报纸有一段过渡工作经历,将于后面补述。这里先说几个月后,周剑云又亲自把他请去新组建的"明星"二厂:还是宣传科长、主编《半月刊》,再兼一个厂务秘书的新职务。

当初,自三个"编剧顾问"离开后,张石川把"明星"影片又带回了"小市民"路线,还把文学的"现代派"、电影的"软性"论者刘呐鸥、黄天始邀进公司任编剧、接编《半月刊》。但在阶级矛盾、民族矛盾更加尖锐的时刻,"明星"的"小市民"影片、"软性"刊物连连遭挫。周剑云以一个中国人、文化人的良心,提出重走"进步电影"路线。周、张各持己见,互不相让,郑"夫子"忙于居间调停。不料"夫子"突逝,周、张分歧日益公开、加深,由此酝酿出公司的"革新":1936年7月,"明星"一分为二。张石川负责"明星"一厂(新建成的枫林桥总厂,在肇家浜路、枫林路),周剑云负责新组建的"明星"二厂(甘世东路的老厂,今嘉善路)。

此次,周剑云委托柯灵为公司"革新"起草一个"宣言",提出电影为"抗日"救亡服务的新方针。然而,检查制度依然严厉,不准提及"抗日"、"揭露"等词。柯灵考虑再三,选择一个"为时代服务"的巧妙口号,得到周剑云的赞同。"时代"为表,而当今时代的性质、主流无疑应是"抗日"救亡。他接编的第6

卷第1期为"明星公司革新纪念号",刊发了《明星公司革新宣言》,公开提出"为时代服务"的方针,并"立即从事国防电影的摄制","尽一点救亡图存的微劳"!

柯灵有情有义,在《半月刊》时期为一些不幸早逝的影界朋友、同仁写忆悼文章,出纪念专号、特辑。前有《悼艾霞》(1934)《阮玲玉与食尸兽》(1935),后有《尘无纪念——〈浮世杂拾〉序》(1941)《西苓纪念》(1941)。1935年7月郑正秋谢世,《半月刊》及时出了一个"郑正秋先生追悼专号"(2卷2期),内中以《郑正秋先生小传》一文,追述这位中国电影的开拓者、"明星"创始人之一的人生和艺术道路。8月,传来聂耳在日本鹄沼海滨游泳时被海浪卷没的噩耗。他立刻在《半月刊》(2卷3期)为这位《码头工人歌》《毕业歌》《大路歌》《义勇军进行曲》的曲作者、人民音乐家写了《悼聂耳》(1935)一文,从中国电影发展的高度给予积极的评价:

在一片追悼郑正秋先生的悲痛声中,又传来聂耳先生在日本因海浴惨遭灭顶的消息,真令人悯然不能自已。这两位艺人的逝世,对中国电影界实在是一种重大的损失!

聂耳是年轻的音乐家,今年还只二十四岁。我们人才寥落的电影界,有才华的音乐家尤其缺乏,出现在银幕上的歌曲大都是些靡靡之音。聂耳以新兴作曲者的姿态,在寂寞的歌坛上崛起,以清新动听的曲调,扫荡了萎靡不振的空气,给了电影观众一服清凉剂,给中国有声电影划分了一个时代。

这段时间,柯灵频频发表影评。《通俗与媚俗》(1936)中论及作为教育大众的有力工具的电影,作品既要顾及社会意义,又要注意多数观众欣赏的愉悦。一方面批评有些自恃"聪明"的编导的"媚俗"倾向，如制造生硬的笑料、强卖廉价的眼泪、加些玉腿酥胸的肉感场面等。另一方面提倡电影走"通俗化"的道路：

> 要真正做到通俗化，需要深入的探讨与摸索，但我以为，首要问题在于题材广阔，切合一般人的实际生活，有血有肉，入情入理，使不同的观众都能理解和接受。其次是作者所要表达的思想，陈义不妨高深，也不妨蕴藉，却不宜荒诞不经，或者不知所云。至于表现艺术，决不能降低水准，俯就低级趣味。
>
> 通俗化的要义应该是雅俗共赏，而不是媚俗。在媚俗的道路上，应当钉上一块牌子，大书特书："此路不通。"

《和韬奋、柳湜先生谈电影与消遣》（1936）旨在澄清"电影不过是一种无足轻重的消遣品"的偏见。除了"软性电影论"者的故意歪曲之外，进步阵营中的"天真纯洁"的青年则误以为"电影院是专供有闲阶级寻欢作乐的场所"，而文化界同样漠视中国的电影事业。致力于进步文化运动的柳湜先生，也把自己偶尔进电影院视为"缺点"，韬奋先生却又把"缺点"一说辩成"恢复疲劳"之说。评论指出：

> 充实和严肃电影的内容，使之成为大众的精神食粮，陶冶人性、改造社会的艺术，正是文化界的当务之急。
>
> "一·二八"事变以后，中国电影的面貌已起了根本性的变化，这是现实的要求，并非出于偶然。轻视和漠视电影的作用，是毫无理由的。

有些影评则揭露、抨击日本帝国主义的文化侵略。《看！"友邦"的"国策电影"！——纪念"九一八"感言》(1936)的主标题上，连用两个惊叹号、两组引号以加强怵目惊心、危机急迫之感。文中指出，在"敦睦邦交"、"亲善提携"等皇皇文告下，三年来在中国的银幕上已看不到"反帝影片"了。而"友邦"则在它们的"国策电影"驱动下，大量摄制鼓吹侵略和麻醉殖民地民众的作品。作为"满洲事变五周年"胜利的纪念影片《国防全线几千里》，也在"九一八"那天起在日本上映。文中不由地惊呼："我们的'国防电影'呢？我们的文化武器到哪里去了？！"

《这就是东北——立此存照》(1936)以"报刊文摘"及加"着重号"的手法，摘录了五条"消息"，其中有："新京"（即长春）日本人的戏院令中小学生免费观看宣传××军之伟大的影片、不久还要逐渐施行华北各地；日本即日起采取更严厉之检查外国影片新律如"禁止不尊敬皇室，非笑海陆军士兵"；影片《大路》被剪去了五分之二、又删去插曲《新凤阳歌》中"如今矮鬼动刀枪"等两句并批示曰"皇室务须尊敬，友邦不可乱骂"。文章以铁的事实揭露日本帝国主义的文化侵略行径，从而唤起民众抗日情绪。

影评也注视"国防电影"的现状。《国防电影漫谈》(1936)认为，由于国难日深，使"国防文学"、"国防戏剧"、"国防电影"的口号应运而生。但特别值得重视的，是因为电影拍摄、上映过程的复杂，又使"国防电影"口号难以实践。提出"电影剧本的创作与提供，尤其是当务之急"。他赞成"'国防电影'的题材是广泛的"这种提法：

环顾寰中，国事蜩螗，民生凋敝，四海汹汹，莫不与当前紧迫的现实有关，只要有艺术家的敏锐，也确乎可以信手拈来，都成妙谛。

1935年秋，夏衍为躲避追捕而隐藏在一个白俄公寓达三个月之久。他利用这一"清静"时机，初试话剧创作。先后完成了不久被称作"国防戏剧"的三部作品：独幕剧《都会的一角》、多幕剧《赛金花》和《秋瑾传》（初名《自由魂》）。1936年夏，上海的一些进步的业余演剧团体公演《都会的一角》等宣传抗日思想的"国防戏剧"。6月14日，"星期实验小剧场"剧团第二次公演《都会的一角》。开演不久，公共租界工部局借口剧中有"东北是我们的"台词属严重不当，当场派人气势汹汹地上台拉下幕布，勒令停演。愤怒的观众高呼："东北是我们的！""打倒日本帝国主义！"接着，"蚂蚁剧团"演出该剧也遭到禁止。

《光明》杂志主编洪深约请柯灵就"演剧遭禁"事件写一篇报告文学。结果，柯灵写成了短篇小说《未终场》（1936.6）在《光明》上发表。小说描述了事件的经过和真相，塑造了一个来自东北沦陷区的女主演柳的形象，表现了她内心中"亡国奴的苦痛"。结尾的"没有自由的奴隶！站起来罢，站起来罢！"使小说暴发出强大的抵抗决心和斗争精神。

6月26日，于伶、张庚、唐纳、柯灵等二十人在上海各报的电影副刊上联名发表《反对工部局禁止演剧通启》，明确指出"东北是我们的领土是世界各国一致承认的"，敦促国民党政府当局"向工部局严重交涉"，并要求我国文化工作者"一致起来向工部局提出民族的抗议"。9月5日，田汉、史东山、陈荒煤、艾思奇、柯灵等一百多人，联名发表为援助"实验小剧场和蚂蚁剧团被迫停演事件"的《争取演剧自由宣言》，用中、俄、英、法、日和世界语六种文字向国内外发表。

一波未平，一波又起。《赛金花》以历史上庚子事件为素材，意在讽刺国民党当局的投降外交。由"四十年代剧社"演出，洪深执导，金山、王莹主演。11月在上海金城大戏院首演，随后连演22场。12月去南京演出，当演到剧中一个办洋务的官员在德国人面前说"奴才只会叩头，跟洋大人叩头"并连连叩头时，坐在台下的国民党要员张道藩按照预谋让人把痰盂掷到台上，破坏演出。第二天国民党当局明令禁演。这是话剧演出史上的"《赛金花》事件"。

《赛金花》是个头绪十分复杂的"文案"，可称文坛上的"百慕大三角洲"：戏剧原型赛金花争议极大；《赛金花》本身也有历史、艺术缺陷；排练时王莹、蓝苹争演"女主角"及后来"文革"中"为妓女树碑立传"的"冤案"；"国防戏剧"抑或是"汉奸文艺"的争论；鲁迅的"连义和拳时代和德国统帅瓦德西睡了一些时候的赛金花，也早已封为九天护国娘娘了"的严评以及"两个口号"之争等等。后来在1940年，《赛金花》由合众影片公司拍成影片上映，则推波助澜。

柯灵的《玉碎颂》（1936）一文涉及话剧《赛金花》。其时一南一北，有夏衍和熊佛西分别在上海、北平写了同名话剧《赛金花》，主旨也相同。夏衍的《赛金花》遭禁，熊佛西的《赛金花》连带遭禁。何故遭禁？南京一宴会上一文化要官透出：《赛金花》不合"宁为玉碎，不为瓦全"之精神！于是，以《玉碎颂》"颂"之，并加打油诗一首：

> 当然，赛金花这个人物，本身是不值一谈的。值得研究的是这种社会心理：为什么剧作家忽然想到了赛金花？为什么赛金花的舞台形象引起了广大观众的共鸣？明乎此，南京的老爷们何以如此憎恨《赛金花》的道理，就可以"思过半矣"！

救亡宁玉碎，泱泱大国风。焦土任易色，民命本如虫；
毒雾连城白，敌旗照眼红。国家今复兴，不与旧时同！

　　社会环境动荡不安，"明星"也再度显出制片、发行上的疲软之相，公司再度重组。首先，于1937年初实施两厂合并。其次，由于柯灵主编的《半月刊》追求"具有相对独立的电影艺术"、"尽量减少广告色彩"，而为了加强宣传本公司出品的电影计，张石川停《明星半月刊》改出《明星月刊》，并亲自执掌。1937年1月1日出版《半月刊》最后一期——第7卷第6期。柯灵以编者的名义刊发《明星改出月刊告读者》，欣慰地宣告："'不使读者花钱买纯粹的宣传品，努力使读者读到一点有益的文字'这一层，我们总算做到了。"

　　既停《明星半月刊》，《明星月刊》又搭不上手。而两厂合并，与张老板互存芥蒂，抬头不见低头见。当初复返"明星"时，周剑云信誓旦旦，保证柯灵在工作、业务上与张老板无直接关系。此后，一编导，一编辑，确乎"井水不犯河水"。一次，两人在上海"电影界救国会"的活动中意外地相邻而坐，都觉尴尬不已，点头掩饰。不仅柯灵，西苓、司徒等也准备离开"明星"。"联华"的蔡楚生得知他们的景况和意愿之后，立刻发出热情的邀请。1937春，又是同进同退，柯灵、西苓、司徒等一起进了"联华"。

　　联华创始人罗民佑出生于广东的富豪家庭。1927年，创建华北电影公司。1930年，华北电影公司合并民新电影公司、大中华百合电影公司、上海影戏公司等，在上海成立联华影业制片印刷有限公司。1932年改称联华影业公司，罗民佑任总经理。"联华"拥有一批才华出众的电影人才，如导演蔡楚生、孙瑜、费穆、史东山、卜万苍,演员阮玲玉、金焰等。

"联华"是上海的"三大电影公司"之一。以"提倡艺术,宣扬文化,启发民智,挽救影业"为制片路线,其作品在不同的阶段有起伏。就其主流而言,影片贴近现实生活、反映时代精神,艺术上注重人物性格刻画,已摆脱了文明戏的影响,更多地着眼于对电影特性的运用与掌握,给人以耳目一新的感觉。观众对"三大电影公司"影片印象不同,视"联华"为新派,而"明星"、"天一"为旧派。

蔡楚生于1931年进"联华",以《都会的早晨》《渔光曲》《新女性》等,尤其是《渔光曲》在国际上获奖而成为公司的"招牌"。从"联华"计,蔡楚生的出面邀请,加之柯灵他们电影工作的突出成就,自然热情相拥。蔡楚生、柯灵两人私交甚厚。柯灵在郑伯奇主编的《电影画报》(良友图书公司出版)上曾发表过一篇"艺人印象记"(之四)的《青年导演蔡楚生》,说是"在中国电影界的许多导演当中,蔡楚生君是我所敬爱的一个"。

1935年3月8日,一代女影星阮玲玉留下"人言可畏"的遗言,吞服30片安眠药而永远"睡"去,那是二十五岁的灿烂年华。失魂落魄的蔡楚生赶忙将此事告诉了柯灵,以寻精神抚慰。而那些丧尽天良的"食尸兽"之流竟然不断地向不幸的女伶"滥泼污水"。此时柯灵正在为《半月刊》的创刊而奔忙,然而他却迅速地发表《阮玲玉与食尸兽》(1935)一文。在蔡楚生看来,不啻是"为朋友两肋插刀"之义举,感激之情难以言表。该文维护不幸的女伶,愤而痛斥那些大大小小的"食尸兽":

> 艾霞自杀一年后,联华公司著名明星阮玲玉又于"三八"妇女节服毒自殉。

阮死后，陈尸万国殡仪馆，观者数万，报章喧腾，称为"艳尸"，谓其曼妙如生，栩栩可爱！而食尸兽一哄而起，纷纷借死人以自卖，陆离光怪，无聊无耻，出人意表。

艾霞的悲剧则发生在一年前。她是福建厦门人，先后经历了"南国剧社"、"天一"、"明星"的演艺生涯。在"明星"，参加了《春蚕》《丰年》《旧恨新仇》等进步电影的演出、拍摄。作为普遍的"被欺凌和被侮辱的"一员，她反抗过，却无力反抗到底，于绝望中吞烟土自殉，年仅二十一岁。艾霞一死，报上添油加醋，耸人听闻，和桃色新闻一样看待。柯灵闻后义愤填膺，在《悼艾霞》（1934）一文中说：

艾霞不是弱者，可是她终久不能不受摧残。她是现实矛盾和时代苦闷的牺牲品！她走到这条末路，是多少年来挣扎斗争的不幸结局。

杀人者正是这个不负责任的社会，而帮凶就是那些不负责任的论客！

"联华"以"艾霞自杀"为素材，投拍影片《新女性》（1934），以揭露黑暗社会对妇女的残害，由蔡楚生编导、阮玲玉出演女主角。阮玲玉在拍摄《新女性》时遭遇两件事，而感刻骨铭心。其一，《新女性》剧情之末，她出演的女作家韦明因难以承受种种生活的重压而服药自杀，冥冥之中却又产生了"不想死，我要活"的求生欲望。从事后推测，可称是阮玲玉的一次"天鹅式"死亡及其方式的"预演"，产生了负面的心理效应。其二，拍摄《新女性》时，蔡、阮之间擦出了情感火花，而最终落空。1983年，柯灵在香港"早期中国电影研讨会"上发言，也即后来发表的《从郑正秋到蔡楚生》(1983)一文中,第一次披露了半个世纪以前蔡楚生(于1965年去世)、阮玲玉一段不为人知的隐秘"情史",算是为了留下"阮玲玉之死"的一部分"历史真相"吧:

  就在《新女性》公映不久,"三八"国际妇女节前夕,阮玲玉突然服毒自杀了。这才华闪煜的一代艺人,用"人言可畏"的四字遗言,表达了无限的悲愤,和无力的控诉,引起社会的剧烈震动,对蔡楚生则是心灵的致命一击。——这里包含着一向不为人知的隐痛:在《新女性》的合作过程中,这两位倾心相许的艺术家,各自痛苦地扼杀了燃烧的热情,阮玲玉力图改变命运的努力落了空。要不然,这一幕悲剧也许可以避免。

到"联华"后,柯灵任宣传科主任。几个月来,厂里的拍片工作几乎陷于停顿,《联华画报》那边又插不上手,几乎无所事事。唯蔡楚生间或来闲聊。蔡楚生好像还没有从"阮玲玉悲剧"的精神打击中走出来,最后总要说起阮玲玉。

时局已极为动荡。"西安事变"后,全国形成了抗日的民族统一战线,这是鼓舞人心的一方面。另一方面,日寇磨刀霍霍,大战在即。7月7日发生"卢沟桥事变",中国人民开始了伟大的抗日战争。8月13日,日军进攻上海。激战三个月,上海失守。

"八·一三"后,"天一"迁往香港,"明星"、"联华"、"艺华"、"新华"等公司也在当年先后停业。上海的"三大公司"就此成为历史。从1931年起的六年时间里,柯灵传奇式地走遍了"三大公司",成为中国电影早期的黄金时代的重要见证人之一。

同时，这六年是他生活和创作道路上一个重要的、迅速成长的阶段。在党的领导下，他做着各种进步工作。他担当了宣传科长、厂务秘书、电影编剧、电影刊物主编、新闻报刊编辑和记者、作家等多种社会角色。他写了影评、散文、小说、杂文、新闻特写等作品。

下面先后补叙这六年里他经历的报人生涯、杂文写作两条线索，小说创作则要放到后面追叙。

四　《晨报》《文化街》《动与静》《大晚报》

柯灵在"三大"电影公司期间，经济状况已属无忧。在"明星"时，他租住于靠近公司的法租界蒲石路上的"蒲石里"（今长乐路682弄）的一间二楼，与洪深在同一弄堂为邻。

1934年冬，绍兴老屋着火，他把母亲接到了上海。老屋烧毁是祸，但也因此得以享受少有的天伦之乐。母子围炉夜谈，金妈妈说起心里一直惦记着的一件事：老家苏州城里有一个小姐妹"三姐"，真想再见见她。转眼两年多过去。1937年春，为圆母亲的一个梦，他们去了一趟苏州。苏州城已变得难以辨认。从热闹的观前街到娘家冷僻的香烛铺，边寻找边打听，终于在一条小巷深处的一个古旧老屋里，找到了时常想念的"三姐"。过去的小姐妹，如今的白发老人，见面恍如做梦，但欢喜的眼泪是实实在在的。《苏州拾梦记》（1939）讲述了这次奇迹般地"拾梦"过程，寄托了一个儿子对母亲的真情，也反映了与母亲一样的许多旧中国妇女的艰难遭遇和种种不幸。很快到了夏天，中国战云密布。为避战乱和不测，柯灵把母亲送回了绍兴。

柯灵在"明星"期间，1933年秋冬，兼职于上海《晨报》。上海《晨报》创刊于1932年4月7日，潘公展主办，总编辑何西亚。该报的周刊、副刊品种丰富，多达10种。《每日电影》属其中之一，是"影评小组"的阵地。他的《诗人导演孙瑜》(1933)等影评也是在那上面发表的。他到《晨报》做记者，跑本埠社会新闻。

《晨报》做新闻，方式颇为独特。新闻编辑乃"礼拜六"派当红作家徐卓呆。老徐的名字中虽带一"呆"字，实际上岂止"不呆"，而是聪明绝顶。三教九流皆交，满脑袋都是新闻线索、报料。他出新闻"主意"，然后派记者跑现场、写稿。柯灵虽初涉记者行当，而有老徐做靠山，也就轻轻松松把记者当下来了。但还是出了"问题"。其时"影评小组"对他的影响很大。所以他采写的新闻稿，虽然是老徐的"题材"，却频频显出"左"的"主题"倾向。《晨报》是家有着国民党CC派背景的报纸，总编辑何西亚当即嗅出苗头不对，速速把他调去"本埠增刊"当编辑，处理"读者来信"。"本埠增刊"属社会服务版，有"法律问题解答"、"医学顾问"、"书报交换"、"房屋租售"等许多服务性栏目，并答复读者的来信。

他乐于做编辑，既熟悉业务，又不影响白天到"明星"上班。他做得很认真，但有两封信的处理"豁边"了，一封信闹了"笑话"：他见蒲石里一邻居的门上有"房屋出租"招贴，按"社会服务"版之宗旨"热情"服务，先斩后不奏地将此"出租"消息连同详尽地址、联系电话一并在报上登出。不料房主吵到报社，抱怨不断地受到求租者的骚扰之苦。另一封信则直接导致被"炒鱿鱼"：他在"法律问题解答"栏目上刊登了一封讽刺一个"女界名流"的"读者来信"。不料此女神通广大，结果是潘公展的太太直接向总编室"问事"。于是总编只能请他打道回府了。

1934年下半年，柯灵在华文版《大美晚报》当兼职编辑。上海《大美晚报》（英文版）是重要的洋商报之一，美商所办，1863年创刊。其属下有一张华文版《大美晚报》，于1933年1月16日创刊。"华文版"基本上是"英文版"的"翻版"。所称"不作任何个人之工具，不为一党一系而宣传"则纯属自欺欺人。柯灵主编的文艺理论副刊《文化街》（周刊）于7月16日创刊。发刊词《废话开场》中称："固定的编辑方针是没有的。我们也报告一点消息，也写一点作家的趣闻轶事，也发表一点杂感随笔，也发一点批评和理论。但有个范围：都是关于文化界的。"所设栏目丰富：《文化评坛》《一周之动》（文坛、艺坛、影坛、剧坛）《凑版子》《文坛逸话》《新生活文献录》《新儒林外史》《创作选刊》《世界文豪小传》《世界文学名著提要》《书报评论》等。他积极组稿，每期都保持有进步的文章发表。如《从"小学读经"到"大众语问题"的感想》（沈从文），《革命文豪高尔基》（平万），《论文学上的自由》（遂初），《不屈》（法国作家巴比塞，陆君策译），《谈许幸之的绘画》（文西），《〈伪自由书〉和〈南腔北调〉》（胡今虚）等。到年底，他在《文化街》（第25期，12月31日）上刊登"改版"启事后离去。1935年起由他人接编。这段编辑经历，首先是为党占领文化阵地、发展"左翼"文化作出了应有的贡献。其次，于柯灵说，是编辑生涯的一个重要转折，由此开始为党的事业而摇旗呐喊，并且为几个月后主编《明星半月刊》打下了良好的基础。

　　郑伯奇对《文化街》的支持最多，从第6期起，以"乐游"为笔名发表《星期一通信》，所谈文化话题有"幽默"，"言语、文字、文章"，"大众语、普通话、方言"，"欧化"，"拉丁化"，"翻译"，"电影批评"等，连载九期。1933年7月，他主编的《电影画报》创刊号上，在他的建议和约请下，柯灵写作、发表了《青年导演蔡楚生》《年轻的老人郑正秋》《电影演员的生活》等影界人物印象记。1935年1月，他主编的通俗刊物《新小说》创刊时，又约请柯灵写作、发表影界影人题材的长篇小说《牺羊》。柯灵后来回忆郑伯奇时说：

> 他是为中国左翼文艺冲锋陷阵的前驱者之一，历史纪程碑必将以适当的地位镌上他的姓氏。我作为他的后辈，年轻时受过他殷勤的扶植……却始终没有向他表达过我私心的感激，因为我知道，慷慨无私的援助决不期待对方的谢意。
> （《追思——悼郑伯奇同志》，1979）

1936年春，柯灵因"徐来事件"离开"明星"。《铁报》的老板毛子佩、《大晚报》的副刊主编崔万秋接踵前去相聘。《铁报》是上海众多的小报之一种，小型而以娱乐性为主，1929年7月7日创刊。毛老板是绍兴同乡，用一口铁硬的绍兴话解释报纸为啥叫《铁报》："报纸'弹硬'得很。写稿子的朋友，真可以称得起'钢铁阵容'。"陈蝶衣、吴崇文编辑，张恨水、王小逸、张恂子提供连载小说，朱凤蔚、余尧坤的随笔小品，确呈"钢铁阵容"之貌。柯灵接编《铁报》副刊《动与静》，吃的是《明星半月刊》的"老本"。随着他的来到，原有的一批作者纷纷把稿件送到了《铁报》。关于"左翼"作家的动态、评价最多，如《丁玲在杭州》《郁达夫榕城春暮动归思》《女作家萧红》《胡风清算新作家》《艾芜的前身》《水与沈从文》《多产作家巴金》《欧阳山尊的转变》《文坛新人萧乾》《鲁迅新作〈花边文学〉》等。有的关于"左翼"文艺运动，如《鲁迅先生与文坛统一战线》《中国文艺界协会成立》《国防文学与民族革命的大众文学》《文坛上的统一战线》等。也有外国文学的，如《〈死魂灵〉作者文豪果戈理轶事》《武者小路实笃来沪小记》等。办了两期特刊:"高尔基追悼专号","五卅纪念十一周年特刊"。设有"动静杂志"、"走到出版界"等几个小型栏目,报道《苏联影城》《韬奋办报》等文化消息。三四个月里,他按《明星半月刊》的方针来改造《动与静》,使其格调、趣味大大提高,在《铁报》的各个版面上给人一种"鹤立鸡群"之感。"问题"也就出在这里。有些文章过于显出"左翼"倾向的政治、社会观点,在送审时即遭当局检查机构断然"剪"去,因措手不及而致使报纸上"天窗"洞开。有的留着标题,如《鲁迅先生与文坛统一战线》《前车之鉴》;有的留着作者名,如"先河"。几番如此,夏日里的毛老板也急出浑身冷汗。

崔万秋介绍柯灵去《大晚报》当记者,采写社会新闻。《大晚报》于1932年2月12日创刊,为上海的第一张晚报。总经理张竹平,总编辑曾虚白。曾虚白是清末谴责小说《孽海花》的作者曾朴的长子,开过书店、办过报刊,还是南京金陵女子大学的教授兼中文系主任。与《晨报》由主编老徐提供报料、记者跑跑现场的方式不同,曾总编一方面把采写"自由"交给记者,另一方面则对稿件的要求很高,挑剔细节、文字如鸡蛋里寻骨头。采写"自由",柯灵有点消受不起。他浸染了一种平稳、收敛、拘谨的绍兴人性格,素来与社会上的三教九流缺少交往,且不善步步相逼的记者式追问。当然他的笔头既锐且快,所以他的问题在于"采"而不在于"写"。"新闻是用'脚'写出来的"。他跑社会新闻没少用脚,然而此"脚"非彼"脚"。采写"自由"却常失去方向,误撞误闯往往空手而归。有幸逮到一点新闻也少有亮点,任有一支生花妙笔却于事无补。

他提出改当编辑。曾总编未允,令他改当特写记者。"特写记者"和"记者"虽一词之差,却颇显曾总编的用人之道。以文体论,特写和报告文学"血缘"相近。30年代中期,以《包身工》

为代表的报告文学崛起,特写自然也受欢迎。《大晚报》创刊以来一直推崇特写,如"本报特写"、"休木特写"。看来曾总编喜欢一种具有文学色彩的深度报道,以形成报纸的特色。做消息和做特写时限要求不同,后者无须心急火燎地赶稿。柯灵先从报刊上理出具有价值的消息报道,然后有针对性地采访对象、实地调查,进行深度报道。柯灵署名"本报记者特写"、"本报记者季琳特写",一个星期发表一二篇特写,有《上海游艺界的透视》《商业美术展先睹记》《猪肉又涨价了》《全国慈幼事业》(连载四天)《空前的民众歌唱会》《三四万塌虎车夫》(连载三天)《黄包车夫的非人生活浮雕》(连载二天)《都市中的棚户》《联华巨片〈迷途的羔羊〉》《流浪儿骗中骗》《震旦新图书馆》《中国聋哑协会》等。其中,关注和透视底层劳苦大众生活的几篇特写令人震惊。

《都市中的棚户》(也作《棚户》,1936),由一则消息报道——租界工部局勒令棚户居民迁移而引发反抗风暴——而触发写作动机。棚户多是在上海周边近郊的荒僻、污秽之地上由穷人自搭的一片片居住用草棚。在有钱人看来,棚户简直是上海的一个"癌"病灶,不屑一顾。然而穷人就靠棚户以避免流浪街头之苦。有些棚户甚至是爷爷辈搭建的,一代一代地传了下来。其中写道:

  这种草棚,都是由住户亲手搭起来的,泥墙,草顶,通常有一扇薄板的窄门,而很少有窗子,人站在屋里,一伸手就可以摸着屋顶。

  有时一家上下三代,年老的父母,年轻的儿子媳妇,还有成堆的孩子,都挤在一间五六方尺的房子里,衣于是,食于是,生老病死,养儿育女于是。房子小,光线暗,木板门很少关闭的时候。遇着风风雨雨,住在草棚里面,就跟露宿差不多。现在是夏天,他们成日成夜过的都是户外生活。小孩子一律是赤身裸体,男男女女都打着赤膊,青年妇女偶然穿衣服,多数都只系一个抹胸,为便于劳动裤管常常卷到大腿以上。"上等人"心目中的"礼貌"和"体面"这类观念,在棚户区里根本不存在。

《都市中的棚户》观照棚户的历史变迁和种种现状,列出一组组准确、详尽的数据。由棚户居住条件之恶劣写到棚户居民生活状况之贫苦,更遭"一·二八"战乱的炸弹炮火、租界工部局的强行拆迁令,棚户穷人已经无法活下去了。全篇以铁的事实说话,充满作者的正义感和人道主义精神,透露出对贫富不均社会的抗议。曾总编甚为满意,并且拿出教授的作派在稿件上用红笔打下成绩等第"甲",以资鼓励。

在《大晚报·儿童周刊》上,柯灵以"大孩子"的笔名写儿童故事,如《儿童节的小三子》《智慧圈》等。《儿童节的小三子》讲儿童节那天,穷苦人家的小三子没有饭吃,到街上去讨饭、捡垃圾的一天。

柯灵在《铁报》《大晚报》只是一段短暂的报界"客串"经历。如前所述,几个月后,周剑云就急急地把他拉回到改组后的"明星"二厂去了。这倒也好,《铁报》的毛老板就不至于在夏日里出冷汗了,然而《大晚报》的曾总编终究失去了一个屡获"甲"等成绩的高足,遗憾至极。

五 追随鲁迅

柯灵是散文家,也是杂文家。他的杂文写作主要集中在三四十年代,那是一个鲁迅杂文有着重要影响和产生大批年轻追随者的年代。还是在乡村教书时,他就醉心于阅读鲁迅的作品。鲁迅是绍兴人,使他引以自豪。鲁迅的人格魅力,其作品的力量,在他心里打下了极深的烙印。他始终在精神上坚定地追随鲁迅,并沿着鲁迅的足迹前进。所以在总结自己的人生旅程时才这样说:鲁迅和党是两盏"指路明灯"。

30年代前期,当林语堂提倡的"闲适"、"幽默"与周作人主张的"言志"两相合拍而形成散文写作的一种文风、立场时,鲁迅坚持"五四"以来散文的战斗传统,并坚持杂文"必须是匕首,是投枪"的发展方向。在鲁迅的影响下,瞿秋白、茅盾、唐弢、徐懋庸等纷纷以笔当枪,后又有巴人、柯灵、聂绀弩、曹聚仁新起,形成了杂文写作的"鲁迅风"。

柯灵的杂文家旅程,可以追溯到当乡村教师的年代,1927—1929年这段时间。《耕余随感》作于"1929年6月24日,浔阳楼上",是他在浔阳小学期间所写。因为在工作中发现了乡村小学教育中所存在的一系列问题,故"教耕"之余、"有感"而发。全文十节,分节而述,每节皆寥寥数语,外表似随意松散,内中则环环相扣。初感乡村小学"教育的目的与意义"裹足不前,遂指出应与时代同进:

> 要将孩子们天真未凿的心灵,在学校的大熔炉里,陶铸成一种有爱心有气节能奋发能牺牲的品格,才是教育工作者真正的使命。

> 学校是反抗世俗社会的东西,它的存在不是为了适应环境,而是为了影响环境。它有一种神圣的使命,就是追随时代潮流,推动自己和社会一起走向文明进步的康庄大道。

照目下的社会状况看来，学校教育所需要的，是一种大无畏的不妥协精神。

次感乡村教师要有点"精神"：

一个真正的乡村教育家，不但要具有大无畏的精神，还应有一种非常人的感化力。他不但要感化天真的孩子的心，并且要感化冥顽的社会的心。

当时柯灵二十岁，文章称不上是"教育家言"，所谈也无非是乡村小学的教育，但他的"教育说"乃是真知灼见：教育是心灵工程，教育者须用心灵去工作。"随感"接着批评教育界存在的一些弊病：三感教育经费缺乏，致使教育队伍中"滥竽充数"者多多，而教师因待遇菲薄而不安于位，由此教育、国家前途堪忧；四感督学先生坐在舒适的办公室里训斥下面的教师，伤及教师的人格名誉；五感教育局"改善教师待遇"直是"口惠而实不至"。

此文编入《柯灵文集》时作了一个说明："这是我最早的杂文试作，原题为《耕余随感之二》，原刊绍兴《民国日报》副刊。《之一》已佚。"1998年，因编《柯灵文集》而搜求早作，绍兴的朋友为他找到了这篇《之二》。他说："重读少作，恍如梦寐，记忆中早已消失殆尽矣。回想1927—1929三年中曾在《越铎日报》（1927年3月24日停刊）《民国日报》（1927年4月5日出版）两报投稿不少"（《书简·致陈雪琛》，1998.2.10）。于今而言，这篇《耕余随感》可看作柯灵杂文的"源头"。虽属"杂文试作"，却不同凡响。文中所显现的"同情"、"批评"、"气度"，又可初见鲁迅杂文的风骨，即所谓"一颗崇高的、战斗的心灵"、

"懂得人世的爱和恨"的影响。他晚年时说:

> 我这路笔墨的形成,是受鲁迅杂文熏陶的结果。"爝火不能为日月之明,瓦釜不能为金石之声,潢汙不能为江海之涛澜,犬豹不能为虎豹之炳蔚",画虎类狗,势所必然。但我还是愿意披肝沥胆,感谢鲁迅先生的教示。……在我艰辛的人生探险中,鲁迅先生是我最早不相识的向导。"(《〈柯灵杂文集〉序》,1983)

同是从绍兴来到上海从事进步的文化事业,遗憾的是柯灵没有能够当面聆听鲁迅先生的教诲。但他一颗深爱鲁迅先生的心却无时不在。杂文《鲁迅的病》(1936.5)是他第一次捍卫鲁迅,坚决而及时地回击了那些对"鲁迅的病"幸灾乐祸、居心叵测的"下流卑鄙"者,并指出了鲁迅的"伟大"之处:

> 在有些人看来,鲁迅先生的可恶,自然是事实。因为鲁迅先生的言论,"搔着人家痒处的时候少,碰着人家痛处的时候多"。而此辈偏偏是满身疮疖,碰痛了,又奈何不得。有鲁迅先生在,此辈的天下就不太平;必欲去之而后快的阴暗心理,是不难理解的。然而乘人之危,为稍有人心者所不取,何况闻人病危而抚掌称快,从旁说尖酸刻薄的风凉话。但是这种做法,除了画出自己狰狞的嘴脸,何害于鲁迅先生!

1936年10月19日凌晨5时25分,鲁迅先生逝世。这个消息震动了上海、中国。当天上午11时,柯灵得此噩耗,顿感一股寒流突袭全身,半天回不过神来,心里沉痛、空虚得厉害。午后1时,他和"明星"公司的同事欧阳予倩、姚莘农三人急急地赶到虹口地区鲁迅先生的寓所：施高塔路132弄（今山阴路，大陆新村）9号。这是一幢砖木结构、红砖红瓦的三层楼房，1933—1936年的三年多时间里，鲁迅在这里度过最后的生活、战斗的日子。

寓所里一片肃穆。在一楼的会客厅里，柯灵第一次见到许广平女士，见她两眼红肿，还有沉浸在哀痛中的周建人、黄源、田军等人。黄源带他们到二楼鲁迅先生的卧室兼工作室，柯灵第一次、也是最后一次见到先生——他的精神上的永远的导师。柯灵看去：先生安详地闭着眼睛，像是在沉睡。但又透出严峻，一种战士的严峻。下午2时，"明星"公司的摄影组开始拍片，记下了一个个珍贵的历史镜头，是唯一的一部记录"1936年10月19日"历史时刻的新闻纪录片。

这天几个小时的经历，柯灵终生难忘。他回到家里，急于倾诉内心的悲痛和对先生的尊敬、热爱，立刻动手撰写《文坛巨星的陨落——记鲁迅先生之丧》一文。几个小时后，一篇四千字的新闻"特稿"便于紧急中完成了。如果发表在《明星半月刊》上，报道时效显得滞后。他要让公众及时地知道"巨星"耀眼的光辉和"陨落"之痛。于是他连夜把稿件送到好友、《申报》增刊编辑张一苹手里，请求帮忙于第二天发表。张一苹觉得此稿以刊发在第一版"本埠新闻"上为郑重。经过一番周折，最后得到总编室负责人之一胡仲持批准：作为第二天"本埠新闻"版第一篇的"分栏稿"发表。胡仲持、张一萍是《申报》中的进步人士。当时的统治者，视鲁迅为洪水猛兽，而悼念文于鲁迅逝世的第二天就见报，其写作和发表皆属艰难，还有风险。柯灵说："全国所有的大报中，这大约是及时向公众报道巨星陨落的唯一专栏文章。"（《〈长相思〉序》，1981）

"特稿"在第一时间里披露了"巨星陨落"的情景：先生安

详的样子,书桌上书籍、原稿和"金不换"毛笔,那张旧的藤躺椅,挂在墙上的凯绥·柯勒惠支的版画……一代文豪就生活在这样清苦的环境里。还介绍了先生的原籍,生卒年月,去世的时间,病因、病情,先生在《死》一文中立下的遗嘱,吊唁的场面,治丧委员会及殓葬的安排等。篇首摘引了先生《这样的战士》中"要有这样的一种战士……"的一段文字。"特稿"对鲁迅作出了极高的历史评价:

在世界渴望光明的时候,巨星陨落了。

鲁迅先生在中国思想界,在中国青年中的影响,对"五四"以来新文化运动的贡献,将永远在历史上发着不磨的光辉;他的卓荦的人格,也将是一切革命者永久的典范。

接着,他又在《明星半月刊》上登载了一批"鲁迅逝世"的照片:鲁迅的遗容、寓所、万众瞻仰及送葬等盛大场面。还有以"本社同人"署名的《悼文化巨人鲁迅先生》等纪念文。"半月闲话"专栏文中则说到一个不寻常的事实:"一个平常连作品也常常遭受禁止的作家,这样死后的光荣,鲁迅先生是第一次;用开麦拉去为一个作家(左翼作家)摄取纪念影片,这在中国电影上也是第一次吧。"

鲁迅逝世一周年时,柯灵在他主编的《民族呼声》(周刊)第四期编发"鲁迅先生逝世周年纪念特辑",包括《抗战期中纪念鲁迅》(艾芜)《鲁迅的伟大》(罗稷南)《献给鲁迅先生》(唐弢)等文。他在"短评"栏目下发表《怎样纪念鲁迅》(1937),指出鲁迅精神——不妥协的"斗争","热爱光明、热爱人类"——的现实意义,并从抗战角度进一步评价鲁迅:

鲁迅先生不止是伟大的革命的作家，也是伟大的民族的斗士。以他金石般追求正义的坚贞，烈火般对于人类的热爱，通过行动，透过笔尖，对于抗战，不知将贡献怎样巨大的力量。

鲁迅逝世后，出版"全集"成了一个议题。1937年7月，"鲁迅先生纪念委员会"于上海成立，并决定尽快出版《鲁迅全集》。在胡愈之的提议下成立了一个党的秘密出版机构："复社"，成员有胡愈之、郑振铎、王任叔、许广平、周建人等二十人。"复社"组成了一个"编辑委员会"，有蔡元培、马裕藻、许寿裳、沈兼士、茅盾、周作人、许广平等。全集的出版由中共领导，以民间方式运作。进入"孤岛"时期后，1938年2月，"全集"的编纂工作正式开始。郑振铎、王任叔主持，留在"孤岛"的党员作家和文化界著名人士胡愈之、周文、柳亚子、阿英、许广平、金性尧、唐弢、周建人、柯灵等人参加。6月，"鲁迅先生纪念委员会"编纂的中国第一套二十卷本六百万字的《鲁迅全集》，由"复社"出版发行，仅用"四个月"的时间。其编辑效率之高是令人惊叹的，原因在于大家都热爱鲁迅，全力以赴。

许广平、唐弢、柯灵、吴观周等几人负责参与二校。其时柯灵主编的《文汇报》副刊《世纪风》刚创刊，手头又有须得及时完成的杂文、散文和电影剧本等，忙上加忙。但他随身带上清样，有空就看，分秒必争地工作。碰到问题，还得跑去许广平的家，商量什么或查对什么。他又研读鲁迅的作品，因为校对之艰巨既在于篇幅之庞大、更在于鲁迅先生用字之严整。他凭着对鲁迅作品的深入把握和多年来积累的编辑、文字功底，一丝不苟地做着校对工作，为出版全集竭尽全力。

1938年5月，《世纪风》为纪念"五四"运动出版特刊，刊有霞公的《因"五四"想起鲁迅先生》等文。6月，《鲁迅全集》出版，《世纪风》予以整版介绍，并刊出"书评"。10月间，《世纪风》参与了一场关于"鲁迅风"的文艺论争，旗帜鲜明地维护、坚持鲁迅杂文的风格、方向。10月，《世纪风》连续两天出版"鲁迅先生逝世两周年纪念特刊"，发表许广平、唐弢、孔另境等人的五篇文章。柯灵写了《巨人颂》（1938）一文，再度高扬鲁迅"对光明的热爱，对丑恶和黑暗的坚韧的战斗"的旗帜和精神。由于其时正值抗日战争的艰苦年代，因而又进一步把"坚韧的战斗"结合到"抗战"主题上去发挥：

　　路是分明的，需要的是坚韧不屈的斗争。在这艰苦抗战的年代，有谁明明暗暗，主张和敌人妥协，对丑恶宽容的吗？假如有，那就是民族的罪人，和侵略者一样，是我们的斗争对象。

　　以主题风格而论，柯灵的杂文不是"闲适"、"幽默"，也不是"言志"，而是"批评"、"战斗"。发展中有四个不同的时期：初期、抗日战争期、解放战争期、新中国期。抗日、解放战争时期为两次写作高潮。抗日战争期之前的几年里，属于初期。

　　柯灵的初期杂文，即显出"批评"、"战斗"的主题风格。先是文化批评，注意国民的弱点、痼疾。社会上流行"怀古"，青年也沉湎其中，甚至有人产生"共和不如专制"的荒谬想法。此固是"民智闭塞"、中国人守旧的习性所致。然而笔锋一转，指向社会："怀古"是表面，实质是现实的苦闷和渴望变革（《怀古之思》，1934）。父母养儿育女是放本钱，准备将来收利息，如同购置田产,这是一种中国式的放债制度。而维护这种放债制度的是一种特殊的道德:父母尽可以虐待儿女,儿女则非奉行孝道不可(《债》,1937)。《看热闹》(1937)再提使鲁迅痛心疾首的"看客"现象,而今又有新的发展。"花钱的"到上海跑马厅看英皇乔治六世加冕仪式,"不花钱的"就看巡捕打黄包车夫。更奇的是看自己家里"着火":沈阳失陷,日本军队在街上示威游行时,也有人伫立街头,呆呆地看。

柯灵杂文的主线始终是社会批评。有人曾推《猎人与鹰犬》(1935)为柯灵杂文写作的开端。该文涉及旧中国社会的一个特殊、敏感而复杂的"话题":由"华捕"(殖民主义者雇用的中国籍巡捕)带出"西捕"(殖民主义者本国的巡捕)、"巡捕房"(殖民主义者在租界的警务机关)、"工部局"(殖民主义者在租界的统治机关)、"租界"、"殖民地"、"殖民主义者"等。华捕殴打同胞,"照章"是"不独要打",还有更彻底的制裁,究竟有无"道理"?作者以"猎人"、"鹰犬"作比喻,形象且含有深义。批评思路清晰,点穴到位:

当我们黄脸的华捕先生,夹在绿眼睛的西捕中间,向群众肆行屠杀的时候,还有记得自己是中国人的吗?

放过猎人而见责于鹰犬,是可怜的糊涂。但没有鹰犬,是不成其为猎人的。可悲的地方,正在于做了鹰犬,而又理直气壮,视若当然,把掠夺者吸血的"章程",当作天经地义。

而这种思想,又正是租界制度的必然产物。

要荡涤中国的血痕,必须撕毁殖民主义者的"章程",也必须从我们有些同胞的头脑里扫清奴气!

柯灵的批评之箭频发：批评投机商人乃至文人利用"招牌"行骗（《招牌文化》，1936）；揭露欺世盗名的所谓"名人"和"监守自盗"的法官（《许案漫感》，1936）；为那些"什么事情都不做，但什么事情都有份"的"奴才"勾画可笑、可鄙的嘴脸（《凑热闹》，1937）；对于中国妇女的最大病症是"由惰性所造成的依赖性"之谬说，以阶级分析论予以驳斥，指出大多数的中国妇女靠做苦活为生，并进一步指出妇女问题是依附于整个社会问题的解决而解决的。

由于时处国家危亡之际，杂文主题又向"抗战"拓展。从抗战大计出发，不论是伪装成正牌"救国家"的穆时英之流（《"救国家"》，1936），还是"借爱国之名，行买笑之实"的"跳舞救国"歪论（《跳舞救国》，1936.11），都予以暴露、讽刺。抗战开始，高度警惕"抗战"大潮下的"妥协"潜流。

尤为值得注意的是《哀调》《过去未来》（1937），要人们警惕混在"抗战"壮语里的"妥协"调子。前者从"敌军所至，焦土随之"的壮语中，看出一种宣布"对于胜利的绝望"、"又叫大家准备变灰"的"哀调"，"其目的在于取消抗战"。后者则把"大人先生们"的"作论说体"——"九·一八"虽则失了东三省而"号召全国精诚团结，共赴国难"的工作却开了头；"一·二八"虽则订了《淞沪协定》而"安内"的战争却发动了——讽刺为"吃亏就是便宜"的"追算法"，明确指出在全民奋起抗战之际施此等"愚民的妙策"，实为骗得人们不抵抗也！后又在《〈横眉集〉后记》（1939）中挑明："《哀调》和《过去未来》，所指摘的都是汪精卫'老爷'的言论。"

初期杂文的一部分后收入《横眉集》（上海世界书局，1939年7月出版）。《横眉集》是抗战时期"孤岛"文学、"鲁迅风"杂文的成果之一，为孔另境、风子（唐弢）、巴人、柯灵、周木斋、文载道（金性尧）、周黎庵七人的合集，共收杂文一百一十三篇。孔另境为主编，实际的组稿、发稿工作由柯灵主持、决定。按编例，每位作家的作品都由本人自编并附一篇《后记》。柯灵的《〈横眉集〉后记》中说明了自己当时杂文写作、出版的种种"动机"：

> 近年来，我曾写过些杂感短评之类，那动机，有时因为不甘沉沦，有时因为朋友们的催索，还有一种原因，却由于当时杂文正受着冷落和夹击，自己喜欢它，偏要来写它一点。……这一回的决定再"混进文坛"，在几位前辈和朋友中间，打打边鼓，却只因自觉还无伤大体的一点私心：替自己留个纪念，并非真的想"捧住袍角，一同升天"，如深通此中三昧的先生们所说所为者也。

其中"混进文坛"、"捧住袍角，一同升天"云云，乃顺便回击因1938年"鲁迅风"论争中自己遭到的无端攻击。

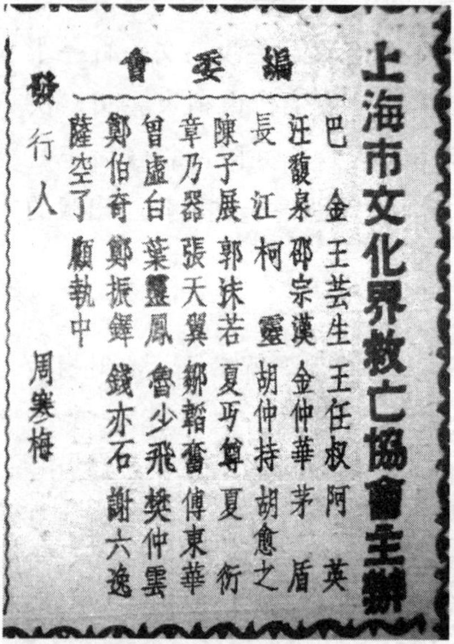

《救亡日报》编委会

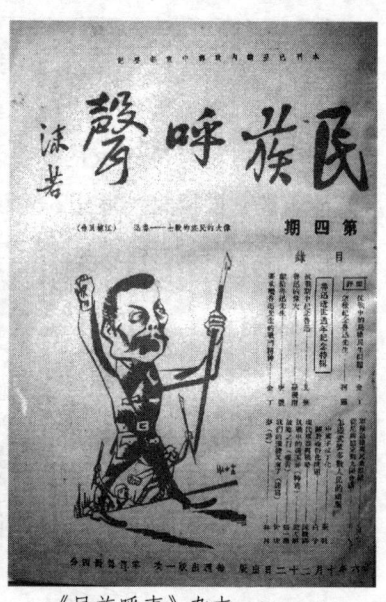

《民族呼声》杂志

《鲁迅风》杂志创刊号

杂文专栏《每日闲话》(《华美晚报晨刊·闲话今日》)

《文汇报·世纪风》创刊号

《文汇报·灯塔》

《文汇报·儿童园》

《世纪风·纸上漫步》

亡命"孤岛"

一 《救亡日报》《民族呼声》

"租界"是帝国主义列强侵略中国的象征。1845年11月29日,英国在上海划定了第一块租界,也是中国土地上的第一块租界。紧接着美、法等仿效。不久英、美租界合并,称"公共租界"。在租界内,西人、华人混居,而所谓"承租者"的帝国主义享有统治特权,相当于"国中之国"。柯灵说:

> 帝国主义国家用巧取豪夺的方式,争先恐后地在上海开辟租界,把灯红酒绿的十里洋场,作为侵略中国的桥头堡。他们建立起整套殖民主义的统治机器:工部局、巡捕房、公审公廨、全副武装的万国商团,还在租界周围装上铁门和电网,黄浦江里停满了外国商船和军舰;在我们的领土上,设立了他们的"国中之国"——真不二价的冒险家的乐园。
> (《跃马横戈五十年》,1977)

1937年8月13日,上海保卫战打响。历时3个月,11月12日中国军队撤出。英、美、法租界仍保持着特殊地位,维持其所谓"中立"态度，但被日军团团包围，形如"孤岛"。1941年12月8日，"太平洋战争"爆发，日军进占租界，上海全境沦陷，"孤岛"不复存在。从1937年11月12日至1941年12月7日的约四年余，史称"孤岛时期"。

1937年12月14日，《大公报》西撤武汉时，最后发表了该社王芸生写的社评《暂别上海读者》，其中有"国军退出的上海完全成了孤岛"之说，从此也就留下了这个颇有历史意味的名字"孤岛"。日军进占租界后不久，英、美、法宣布向中国政府交还租界。这个"交还"，其实缺乏真正的"实货"。1945年，抗日战争胜利，中国政府宣布正式收回租界，结束耻辱的"百年租界史"。

柯灵写于"孤岛"的散文《魔鬼的天堂》（1940，香港《星岛日报》），其中"一方奇异的土地"一节，对"孤岛"的地形、方位、界线作了详尽、准确的描绘：

翻开上海市区地图，照目下中国人比较能够"安居"的地域看来：东濒浦江，西接沪西，北面以苏州河为界，南面到沪南区为止；紧邻着的英法两租界，那地形恰像是一只翩跹的蝴蝶。——这蝶形的孤岛上，就拥挤着四百万以上的人口。

苏州河北是不开放的，因为那是日军的"占领区"，虽然一样的有着公共租界，却似乎已经从上海的版图中划开。跟法租界密接的南市地带，接壤处铁门一律紧闭，关在那一面的，一向是荒凉死灭的别一世界。最成问题的，却是沪西：也就是从曹家渡、极司非而路、愚园路，以至大西路一带的越界筑路区域。

按照传统的古怪办法，沪西是以半租界的性质存在的。

马路由租界所筑，也就由工部局管理，供给水电，向住户商店征收捐税，跟租界里的"纳税华人"完全一样，而实际上那些地带是地道的"华界"，主权当然属于中国——也就因为如此，上海沦陷以后，侵略的魔掌自然就伸张到这个地方，而且因为它跟租界脉络相通，毫无屏障，对租界有无法隔离的直接影响。

"八·一三"战火弥漫之际，上海爱国报人怀着满腔怒火，纷纷创办各类报刊，与上海军民一起抗击日寇侵略。《抗战》《救亡日报》《文化战线》《前线》《民族呼声》《世界知识》《国民周刊》《救亡漫画》《烽火》等，如雨后春笋般地冒出来。

上海文化界救亡协会机关报《救亡日报》于8月24日在上海创刊。郭沫若任社长，夏衍、樊仲云任总编辑，并组成统一战线性质的编辑委员会，成员有巴金、王任叔、阿英、茅盾、胡愈之、郭沫若、夏丏尊、夏衍、章乃器、邹韬奋、郑振铎等三十人，柯灵名列其中。

时值上海保卫战，全市人民积极支援中国军队抗战。人们参加修筑壕沟、运送物资，捐钱捐物，组织救护队、服务队，戏剧电影界则组成十几支救亡演剧队到剧场、学校、医院等地方进行抗日宣传演出，还有许多人站在苏州河边为"四行仓库"英勇抗击日寇的"八百勇士"呐喊助威，街道上到处都响彻着《义勇军进行曲》悲壮高昂的歌声。

柯灵走大街穿弄堂，进学校、医院、剧场，把所见所闻化作一篇篇鼓舞抗日斗志的"战时"新闻、特写，还有战斗的杂文，及时送到报社发表。特写《劫后的虹口》（1937）及时报道了虹口的战事。我军逐渐逼近，日军紧急在马路上布防。提篮桥到公平路一带，遭炸弹袭击，多处民房起火。"在街角、在巷口，倒卧着许多失去了生命的我们的同胞。"

"八·一三"时，柯灵尚属"联华"。战事一起，"联华"便瘫痪了，摄影棚里遗留着拍摄影片《王老五》的一副烂摊子。"联华"的负责人已变更，罗明佑以后是吴性栽、吴邦藩。吴邦藩是影界里的一位爱国进步人士，也是浙江绍兴人。他见公司已无法拍电影了，但《联华画报》的印刷设施、发行网络还可用。抗战吃紧，于是创议办一个宣传抗日的刊物。出于了解和信赖，让柯灵出任新办刊物的主编，社址设在静安寺路（今南京西路）126号。

在抗战的炮火中，柯灵主编的时事、文艺周刊《民族呼声》于10月1日创刊、出版，由郭沫若为刊名题签。上海的作家、诗人、学者、理论家、影评家纷纷为这份宣传抗日的刊物写稿。固定栏目"短评"下是两三篇时事短评，如《帮凶》（周木斋）《抗战中的民权民生问题》（金丁）等，柯灵作有《炮声中的国庆》《严厉实行军纪》《怎样纪念鲁迅先生》等文。刊物上以时论居多（王达夫的《军队组织与民众组织》、辛人的《从尼翁协定到九国会议》等），还有专题讨论（"怎样武装多数人的头脑"）、特写（蓝天照的《抗战中的冯玉祥》）、报告（张一苹的《故乡之行》）、速写（林淡秋的《战士的家书》）、杂感（冰莹的《来到上海》）、诗歌（林林的《我们的诗》）、剧本（沈西苓的四幕剧《罗店血战》连载）、漫画（江栋良的《日本的内在》）、译文（陈骏译《现代军器与战略》。柯灵的短篇纪实小说《大鹏——纪念空军烈士阎海文》(1937.9，后又作《鹏》)，描写了中国空军战士阎海文在轰炸黄浦江上日本军舰的战斗中壮烈牺牲的事迹。第四期特组一辑"鲁迅先生逝世周年纪念"。一时，《民族呼声》与其他的抗日报刊一起，汇成了强大的、不屈的民族抗战呼声。11月12日，《民族呼声》出版最后一期——第7期，由于局势变动而主动停刊。

上海保卫战以来,柯灵的一篇篇杂文在《救亡日报》《民族呼声》等报刊上发表,参与抗战。他的杂文并非"标语口号"式激情喷涌,反而是对战争中出现的新问题作出冷静的思考、回应:一致对外时,不应该忘记清除掉洋场小丑、市井流氓、汉奸奴才等社会渣滓,而要坚定相信"我们的抗战,抵御横暴,最终的目的是在求中国的自由、独立与民主。我们现在做着的,正是破坏旧中国、建立新社会的工作"(《算旧账》);"恐日病者震慑于日本武器之精良,以为单靠飞机大炮可以使地球翻身,吓得变成昏蛋。而我们多数的落后民众,却在迷信天意,希望菩萨能够大慈大悲,救苦救难"(《从有神到无神》);战争中日军的野蛮记录,使一向自命"文明"的日本露出了"内在的空虚"、"狰狞面目",也"教训"我们更应该明白"唯有坚决的抵抗,才可以给侵略者以致命的打击,消灭这种种非人世所有的惨剧"(《严重的教训》);战争中"一遇到小小的挫折,就禁不住颓唐,惶惶然不可终日,这就证明着,我们还普遍存在着心理上的弱点",而"我们的抗战是长期的",要"加强胜利的信念,配合实际的行动,争取胜利的实现"(《构筑心理防线》)。

同时,他还写了《回到莽原》《死城》《长街》等同样以"抗战"为主题的一批散文。这是一种被柯灵自称为"一手拿杂文、一手拿散文"的写作、战斗的状况,将贯穿于抗日战争、解放战争时期。

"孤岛"初期,"工部局"规定报刊"非先向本局登记",不得在租界刊行。于是救亡报刊陆续撤出上海,而《立报》《民报》《时事新报》等则主动停刊。12月13日,南京沦陷。14日,上海的日军报道部宣布对租界内的华文报纸实施检查。《申报》《大公报》取"宁为玉碎、不求瓦全"的决绝态度而停刊。《新闻报》

《时报》《大晚报》委曲求全，但其中一些编辑、记者毅然退出。上海一时几乎成了"无报城市"。但是，随着外商报刊的"突围"，两个月后柯灵将加入他编辑生涯中一张最重要的报纸——《文汇报》。

吴邦藩一直给柯灵发足额的薪水，直至年底"联华"彻底关门。柯灵在抗战时期经历过几次短暂的失业生活，这是第一次。大约两个月的光景，他过起了文人"用笔养活自己"的日子——这是一段"夹缝"中求生存、御敌寇的艰难日子。当此国家、社会的非常时期，《社会日报》给他的特约稿稿费是"千字一元"，已属十分优待。然而难在"写什么"。"孤岛"初期，新闻言路狭窄，畅谈"抗战"难，而他又不愿写热门流行的"色情诗话"、平庸讨巧的影评剧评。于是以隐晦曲折的笔法扔出"投枪匕首"——这就是用笔名"玄郎"以"毫不轩昂"的题名《斗室漫步》做掩护，隔一二天发表一篇的一组杂文，总共十多篇。

《斗室漫步》并非文人墨客的"无病呻吟"，也并非"老老实实的卖起文了"。而是因战争时局所生的种种悲愤之感、忧郁之情、抵抗之心。"悲愤"于炮火下平民的尸骨难收和幸存者的妻离子散（《人间地狱图》），上海、南京数十万军民牺牲蒙难真乃是"乱世人命如草芥"（《生命无价》），昔日熙熙攘攘的四马路（即福州路）文化街如今却现出沙漠般的萧条（《文化沙漠》）。"忧郁"于战后上海又是笙歌彻夜的"商女不知亡国恨，隔江犹唱后庭花"（《火山头上跳舞》）、许多人的母亲正在遭受极大的战乱苦难（《战士和母亲》）、许多人的家乡已经遭到暴力的蹂躏（《乡愁似海》）。

同时也坚决地呼吁"抵抗"。抵抗吧，记住"覆巢之下无完卵"的教训（《覆巢之下》）、"金瓯无缺，正是我们最大的奋斗目标"（《金瓯无缺》）、"为祖国献身是幸福的，这是我们共同的理想，我们谁也没有权利吝惜自己的生命"（《追悼会所见》）。"抵抗"的意志和决心，尤见于《别一九三七年》："卢沟桥一声炮响，揭开了抗战的序幕。""这是火的一年，血的一年，中国历史上最伟大壮烈的一年！""我们四万万五千万的中国儿女，为祖国自由而战，同时也是为人类正义而战，世界和平而战！""让新中国像涅槃的凤凰，在火中再生，中国儿女在血的洗礼中成长！"

到1938年1月，他又用笔名"陈浮"在《华美晚报晨刊》的专栏《每日闲话》发表十多篇杂文，包括《非常事业》《苏武与李陵》《自我批判》《鞭炮声》《靶子》《送别旧时代》《"非人道"颂》等。

"孤岛"初期，柯灵从蒲石里迁居汉口路的一幢公寓的顶楼。但是只住了几个月，一个上海流氓强行租用这幢公寓，全体房客被限时搬走，否则就"请侬吃'生活'"！上海人把"打人"说成非常客气的"吃'生活'"，前面还要加一个"请"字。不得已，他临时借住在赫德路（今常德路）阿英家里。不久，搬进福煦路福煦坊（今延安中路1157弄）的一个亭子间，一直住到抗战胜利以后。对抗战时期自己"留在上海"，他后来作了如下的解释：

> 贫困是对人的考验。我本来是个穷书生，身处战时，更在日本侵略者的残酷统治下（特别是沦陷期间），既要应付饥寒的威胁，又要维护清白和民族尊严，这件事本身就是极其艰苦的斗争。上海撤守，我决心去内地，但为生计所牵累，无法自由行动，只好冒着极大的危险留在上海。在这一点上，我是最平凡的生活戏剧中的一个角色。（《给傅葆石的信》，1987.4.21）

他圈子里的同事、朋友，因为不同的原因，有的离开了上海,有的留下了。郑振铎、许广平、阿英、王任叔等师长、朋友还在上海,支持了他留下的决心。他觉得自己并不孤单,要与他们一起并肩战斗。但是,"孤岛"上环境险恶,抗战、爱国作家的行动处于敌伪的严密监视之下,秘密逮捕和暗杀时有发生。作家不仅要以作品、而且还要在行动上与敌伪作短兵相接的斗争,这是武汉、重庆、桂林和延安作家所不曾面临、经历的严酷局面。他们在斗争行动上,主要表现为抵制敌伪的诱惑、拒绝与敌伪的合作。即使这样,也要冒极大的风险。柯灵在《关于〈作家笔会〉》(1945) 中说:

抗战以来,文艺工作者大部分离开了上海,少数人无力远行,只好蛰居一隅,咬紧牙关打发艰窘的日子。在这顽固的沉默中,冷眼看看各种倚门卖笑的丑剧,营营扰扰,有如日光下的微尘,昏瞀忙乱而毫无活气,那心境的悲凉真是无可形容。……我们所处的地方,只要沾一点点"重庆派"或"延安派"的气味,就有坐牢和遭受虐杀的危险。

日后,他在"孤岛"的日子并不好过,那是一种在危险、艰难的"夹缝"中生存,更有诬蔑他"落水"的冷箭无情射来。

二 《世纪风》

1937 年 12 月 16 日,作为对日方新闻检查的一个反响,美商《大美晚报》的发行人斯达尔"声明":《大美晚报》英文版、华文版属于一家,"两报不受任何方面之检查"。随之,挂英商招牌的《每日译报》(1938.1.21)《文汇报》(1938.1.25) 相继创刊,这是"孤岛文学"诞生的摇篮。之后,上海几乎成为"洋商报"的天下。新闻界在租界内的"合法"斗争,是对日本侵略者试图扼杀抗战舆论的回应。

《文汇报》承袭了已弃用的原英文晚报的报名。1879年,租界内出版过一份英文晚报《文汇报》,1930年归并于英文版《大美晚报》。《文汇报》由爱国人士严宝礼等人集资创办,严宝礼任经理,原《民报》的胡惠生任总编辑。馆址设在"文化街"福州路436号。聘请英人克明挂名发行人兼总主笔,给月薪300块,相当于花钱请"洋保镖"。《文汇报》因鲜明的抗日立场,很快在上海有了较大的影响。严宝礼遂趁热打铁。他对新闻一窍不通,却是经营上的"小诸葛",更有善识"英雄"的一双慧眼。他知道要办好一张报纸,写好社论和办好副刊极为重要。2月初,聘请原《大公报》的徐铸成任主笔、柯灵接编文艺副刊《文会》。

2月10日,《文汇报》一版刊登美联社新闻稿"周恩来谈中国今后战略",同时发表社论《读蒋委员长演词》,副刊《文会》则刊载了《叶剑英将军素描》。这样做需要何等的胆识与魄力!那天,柯灵第一天来报馆上班,傍晚6时许正在3楼的编辑室里。他把《文会》改名为《世纪风》,忙着编发第二天即2月11日的创刊号。突然,底楼传来一声巨大的爆炸声,屋宇摇撼,一股浓烈呛人的黄烟雾时冲上楼来。底楼的发行科里一片狼藉,伤者三人,其中职工陈桐轩重伤,不久便不治而亡。原来是敌特向报社投手榴弹,以示报复、威胁。两天前,徐铸成到职后撰写的第一篇社论《告若干上海人》发表,严厉警告组织汉奸政府的民族败类。徐铸成的社论"言辞激烈",而严宝礼事先就许诺"一字不改",两人都有魄力!

柯灵惊魂甫定,在扑鼻的硝烟中坐下来,立刻写下一篇几十个字的短文,刊于"百字文"栏目《纸上漫步》的首条,发表在

《世纪风》的创刊号上，还击敌特的投弹威胁：

> 手榴弹，在近一、二个月来，曾经完成过了不少大快人心之举。可是现在，连那些卑污的手也使用着它了。
> 但这对被击者只有光荣。
> 只可惜圣洁的手榴弹被他们所亵渎了。

《世纪风》在硝烟中诞生。两天后，《世纪风》刊出"若水"（王任叔）的《真理的被击》、"陈浮"（柯灵）的《暴力的背面》两篇杂文。《暴力的背面》中说：

> 革命的暴力，是表示被压迫者的反抗；反革命的暴力，却往往是征服者权力失坠、缺乏自信的表现。暴力政策的背面，正是侵略者的虚弱。

《文汇报》又刊《悼本报同仁陈桐轩先生》一文，坚定地声明："本报始终抱定一贯之政策，不受任何方面之威胁与恐吓，以尽报人之天职，决不因陈君之死，而变更本报之宗旨及信条。"敌特遂送来一个纸盒，内装一只腐烂的人臂，并一封匿名信："文汇社长，此乃抗日者之手腕，送与阁下。希望阁下更改笔调，免尝同样之滋味。"面对敌人的威胁，"文汇人"毫不畏惧。后在创刊一周年时又发表社评《本报一周年纪念辞》，强调《文汇报》"一只手是正义，一只手是勇敢"。这就是抗战时期"文汇人"不屈的战斗精神。

《世纪风》从创刊起就佳作迭出，如"韦佩"（王统照）所撰总题为《炼狱中的火花》的随笔、"鹰隼"（阿英）的《国难小说丛语》、"美懿"（梅益）翻译的美国记者史沫特莱的《中国红军行进》,郑振铎所编的周刊《书评专刊》等。《世纪风》的影响迅速扩大、加深,成为"孤岛"里的一座重要的抗战文化堡垒。在文艺界,由于许多抗日报刊停刊,客观上正是需要有一些刊物来担负起抗日的任务。

约五十年后,柯灵在总结自己漫长的编辑生涯时,把所有的经验归结为"一手伸向作家,一手伸向读者,借墨结缘,弄云作雨,播火传薪"(《〈煮字生涯〉自序》,1985)。他的编辑经验,虽然起始于《儿童时报》以来的点滴积累,但在《世纪风》获得成熟。《世纪风》时,"一手伸向作家"做得尤为出色、成功。他广泛地约请作家,如阿英、王任叔、楼适夷、梅益、林淡秋、钟望阳、杨帆等,老作家王统照以《繁词》为题,连日发表散文诗式的短文。巴金先后在上海和从内地送来稿件。远在海外新加坡的郁达夫,他的关于"孤岛"时局分析、传达侨胞出钱出力支援国内抗战的一封封来信,以《海外通讯》为题发表。茅盾的文艺论文《普及、提高和抗战八股》,陆蠡的散文《囚绿记》,诗歌如郭沫若的《遥寄安娜》、施蛰存的《有怀国家》、关露的《家书》、徐訏的《赠时代的孩子》、冯玉祥的《五月杂咏》等,以及李健吾、魏金枝、邹荻帆、陈伯吹等人的作品。还有读了《世纪风》后为它写稿的青年作家,有的因为在《世纪风》第一次发表作品从而走上写作道路,如徐开垒、黄秋耘、王元化等。

"借墨结缘,弄云作雨,播火传薪",则是他在处理稿件、与投稿者关系上所体现的风格、经验,说到底是出于他的性格和人格精神。他说自己是"很拘谨的,不善于交际",也不承认所给予的"'拉稿专家'的头衔"(《给傅葆石的信》,1990)。但是对于"借墨结缘"则作了三点解释:一是诚恳待人。把投稿者看作是支持者,尊重他们,让他们乐意投稿。二是不抱任何成见,也没有势利眼。只要作者的文章好,就去接触、接近,经常登门拜访。三是凡是来稿，同样重视，决不漏看一篇。不管相识不相识，有名无名，好文章一定有机会发表。

《世纪风》以富有战斗性的杂文为核心。王任叔的杂文最多，孔另境、唐弢、巴人、周木斋、文载道、周黎庵等的杂文也经常见报。柯灵写了不少，有署名"陈浮"及"柯灵"、"逆民"的《暴力的背面》《恐吓无用》《局长》等三四十篇。这批新起的青年杂文作家，自觉地师承鲁迅的战斗传统，以笔作枪。他们原处在"散兵游勇"状态，而今在《世纪风》里"聚集"到一起了。正如王任叔所说："我们从各个的角落里流了出来，仿佛碎散的水银，融成了沉重的一块。"（《〈边鼓集〉序》）他们在杂文中揭露日伪的血腥罪行，鼓舞人民大众抗日救国，批判小市民的奴才意识，痛斥国民党当局种种"亲者痛、仇者快"的倒行逆施行为，表达了鲜明的爱国主义思想。他们的杂文被称为"鲁迅风"流派，但又有各自的特色。

1938年，"孤岛"上发生了一场关于"鲁迅风"杂文的论争。"左翼"文艺界在鲁迅问题上的分歧和论战，前有对《阿Q正传》的不同评价、"两个口号"的论争。这次"鲁迅风"杂文论争，对垒的"主角"是王任叔和阿英，两位老资格的作家。那是在需要枪口一致对准日、伪的时刻啊！而且两人都是柯灵生活中的朋友、"孤岛"上并肩作战的战友！论争阵地居然还开辟在阿英的《大家谈》、王任叔的《自由谈》、柯灵的《世纪风》上，初看似乎不可思议，细说起来意味颇多，也未免复杂。

8月以来，王任叔在《世纪风》上不断对文艺界的一些"言论"发表强硬批评意见。一是批评"抗战八股"论，二是驳斥"与抗战无关"论，三就是"鲁迅风"论争。

因为《世纪风》上的杂文屡屡讽刺顽固派、打击汉奸，从而招致《中美日报》（三青团背景）《新申报》（汉奸背景）的忌恨。

后者以"蜀中无大将,廖化作先锋"相讥,说"上海的廖化们"只会模仿鲁迅,写些迂回曲折毫无价值的杂文。这样的攻讦自是无稽之谈。然而,10月19日,阿英在刚接编的《每日译报·大家谈》上发表纪念鲁迅的文章《守成和发展》,主张"超越鲁迅"。不约而同的,王任叔也在刚接编的《申报·自由谈》上发表一篇纪念文章,题目就叫《超越鲁迅》。所不同者:王任叔赞成多写些鲁迅式的杂感文字;阿英呢,主张在民族抗日统一战线时代,不再需要"鲁迅风"杂文了:要战斗的,不要讽刺;要明快而直接的,不要迂回而曲折的;要深入而浅出的,不要隐约而晦涩的;要创造,不要模仿。归纳起来是"四要四不要"。

王任叔灵敏地嗅出一种对鲁迅杂文精神的否定倾向。第二天,针对阿英文中一再"有人说"的用语,以《"有人",在这里!》一文反驳。同时唐弢也以《帮手与帮口》一文予以反驳。两文旨在坚定地捍卫鲁迅杂文的方向。其实论争双方"继承和超越鲁迅"的大方向一致,分歧只是在于怎样把握杂文的技巧和语言风格。不料《中美日报》《新申报》等乘机起哄,进步营垒也有人施放冷枪,顿时水被搅浑,论争便扩大开来,上海的作家几乎都卷入其中。

《申报》当局怕事,暗示要王任叔自动辞职。王任叔的行事、作文强硬如一,回敬"我偏不自动辞职,让他开除我好了"!结果《申报》当局请他"另谋高就"。王任叔愤怒难当,旋即找到柯灵,请他帮忙在《文汇报》上登一则启事。柯灵义不容辞,刊登启事有云:"求自由而不得,卷铺盖兮逍遥。"王任叔失去了阵地,柯灵的《世纪风》就不能不成为主战场,继续论战。奇怪的是柯灵始终未撰文参与这场论争。说奇也不奇,他夹在中间,难处很多。但他在《世纪风》上积极刊登王任叔、唐弢等"鲁迅风"派杂文,清楚地表明了立场、态度和倾向。

经内部居间调停，结束论争。12月28日，《世纪风》刊登了应服群、孔另境、王任叔、阿英、柯灵等在内的三十七人的联合署名的文章《我们对鲁迅风杂文问题的意见》："我们认为只要把握住现阶段的反日、反汉奸的任务，无论鲁迅风或非鲁迅风的杂文，都同样有存在的价值。"至于杂文，事实证明，不仅"孤岛"上海需要杂文，便是大后方重庆、昆明、桂林也需要杂文。但不是直接明快的杂文，因为那样不易发表，而是迂回曲折、隐约晦涩的杂文，一句话，"鲁迅风"杂文。阿英后来在"孤岛"创作的明末题材的"历史剧"，不也是采用了"借古讽今"的"曲笔"吗？

论争结束，由于"孤岛"复杂的斗争形势，加上宗派、意气用事掺杂其间，一些有关的人事却了犹未了。至少在不久，柯灵将遭受充满意气用事和蓄意的"报复"，奋力抵挡来自内部阵营的一支支冷箭。

三 "鲁迅风"

赵景深在《文坛忆旧》中《柯灵》一文记述说："在上海沦陷期间，许多朋友们都到内地去了……这时在孤岛上活动得最力，支撑孤岛文坛的，就是几位浙东杂文家。当然，文艺刊物极少，同时在这变动的大时代中，月刊或半月刊之类总觉得过于缓慢，不便刊载有时间性的作品，因此报纸文学特别发达。这几位浙东杂文家就在柯灵所主编的有名的文汇报副刊《世纪风》上面，时常发表突击式的短文，以六七百字为常。有人嘲笑这是'鲁迅风'，因此他们就以此为号召，甚至还出了一种刊物，就名叫'鲁迅风'，近于从前的'语丝'。"

"鲁迅风"论争期间，柯灵提议把《世纪风》上发表的杂文结集出版。随后，由他选定王任叔、唐弢、柯灵、周木斋、周黎庵、金性尧六人，每人自选三万字，推王任叔起书名、写序言。1938年11月，作为"文汇报文艺丛刊"第一种的六人杂文合集《边鼓集》出版，旋即售罄。其中"卷五"为"柯灵著"，所选1938年的杂文，计二十八篇。1939年，原六人加上孔另境共七人，于7月又出版作为世界书局"大时代文艺丛书"之一的《横眉集》。"卷七"为"柯灵作"，所选1936—1937年"八·一三"抗战期间的杂文，并1938年的两篇作品，计十七篇及"后记"。"孤岛"时期，这批浙东杂文家还出版了个人杂文集，有王任叔的《生活·思索与学习》《窄门集》，唐弢的《投影集》《短长书》，孔另境的《秋窗集》，周木斋的《消长集》，柯灵的《市楼独唱》等。

作为"鲁迅风"论争的积极成果之一，《横眉集》的七位作者，私人集资创办了以杂文为主的综合性文艺周刊《鲁迅风》。1939年1月11日创刊，金性尧主编。王任叔撰文指明了刊物的"用意"："生在斗争的时代，是无法逃避斗争的。探取鲁迅先生使用武器的秘奥，使用我们可能使用的武器，袭击当前的大敌；说我们这刊物有些'用意'，那便是唯一的'用意'了。"主要撰稿者有王任叔、郑振铎、王统照、景宋（许广平）、唐弢、石灵等。柯灵又从《世纪风》转来一些稿子，如李健吾、舒湮、锡金、沙狄、旅冈、宛宛、骆滨基、匡沙等人的。因而可以说，《鲁迅风》的作者基本上是《世纪风》的队伍。每期十六页，共出版十九期，至9月5日被迫停刊。《鲁迅风》是上海"孤岛"时期影响最大的登载杂文的期刊。柯灵署名"陈浮"、"柯灵"在《鲁迅风》上发表了杂文《关于〈鲁迅日记〉》《市侩主义》《市楼独唱》（组文的《题内的话》等前三篇），散文《逆旅》《行程》等。

从《边鼓集》《横眉集》到《鲁迅风》，"孤岛"时期的"鲁迅风"杂文派显示了整体的阵容和实力。在中国现代杂文史上，成为继"语丝"派、"现代评论"派、"太白"派、"论语"派之后又一个杂文流派。而"鲁迅风"派的产生，对于推动"孤岛文学"的发展又有特殊和重要的意义。"孤岛"初期，上海文坛低迷、沉寂。"鲁迅风"派的活跃使杂文在"孤岛"率先脱颖而出，不仅打破了文坛的沉寂，而且引发了其他文学的复苏。而随着"孤岛"局势的恶化，加上周木斋病逝，王任叔赴东南亚，阿英参加新四军，一个狭义上的"鲁迅风"杂文流派自然解体。

周木斋是江苏常州人。战前在《大晚报》当编辑，"孤岛"初期因为报纸被迫接受敌人的检查，他毅然退出。随后到另一家报馆编副刊，老板只是笑嘻嘻地提出副刊是否可以征求"礼拜六"派的小说，使趣味浓一点，他在第二天便默默地辞了职。此后几年，木斋关起门来，不断地写作和编著，以应付失业、贫穷。最终，在疾病中挣扎了十个月后于1941年7月去世。他的死，在熟友间竟无一人知晓。有人偶然在报纸上看到有关他的报丧启事，其他朋友才在大殓那天赶去吊唁，柯灵是其中之一。几天后，柯灵作《伟大的寂寞——悼周木斋》（1941）一文以示纪念。"寂寞"因何至于"伟大"？文中说：

> 要恰当地赞美一个人，正像中肯的批评一样艰难。要写出对这亡友的正确的理解，而又不偏于感情，或偏于理智，是困难的。他和有些知识分子一样，有点洁癖，一生远避着势利和虚骄，但他同时是谦和的；而且，他并不躲避现实，他站在新世界和旧世界斗争的前线，近十年来不断发表数量

可观的杂文,正是他驰突的痕迹;有些文字是尖锐的、进步的,它们说明他是一个勇猛的斗士。

王任叔呢,一生几乎在放逐、流浪、失业、战斗、牢狱中交替度过。抗战胜利时,还在印尼棉兰被荷兰殖民主义者当作战俘,囚禁在集中营里。至于新中国成立后,1960年他又因《论人情》一文而背上"宣扬资产阶级人性论"的罪名,受全国性批判。"文革"中再遭无情打击,最后以七十高龄的负罪之身,被遣返故里,终于神经错乱。他原本是一个十分坚强的人啊!1986年,在他的故乡浙江奉化举行"巴人学术研讨会"。柯灵赴会,缅怀当年并肩作战的、也是坎坷不幸的作家战友,并作《在巴人故乡》(1986)一文,对他进行了很高的、也是恰如其分的评价:

> 他的不少作品,是为了解决生计,他的全部写作目的,却是"以文学为党呐喊"。他首先是党员,然后才是作家,他鞠躬尽瘁,对党完尽了神圣的义务。
>
> 贯穿巴人革命与文学事业的,是坚定不移的殉献精神,他心中有一团烈火,在燃烧旧世界的同时烧毁了自己。三十年代的时风是"以左为荣",他的凌厉无前也很有代表性。最后竟不免殉献于极"左"路线,悲剧之悲,莫过于此。他热烈悲壮的一生,不是他个人的特殊遭遇,而是我们伟大民族命运交响曲中的一支插曲,我们时代的牺羊。

经历了1938年,柯灵已是一个享有盛名的编辑,并使《世纪风》成为坚持在"孤岛"的最重要的文艺阵地。《世纪风》最有名的是特刊、特辑。除了"鲁迅纪念特刊",又出版过"三八妇女节特辑"、"七七纪念特辑"、"九一八特辑"、"教师节特辑",还有"杂文特辑"、"散文特辑"、"诗歌特辑"、"文艺通讯特辑"、"五四运动特刊"、"儿童作品专号"等。

《世纪风》刊登了一些重要的、有影响的文章,让"孤岛"了解全国、全世界,显示"孤岛"不"孤"。如文载道的介绍美国记者斯诺及他在沪的"演说词"的《记〈西行漫记〉作者爱狄加·施乐及其演词》,沉远的反映延安革命根据地的长篇通讯《从云阳到延安——西北通讯》,长城的反映战时大后方重庆的《新都的动静——重庆通讯》,美联社记者勃兰脱的《与中国游击队在前线》等,还有连载作品如阿英的《关于瞿秋白的文学遗著》、抗战后上海的第一部长篇小说卢焚(师陀)的《马兰》等。"本报周年特辑"里,连载锡金的《抗战诗歌一周年》、李健吾的《一年来的戏剧生活》等文,对救亡文艺给予了及时的总结。宗钰在评论文章《"孤岛文学"的轻骑——一年来上海创作活动的回顾》中指出:在一年的斗争里,"杂文充当了前哨",散文提出了"饱和了血泪的控诉",诗歌发出了"像灵魂的呼号和呐喊",而报告文学暴露了许多"丑恶的现实"。

1939年,《世纪风》继续出版"文艺通讯特辑",把目光扩大到海外、大后方和抗日民主根据地。以"通讯站"为刊头,刊载了郁达夫寄自新加坡的《关于沟通文化的信件》,巴金寄自桂林的散文《桂林的微雨》等。殷参寄自陕北的《民主——在模范抗日根据地陕甘宁边区第一届参议会开幕典礼上》,报道了边区的民主生活和毛主席的活动。

4月,《世纪风》组织举办"文艺工作者义卖周",将全部作品的稿费作为捐献,参加的作家有许广平、锡金、关露、李健吾、周木斋、陈伯吹、王任叔、钟望阳等。"义卖周"活动,一周接一周举办,直至《文汇报》5月中旬停刊。

1938年,随着影响的不断扩大,《文汇报》几度扩版、开辟新栏目,柯灵的编务工作同样在增加。8月7日,他兼编的儿童周刊《儿童园》创刊,不仅轻车熟路,也感到十分亲切,是他初出茅庐时《儿童时报》编辑工作的继续。所设栏目有《小谈话》《诗歌》《故事》《长篇童话》《儿童作品》《地理讲话》《图画新闻》等。柯灵在《诗歌》上以"大孩子"的笔名发表了《好男要当兵》(1938)等抗日童谣。

好铁也打钉,好男要当兵,同胞四万万,大家一条心;赶走侵略者,救国又救民!

好汉上前线,好女也从军,国事大家管,哪分男女性;打倒强盗兵,天下就太平!

救国方法多,流血最光荣!我们好孩子,爱国不后人,将来长大了,也要去当兵。

这首童谣从"好铁不打钉,好男不当兵"的旧俗语中翻出了抗日救国的新意。还有"太阳落山红又红,长江两岸炮轰轰,炮轰轰,斗得凶,卫国健儿好神勇……"(《太阳落山》,1938);"我们是难民,可从不怨天尤人。我们懂得爱和憎:爱我们的国家,憎我们的敌人……"(《难民歌》,1938)。这些童谣、儿歌,不仅仅是写给儿童看的,也不仅仅是教育和鼓励儿童的。

7月,《文汇报》扩版时增加了副刊《灯塔》,由吴农花主编。12月1日,《文汇报晚刊》创刊,《灯塔》由日刊移至晚刊,柯灵兼编。《灯塔》有"闲画上海"、"孤岛风光"、"每日笑画"、"报坛史料"、"小说史话"、"物语"、"笔触"、"有趣短文"等栏目，以新闻记事及特写为内容，大众化、通俗化风格，图文并茂。

在北京路与河南路的十字路口有一幢陈旧的通易信托公司大楼。大楼阴暗潮湿的地下室，是阿英在1938年创立的秘密出版机构"风雨书屋"。同时他在那里编辑大型期刊《文献》。公司大楼上办有一个新闻专修科，隶属于上海法政大学。这是应中共中央宣传部要求开办的，专为培养抗日新闻人才，阿英是该科的主持人之一。他请来一些文化界的共产党人、进步人士任教，也请柯灵来开课。

柯灵重操旧业，似乎回到了"务实小学"时那种三尺讲台、黑板粉笔的感觉。他讲"新闻文艺"，结合自己大量的心得体会和实践经验，既丰富生动，又富有实效。他又使出"拉稿专家"的解数，借机与学员建立特殊的"编辑和作者"的关系。因为这些学员都将奔赴各地的抗日前线，将发来新鲜、丰富的稿件。40多年后，他还记得其中一些地下党员身份的学员的名字，他们是"屠基远、沈孟先、朱介瑾、王一（后在解放战争渡江战役中牺牲）、胡燮江、夏朝东等"（《上海抗战文化堡垒》，1984）。

《文汇报》蒸蒸日上，但其抗日立场及宣传活动深遭日本侵略者的仇恨。因为《文汇报》在"英美公共租界"注册，日本遂向英国施加压力。国际上，德、意两国在占领捷克斯洛伐克和阿尔巴尼亚之后，签订了军事同盟，矛头直指英国。为了自身的利益，英国对日本采取妥协态度，这也是不久后英人克明出卖《文汇报》的国际政治背景。5月16日，《文汇报》发表《汪派分子白昼做梦》，宣布该报拒绝汪逆精卫收买企图。17日，全文发表蒋介石在"生产会议"上的训词《告全国同胞书》。被触怒的日本频频向英国施加压力。18日，英国驻沪领事馆以"抗日言词激烈，影响租界治安"为由，责令《文汇报》等六报自即日起停刊两个星期。

停刊期间，日本人又用金钱收买发行人克明。克明原本只是《文汇报》的"洋保镖"，此时却"弄假成真"，蓄意夺取经理部实权，企图将《文汇报》改组为一份为日本侵略活动张目的报纸。克明是苏格兰人，曾混迹于新闻界。在上海"冒险"投机地产失败，成为"乐园"里的潦倒客。粗通中国字、上海话，娶了个华人老婆，则是他在"乐园"里不多的收获之一。先是撞了个小运，挂名《文汇报》董事长兼总主笔，白拿一笔小钱，装一副"抗日"面孔算作回报。此时又撞了个大运，竟然可以从日本人那里赚笔大钱，就露出了一副丑陋面孔。

此事引得报馆上下一片哗然，群情激奋。严宝礼、徐铸成、柯灵等态度坚决：我们要有民族气节！决不出卖《文汇报》！《文汇报》三个字不能被玷污！报纸是我们亲手创办的，现在就让我们亲手把它毁掉，绝不能让敌人利用！他们以英国"公司法"的"如有三分之一以上股东不同意，公司不得继续经营"的规定为依据，在收集到足够的股权后即向英国驻沪领事提交一份"申请停刊书"，而后被接受、批准。"文汇人"挫败了日本侵略者攫夺《文汇报》的阴谋，也粉碎了克明的发财梦。

1939年6月1日，《文汇报》宣布停刊。徐铸成、储玉坤、柯灵等二十六人署上自己的姓名，在《申报》等报刊上刊登《〈文汇报〉编辑部全体同人紧急启事》："严经理去职，特向本报当局提出要求，保证不变本报原来编辑方针，庶得保持本报一贯立场。在未获得满意答复以前，同人等暂不参与编辑工作。"报纸停刊，等待他们的将是失业、饥饿。此谓"宁为玉碎，不为瓦全"。

《文汇报》这尊震响着民族之声的洪钟沉默了。像彗星一样，在孤岛的夜空上掠过。7月，柯灵作《无声的上海——为〈文汇〉等六报停刊作》一文，表示愤慨和斗争决心：

"石在，火种是不绝的。"使战士灭亡的不是暴力的压迫，而是斗志的销蚀。只要有侵略，也就有斗争，只要有斗争，也就有活气。

1945年抗日战争胜利，《文汇报》复刊。

四 《早茶》《浅草》《草原》《大美晚报》

在"《文汇报》停刊"事件上，柯灵表现出一个爱国者、抗日人士的本色。但他不得不承受接踵而来的失业、饥饿生活，开始抗战以来第二次"卖文度日"的日子。他在各报馆的关系不少，甚至把稿件远寄到新加坡郁达夫主编的《星洲日报》副刊。也不是全为了"度日"，因为写作仍然可以抗日，并且以泄心中的忧愤。近三个月的光景里，他写下了杂文《市楼独唱》、散文《罪恶之花》等一系列有分量的作品，贯穿着抗日、忧国忧民的主题内容。日常生活降到了最低的水平，过着半饥半饱的日子，还要接济在绍兴的母亲。

"璇宫剧场"地处爱多亚路、福熙路之交的"三角地带"（延安东路1440号，与金陵西路相交；后改称"光华大戏院"），原为"浦东同乡会"所建八层楼"浦东大厦"。底层的大礼堂，其时由原"联华"老板吴邦藩租下开设剧场。"璇宫"演话剧、越剧、滑稽戏等。吴邦藩与柯灵之间相交甚笃。9月初，柯灵在"璇宫"揽下一份演出广告宣传工作。

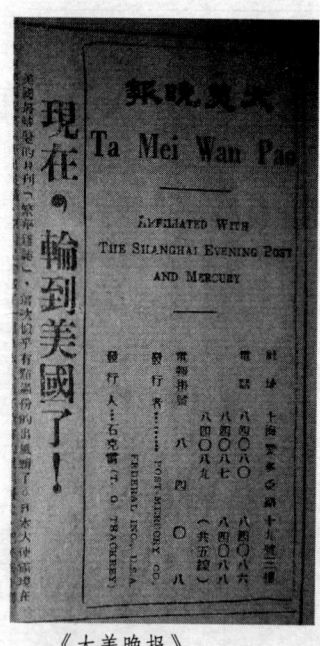

《大美晚报》

《大美报·早茶》复刊号

《大美报·浅草》创刊号

《正言报·草原》创刊号

影片《武则天》 　　《掠影集》

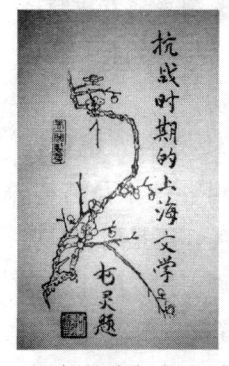

柯灵手迹（之一） 　《晦明》

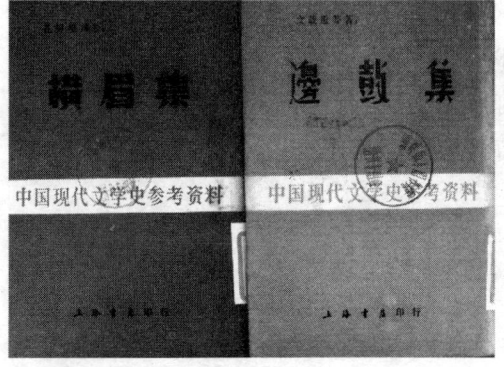

《横眉集》《边鼓集》 　　《市楼独唱》

阿英、于伶领导的话剧运动是"孤岛"上重要的抗战文化阵地。上海剧艺社创建于1938年7月，是"孤岛"抗战戏剧运动的骨干力量，领导人于伶。1939年9月，"上剧社"公演阿英的历史剧《明末遗恨》，连演两个月而不衰，其间三遭禁演。《明末遗恨》借古喻今，以明末南京秦淮妓女葛嫩娘坚持抗清而遭杀害的剧情，表彰抗击外族入侵的英雄、痛斥叛国投敌，激励人民投身抗日斗争。继而又演了阿英的《海国英雄》《杨娥传》等。

柯灵事先没有想到，投入抗战戏剧的宣传，也可以为抗战出力。同时，无意间又接近了舞台。继少年时代受绍兴地方戏剧舞台启蒙后，如今又受到了话剧舞台的"再教育"，一个未来的现代戏剧家是否就这样一步步炼成了？

在"璇宫"，柯灵遇到了几个熟人。一个是于伶，他们在"左翼"电影运动时便相识，现在重新并肩战斗。一个是阿英，相逢一笑。阿英激烈却坦荡，柯灵一向敦厚大度，还是朋友，更是战友。后上海全境沦陷，两人则在不同的区域工作、战斗，至1949年第一次文代会期间在北京再度聚首重逢。在极"左"的年代里，两人的遭遇大致相仿。80年代初，柯灵在《向拓荒者致敬——〈阿英散文选〉代序》（1980）《重印〈文献〉赘言》（1984）《战火中的艺术——阿英著〈海国英雄〉序》（1984）等文中，始终表现出对阿英有着来自心底的敬仰感，并对阿英的革命、文学活动以及人品有着很高的评价：

> 阿英同志是少数披荆斩棘的前驱者之一。我有幸成为他的忘年交，将近半个世纪之久。在三十年代前期的左翼文学、电影、戏剧运动中，后期的民族解放运动中，我看到过他怎样"在荆棘里潜行，在泥泞中苦战"。他和另一些前辈

的行动，就像暗夜中的篝火，照亮了人的心眼。(《向拓荒者致敬》)

阿英同志在现代文学史上具有多重身份：战士，学者，作家——评论家、文学史家、散文家、剧作家，而战士精神凌驾一切。百余年来，内忧外患的拽逼，锤炼了文明古老的中华民族，也锤炼了知识分子的筋骨。(《战火中的艺术》)

柯灵还见到了新闻界同事杨潮，但想不到他竟是"璇宫剧场"的股东老板之一。杨潮、羊枣都是笔名，原名杨廉政，湖北沔阳（今仙桃）人。1933年参加"左联"、参加中国共产党。抗战时期，是一个驰誉新闻战线的坚强斗士，著名的国际政治和军事评论家。杨潮经常来办公室与柯灵谈时局、新闻和文学。9月下旬，他说起《大美报》（华文版）副刊《早茶》的编辑恽逸群去了香港，问柯灵是否愿去接编《早茶》？柯灵闻之，又喜又疑。喜的是重新有了一份编辑工作。疑的是恽逸群怎么突然离开紧张的上海抗战文化阵地？杨潮不能把其中的"秘密"告诉柯灵，恽逸群是受党派遣赴港担任新的抗日工作，也不能告知是地下党组织再三考虑后决定让柯灵去接编《早茶》的。

很多年以后，后来柯灵在《上海抗战文化堡垒》(1984)中说："为了克敌制胜，还得派党员楔入敌伪阵营去做策反分化等工作。而这种情况，很难为当时文化界党外人士所理解。"柯灵知道"新声通讯社"的记者袁殊。他是湖北蕲春人，1929年到日本留学。回国后担任"中国左翼文化总同盟"常委，创办《文艺新闻》，1931年入党。"八·一三"后，他们一起为抗日报刊跑新闻。让柯灵大吃一惊的是，1939年11月，袁殊公然出面主持了一个由日本人控制的叫"兴亚建国运动"的汉奸机构。不久又在上海办了《新中国报》《杂志》(月刊)两种半伪政府官方的报刊。袁殊"落水"了。太平洋战争爆发后,柯灵熟悉的恽逸群、关露、彭启一也先后"落水"了。他甚为不解。

上海抗战期间,在潘汉年的领导下,他们成功地演出了一场场惊险、出色的情报战。柯灵在《上海抗战文化堡垒》中说:"这一类深入虎穴,不惜牺牲个人荣誉地位、身家性命去完成神圣使命的行为,无疑是一种崇高的献身。"至于潘汉年领导下的这批当年顶着"落水"骂名的"秘密战线"战士,绝对想不到在建国初期却遭遇窦娥式的"冤案"。令人宽慰的是,如今他们已经以"战士"的荣誉长眠于地下。

1939年9月1日,德国进攻波兰,第二次世界大战全面爆发。中国的抗日战争已进行两年多了。在中国,帝国主义国家之间的关系显得复杂、微妙。英、德宣战,而英、日在中国却相互利用、妥协,"《文汇报》停刊"便是一例。美、日已形成敌对关系。美国明确反对日本侵略中国。上海的美商"大美"系报刊《大美报》《大美晚报》坚持抗日立场,便是一例。日本对美则取强硬的对抗立场,《大美晚报》的编辑朱惺公被暗杀便是一例。

9月底,柯灵离开"璇宫剧场"进《大美报》主编《早茶》。《大美报》是《大美晚报》增出的日刊。五年前,柯灵曾在《大美晚报》主编文艺副刊《文化街》。而现在局势已经变化,身处日军团团包围中的"孤岛",美、日对抗,进《大美报》意味着危险。

"八·一三"事变后不久,日本侵略者利用原国民党特务李士群、丁默村在上海建立了一个汉奸特工组织。1939年,成了汪伪的特工总部,那就是在极司菲尔路76号(今万航渡路435号)的代号"七十六号"的恐怖魔窟。从6月份成立起,为了压制上海的抗日舆论,频频恫吓新闻界。《文汇报》刊登揭露"沪西"赌场的消息，特务寄来"请吃花生米"的恐吓信及所附一颗子弹威胁。特务又袭击《大美晚报》报馆，打枪、扔手榴弹、捣毁排字房。《大美晚报》副刊《夜光》编辑朱惺公做诗文予以揭露、讽刺，8月30日被特务暗杀于白日的街头。

上海抗战以来，从《救亡日报》《民族呼声》到《文汇报》，从杂文、散文到一系列"声明"，柯灵一直是冒着生命危险站在文化抗战的第一线，进《大美报》也是赴汤蹈火。张似旭见到柯灵十分欣喜。他是广东汕头人，曾留学美国哈佛大学、哥伦比亚大学攻读新闻学。其时受聘担任大美出版公司经理，并《大美晚报》《大美报》发行人。"大美"报系宣传抗日战争，宣传抗日民主根据地和八路军、新四军，还以"节约救济"、"文化之夜"等名义组织捐募款项和物资，支援新四军。日、伪则视"大美"报系、张似旭等人为"眼中钉、肉中刺"。

新闻界频受威胁，《大美报》又显人手不足。张经理不仅要柯灵接编副刊《早茶》，还请他兼编"本埠新闻"版。由于《大美报》支持中国抗日战争的立场，柯灵便一口应承。《早茶》是个通俗性文艺副刊，但前任主编恽逸群却办得颇为"出格"。与《世纪风》一样，经常刊登涉及时政的杂文，声讨敌伪的罪行，发出抗日的"声音"。《世纪风》《早茶》都是1938年2月创刊的副刊，是"孤岛"上最早的"有声音的副刊"，称"二月的双星"。

《早茶》于9月25日复刊。柯灵在《复刊词》中说："在这年头，灾难是不可避免的。灾难之源，源于侵略"，"但我们相信《早茶》的再生，将象征着一个抵抗灾难、解除灾难的光明前途。"复刊号上开始连载话剧剧本《赛金花》"最动人而有独立性"的第三幕，这是魏如晦（阿英）对熊佛西的同名剧本的改编本。

《早茶》上杂文仍然显眼。鲁迅逝世三周之际，出一个纪念特辑，刊出《中国惟鲁迅先生为圣人》（振闻）《关于鲁迅先生二三事》（林珏）等几篇文章。柯灵的杂文不少，以"读报者"为笔名的《"弑父案"》《再谈"弑父案"》《赫赫之战果》等，以"且夫"为笔名的《文人与妓女》《孤岛一景》等，以"欧阳生"为笔名的《幻想太大》《印象如何》等，以"浮生"为笔名的《记"矫枉过正"》等，还有何为的《为了战士》、辨微的《克扣"军火"》、列车的《从鲁迅的日记读起》等。

又刊出了散文《浙行散记》（江流）、剧评《演石灵的〈桃花梦〉》（辣斐）、小说《后事》（陈骏）、评论《青年与思想》（俞荻）等。"语文展览会专辑"刊登了《方言文学》（毁堂）《说到方言》（文载道）《触景生情》（周木斋）等文。组织读者讨论上海刚发生的一场"弑父案"，作为"一个小小的社会心理测验"。

柯灵主编的《早茶》大大地超过了该刊的"通俗性"原旨。即使这样，或许他觉得刊物的原旨依然是一个束缚。他希望主编一个"纯文艺性"的刊物，像《世纪风》一样。

两个月后，柯灵向张经理提出让"鲁迅风"杂文作家石灵接编通俗性的《早茶》，自己去创办一个纯文学性的副刊。他在《早茶》（11月30日）上"向读者告别"："现在《早茶》将有所改革。从明天起，它要以崭新的面目与读者诸君相见了。珠玉当前，自应退避贤路"。12月1日，继承《世纪风》风格的《浅草》创刊。"浅草"含"形小却努力生长"之意，与《浅草》的版面、宗旨相符。他在《〈浅草〉献词》（1939）中说：

我们只想老老实实，下一点播种耕耘工夫。即或是无力的一耙一犁，仅能教瓦砾中开一朵野花，磐石下添一抹绿色，甚至是颓墙边抽几根荆莽，说明地下并不少蓬勃的生意，也就算是给读者付下了预约：它证明在另一地方另一时节，将生出荫荫的参天乔木。

柯灵"移花接木"，使《世纪风》在《浅草》复活。不同的是，《大美报》是对开小型报，所以《浅草》版面较《世纪风》为小。刊文短则数百、长则千字，配上木刻、漫画、题花等，倒也小巧精致、琳琅满目，一如盆景之美。所设栏目有"文化哨"、"书市巡回"、"作家行踪"等。作者的队伍基本上来自原《世纪风》，他们欣喜于在日伪恐怖、死亡笼罩下的"孤岛"竟然出现这样一片生机盎然的"芳草地"。"孤岛"上的王统照、景宋、于伶、楼适夷、李健吾、唐弢、周木斋、文载道等作家，徐开垒、何为、董鼎山、黄裳、匡沙、坦克等青年作家，纷纷送来新作。还有突破"地理隔绝"来自大后方的夏衍的《三月，桂林的戏剧季》、丰子恺的《生道杀民》，海外的香港端木蕻良的《作家书简》、以郢的《山麓的风暴》，新加坡郁达夫的《南海短简》等。

柯灵仰慕郁达夫。抗战时期，与郁达夫几度书信交往。往返书信都被作为"抗战消息"在两人各自主编的上海、新加坡的报刊上发表。但终未能与郁达夫谋面。抗战胜利结束，丧心病狂的日本鬼子竟然在新加坡把郁达夫秘密杀害。与郁达夫在南洋并肩战斗的胡愈之战后归来，在《郁达夫的流亡和失踪》一文中披露了这一惊人的消息，否则世人都不知道这位抗日斗士、中国现代文学的一流作家是如何在人间消失的。1985年8、9月间，由于胡愈之的努力奔走，在北京和郁达夫的故乡富阳先后举办了纪念活动。柯灵的《不废江河万古流》（1985）一文，即是在富阳"纪念郁达夫先生殉难四十周年"学术讨论会上的发言：一是鸣不平，二是给予客观、正确和高度评价。

多少年来,他在中国文学史上的地位是摇摆不定的,对他为数不少的评论,都是毁誉参半,甚至毁多于誉。这对不对?不对。公平不公平?不公平。为什么?因为不合乎实际。在我们的文坛上,有人享受着超乎实际的荣誉,有人没有得到应有的地位。道未易明,理未易察,事未易平,这本来是常见的现象,对郁达夫来说,却未免莫此为甚。北京的会肯定郁达夫为"第一流的诗人和作家","爱国主义者和反法西斯的文化战士",报纸上把这本然的事实当作新闻来报道,我们读了,真是满心喜欢,又是满腹辛酸。

郁达夫热爱祖国,热爱人民,字里行间,时隐时现,或明或暗,随处可证。他皈依革命的思想动作,时而猛进,时而颓唐,时而隐晦,颇见曲折,但一片赤忱,从未显示退坡。要理解人的真价值,不能只看外表,正面观察,反面分析,侧面印证,都不可少,还得触类旁通,联系上下周遭,大节嶙嶙,小节出入。

《浅草》上,特别引人注目的是突破"政治隔绝"、来自延安的稿件:胡考的《"讲演文学"在延安》《陕北风土画》,方然的《延安底文艺工作》等的文艺通讯,郭小川的诗歌。这些稿件,有的通过党组织的渠道传递,有的则不远千里、由绿衣人辗转送来。

郭小川送来两首诗,是早年在三五九旅时写的。一首是《热河曲》,"热河事变七周年的第十天写于黄河岸",即1940年3月3日所写;另一首是《骆驼商人挽歌》,于"三九年八月晋察冀草,四〇年三月抄改"。《郭小川诗选》中最早的篇章,写作年月是1942年5月。所以发表在《浅草》"诗歌特辑"上的这两首诗是更早的。散文家何为把这份报纸珍藏了38年。1978年,经郭风转手,寄给了已故革命诗人郭小川的遗孀杜惠,杜惠又把报纸的影印件寄给了当年的编辑柯灵,以作留念。柯灵拿着这份意外得到的影印件,勾起了许多几乎忘却了的记忆,记起了那位抗战时期走上诗歌创作道路、建国初期最著名的"政治抒情诗人":

> 小川以他毕生的战斗,完成了革命歌手的光辉形象。在"四人帮"横行不法的年月,他在残酷地迫害下始终兀然挺立。(《三十八年前的一张旧报——纪念诗人郭小川》,1977)

柯灵主编的文艺副刊,杂文依然是"重头戏"。王任叔在《浅草》上号召"继承鲁迅、重振杂文",并与唐弢、周木斋、辨微、列车等送来一篇篇精悍的杂文,柯灵自己也写。《浅草》也刊登优秀的长篇作品,如《鲁迅风》上未连载完的许广平的《鲁迅先生与海婴》,芦焚的小说新作《祝福》《马兰》。《浅草》延续了"孤岛"的抗日、进步的文脉。

《浅草》还为战时贫病交加的作家举办募捐活动,如同《世纪风》的"文艺工作者义卖周"。小说家叶紫在湖南益阳老家因贫病去世,留下的妻儿频受饥饿威胁。香港的《大公报·文艺》《星岛日报·星座》为此进行募捐活动。柯灵闻之,既惋惜一位鲁迅所欣赏的小说家、《丰收》的作者早辞人世,又同病相怜文人之贫困。他在《浅草》上刊登特别启事《援助叶紫先生遗族》,呼吁作者、读者以稿件、稿费的方式募捐,最后为叶紫夫人募到了一小笔"救命"的钱款。他意识到,副刊组织募捐能把文学活动与社会活动结合起来,经济作用还是其次,重要的是由此产生了一种凝聚民族力量的政治意义。

1940年3月,汪伪"国民政府"在南京正式成立,7月1

日,以"潜身上海租界,献媚独夫,卖身共匪……或假借第三国人名义,经营报馆,终日造谣煽动破坏"等罪名,发布对八十三名抗日爱国人士的通缉令。其中上海的新闻工作者就有四十九人,包括《大美晚报》《大美报》的张似旭、程振章、李骏英、吴中一、张志韩等,柯灵也名列其中。

《大美晚报》《大美报》的馆址在爱多亚路(今延安东路)十九号,近外滩、黄浦江。形势凶险,张似旭经理作出谨慎的防范措施。他让编辑在家里工作,来往稿件由报馆派车递送。或者就工作、住宿在警卫森严的报馆,以防万一。柯灵因上了通缉令黑名单,而从他在福煦路上的小亭子间到报馆几乎要穿越半个上海,只得寄宿在报馆里,并化名为"丁松年"。不料这个"丁松年"化名,在"文革"时被造反派污蔑为当特务的证据之一。

柯灵的名字上了汪伪的通缉令名单,这是他的杂文大胆讽刺、挖苦汪伪卖国行为的必然后果。他在《色》(1940)中,从上海白相人("流氓"的别称)一句"明朝把颜色侬看"(明天给你看厉害)的恫吓语开始剥起,剥出白种人对黑种人的歧视,遂又剥出日本鬼子的"做黄种人的奴隶总比受制于白种人好"的无耻的侵略理论,"而敌人(发表时原作'×人',指日本侵略者)在中国的干儿子,也就奉为明训。"还以那些只在脂粉堆里吊膀子的上海"小白脸"比大汉奸汪精卫:"君不见我们面孔很白的大'政治家'吗?虽然丰姿嫣然,使远在东京的'近卫公'也惊为天人,赞不绝口;但一按实际,不过是一个奴才而已。"随后的《伥》(1940)则批驳汪精卫的"实力悬殊,如何能战"的汉奸卖国、投降的言论,言其人好比是"为虎作伥"的"伥鬼","鬼群里最没有出息的伥鬼,被老虎吃掉了,却帮着老虎来害人的下流东西"。同时又坚信猎人以打老虎为生,"两年半的事实,早已给了保证:我们不但能战,而且一定可以战胜。"

暗杀向"大美"报系频频袭来。张似旭以为自己有汽车上、下班，似乎安全。7月19日，在静安寺路（今南京西路）的"凯司令"西菜馆被暗杀。8月19日，《大美晚报》国际版编辑程振章被暗杀。下一年，1941年6月23日，《大美晚报》副经理李骏英又被暗杀。"孤岛"时期，新闻界被杀十五人，其中"大美"报系四人。

不仅暗杀威胁，敌伪又禁止商号在《大美晚报》刊登广告和报贩出售《大美晚报》，以阻止正常出版。随着张似旭的被杀，《大美报》旋即宣告停刊，《浅草》也终止了。8月，随程振章被杀，《大美晚报》总编辑张志韩即刻邀柯灵顶替编辑"要闻版"，并兼编"国际版"。在"孤岛"，他已是命悬一线。而救"报"如救火，他不得不铤而走险，接过了程振章的编辑工作。

柯灵在往"火炕"里跳。朋友们对他多有劝说，以安全为要。他觉得，《大美晚报》抗日倾向明显，自己是在做一份抗日工作。做抗日工作，在《大美晚报》有危险，在其他地方何尝没有危险？而从《大美报》的夜班编辑换成《大美晚报》的日班编辑，却可以恢复晚上写作的习惯了。他用笔名"静观"经常在副刊《夜光》上发表杂文。

9月，即将创刊的《正言报》总编辑李秋生约他创编一个文艺副刊。此事让柯灵颇费了一番思量。《浅草》终止后，他很想在"孤岛"再办一个文艺副刊，延续一支抗日的、严肃文艺特色的文脉。李秋生是原《文汇报晚刊》主编。但是《正言报》是国民党中宣部委派吴绍澍、冯有真在上海租界工部局登记、创办的。表面也是"洋商报"，政治背景则是三民主义青年团。

柯灵虽然取"不涉党派、只问文艺"的副刊编辑态度，但此时对涉及国民党政治依然非常小心。他与郑振铎、许广平等在沪的文艺界前辈商量、讨教。他们认为，首先，政治背景有问题，但副刊却进步,这种情况是很多的;其次,时下国共合作、共同抗日是主流。抗战时期,有一些共产党员作家在国民党文化机构中任职,更多的是担任文艺期刊、报纸文艺副刊的编辑。

上海《正言报》于1940年9月20日创刊。同日柯灵推出《草原》创刊号。因为求内涵、风格衔接"浅草",版面则较之为大,故谓"草原"。从《世纪风》到《早茶》《浅草》《草原》,显示出一支清晰而具风格的文脉走向。他发表《我们的声诉——〈草原〉发刊词》(1940),从上海文艺界的冷落、"孤岛"上苦痛的现状,说到知识分子的心态、文艺的武器作用,并表明《草原》方向、意义:

> 在今日的上海,再没有比办一个文艺刊物更困难,但也没有比它更重要的了。《草原》在这样的环境和时日里发刊,在我们,是怀着极其严肃的心情的。我们知道力量薄弱,挑不起重担,赶不了长途,因为一个日报的副刊,它本身就有着一种先天的缺憾,篇幅太小,较大的作品就容纳不下……但副刊也有它的长处,篇幅小,可是天天出版,不指望产生伟大的作品,却适宜培育新锐的作者;不望它对时代有什么伟大的贡献,却可以迅速的反映现实,将大众的愤怒、欢喜和苦闷,诉诸读者。投一个石子到水里,那涟漪的波动虽说轻微却也广大。从这一点看,《草原》也应分有它庄严的地位。

依旧是抗日的、严肃文艺的副刊风格,还是那支经历过战斗考验的、文采飞扬的作家队伍,使"草原"焕发出勃勃的生机。叶圣陶的"随笔"、巴金的"散文"、茅盾的"来函"、阿英的"书话"、姚克的"杂记"、阿英的"剧评"、赵景深的"曲艺"、许幸之的"诗歌"、芦焚的"小说",还有十分显眼的王任叔、唐弢和柯灵的"杂文",在严酷的"孤岛"发出了中国的"声音",跳动着抗战文艺的脉搏。在《正言报》里,《草原》保有一定范围内的言论自由,但为时十分短暂。

10月,柯灵准备在《草原》上陆续发表一组"纪念鲁迅"的文章。谁知编辑完成的第一篇纪念文章就被总编室扣压下来。他去问原因,然而被告知:"上面"指示"现在不宜提鲁迅"。经过一番口舌,发出了辨微的《伟大的象征》、列车的《反宗教精神》两篇。此后类似的干涉、禁止日益增多,甚至连"自由"、"民主"、"平等"等字眼都不得在报上出现。同时总编室几次要把一些言辞"怪怪"的、不利于团结抗日的文章塞进《草原》。他编文艺副刊已有不少年头,像现在这样受人摆布、束手束脚的境况也还不曾遇到过。

"孤岛"与内地的消息不畅,尤其是对国民党制造"摩擦"、蓄意反共活动这类幕后新闻很难知道。抗战爆发到1938年武汉、广州沦陷这段时期,国共之间的共同抗日关系比较正常。1939年1月后,国民党开始公然反共,先后掀起三次反共高潮。《草原》创刊后不久,正值第二次反共高潮。1941年1月,顾祝同部突袭新四军,制造了震惊中外的"皖南事变",这就是出现在柯灵手中的那些"怪怪"的——实际上宣扬"反共"的文章的背景和原因。他一方面坚持《草原》抗日、进步的方向;另一方面,则费尽口舌,坚决把那些"怪怪"的文章如数奉还。

这导致了《正言报》总编室与柯灵之间不断地"摩擦"。以《正言报》的政治背景,断然不能允许柯灵的"不驯服"、"自行其是"。但柯灵的思想行为包括编辑办刊,也有自己的原则、底线。似乎是水火难以相容,至3月,他终于被"客气"地解聘、请出,离开了《草原》。他编《草原》前后大约半年光景,中间短时间请师陀代为编辑。他走后,《正言报》保留了《草原》的刊名,但风格有变,与"柯灵时期"不可同日而语,生机勃勃的"草原"枯萎了。

柯灵痛惜《草原》的"枯萎",而追根溯源,更加痛心于抗战时期"同室操戈"的严酷现实。思前想后,终于明白一切源出于国民党的"反共"政策。他不搞政治,但并非不识政治、时局。愤慨之余,遂提笔作《踏》(1941.6)《魇》(1941.7)两篇杂文,予以大胆、严厉地抨击。《踏》愤怒于国民党"踏"鲁迅:在半沦陷区上海,《正言报》的取稿禁例之一就是"不准提起鲁迅";在重庆,特准提起名字,但"不许称为'革命斗士'"。文中严厉责问:"莫非死了五六年的人,也有了'破坏统一'之嫌?还是天下'革命',只此一家,所以连这类的字眼也触犯忌讳了吗?"

《魇》(原题《无题草》,沿用笔名"丁一元";前《"人身攻击"异议》一文发表时,笔名"丁一之"被误印成"丁一元")以可怖的"梦魇"作喻,矛头直指国民党的"反共"政策:"策动政客,指使社团,今日一社论,明日一通电,'反共'之声,洋洋溢耳,远过于抗日的战声。"文中坚定地声明:"我们决不做亡国奴,但也决不愿意做任何自己人的奴隶。自相残杀的惨剧,我们坚决地反对。"文章的震撼之处,在于进一步揭露国民党的"反共"是与日寇、汪伪汉奸政府的"同流合污":

> 敌人及其傀儡的两大政策,一面是"和平",一面也就是"反共",这是连傀儡政府的"国旗"上都标明着的。"反共"声中,这就来了不谋而合的夹击。

"敌人"指日寇;"傀儡"即汪伪政府,而其所谓的"国旗"上写有"和平"、"反共"一类的标语字样。几个月前震惊中外的

"皖南事变"，即是国民党勾结敌伪、发动反共卖国阴谋的结果。在日寇重重包围下的"孤岛"里，在"七十六号"的血腥暗杀下，在国民党的第二次反共高潮中，公开发表这样的"战斗"杂文，需要冒很大的风险、有很大的胆量。该文发表时，"日"（抗日）、"敌"（敌人）字样，都只能用"×"代替。

抗战以来，柯灵先后在几家报纸做编辑工作，呈纵向的衔接，即离开一个刊物，接着转移到另一个刊物。从时代背景看，每一次转移都充满着爱国的新闻工作者与侵略者及其帮凶之间的激烈的、甚至是流血的斗争。《民族呼声》随中国军队撤离上海而停刊，《文汇报》在租界当局和日本侵略者共同胁迫下停刊，《大美报》在经理张似旭等相继遭暗杀后被迫停刊。而《草原》，则是在"皖南事变"后，国民党顽固派报纸《正言报》坚持反共立场的形势下，被排挤出来的。而柯灵丢一个刊物，紧接着又去另一个刊物，说明他始终在争取爱国的报刊阵地，并显示一种为鲁迅所称道、推崇的"韧"的战斗精神。

他编辑过的刊物，尽管种类各殊，却偏爱文艺副刊。编文艺副刊，又偏爱杂文，自己也不断地写作、发表杂文。《世纪风》上几乎每天刊登一篇杂文。这又说明，他既是编辑、作家，而更是勇敢坚强的战斗者。

五 《斗室漫步》

以文体论，杂文更具"战斗"的性质和作用，并且拥有新文学中最强大的"鲁迅杂文传统"。而在抗战时代，在"孤岛"环境，还是需要杂文的"战斗"。在此背景的激发下，以1938年初的组文《斗室漫步》为标志，柯灵开始进入杂文写作高潮。另一方面，他的一系列杂文，以及主编的以杂文为"主打"的文艺副刊《世纪风》，为"孤岛"的抗日战斗、捍卫"鲁迅杂文传统"、形成"鲁迅风"杂文流派作出了不小的贡献。

这一年的杂文写作，大致是"斗室漫步"中所确立的抵抗路线的延伸，并随时局变动而表现出灵活的战斗姿态。他对"孤岛"的时局、社会作出一系列杂评。《挑起艰巨的担子来》(1937)批评那些无聊文人，"以文章散布颓风，麻痹读者，则是一种大有利于侵略者的霉菌"。他振臂呼吁：

> 先进的文化人，给上海留下了光荣的传统；我们后继者，绝不应当任意毁弃，自取其辱。战声虽远，而精神武装不能轻弃，当此进步文化的存亡绝续之秋，让我来请求我们的文化人，大家挑起这艰巨的担子来！

此文显示了一个爱国文化人的责任感，并且对"孤岛"中爱国的、进步的文化人起着号召的作用。上海如今为双重"非常"的地方：一是时代非常，正当存亡之际；二是环境非常，"孤岛"既水深火热，又有一片太平风光。他认为，此时此地是"一种严峻的考验"：

> 炮声是渐渐远去，听不见了，但死亡的威胁，仍在我们周围，奴隶的命运正在压顶而来。如果习而不察，忘乎所以，那真是堕入了"哀莫大于心死"的深渊。这是每个人都应该时时自反而自肃的。
>
> 此时此地，我们更需要严肃的自我批判精神！（《不够"非常"》）

他愤然揭露侵略战争带来的破坏,"敌兵临境,富庶之乡,变作了死寂的荒村"(《荒村岁暮》);谴责那些投机商人发国难、乱世财,"这种邪恶的吸血行径,更应当彻底揭露,坚决清除"(《非常时期与非常事业》);用历史事实提醒人们,以为"低头下气做顺民"可保无虞实在是一种"奴隶的错觉"(《奴隶的错觉》)。

租界并不太平,时有临时戒严、挨户搜查和"抄靶子"(巡捕搜检行人),"中国既然被当作了人家进攻的'靶子',中国人自然也就不免于被抄靶子的命运"(《靶子》);新年里严禁燃放鞭炮,"这是无情的现实在大声提醒我们,上海正处在非常时期。因为这绝非常态"(《鞭炮声》)。

随着"洋商报"的出现,新闻言路有明显拓宽,副刊上也可以堂而皇之地抨击汉奸、畅谈抗战了。于是,他的杂文又增添了一种激昂奋发、机锋毕现的战斗姿态。他大胆反对日本侵略者"采取野蛮的暴力政策,来对付手无寸铁的平民"(《暴力的背面》),宣称"'民不畏死,奈何以死惧之!'而况面对的是异族的侵凌"(《恐怖政策》)。他暴露侵略者对中国人民的"侮辱、戏弄,稍有拂意,就遭杀戮"(《真的神怪故事》),"至于八九岁至十二三岁的女孩子,被奸死的,那在古今中外的战史上,都是例外"(《成人的礼物——儿童节感言》),而"今日谁有愿意到龙华去看桃花的吗?假如去,他就非流血不可"(《春兴》)。

然而,他也看穿了侵略者貌似强大而实则虚弱的本质。"日本兵的不断的上吊,已经透露出一个秘密:厌战情绪在侵略者的士兵中间滋长了"(《反豪语》)。侵略者正处于"世纪末的疯狂"中:

世纪末的悲哀,如今正弥漫在日军的营伍里面。胜利越来越没有把握,生还的希望也越来越渺茫。于是疯狂地追求官能的刺激:强奸,酗酒,劫掠,人变成了兽。消极的,跳水,在竹园子里自缢。因为世界正在他们心里崩溃。(《世纪末的疯狂》)

柯灵从世界反法西斯阵营的立场出发,冷静地指出:敌人的阵营中也有"我们的友人","因反对战争而成群被捕的日本民众,就是和我们站在一条战线上的朋友",并举出日本作家鹿地亘"所采取的立场,是超越于狭隘民族主义的、先进人民的立场"(《敌国的友人》)。而"罪魁祸首,是日本军阀,中日两国千千万万的家庭悲剧,是他们一手制造出来的,只有他们才是天下的罪人"(《慰郭沫若夫人》)。

同时,竭力宣传坚决的、长期的抗战思想:"不要以为沦陷区的民众没有武装,他们有拳头,有牙齿,他们的唾沫也可以汇成洪流"(《"万人口"》);"他们想诱降,我们偏要打;他们想速战速决,我们偏要持久抗战。他们想把泥脚拔出去,我们偏要拖住它,直至胜利而后已"(《反豪语》)。

一些杂文公然揭露傀儡组织、汉奸的卖国言行。在日军的卵翼下,当时有北平的"临时政府"、南京的"华中维新政府",两傀儡北南对台,其辈分、资格比汪精卫汉奸政府还要老。柯灵将之讽作"京华冠盖,济济两堂,据说都是我佛转世,来救下界小民的苦难",且"献"诗四首"颂"之,其中有曰"管急弦繁朱紫陈,南朝北阙两纷纭,任他万口飞星沫,我自登台作贵人……"(《歌得"新天地"》);绍兴民歌唱词中以"台上群玉班,台下都走散"讽刺名不副实的戏班,而"一些过去自以为有点地位名望的人物,在'王道'的卵翼下,说是要'拯民于水火',袍笏登场了,不料上台一看,嘘声四起,情境之惨，不下于群玉班"（《台上的悲哀》）；"用'爱和平者'署名的《东亚和平建议书》"，"写得天花乱坠，恐怕终于是文不对题，漏洞百出，难免使读者掩鼻而过之"（《论做文章》）；而"果报之说，固然失之虚妄"，但是"作恶必受制裁，不要以为'天高皇帝远'，可以永远胡作非为"（《偶然想到》）。

上海出现了第一个傀儡组织：大道市政府。它的第一个公开"动作"是在市内的玉佛寺举行所谓"追荐中日阵亡将士及预祝日军胜利祈祷大会"。因为预先得知，所以也预先备下《玉佛寺传奇》（署笔名"逆民"）一文，在4月6日所谓"大会"开幕的同一天发表。该文别出心裁，取戏剧形式，既是对现实迅速反映的活报剧，又是人鬼同台表演的荒诞剧，还是插科打诨、拳脚飞舞的闹剧，竭尽讽刺、挖苦之能事，角色对白妙语连珠，以一场舞台"闹剧"反击一场卖国"闹剧"。

针对行将"落水"的周作人，前作《苏武与李陵》(1938.1)：对周所言"北居固大难，南来也不易"，及时地提醒"为苏为李，善于自处"！及至见周已显附逆迹象，遂又作《促驾——促周作人先生南下》(1938.10)：记得"他还自比为啮雪海上的苏武，叫我们莫把留北诸人当作李陵看待"，然而"照片赫然，言论俱在"，"许多周先生的友人，曾劝他束装南下，这里我想也来乘机促驾一次"。然则"促驾"无果，周终附逆。

"孤岛"新闻界成分复杂，各有其主张与姿态，犬牙交错。有领日本人津贴的汉奸报，也有英美洋报，挂"洋报"招牌的华文报刊，以及其他爱国、进步的报刊等。而分辨敌、我、友，廓清舆论、以正视听，方于抗日大计有利。他揭露"一张在今日以'不挂洋招牌'自豪，却在暗地里领着侵略者的津贴的小报"，他们"坐在编辑室里，掉掉笔头"，从同胞的惨遇中挖出"香艳"有趣来卖钱，则无异于"人肉贩子"（《人肉贩子》）。又揭发一张号称"自由"的报纸"替神怪影片喝彩,给色情艺术撑腰","然则这何补于中国的自由?这样的做法,倒正是为侵略者所喜的"(《"自由"谈》)。他回击对"洋商报"的非议:"不分皂白,把目前苦心地逃脱钳制、以争取言论自由的报纸,谥为'洋报'",这是一种怪论;并清醒地指出,"勇于斗争是好的,但必须能够洞察是非,明辨敌我,要不然,弄得天下嚣嚣,而真正的敌人,却躲在暗中冷笑,倘不是有意的胡扯,那才是无知的昏蛋"(《"洋报"辩》)。

《世纪风》刊登了叶圣陶的一首旧体诗(《不惜令随焦土焦》,述苏州至重庆一路的流离之苦)、丰子恺的一封短信(《丰子恺由湘抵桂》),随即遭到"扯淡家"恶劣攻击的"唾沫",诬叶、丰为"游玩主义",并株连到柯灵而诬作"行帮主义"。他当即予以反击:有些人"连自己当时的狼狈,眼前的命运,也都忘记得干干净净。但一面偏又激昂,趁风凉,发高论,怪'孤岛'以外的人们的爱国不够积极"(《拭去无知的唾沫》);"目下我们前进透顶、澈底脱空,弄得上不靠天、下不着地的不近人情的舆论家也颇不少"(《拭沫之余》);"丰先生本来不是革命家,但战后呢,由我看来,却是很'积极'的了。虽然不免老朽,不曾上前线杀敌,但已经是一位民族统一战线中的可敬的战士。他勇敢,坚决,乐观,和一切的战斗者一样"(《抗战中的丰子恺先生》);那种"为了自己的安全,对敌人的残暴哑口无言,而独对于自己的战友,则反加以恶毒的污蔑,也不掂掂轻重,贸然加之以'汉奸'一类的恶名,这真是对人性的不可宽恕的戕贼"(《漫笔》)。

在进步阵营内,由于思想观念的分歧,加之掺杂宗派意气,也打笔墨官司。柯灵终于被拖入其中,不得已与"前进作家"进行交锋。"鲁迅风"争论内部解决后,王任叔这方高高兴兴。但对方有些人，特别是《大晚报·剪影》诸公——柯灵不久所称的"四位大将"、"前进作家"，宗派情绪既存，又觉得自己似乎落了"下风"，欲拿柯灵"出气"。一则，柯灵虽没有直接撰文参加争论，但以《世纪风》为王任叔这方提供了阵地；二则，《"自由"谈》一文批评虚假、有害的"自由"言论时，"碰痛"了四位。所以，欲逮个机会，也把柯灵"碰痛"而后痛快。

"前进作家"逮着了一年以前的《斗室漫步》，先算一笔陈年老账。由"四位"中之"一位影评人"充当"先锋"，摆上"总管"身份，作出"前进"姿态，以"俯仰天地，徘徊斗室"的后进罪名，一剑封喉。柯灵随之作《关于〈斗室漫步〉》（1938）一文坦诚地表明：

> 我不是战士：这一点我很有自知之明。在我的笔底，倘使还有些锋芒，那不过是刺猬身上的刺，只用来勉以御敌的；有所控诉，有所抨击，也只是平凡的不甘为奴的呼声，其没有喑恶叱咤之气，可谓理所当然。

同时也点出："现在《大晚报·剪影》上的几位'前进作家'，那时也都还在养晦期间，没有目前这样激昂。"后来在《市楼独唱》一文中则补充"说明"了这位自称"一位影评人"的"光荣的经历"："在淞沪战争行将告一段落之际，曾到离开战线数十里的地方游历过一星期，后来称病返沪，又大写其洋洋洒洒的《从军杂记》，自诩为迎接时代的海燕。"在《新春两愿》一文中又指明："起愤慨于无端，贾公仇于私隙，以为举世滔滔，只有自己是爱国的君子，别人的意见稍有不同，便派作'汉奸'，指为'托派'，甚至捏造事实，妄加诬陷，这已经是毫无人气的行为"，"希望今年的文坛上少几个捏造出来的'汉奸'、'托派'

之类"。

然而意气并未平息,"前进作家"又逮着了新鲜出笼的《武则天》,再一次有意"碰痛"柯灵。1939年3月,柯灵编剧的电影《武则天》上映。他对自己独立完成的第一个电影剧本,本是忐忑不安。此番四公以掌有《大晚报·剪影》之利,围攻而上,冷嘲热讽,一说"读两三本书",二说"拉着袍角上天"。前者嘲笑柯灵只是读了两三本历史书就胡编乱造。后者呢,指柯灵在"鲁迅风"争论中提供了阵地,暗示其目的在于借着王任叔出人头地。较之攻击《斗室漫步》,此次围攻《武则天》显得更加无端、无理,死缠滥打。

柯灵无意与他们纠缠。其实,几年前他与"四员大将"都是"影评小组"的成员,共事一时。7月,《横眉集》出版时,他有意把几篇易于引起"碰痛"的作品剔除,因为"它们都曾闯过祸,引得《大晚报·剪影》诸公,由四位大将联名,摆成阵势,排日对我猛攻"(《〈市楼独唱〉前记》,1940)。8月,《夜光》编辑朱惺公被暗杀,他以《我要控诉》发出怒吼。既愤慨汪伪的卖国和对爱国同胞的残杀,也愤慨新闻界以沉默对待惨死的同行,"敬爱的先生,你们何所为而沉默?尤其是平时慷慨激昂的副刊,《剪影》和《浪花》上动辄骂人为'汪精卫'、比人以'张伯伦'的前进作家哪里去了?"

一波未平,一波又起。自己的营垒里又向他放来一冷箭。《文汇报》停刊后,柯灵一时失业,外间却在悄悄地谣传他"落水"的消息,而他则毫不知晓。郑振铎遂以"糊涂"一词责怪之,柯灵甚感迷惑。郑氏直言,"有人"传他在《文汇报》停刊后加入了汉奸报纸《平报》,"落水"了。此真乃飞来横祸。柯灵闻之既愤怒,愤怒"有人"诬他为汉奸,置他于死地;又感激,感激前辈直言相告。若不是郑氏直言,柯灵身遭冤屈，还蒙在鼓里呢。柯灵告之：《平报》在福州路的社址原为《文汇报》的发行部，实际上《文汇报》停刊后已把房子退还，自己与《平报》绝无半点关系。"落水"之说何出？郑氏又直言相告那个"有人"的名字。柯灵闻之，大吃一惊。五十年后，他如是说：

> 这消息是一位著名的党员作家传布的。他是一位好党员，为人正直，斗争性强，和我交往不少，也常给《世纪风》写稿，但"左"得可怕。有些党员或左翼作家有个通病：自以为有了马克思主义的先进立场，充满"唯我独革"的优越感，对党外作家，又常怀着宗派情绪。这种作风，对党的事业和文艺事业都极为不利。这位党员作家也不知从哪里得到我当汉奸的消息，竟贸然相信了。这件事曾使我很愤慨……（《给傅葆石的信》，1988）

1940年，柯灵的第一部个人杂文集《市楼独唱》出版，属"北社"出版的"杂文丛书"之一种。"北社"是党的出版机构，党员、杂文作家陆象贤（笔名"列车"）是主持人之一。《市楼独唱》收杂文30篇，其中重新收入了曾剔出《横眉集》的几篇有"冲撞"的作品。《〈市楼独唱〉前记》（1940）中说："全集所收，类多写于一九三九年；其中只有极少的几篇，因为内容有些冲撞着几位总管，为息事宁人起见，从《横眉集》里剔出的。现在一并留着，算是我全部的供状"。并说：

> 两年以来，大小总管对于我的鞭打和挤轧，有人至于比我为汪精卫和张伯伦，要我负卖国与妥协之责；这拉扯使我失笑，奇怪他们的头脑为什么那么别致，但一面也就

在有些文字里留下了牢骚。中国诚然是"把人不当人"的地方，随便指人为汉奸国贼，都不算希奇，也不必负责。……我们同一营垒的人物，直到今天，对于不大投机的战友，还在耍着祖传的含血喷人的把戏，捏造些事实，暗暗的散布开去，有时简直说得眉飞色舞，凿凿有据，使被污者大倒其霉；仿佛这也可以增加他们的光荣与骄傲。但我看这种行为，倒是不但有害抗战，且大背于为人的道德——无论新旧——的。

杂文集《市楼独唱》出版，成为他日后身陷日军魔窟的"导火线"，这是后话。出版之初很受欢迎，不久便再版。因为《〈市楼独唱〉前记》一文于杂文集出版前先予发表，其所言"大小总管"云云，又引得一番声讨。于是柯灵在《〈市楼独唱〉再版记》(1940)中予以"回应"，并轻点了一下"名"：

> 我得印这本小书，也曾经惹人不快，"前记"发表，有人还没有看见书，就对我下了声讨，指这些文字为"私人争执"，而印书的目的，据说是"打算发财"，所以我反而极愿意它多几个读者，增几文版税，以加重他们的不快。——这里我还是直说了吧：以上云云，是专指《大晚报·剪影》的栖桦和叶蒂先生而说的，免得他们又说我"放冷箭"。

五十年后，在《给傅葆石的信》(1987)中，对1939年的这场笔墨官司，最后是这样说：

> 我的杂文集里常有些笔墨官司，其性质属于"左翼"或

进步文艺界的内部矛盾。其后景可以追溯到"鲁迅风"的争论。我没有参加这场论争,但《世纪风》是争论的主要场地,这就招致了误会,我受攻击,大抵与此有关。我常提起的"《大晚报·剪影》诸公",幼稚而奇"左",彼此观点不同,是我对他们不敬的主要原因。这些事早已过去,历史只当它历史,我看可以不必深究了。

六 《市楼独唱》《晦明》

1939年,以《市楼独唱》为代表的杂文写作势头依然强劲,承接了抗战以来反侵略反投降为中心的主题和内容。《魂兮归去》《防与纵》暴露日寇的野蛮、残暴和失败。《谁在撒谎》《妙对》《自己的印象》《我要控诉》《铁像》《文人与妓女》《脸谱两种》,揭露汪伪的卖国、欺骗、暗杀等无耻、丑恶的行为。《无声的上海》《烽火两年——纪念"八·一三"两周年》《为了祖国》则鼓动呐喊,表现抵抗、胜利的决心。尤其是《米》《对照》,作为与"孤岛"的对照,前者赞扬"江南游击区"的人民"白天拿着锄头耕田,一到黑夜,就捐起枪支杀敌",后者指出"延安"在审决黄克功案件上的"光明磊落"。

同时兼及社会批评。《还是需要讽刺》《如此上海》《血泊》《自杀并志》《哀悯》《女性》《"四骑士"与"三剑客"》,批评种种社会弊病,诸如小市民贪图私利成风、商人大发国难财、弱者的生存生命被漠视、女性备受歧视、色情文化大肆流行。《"弑父案"》《再谈"弑父案"》《略论"情杀案"》《又论"情杀案"》,对案件进行社会分析,并论及人道主义、法律等问题。《观世偶得》《市侩主义》《"代邮"》《风流末日》《从孔乙己说开去》批评文化界、新闻界的流弊，诸如花钱买文名、贪利忘义、粉饰太平、窃文卖钱。

又进行思想、文化批评。《药》批评顽固的迷信愚昧，《中国的传统——双十节有感》则批评传统的保守性，但又看到传统正在革命、战争的过程中得到良性改造。《辨矫枉过正》《唱老调》，前者主张矫枉过正以纠守旧，后者惊醒对现实的麻木。《幻想太大》》《鬼混哲学》，前者指出"幻想"常在现实面前碰壁，后者则暴露"鬼混"之道实是图谋个人私利。

《市楼独唱》是8月10日至30日之间写成的、八篇为一组的杂文，也是1940年11月出版的杂文集《市楼独唱》的首篇。同时，把题名《市楼独唱》作为个人第一个杂文集的集名，也表示这组杂文的代表性。

开篇《一、独唱开场》（原题是《题内的话》），表明一个"独唱"者在当时的一种心情和歌唱行为："身处'孤岛'，心关祖国，虽然'可怜'，却非伪饰"；那些在"斗室"写成的东西"只是一个大时代的小人物的微息"，但"多少从这里听见一点现实的足音"。组文有的暴露社会的污浊：上海的无线电播音无休无息地播唱"怪声怪气"的靡靡之音（《二、闻歌有感》）；夜间街头可见奄奄一息的"断腿"乞丐、充满小市民怀旧心理和商人心计的"邑庙市场"（《六、散步小记》）。有的愤慨于可耻的人事："西崽"尽现奴才意识，而奴才意识种植到"政客"的心里，那么"就要忘记国籍，拜敌人为干爷，自己是中国人，却说得中国毫无希望"（《三、西崽世界》）；"一些前进的影评人""动辄咎人，诬为蟊贼"的病态"高论"（《七、高论一例》）；有人"'落水'一回，赶紧爬起"，由此还得以在国民政府里升官发财（《八、佳话拾零》）。也表达自己的内心震动：虽然"并不赞成儿童上前线的"，然而这事使"心灵受着猛烈无比的摇撼"（《四、少年中国》);与黄包车夫生出误会,从而深挖出"彼此地位不同,灵魂就有隔阂"的道理(《五、坐车偶感》)。

在艺术上,组文《市楼独唱》一方面继承鲁迅杂文的善于勾勒世相,注重形象性;另一方面,发展一种感性化、抒情化的散文倾向,形成了"抒感性杂文"风格。特有的感性化,听无线电播音、观奴才相、散步、坐车、读报,触摸毛茸茸的现实;特有的抒情化,烦躁、摇撼、隔阂、沉重、愤慨,融合进感受、感情。

在"鲁迅风"派作家中,唐弢、柯灵的杂文皆融入"抒感性",但两者不同。在唐弢,并不总是剑拔弩张,不时流露出感情,注意布置境界,于百忙中插入闲笔。柯灵呢,委婉舒缓的倾诉多于直接激昂的呐喊,刻画人物、事件的形象和情态,平和舒展中蕴含着深沉尖刻,文笔清秀潇洒。比之于唐弢,有更多的抒感性意境和韵致。散文的艺术因子,于有意、无意间自然地渗透到杂文中,乃至成就了柯灵杂文的艺术风格。当时柯灵正是处在一种"一手写杂文,一手写散文"的创作状态中,两种文体间互有影响和交错。有人评价柯灵是"杂文散文化,散文小说化"(《应是屐齿印苍苔》,1983)。

1940年后,柯灵的杂文写作渐趋减少。1941年底"太平洋战争"爆发后,几乎停顿。究其原因,首先,当时日、汪对抗日、进步文艺的封锁日严,对新闻界人士的暗杀事件频起。这是主要的。期间,他上了汪伪政府的通缉黑名单,甚至两次被日本宪兵队抓捕入狱,其中一次受到严刑拷打。其次,工作上编务繁忙,先后编辑《大美报》副刊《浅草》兼编本埠新闻版、《大美晚报》要闻版兼编国际版、《正言报》副刊《草原》,特别是综合性文艺月刊《万象》。再次,写作方向偏于电影(二部)、话剧(三部)剧本。

期间有些杂文还是值得关注。1940年发表于《浅草》上的《色》《伥》二文,活画了汪精卫的卖国相。1941年的《踏》《魇》反对国民党政府"贬踏"鲁迅、勾结敌伪反共卖国。《旧调新编》则揭露所谓"民治国"漂亮的画皮下依然是"党治国","昔日希公的知己,却依然是'党国重寄',作风依旧,不过改变了台词,所以'民治'之声,不绝如缕了"。"希公"是希特勒,"知己"指蒋介石。

《神·鬼·人——戏场偶拾》(1940)《从〈目莲记〉说起》(1940)是两篇十分独特的杂文,话题同为绍兴地方戏,又谈得细致、有趣,很可以被看作是绍兴地方"戏考",或绍兴地方风俗"考"。《神·鬼·人》(署笔名"庄濡")从绍兴丰富的地方戏中拾取了"神"、"鬼"、"人"三种戏。

神戏"关于土地"。土地在绍兴戏——不是上海的"越剧",而是当地称作"乱弹班"的一种戏——里,其表演与众不同。在绍兴,土生土长的绍兴戏称作"绍兴大班"(又称"绍班")。有文班与武班,文班叫高调班(又叫高腔),武班就叫乱弹班。柯灵以为"乱弹班"里的土地形象不佳:一呼而至,驱遣使唤,无不从命。只是办一些小差,如驱逐小鬼、看管犯人之类。要不就在惹事的王孙于公堂受罚时,代替去被打屁股。还有,扮演土地角色的尽遣非专职戏子的"大橹班长"——其本职工作原是掌橹摇船——之流。这是民间社会里神的堕落的故事版本。

鬼戏"关于女吊"。女吊因为有鲁迅一句"一个带复仇性的、比别的一切鬼魂更美、更强的鬼魂"的语出惊人的评价、赞赏,从而为世人所尽知。柯灵却以为女吊在戏台上实在更加动人心魄:

最刺目的,几乎可以说是对于视觉的突击的,是女吊的色彩。如果用绘画,那么全体构成的颜色只有三种:大红、黑和白,作着强烈的反射。红衫、白裙、黑背心,蓬松的披发,僵白的脸,黑脸、朱唇,眼梢、口角和鼻孔,都挂着鲜红的血痕。

她冷峻、锋厉,真所谓"如中疯魔",满脸都是杀气。然而从另一方面看,也因此显得庄严和正大,不像世间的有些"人面东西",一面孔正经,却藏着一肚皮邪念;或者猥琐而狎昵,专门在背后喊喊喳喳,鬼鬼祟祟。

而女吊也会开玩笑的一面就鲜为人知了。有一出戏中,说花花公子抢亲,女吊看不过,就代替新娘入了洞房,结果把个公子吓得不成人样。于是台下痛快地拍掌、大笑,一点不觉得女吊的可怕。这是民间社会里鬼的升华的故事版本。

人戏"关于拳教师",演的是一种聪明绝顶的奴才。原本会几下拳脚,流落江湖卖艺糊口。谁知遇上了眼瞎的公子,于是进府充当教席,从地上爬到了天上。吃香喝辣的不说,还有丫鬟伺候。他们专工拍马,兼擅吹牛,哄着唬着公子。为什么是"聪明绝顶"的奴才?公子看中了人家的小姐,家丁要去抢,教师却总是献计去骗。无忠仆之可怜,也无家奴之可恶。主子面前最得宠信,在看客眼里也最容易邀原谅。大约柯灵对这戏十分喜欢,印象也深刻,所以用原版的绍兴方言引了"拳教师"两段长长的、幽默至极的独白。这是民间社会里人的无耻的故事版本。

说的是戏,然而戏如人生,人生如戏。所以《神·鬼·人》还是杂文,还是讽刺。只是用了暗讽、暗喻的手法,讽两种奴才,喻一类反抗者,构成了隐蔽而深刻的杂文主题。《从〈目连记〉说起》亦如是。取绍兴独有的一种地方戏《目连救母记》(简称《目连记》《目连》)中的刘氏"叛道"说事:行善图酬,不得而"反动"行恶。既批评"时至今日,则无耻之徒,异想天开,连抗战也可以卖钱";又立言规劝:"凡有信仰,是不能计较个人的得失的。"但文中对《目莲记》内容的解说、演出盛况的描绘,无比有趣、精彩,也足以当作地方戏考、风俗考来读:

> 为什么乡下人对《目莲》这样欢迎呢?据习俗:看了可以脱晦气。但如果按事实推究起来,恐怕是因为它亲切的缘故。——那虽然是鬼戏,地狱里的大小鬼物几乎要全体登台,而全剧所写,却都是里巷间的琐事。所有人物,除了傅员外一家,也无非贩夫走卒、引车卖浆者流,跟站在台下的正是一伙。王婆骂鸡,张蛮打爹,哑子背疯婆,大家早就在生活里熟悉的了。即使是鬼物吧,它们嬉笑怒骂,也往往比世间有些俨乎其然的角色更多生人气,连那阴司的无常,也会插科打诨,使观众觉得可亲,跟站在城隍庙里板着面孔的家伙大不相同。恰如一幅立体的风俗画:题材平凡而亲切,描写浅近而生动,又随处撷拾时事,穿插笑料,令观众乐而忘倦。

《雪窗断想》(1940)也是十分独特的一篇。"我"于雪天、窗前生出种种"杂感":飞雪叫人欢喜,然而在城市"连一点雪的洁白也容不下",所以神往、喜欢乡下;梦想围炉清谈、把酒,又想到许多人在寒冷中瑟瑟发抖,或许就此"冻死"。《雪窗断想》批判城市现实,艺术风格独特。杂文起了散文的题目,杂文的"杂感"被散文式的"断想"所取代,以第一人称"我"来进行叙述、抒情和议论,吐露种种变动的内心世界,一切又加强了杂文的散文气息。文中,杂文的尖利和散文的柔和交错混杂。一会儿是柔和把尖利包裹,一会儿又是尖利从柔和中刺出。和《市楼独唱》一样，是"抒感性杂文"、"杂文散文化"的范例之一。

> 我以杂文的形式驱遣愤怒，而以散文的形式抒发忧郁。
> （《供状——〈晦明代序〉代序》，1941）

这是柯灵自我描述、评价抗战时期创作的一句重要的话。既是内心情感被长期压抑后的总爆发，也是散文和杂文写作的一个宣言。他一边写"愤怒"的杂文，一边写"忧郁"的散文，从两个壕沟出击、战斗。他的散文创作，依然保持着"水乡记忆"、"城市印象"的感应敏捷细微、情感葱茏浓郁的特色，于今却不可避免地增添了一层血雨腥风的战争色彩，走向了一种新的"政治抒情散文"。

《回到莽原》《死城》（又作《独语》）《长街》（又作《踯躅》《流民图》）诞生于淞沪战争的炮火硝烟里。如《回到莽原》中，引人注目的是通常在散文中不常见的一股"抗战"的政治气息：日军飞机残酷地轰炸和恶魔室伏高信无耻的战争宿命论，"要使历史逆转，把人类赶回莽原去"；而中国人民在每一个城市、每一片田野里都发出了"全面抗战，坚持到底"的吼声，海外进步的文化力量给了我们道义上的同情和声援，"中国，正在用肉酱壅着泥土，用血液作为肥料，为人类培养自由和平的花朵"。抒情的笔法和语气则加强了散文的政治气息。《读画记——介绍〈日寇暴行实录〉》（1938）则采用了小说化的细节写真手法：

> 人间竟有这样野蛮的现象：我们无辜的同胞，质朴谨愿的面貌证明他们是普通的劳苦大众，却被迫跪在地下，身后围着敌国的"武士"，一个举起刀就要劈下，脸上显着得意的神色，旁边的几个咧着嘴嬉笑，像是得到了无上的满足和

欢乐。一群中国的壮丁被捆缚着推下泥坑，把活鲜鲜的生命埋葬。你看看那些受难者的悲愤、恐怖与痛苦的神情，你的神经就会被撕得粉碎。

战争硝烟还未散尽，孤岛便重现往日的一片歌舞升平的景象了。女士们去游览用电影布景搭出的"西湖"，竟还有许多善男信女到那假景上的"灵隐寺"去进香（《西湖的风》）。筵席桌上堆满了山珍海味，又有一个个羞涩的少女来陪酒伴筵，有人居然说"这也是救济难民"（《筵前》）。

柯灵深入"沪西"，写下两篇特写式散文。上海沦陷使百业凋零，却使赌博业在这罪恶的沃土上开花。沪西一带，赌窟一家连一家，灯光如昼，人声鼎沸。牌九、押宝、大小门……赌具赌法齐全。香烟、点心、水果、鸦片、女人……都大方招待。赌客——那些糊涂的聪明人、吝啬的慷慨者、稳重的浮躁鬼，最终都免不了"逃亡、下狱、服毒、投江……"（《罪恶之花》，又作《在沪西》）沪西是越界筑路区域，以半租界的性质存在。上海沦陷后，侵略者的魔爪就伸向了沪西，妄图直接影响租界。其时上海流行一个新名词"歹土"，专指沪西。歹土"在魔爪的统治下"，除了叫人闻之丧胆的"七十六号"外，还有"特务队"、"反共特工自卫团"、"绥靖军"、"和平同盟军"、"反共义勇队"等武装组织。除了赌，又有黄。戏院、游乐场、俱乐部里，女人体让"罪恶开着妖艳的花"。黄之外，还有毒。烟行、白面馆、燕子巢林立。"这就是沪西，一切光怪陆离的现象的汇集所"（《魔鬼的天堂》）。

他以忧郁的心情记下了孤岛上光怪陆离的人和事。同时，心里的忧郁也越积越厚，以至于逐渐地进入了一种哈姆雷特式的生存冥想！一种浮士德式的自我追问！《窗下》《行程》《凭栏》（又作《凭吊》《雨街小景》《逆旅》《浮尘》《晦明》《供状》等记录他这段内心生活历程。"政治抒情散文"又一变而为"哲理抒情散文"。

他在"窗下"望着无云的天，探索宇宙的奥秘。设想没有太阳的世界，将是怎样的世界呢！他想到，人生的路这么漫长，还有许多崎岖和忽然袭来的风雨，我们凭什么支持这辛苦的"行程"？虚无主义者视人生如游戏，而以人间为"逆旅"。他怅怅的"凭栏"兀立，望着黑沉沉的苏州河浮想联翩。而一幅幅悒郁的"雨街小景"，使他不由记起了故乡的乌篷船和船头汩汩的流水声。

在这些散文中，哲学冥想和现实关注共存。他一方面随哲学飞升，另一方面现实又把他拖回到地上。他不能避开"窗下"苦难不幸的奴隶，战士的斗争"行程"，苏州河的悲愤和四行仓库的仇恨，醉生梦死的"逆旅"，和那幅少年被迫寻死的"雨街小景"。《浮尘》里又不断地向哲学的高处飞升。他问：什么是生活的"美丑"？什么是山水的"秘密"？什么是人性的"执着"？

> 生活是一个猥琐的尘海，从丑恶到丑恶，一波接着一波，人辛苦地浮沉其间，却把心灵向着遥远的世界。他们从梦乱中追求和谐，从灰颓中追求绚烂，从腥臭中追求芳醇，从平凡中追求奇迹。（《美丑》）

> 我爱水甚于爱山。山有它不可逼视的森严，面对着重叠的峰嶂，险巇峭拔之感往往使人屏息。而水却不然。烟波无际，天水相接，固然旷阔可观，一湾浅溪的明净，也使人感到宁静与亲切。（《秘密》）

凡有所爱，有所执着，它们都足以使人颠倒，以生命相角逐，有如殉道者，只要有努力的鹄的，牺牲也就是收获，人们将毫不犹豫地迎取。(《执着》)

《晦明——一个新闻记者的手札》(1940)里，写及自己在现实中挣扎。他在"斗室"里度过一个个"昼夜"：白天睡觉，晚上工作，晨昏颠倒。"灯下"，他机器一般地编稿，像在看一个装着战争、投机、暗杀等各种画面的、变化的万花筒。天亮后向窗外望去，黄浦江、外滩的"江边之晨"里，走动着疲惫的舞女、辛苦的小贩和不知如何生存的战争逃难者。

1939年7月，上海世界书局出版"大时代文艺丛书"之一的《松涛集》(诗文合集)，内收柯灵散文《闸》《逆旅》《苏州拾梦记》等九篇。1941年9月，柯灵搜集抗战以来的散文出版了集子《晦明》(上海文化生活出版社)。此后几乎停止了散文写作。《供状——〈晦明代序〉代序》(1941)还是一篇散文，对这个时期的内心矛盾作了告白，而自我解剖极严，让我们想起《浮士德》中那段著名的、关于"人的两种精神"的诗。文中说道：

我的生命里充满矛盾。梦和现实相纠结，知与情永远扞格，理想向我热心地招手，叫我高翔，不长进的性习却以琐屑的生活为武器，死命拖住我不放。我只好双脚陷在泥里，仰着脖子向蓝天呆望，朝星星出神。矛盾，这制造悲剧的专家！它替我不断地酝酿烦扰与痛苦，使我的心难得有机会平衡。

他们的精神把我往高处吸，往深处引。感谢他们，使我有了挣扎的勇气，没有在苦闷的海里灭顶。但也正因为这样，恰如给了我一面莹澈的穿衣镜，站在它面前，分明照出了我的瘦怯和惶惑。多泄气，我偷看自己一眼，再没有勇气抬头。

"他们"，镇定沉着，结实勇敢，热情而且冷静，顽强然而从容，如高山，如流水。"他们"是民族的脊梁，其中有柯灵所熟知的一些先辈和友人，夏衍、郑振铎、夏丏尊、许广平、王任叔、阿英……

七 《武则天》《乱世风光》、"上职"

"八·一三"的炮火一停，"孤岛"电影业便如雨后春笋般的重现生机。新华、艺华等影业公司率先恢复拍片。国华、华新、华成、金星、光明、国华等电影制片公司相继成立。《亚洲影讯》《电影周刊》《电影世界》等电影杂志先后创刊。沪光大戏院（爱多亚路，今延安东路725号，后改名沪光电影院）、金门大戏院（福煦路，今延安中路555号，后改名儿童艺术剧场）、平安大戏院（静安寺路，今南京西路1193号，后改名平安电影院）、泰山大戏院（东新民路115号，后改名泰山电影院）、美琪大戏院（戈登路，今江宁路66号，后改名美琪电影院）纷纷开业迎客。"孤岛"上延续着中国电影30年代的繁荣。

柯灵能够成为一名出色的电影剧作家、评论家，在一个方面，是时代给他的一份馈赠和运气。从30年代初期进入影界，写评论、执笔集体创作的剧本，到30年代后期独立编写电影剧本《武则天》，以及40年代初的《乱世风光》《浪子行》，也似乎是顺着个人艺术创作发展的路在行走。然而，他的独立编剧是朋友"逼"出来的，想不到的是"逼"出了一名未来的电影剧作家。

1938年夏,原联华厂厂长陆洁忽然来找他,告知新华影片公司计划把"武则天的故事"搬上银幕,请他编剧、方沛霖导演。当时,他正忙于编辑《文汇报·世纪风》,又要写杂文、散文,手头还有《鲁迅全集》的校对工作,所以当场就辞谢了。谁知陆洁又甩出一句"有时间,就替他们编一编吧,弄点编剧费也好"。老陆的"金钱"战术使他心有所动。方沛霖又接连"登门拜访"。他原是画家,当过布景师,便用工笔水彩画了整套的布景设计图,并拿来给柯灵作参考,希望在银幕上再现盛唐宫廷的豪华。

柯灵盛情难却。可是答应了也难:这好比是一篇有关历史的"命题"作文,同时自己又缺乏渊博的历史知识。他搜集、阅读了一些资料:新旧《唐书》,有关武则天的稗史、小说,以及《中国女性文学史》等。一年前,他曾看过宋之的的话剧《武则天》的演出,于是找来剧本研究,获益匪浅:首先,宋之的已经从历史人事的乱麻里理清了头绪;其次,更重要的是宋之的有意识地在探索一种美学思想:不在意表达武则天一生的政绩得失,而刻画这个唐代怪杰聪明、刚毅和倔强的性格,进一步表现一个女性在传统的男性中心社会的反抗与挣扎。与几年前执笔集体创作的、"分场提纲"式的电影剧本《有妇之夫》不同,他将独立完成一部"夏衍"式的电影剧本:既供导演、演员拍摄之用,又可供文学阅读。这是一个他过去没有进入过的、需要去探索的艺术领域。

怎样把握武则天的性格?在史料和传说中,武则天被描述为一个残暴阴险、淫荡无比的女人。然而他发出一连串的问:武则天被唐太宗选入后宫时,仅仅是一个普通的才人,后来为什么能够摆脱老死椒房的悲惨命运?为什么她能够在佳丽如云的宫中独占君王的恩宠，并且一脚踢开自古以来对女性根深蒂固的成见和压力，登上女皇的宝座？这种奇迹是如何出现的？是她的雄才大略？改革社会的理想？还是政治野心？他要凭借自己的分析和想像力，去塑造一个不随大流的、具有艺术性的同时又能让观众接受的武则天。

他从人的本性出发去把握武则天的性格：倔强，美，机警，有才干，有手段，是主要的一面；因为在压迫和冷淡的环境中长期生活，对人世仿佛有无尽的宿恨，以致睚眦必报，敢做别人不敢做的事，近乎变态，是变化、发展的一面。为了突出女主人公桀骜不驯的性格色彩，又在她周围设计了一群的庸碌平凡的角色：糊涂好色的皇帝，善妒而懦怯的皇后，看天子脸色行事的逸臣酷吏，顽固迂执的封建卫道士，他们是一群卑污可笑的政治渣滓。

柯灵意识到，历史剧难在如何把握好"历史"和"剧"的关系。他要尊重历史，在历史的基础上进行艺术虚构。如何使零落散乱的史料，经过取舍剪裁，将五六十年间断续繁复的人事演变连缀成情节，是结构上的难题。武则天十四岁时被唐太宗召为才人，赐号武媚。太宗患病，她与太子李治有染。太宗驾崩，她入感业寺为尼，法号明空。这段情节他采用易卜生在戏剧进行中加以补叙交代的"追溯法"来完成。不仅压缩了剧情年代的长度，使之相对集中，而且也使剧情从一开始就进入紧张的高潮，女主人公的性格得以显现。

主要情节分三步叙述：夺取政权、巩固政权和丧失政权，围绕着武则天与政权的关系来表现性格。剧本从高宗李治即位，武则天被重召入宫、册封昭仪写起。她植党羽、施计谋，终获诰封皇后参与朝政。高宗死后中宗李哲继位，因政见不合，她罢黜中宗并贬往房州。这是第一步。第二步，武则天临朝称帝，并改国号为周。她用示恩使惠的手段以征服反对者,用改善政制的策略来争取不稳的民心,从而巩固了自己的权力。第三步,武则天的统治达到登峰造极之后走下坡路。她重用宠臣、滥杀无辜,又荒淫无度,最后众叛亲离。朝臣乘机迎中宗还朝,武则天退位,恢复唐王朝。

柯灵是一个主张电影走现实主义道路的影评家,反对纯粹娱乐化、商业化和在银幕上渲染虚幻、色情的生活。"孤岛"的影业看上去一片繁荣,其实一团乌烟瘴气,古装、神怪、武侠充斥,使人目迷五色。他一边写,一边疑惑不断:莫非自己也要加入到那一团乌烟瘴气中去?新华公司投拍《武则天》,其商业意图十分明确。而他又无意把剧本写成"宫闱秘史",渲染女皇的荒淫生活。按下葫芦浮起瓢,要兼顾方方面面,这笔编剧费赚得好辛苦。

他决定他的《武则天》要表现一种积极的思想意义,方沛霖也完全赞同。他从阿英的历史剧中获得了启示:"孤岛"时期,剧作家既要回避现实,又要面对现实,可以利用历史,借古人的酒杯,浇自己的块垒。由此,他确定剧本要表现"一个封建时代被压迫的女性对历史的反抗和报复,隐藏着对侵略者复仇的寓意,当然是非常隐晦的"(《影事怀旧录·关于〈武则天〉》,1995)。尽管是非常隐晦的,但要表现"对侵略者复仇的寓意",在这个历史剧规定的人物、情景中却不易实现。于是他设法在剧中安排了一支插曲,其中有"歼尽仇雠,扫荡敌寇"等几句歌词,来为剧本的思想点题。而恰恰就是这几句歌词,在影片送至日军检查机构时遭到非难,这支插曲只好作通篇修改。

从性格、情节到主题,柯灵通过银幕完成了一篇为武则天"翻案"的文章,虽然不是学术意义上的。电影在拍摄中,他心里却惴惴不安,遗憾和检讨起自己的电影"处女作"来:"最大的缺点,是武则天的骄横狠毒显得过于刺目,而背景的黑暗只是模糊一片。"(《关于〈武则天〉》,1939)还有,如果有朋友问起:在"孤岛"写下这样一个剧本,究竟能起什么作用呢?里面有百分之几的国防意义?对此,因为"孤岛"连"歼尽仇雠,扫荡敌寇"都不容,他将无言以对。

新华影业公司成立于1934年,由张善琨创办。上海三大公司在"八·一三"的炮火中先后关门,电影业陷于瘫痪,新华乘机崛起,又先后设立华新、华成两家公司。不久三家影业公司又合并,组成中国联合影业公司,简称"国联"。张善琨颇有电影市场眼光,他瞄上了两个历史题材,并确定编剧人选:由华成拍《木兰从军》,请欧阳予倩编剧,新华拍《武则天》,柯灵编剧,同时开工作业。决定拍摄影片《武则天》,是因为不久前话剧《武则天》在卡尔登大戏院上演时场场爆满。张善琨看到了其中的商机,遂让陆洁出面请柯灵来编剧。

影片的演员阵容强大。武则天由顾兰君饰演。她从"明星"起步,拍过《姊妹花》《上海二十四小时》等片。到"新华"首拍大型古装片《貂蝉》,把一个古代美女表演得楚楚动人,圈内赞她是30年代电影界的"后起之秀",影迷则送她一个"金鱼美人"的外号。演武则天的难度,在于从青年到老年的外表形象变化大,而从才人、宠妃到女皇的内心发展要有层次。顾兰君借鉴演貂蝉时表现外表、内心双重美感的演法,出色地把握了古典美人和一代女皇的形象。

1939年2月,值沪光大戏院开业之机,华成推出《木兰从军》的首映,随之创下了在一个戏院连映八十五天的记录,成为"孤岛"时期最为走红的古装片。借《木兰从军》东风,3月,新华的《武则天》在大上海大戏院上映,虽不及《木兰从军》的风头,也十分叫座。其时古装片泛滥,像《木兰从军》《武则天》

这样着意借古喻今、不同程度寄寓爱国情怀的影片，属凤毛麟角。

《武则天》的电影剧本当时没有保留。柯灵后来的另一部电影《夜店》的剧本也遗失，幸好影片的拷贝还在。中国电影出版社根据影片记录下台本，再整理成电影剧本，收入1980年出版的《柯灵电影剧本选集》。那么，《武则天》的剧本为何没有如法制作？其实《武则天》的影片拷贝还在，但很可能当时不知道。2003年电影《武则天》的碟片作为"早期中国电影经典"系列之一出版发行，封套上印有"编剧：柯灵"。

《武则天》的上演成功使柯灵很高兴，他的一条新的、电影剧作家的道路打开了。然而令他万万没有想到的是报纸上两篇嘲讽、贬损他和电影《武则天》的文章。说什么"读两三本书"就胡编乱造。他不是受不得批评，向来做人也低调。但批评文章显然别有用心。

周剑云对电影事业很执著。"明星"关门后，他一直心存东山再起之意，无奈资金短缺。后终于找到一家南洋影院商作为合资方，于1940年6月成立金星影片公司，由他来主持。公司办起一个戏剧电影训练班，招入谢晋、欧阳莎菲、葛香亭、丁里、裘萍等电影新人予以培养。同时，周剑云亲自登门，力邀柯灵担任编剧部主任。既是因为在"明星"时彼此的了解和交情，也是赏识柯灵的《武则天》和他的编剧才华。但柯灵正忙于《大美晚报》"要闻版"的编务，且处境危险。周剑云答应：不必去公司上班，派人把剧本送上门来。

两人对当前影业作了分析，认为"金星"应当继承"明星二厂"的传统，拍摄类似《十字街头》《马路天使》那样的现实主义影片。现今还需要能够鼓舞人们的爱国热情，担起时代的责任来。柯灵提出了一个大胆的想法：拍摄一部反映"孤岛"生活的影片。因为政治上敏感,这类题材至今没有一家公司敢拍,一旦触怒敌伪就会引出麻烦,人财两失。周剑云却豪气万丈,叫柯灵赶快把剧本写出来:柯灵敢写,周剑云就敢拍。这部酝酿中的新片就是《乱世风光》,于1941年完成编剧、拍摄。

较之于《武则天》的颇为零散、陌生的历史题材,柯灵将要写的是一部自己熟悉的、有许多真切感受的现实题材影片。他是三年多来"孤岛"现实生活的亲历者、见证人,题材、主题都烂熟于心,所要顾忌的是"孤岛"险恶的写作环境。他为《乱世风光》制定一个迂回、隐蔽的写作策略:"侧面暴露侵略战争的罪恶,正面描写战争给人民带来的苦难,同时反映出'孤岛'上海的畸形繁荣,一面是花天酒地,一面是饥寒交迫,也有人为抗战中的祖国默默地工作。"(《影事怀旧录·关于〈乱世风光〉》,1995)

"序景"写得十分简捷、精彩。劫火熊熊中出现片名《乱世风光》,伴着画外苍老的声音:"这是一支乱世的插曲,一个平凡的故事。"画面中出现一张知识分子小家庭的"合家欢":孙伯修,妻子凌翠岚,爱女小翠。一声巨响,"合家欢"骤然分裂为二。这是一个象征性的"序景",暗示了乱世中一个小家庭的悲惨命运,"侧面暴露侵略战争的罪恶"。采用"镜头——画面"的叙事方式,说明柯灵对电影编剧艺术已有纯熟的掌握。

故事以平铺直叙来"正面描写战争给人民带来的苦难"。一家三口在往上海的逃难路上失散。翠岚母女线索:她们到上海投亲不遇,成了流民,相依为命。翠岚几番找工作无着,经济、生活状况日益恶化。及至小翠生病缺钱,翠岚不得已牺牲自己,向洋场恶少、乐丰银行副经理钱士杰出卖色相。伯修线索:他在路上搭识了富婆叶菲菲。由此逢迎钻营,投机金融,当上了乐丰银行经理。两条线索以钱士杰为纽带得以相交:三年后的一天,伯修、翠岚在交际场合意外相遇，但难以相认，夫妻竟成路人。两线索相交后又分开。翠岚心力交瘁，让小翠离开污浊的上海到乡村去后，自己投江而亡。伯修金融投机失败，被叶菲菲抛弃。在一夜狂饮、狂赌后爬上高楼屋顶，将大把大把的钞票向下面的街道撒去，显然疯了。

结局是悲惨的一死一疯，而追根溯源，观众不难想到侵略战争的罪恶。尾声，只有小翠和同学们迎着晨光，整装出发。他们唱起了歌："我们是年轻的一代，我们是人类的栋梁……我们要战胜苦难，建造地上的天堂。"构思和表现上与"序景"相呼应，象征意味的一笔，通过年轻的一代暗示了祖国、民族和人类的希望。这并非俗套地给全剧留一个光明的尾巴，而是来自于柯灵心灵深处的信念和希望。

伯修、翠岚是悲剧式的人物。伯修原是本分的知识分子，战争、逃难和十里洋场扭曲了他的人生和灵魂，也是咎由自取。但重见翠岚时，显见良心尚未完全泯灭，请求原谅。愧对妻女，也是致疯原因之一。翠岚的悲剧性很强。她是优裕的良家妇女，战乱使她受尽了物质和精神生活的种种苦难。尤其是精神上，被逼出卖色相，丈夫不忠，女儿弃家而去。但她身上有闪光的品质。既有传统女性的忍辱负重和自我牺牲精神，又有新女性的一份坚强。她原谅伯修，但坚决地说"别碰我"，并要伯修答应别找小翠。最后她割舍情感，同意小翠离开污浊的城市到乡村去。小翠年轻而单纯，所以她不能理解母亲的处境和苦衷，在理想遭到现实轰击时显出一些悲剧气氛。三个人物形象或浓或淡的悲剧意味，都是战争的阴暗投影。

若论人物活动的背景，《武则天》较为模糊，《乱世风光》则真实而丰富。有投机家、二房东、妓女、洋场恶少、教书先生、学生、舞女、茶房等的活动。有金融投机、货物囤积、物价飞涨、发国难财、征难民捐、玩弄女人、银行挤兑等的动乱社会环境。有西菜馆、舞厅、赌场、摩登服务社、俱乐部、交易所、大饭店、火车站、街道、弄堂、厢房、亭子间等都市上海的风光。不仅在人物、情节上,而且在背景、细节、道具上,都"反映出'孤岛'上海的畸形繁荣,一面是花天酒地,一面是饥寒交迫"。

《乱世风光》的演职人员大都来自上海剧艺社。京剧名旦于素莲演凌翠岚,当红话剧演员石挥演孙伯修,英子演小翠,还有韩非、张伐、史原、端木兰心等参加演出。导演吴仞之是话剧、电影的两栖导演,曾导演电影《人之初》等,尽显艺术才华。其导演风格严谨、细腻,且在拍摄中实践、探索自己的一套"舞台上运用时空结合的四维空间"的理论。但是动乱的社会环境和匮乏的物质条件,给艺术创造带来了诸多的限制,尤其是拍摄所需的场地场景。实景拍摄过于困难,便改在摄影棚里,布景制作又因陋就简。柯灵对"伯修在高楼屋顶上向下面的街道撒钱"的高潮戏寄予希望:刻画人物的精神崩溃,又表现纸币飞舞、路人疯狂抢夺的撼人大场面。而最终只是在摄影棚里完成,其艺术意图、效果大打折扣。吴导演诚然是"巧妇",但也"难为无米之炊"。

《乱世风光》于11月拍摄完成。"在整个抗战时期,正面描写'孤岛'生活的影片,可能是唯一的一部。"(《影事怀旧录·关于〈乱世风光〉》,1995)影片未及上映,便遭遇日美太平洋战争而束之高阁。1942年5月20日,经过日军几番审查、被剪得面目全非的《乱世风光》在大上海大戏院首映。不久终遭禁映。

影片拍摄期间,这批原属上海剧艺社的人员,于9月跟随大导演黄佐临去筹建成立上海职业剧团。因为拍片关系,周剑云、柯灵和黄佐临得以相识,大有相见恨晚之意。因为筹建中的"上职"人员不齐,黄佐临邀请柯灵加盟,兼职做宣传工作。意想不到，柯灵将由此又打开一条新的、剧作家的道路。黄佐临和柯灵，也将成为话剧和电影艺术的长期合作者、终生的挚友。

柯灵了解、熟悉上海的话剧运动。在抗战前夕，他写了《从"话剧年"说起——为〈上海话剧集团春季联合公演特刊〉作》(1937)一文，为中国的话剧运动把脉：当前剧坛的热闹，与中国深刻的民族危机这一时代背景有很大的关系。而过去，虽说中国话剧运动起步早，步伐却慢。原因呢？最基本的一点，是话剧还没有在广大群众中生根、开花、结果。要完全归咎于观众水平太低，无济于事。问题也在于话剧艺术家本身：

  抱着"孤芳自赏"的态度，在荆棘纵横的剧运长途中，或者踽踽独行，自标高格；或者分门立户，各自为政，其结果自然是力量分散，事倍功半。有个别剧团遇到困难，受到压迫，也不见彼此携手，共谋应付，使受害者陷于孤军作战的困境，这是很可惋惜的。

黄佐临是广州番禺人，是当时唯一受过专业戏剧训练的导演。他于1925年去英国伯明翰大学留学。1929年回国，在天津南开大学开设"萧伯纳研究"、"狄更斯小说"课程。1935年，与金韵之（即丹尼）结婚，后同赴伦敦，先入剑桥大学研究莎士比亚，又转读伦敦戏剧学馆，他学导演，丹尼学表演。他研究斯坦尼斯拉夫斯基戏剧表演体系。在读了布莱希特的推崇中国戏曲的论文《中国戏曲中的陌生化效果》后大受震动，成为他未来致力于话剧民族化的动力。1937年回国后在重庆国立戏剧学校任教。1940年到"孤岛"参加上海剧艺社，导演了《小城故事》等"世态喜剧"。

  时下黄佐临心存一病。为了迎合上海戏剧发展的态势，并出于职业演出的要求,他与吴仞之、姚克等十二人退出"母体"上海剧艺社,另组上海职业剧团。但是,一则上海剧艺社由地下党领导,二则"上职"这批人原为"上剧社"所培养,都是演出骨干。问题在于"退出"、"另组"行为在事先都没有很好地协商、沟通,所以在"上剧社"的很多人看来,黄佐临他们伤害了"母体"。而一些无聊小报据此起哄,煽风点火。黄佐临感到有些压力。同时他正忙于导演曹禺的近作《蜕变》,这将是"上职"的首次公演。

黄佐临一时拿不定主意,遂召集大家讨论。决定"快刀斩乱麻":10月,一并举行"上职"开业和首次公演。柯灵负责两事的宣传,并将集体讨论过的"开幕词"内容执笔形成文字。柯灵擅长写"发刊词"、"献词"一类的文字:简洁、明白。但这份"开幕词"不仅要表明剧团的宗旨,又含有政治表白和团际关系疏通的意图。既要上海剧艺社理解,又不至于触动租界工部局。最后形成一篇三四百字的《试步》(《佐临丹尼天上团圆》,1995),最后两段尤显功夫:

> 在孤岛剧运的源流中,上海职业剧团是一道涓涓的分支,它来自主流,也将追随主流,复归于浩瀚的海洋。
> 当这试步的起点,让我们以跃动的心,伸出热烈的手——期待同情与提挈的手。

"开幕词"宣告"上职"服从地下党的领导,决心跟党的方向走;也表明"上剧社"与"上职"为主从关系,说明"上剧社"的影响在扩大。1941年10月10日,"上职"开业。黄佐临向到场宾客宣读了"开幕词",并于报纸上刊发。与"上剧社"的些许龃龉就此化解,小报的鼓噪也归于沉寂。柯灵刚刚执掌宣传大"印",便立了一功。黄佐临更将他视为知己。

《蜕变》在卡尔登大戏院首演。此剧以抗战时期一家迁往内地的医院为背景,揭露院长、庶务主任等人内外勾结、营私舞弊的种种丑恶现象,理想化地塑造了与之斗争的专员梁公仰、女医生丁大夫两个爱国志士的形象。剧中所表现的"蜕"旧"变"新的主题迎合了时代的需要和人民的愿望。"上职"的首演一炮打响。

柯灵正被汪伪挂在"黑名单"上。他冒着危险,一路上左顾右盼,去卡尔登观看了一场演出。他也被台上、台下的爱国热情感染了,并且明白了怎样才能使话剧运动健康地发展,什么是观众欢迎的剧目和演出。他觉得这一晚的冒险值得,收获很大。

有一天,《蜕变》演至尾声,丹尼饰演的丁大夫奋力喊出"中国中国,你是应该强的"这句台词时,全场的观众热烈响应,共同地大声喊出了爱国口号,剧场沸腾起来了。谢幕以后,观众意犹未尽,继续鼓掌,久久不愿离开剧场。这种情形马上就传到了租界当局的耳朵里。第二天,工部局蛮横地对《蜕变》下达了禁演令。接着"上职"演出了田汉的《阿Q正传》、袁俊的《边城故事》。1941年,太平洋战争爆发。就在日军占领上海租界的那天,"上职"跟随"上剧社"一致行动,毅然决然地宣告解散。

"孤岛"时期结束了。这是柯灵难以忘怀的一个时期。他经历了艰苦、危险环境中的不懈斗争,在编辑和创作道路上都走向了第一个高峰。同时他也得以深入地了解"孤岛"时期的文艺运动:"孤岛"文艺是中国抗战文艺的一个有机的组成部分,具有文学、历史的双重价值。40年后,1981年他在《文学没有真空——〈上海"孤岛"文学回忆录〉小引》中指出"孤岛"文学的意义、特点和形态:

"孤岛"文学是用鲜血和热泪灌溉起来的，它是抗战文学的一枝，却又有自己鲜明的特点。短兵相接、血肉淋漓的斗争，激发起中华民族爱国主义与抗暴精神的高度升华。无论从文学角度看，从历史角度看，这都不是无足轻重的事件。

党是领导核心，进步人民是战斗主力，抗日爱国统一战线是广泛的集合体，文学界（旁及戏剧、电影、新闻、出版）也不例外。斗争呈多角形：对日本侵略者，对汉奸，对妥协投降倾向，对乌烟瘴气、粉饰太平的恶浊氛围，还有抗战阵营的内部矛盾，斗争的锋芒有如辐射。光与暗，红与黑，热与冷，崇高与猥琐，圣洁与卑污，慷慨激昂与陆离光怪，组成一幅对比鲜明、色彩强烈而布局繁复的图画。

文中感到遗憾的是"孤岛"文学还没有得到深入地研究，并指出一种"倒流现象"：外国早就在研究"孤岛"文学且已出成果，我国反而瞠乎其后。所以对上海文学研究所即将出版《上海"孤岛"文学回忆录》（中国社会科学出版社 1980 年版）一事，认为是弥补了缺憾，值得欢迎。一年前，1979 年他曾给上海文学研究所"孤岛"组写过一封信即《关于"孤岛"文学》一文：对该组的工作计划——辑集郑振铎、柳亚子、陈望道、许广平、阿英、王统照、耿济之、王任叔等八人"在'孤岛'"专题的资料——予以充分地肯定，并对每一位作家都作了指导性的分析、评价。

1984 年，陈青生编《"孤岛"作家书信集》出版。柯灵为该书所作的序言中也肯定了这项工作的意义："不但给抗日战争史和文学史提供有用的资料，还给那伟大的时代留下了一幅剪影。"（《致读者书——陈青生编〈"孤岛"作家书信集〉代序》）

1987年，留美生傅葆石在斯坦福大学撰写博士论文，研究"孤岛"上海思想史。他苦于无法得到"孤岛"经历者的亲身见闻来加强论文的思想分析和情景描述。他试着给素不相识的柯灵写信求教。心里则犹疑：一位"名作家"、"大忙人"会理睬一个穷学生吗？想不到两个星期后就收到了柯灵的回信。这不是一封礼节性的回信，长达6页之多。之后，两人隔着大洋往来书信，将近四年之久，这也就是题名为《给傅葆石的信》（1987—1990）一文。柯灵在复信中提供了很多鲜为人知的自传资料和文坛掌故，也充分显示出强烈的正义感，使人重温"孤岛"爱国作家的抵抗精神。同时作为一个备尝艰辛的经历者，一个敏锐多感的散文家，在信中又特别强调要谨慎下笔：在面对日汪的残酷统治所引发的各种道德回应和生活方式，无不"复杂微妙"，曲折多变，绝不是简单化的忠奸二分法可以概括理解的：

> 谈到"降日一类"的人物，名节攸关，建议落笔慎重。忠奸之辨，是原则问题，不能宽贷，但环境复杂，这类人的处境和表现也各自不同，还以实事求是为好。（1987.4.21）

通信中，可以看到一个文化老人对后辈学子的一片古道热肠，对研究的一种科学态度，对历史的一份责任承担。傅葆石在《收获》1992年第5期上发表《收信人的话》一文，述说了两人四年间通信的经过，其中充满着对老人的感激之情。

1992年11月，上海召开"'孤岛'文学研讨会"。柯灵在闭幕式上发言，即《"孤岛"回声——"孤岛"文学研讨会闭幕词》一文。他回顾了50多年前"孤岛"上的腥风血雨、短兵相接的战斗。他特别说到研讨"孤岛"文学绝不是为了给"孤岛"文学争地位。但是：

现代文学史无视上海"孤岛"时期和沦陷时期的文学活动，只能看作是极大的偏狭和无知。

开会的地点在上海作家协会，这里正是上海租界时代的法租界。他曾在脚下的这片土地上战斗过。

《万象》杂志

萬象

六月號

第二年·第十二期

萬象書屋出版·中央書店發行

上海市錢商業同業公會會員

晉成錢莊

晋成钱庄（广告）

人物：
郝思嘉——郝家的大小姐
郝蘇綸——二小姐

飄

即亂世佳人

——本劇根據美國 M. Mitch Wind 改編。排演本劇，

剧本连载《飘》（《万象》）

剧本《夜店》

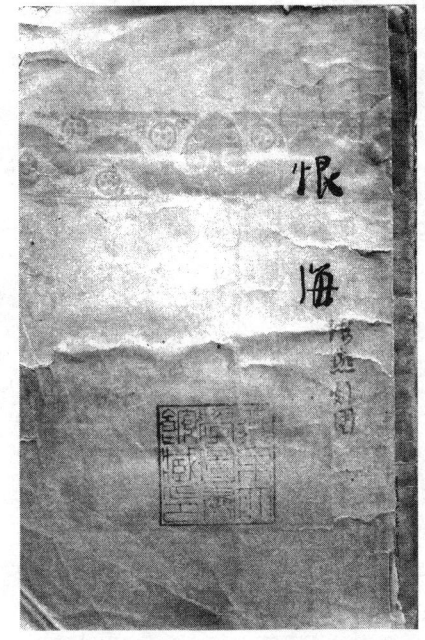

剧本《恨海》

上海全境沦陷

一 "金星"、《浪子行》

1941年12月8日，日军偷袭珍珠港，太平洋战争爆发。上海这边，在凌晨时分，日军的飞机、大炮突然猛烈轰击黄浦江上的美、英军舰。天亮后，日军迅即占领租界，历时4年多的"孤岛"就此消失。上海全境沦陷。

几个月来，柯灵一直居住在《大美晚报》编辑部避险。那天深夜，他在睡梦中被一阵阵的炮声惊醒。办公室里一片忙乱，电话铃声不断。总编张志韩正在给美国领事馆打电话，神情紧张。挂断电话后，他向大家宣布"今天日军偷袭珍珠港，已向美、英宣战"这一惊人的消息。《大美晚报》属美商报系，且抗战以来一直站在中国的一边。此番日、美开战，《大美晚报》凶多吉少。张志韩果断决定：立刻处理掉所有的来信来稿，所有的人员都撤离，一个不留。

黄浦江、外滩的炮声渐停，天已转亮。市民三三两两地来到街头，相互打听消息。柯灵走在街上，算是从面临危险的报社"撤离"了，但是撤到哪里才"安全"呢？他是一个被通缉的人，或许特务正在他的家门口候着。他边走边考虑，决定到"金星"

一避。一则与"金星"老板周剑云关系牢靠；二则他是"金星"编剧部主任；三则"金星"地处朱葆三路（今溪口路，爱多亚路今延安东路与法大马路今金陵东路之间的一条南北走向的很短的马路）。东西向的爱多亚路为租界分界线，北为英美公共租界，南为法租界，朱葆三路在法租界。其时法国已投降德国，法租界实际上属德国控制。而德、意、日三国为"轴心国"，日军不会贸然越界进入法租界。这是上海全境沦陷后，日军铁蹄不能进入的最后一方国人的避难之地。

柯灵匆匆来到离报社不远的朱葆三路。隔着爱多亚路，其北面日军的军用卡车飞驰而过，鬼子兵正在占领公共租界。南面，法租界这边，越南及中国巡捕已拦起一圈圈的铁丝网。

四年前的12月，日军攻陷南京，制造了惨绝人寰的"南京大屠杀"。日军会不会在上海也大开杀戒？没有。相反，日军为了欺骗舆论，竭力维持上海的国际都市的形象和商业的繁华，还假惺惺地惩办令市民极为恐怖的"七十六号"魔窟，把杀人魔王吴四宝处决了。但是不久，日军占领当局便发出了一个个的限止令，野蛮统治率先笼罩新闻、出版、文艺、教育各界，对抗日和进步的书报、人士实施查抄、封存和抓捕。同时威胁、控制、利用新闻界，强令《申报》《新闻报》复刊。

许广平、夏丏尊、章锡琛等被日军宪兵队逮捕。危险也在向柯灵逼近。汪伪傀儡政权"调查统计部驻沪办事处"即"七十六号"在报上刊登通告：限令抗日分子登记、抗日书刊上缴。他原已在汪伪的通缉名单上，眼下又出登记通告，《市楼独唱》及抗日文章在市面上都很容易找到。以"七十六号"的特务、情报手段，他难以逃遁。登记，就是落水、附逆。不登记，一旦被抓，轻则皮肉受苦，重则人头落地。他虽然不从政，但是个进步的知识分子，坚决抗日。所以宁可冒险，也绝不能去登记。

事态变得更危险了。他已被人向"七十六号"出卖。那是一个杂文作家,曾在《世纪风》上发表过许多抨击日、伪的作品。形势一紧,他就害怕,去登记了。他解释登记的理由是写过许多抗日文章,躲不了,不如登记。更可恶的是,他还充当说客来劝柯灵也去登记,并向"七十六号"打了包票。从不骂人的柯灵终于骂人了,骂得那个软骨头落荒而逃。报刊上的登记通告并不指名,尚可拿不曾见报来搪塞。如今在"七十六号"挂了号,不去登记就是抗令,问题就严重了。同时"金星"的住处也已暴露。他立刻就搬走,去一个在社会上不被注意的朋友处躲了起来。几个月后,他见登记风头渐渐过去,遂回到"金星"。"苟全性命于乱世"吧,但还是提心吊胆的,怕"七十六号"找上门来。

"金星"靠拍片过日子。《乱世风光》送去检察,每检查一次都要剪掉一点,屡屡通不过。投资下去,不知能否收回本钱?周剑云满脸愁云,只有设法融资,再拍新片。这次他又拉上了盛丕华。盛丕华财大气粗,答应投资控股"金星"。他是成立于1920年的上海交易所的常务董事,同时经营大宗的房地产、棉纱、药品等。但他又不是那种过着纸醉金迷生活的大资本家。从共产党的立场看来,他在历史的各个时期对国家、人民和革命都有贡献,所以1949年后一度出任上海市副市长。当时他投资"金星",大约是了解到周剑云和"金星"的爱国、进步倾向。

周剑云考虑到筹资不易和投资回报,又接受了《乱世风光》多次被剪的教训。此番一心要拍一部卖座的影片:娱乐性强,同时要离现实远一点,更不能触及抗日。由于时间紧迫,柯灵找了一篇小说来改编,是师陀半年前在《草原》上连载过的中篇小说《无望村的馆主》。

师陀原名王长简,河南杞县人。30年代开始以笔名芦焚写小说,后改用师陀。师陀的小说擅长描摹世态人情,刻画社会风习，带着诙谐与揶揄的情趣，却又有淡淡的哀愁与沉郁。《无望村的馆主》写的是一个败家子的故事。一个家财万贯的地主少爷，不务正业，吃喝嫖赌，最终沦落为穷光蛋。小说对有钱人的败落从人性层面作了揭示。但情节对于一部电影来说，还是显得单薄，且缺乏有观赏性的冲突。

根据小说改编的电影剧本《末路王孙》，编织了一个主人公挥霍败家和婚姻悲剧交织的情节，使得戏剧冲突和对人性的揭示更加丰富。宝善堂地主少爷陈世德从小品性顽劣，长大后不务正业。一次，他赴梦喜庄灯会偶见珍珠姑娘，但不知道她就是自己未过门的媳妇。他的狐朋狗友满天飞却在僻地把珍珠糟蹋了。不久世德完婚，见新媳妇竟是珍珠。他愤而杀了满天飞。这件戏剧性的事，成了世德败家、堕落的直接导火线。他未与珍珠圆房，并让她归宁娘家。此后他先是出入赌馆，后到城里的戏院玩票、包戏，最后干脆包养戏班，命名"宝善堂私家戏班"。三年里，钱像流水一般地花去，宝善堂就此败光。剧作不仅仅从吃喝嫖赌揭示人性的弱点，还揭示人性的复杂变化：情感受到伤害后变态的报复，并不惜毁掉自己。世德心里终究还装着珍珠，潦倒后更生悔意。及至去梦喜庄欲接回珍珠，珍珠已奄奄一息，死在他的怀里。世德一生只哭过两次，出生时一次，珍珠死时一次。世德十分可恨，却不十分可恶，"浪子回头金不换"。

周剑云有一种不祥的预感，日本人四处活动，欲染指上海电影业，应当尽快拍摄完成影片。他三天两头来催促柯灵，一边积极地成立了摄制组。出任导演的是吴钟英，一个有才华的画家，又热衷于电影。这是他的电影导演处女作，跃跃欲试，脑海里已构成了许多艺术设想，也时常去了解柯灵的写作进展。演技派小生演员石挥饰演性格、心理多层次的主人公陈世德。话剧舞台新秀黄宗英演可怜的珍珠，这将是她银幕上的表演处女作。柯灵用了三个月赶出剧本，只等周剑云下令开拍了。

然而不祥的预感变成了可怕的事实。4月，日本人统制电影公司并吞了"金星"。周剑云欲哭无泪。吴钟英失望之余，从此隐遁。石挥、黄宗英无奈返回舞台。柯灵毅然收回剧本，挂冠而走。《末路王孙》胎死腹中。最初这个剧本名为《暴雨梨花》。1946年，剧本在《文汇报》副刊《文化街》上连载发表时改名为《末路王孙》。1986年，又把《末路王孙》改为《浪子行》，收入《柯灵电影剧本续编》。他对再次改名这样解释："王孙"一词属借用，但"末路王孙"却很容易使人联想起杜甫的《哀王孙》，有可能被误解成在为剧中的地主少爷唱挽歌。

日本人染指上海电影业是其侵略、统治政策的一部分。1942年4月，在日、伪操纵下，新华、艺华、金星等12家公司实行合并，改组为中华联合制片股份有限公司（简称"中联"）。"新华"的张善琨公开投敌，从商业投机走向政治投机，出任伪职。"金星"这边，周剑云的事业、投资都化作泡影，愤恨至极。但他决心不步张善琨的后尘，苦思着脱身之计。柯灵、范烟桥等离开"金星"、影界，另寻生计。周剑云厚道、慷慨，拿出一笔可观的遣散费。柯灵受之既感激又不安。不久，柯灵将在话剧界与周剑云重逢。

日、伪对上海电影业实施进一步统制。1943年5月，汪伪政府颁布《电影事业统筹办法》，垄断制片、发行、放映，所谓"实施三位一体之电影国策"。"中联"合并中华电影股份有限公司、上海影院公司，成立中华电影联合股份有限公司（简称"华影"）。其时，柯灵已避开影界，经过短期的失业之后，进入黄佐临的苦干剧团谋生。

树欲静而风不止。"华影"成立后，两次有人来诱惑他去公司担任伪职。前一次，一个以前认识的记者突然来到柯灵的亭子间。他已加入"华影"担任编剧，此番奉副董事长、日本人川喜多长政的命令前来诱说柯灵，答应给予"华影"编剧职务，俸禄优厚。柯灵不为所动，婉言谢绝。虽然他需要稳定的收入维持生活，并且"不合作"的举动要冒人身安全风险。

后一次，仅隔数天，原"明星"宣传科的一个老同事又来"好言相劝"，也是奉川喜多长政的命令。这个老同事组织了一个庞大的"华影"宣传部，出任主任，邀柯灵去当副主任。因为老同事关系，劝说尤为肯切，且"对症下药"。什么要考虑家庭负担啊，"人在屋檐下，怎能不低头"啊。柯灵使出"太极"功夫，一味推脱、婉拒。末了，老同事恼羞成怒，甩出一句"勿要敬酒勿吃吃罚酒噢"，带有明显的警告、威胁。柯灵侥幸没吃到"罚酒"。据说川喜多长政虽属侵华日军的一员，政治上却反对战争，又通晓中国文化，故而行为举止有度。但是柯灵躲得了"初一"，躲得过"十五"么？

柯灵原有三份工作：《大美晚报》、"金星"和"上职"剧团。到1942年，所有的饭碗都被打破，开始了抗战以来的第三次失业生活。前两次，他还可以靠着卖文艰难地度日子。眼下的形势，连卖文都不行了。敌伪控制着新闻报刊，通俗刊物又不对路数。一介文人，手无缚鸡之力，何以谋生度日？无奈之下，只得一边"弃文从商"，投资做生意，一边"急病乱投医"，入金融行当伙计挣饭吃。

先说做生意的经历。他得知在上海有一个绍兴老乡，利用战时经济混乱和货物短缺，做药品买卖颇为得手。于是他请那个老乡到店里吃老酒。酒过三巡，他诉说了一番失业之苦楚，遂恳请看在乡里乡亲的份上帮助做点生意。他把周剑云给的那笔"救命钱"全数奉上，言明全权委托，只求赢点蝇头小利，天真到连个字据、收条都不立。那个老乡信誓旦旦，眼眶里竟然还含着泪，应了"老乡见老乡,两眼泪汪汪"那句话。谁知道,此泪非彼泪,竟是"鳄鱼的眼泪"!而柯灵则开始翘首等着天上的馅饼掉下来。

三个月过去,不闻音讯,也不见利钱送来。他这才疑心起来,赶到"大世界"游艺场附近的一家小旅馆,老乡还在。他说明不想做生意了,只要退还本钱即可。不料那个老乡立时变脸,责怪柯灵出尔反尔。柯灵心里一怔:碰到"破脚骨"了。绍兴人把那些以自残行为诈人钱财的恶徒叫做"破脚骨",也泛指无赖、流氓。这个"破脚骨"指着桌上的几小瓶阿司匹林和一把中草药石斛,叫柯灵拿走。算是抵那笔本钱吗?柯灵是个"秀才",尽管心里愤怒,但不善吵架,露出极为尴尬的样子。"秀才"碰到"破脚骨",同样是"有理说不清"。只有自认倒霉,搞下去更是自取其辱了。他把西药、中药都拿走了,心想不知哪天有个头疼脑热的尚可急用。"破脚骨"看柯灵着实好欺,还不屑地追上一句绍兴讽语:"捞着蕰藻就当虾。"

做生意做得血本无归,当伙计则当得晕头转向。郑振铎把他介绍给工商界的一位民主人士陈已生,经安排去一家保险公司当跑街先生。跑街先生拉保险业务,一要巧舌如簧,二要软磨硬泡。陈先生大约不了解柯灵于此"先天"不足,有些"乱点鸳鸯谱"。结果是只见柯灵在外跑街,却不见有一笔保险业务拉回来。柯灵自知于此"素质"不够,做下去只是白费力气,多磨掉一层鞋底,只好黯然退出保险业。

现在,肚子里"咕咕"的叫声指挥一切。他开始细细地读报,兴趣已不同于往常:不读副刊、新闻,只读广告。从一则则的招聘启事中寻找"大饼油条",然后去一家家碰运气。"工夫不负苦心人",总算有一家"晋成钱庄"(河南中路580号)录用了他。他擅长文字工作,于算术则自小无可救药。好在遇上了"伯乐"，用他不是做账，而是做文书，这就扬长避短、适得其位了。

"伯乐"是晋成钱庄的经营者之一刘哲民，江苏丹阳人，身为银行家族的小开，摔打金融界，却爱好文化、文艺。抗战前后，曾参与《华美晚报》《华美周报》的经营管理，资助《大美晚报》，宣传抗日。他知道柯灵是个颇有名气的作家、编辑，于是在工作安排上格外照顾。在钱庄做文书却薪水有限，聊胜于无吧。几年后，抗日战争胜利之初，柯灵、刘哲民一起合作创办《周报》，即源于两人在钱庄的这一段结缘。

二 "苦干"、《飘》

李健吾是柯灵在戏剧界的好朋友。上海剧艺社解散，在闲居了一阵后，被荣伟剧团请去当编剧。李健吾见柯灵生活拮据，就把他介绍到剧团里来做宣传工作，得以领一份薄薪。

"荣伟"的老板来头大，是上海滩青帮大亨黄金荣的孙子。小黄许是喜欢热闹，靠着万贯家财，竟然玩起话剧团来。较之于《末路王孙》中"无望村的馆主"陈世德在乡下玩"宝善堂戏班"、玩地方戏曲，小黄在大上海玩荣伟剧团、玩舶来品话剧就显得又时尚、又气派。陈世德玩旧戏玩得破产，小黄玩新剧却玩出了一桶桶金子。人与人孰能相比？他大宴健吾、佐临等剧坛才子，柯灵也得以借光。宴罢，言称"拜托拜托"。才子们则"偷梁换柱"，健吾改编了巴金的《家》，佐临导演，柯灵的宣传，公开售票、演出，场场爆满。一流的原著、编剧、导演和演出，谁能想得到，居然是起于小黄的"玩"。

佐临屈身来"荣伟"，是因为爱话剧而自己没有剧团。"上职"解散后，编、导、演虽然各自加入了其他剧团，却依然保持着联系,并且继续研究和演练话剧。佐临一直在酝酿组织一个以"上职"为班底的新的职业剧团。佐临向柯灵透露了这一想法,并希望他过来做宣传、编剧。

佐临组织职业剧团演出正逢其时。上海全境沦陷后,新闻、出版、电影界遭到严重冲击,而话剧界则逆势而上,一枝独秀。原因有三个,其一,与新闻、出版等不同,话剧活动因为有分散和流动的特点,日本人难以有效地控制。当然,舞台上已经不能像"孤岛"时期那样演出抗日、爱国的话剧了。其二,电影业一时受阻。日美开战,一向人气很旺的"好莱坞"电影被禁。日伪统制电影业,致使本土风格的电影随之消失。而日伪染指下的所谓"中国电影",难以获得普遍的接受。于是电影观众转到剧院,纷纷成为话剧观众。其三,早期的话剧称为"爱美剧",意思是"非专业的演剧",也就是业余演出,其艺术水平有限,也是观众少的原因之一。

"沦陷"时期特定的文化生态决定了话剧职业演出的诞生,在不断地创作实践中,优秀的编、导、演人员大量涌现,推动了舞台艺术水平的迅速提高。而舞台艺术的提高又吸引更多的观众走进剧院,形成良性循环。1942年,上海有职业剧团近二十个,演出剧目近百个。职业演出泥沙俱下,受商业利益的驱动,腐朽、低俗的演出一时成泛滥之势。但在整个抗战时期,认真、严肃的演出仍是上海舞台的主流,没有脱离中国进步话剧运动的轨道。

1942年4月,苦干剧团成立。黄佐临负责,主要成员有吴仞之、柯灵、姚克、孙浩然、石挥、黄宗江、丹尼、白文等。因为大家都有为话剧事业埋头苦干的信念,就以"苦干"二字为剧团命名。职业演出的风险,在于先要有一笔像样的投资,至于收回投资甚至赚钱则需看票房。因此"观众就是上帝",决定了舞台的存在。"苦干"有人无钱。"苦"是实实在在的，要"干"得实实在在才行。所以先采取合作演出的策略以谋取生存、发展。

初夏，"苦干"和上海艺术剧团合作。先用"上艺"的名义，在卡尔登剧场演出三部戏：佐临导演的《荒岛英雄》（佐临编剧，改编自英国剧作家巴蕾的《可敬的克莱登》），《大马戏团》（师陀编剧，改编自俄国剧作家安特列夫的《吃耳光的人》），费穆、佐临、顾仲彝联合编导（分场包干）的《秋海棠》（改编自张恨水的同名长篇通俗小说）。演出都获得很大的成功，尤其是《秋海棠》，连演数月而不衰。

上海艺术剧社也成立于1942年。费穆负责，主要成员有黄贻钧、刘琼、乔奇等。演出颂扬爱国、爱民族的历史剧，也有追求艺术性的爱情剧、家庭剧。柯灵与费穆在30年代相识于影界，此时沦陷期重逢于话剧界，后来内战末期分赴香港影界，又分返上海、北京。但一个编剧，一个导演。费穆生于上海，从事电影、话剧导演皆成绩斐然。他的导演手法、风格独特乃至另类：事先很少有完整的剧本，全凭灵感突现，临场自由、即兴地发挥，不懈地追求诗情画意。影片《狼山喋血记》《小城之春》，戏曲片《生死恨》，话剧《浮生日记》《红尘》，至今都仍被奉为杰作、乃至经典。柯灵有多篇回忆录谈及费穆的人品、艺品，同时遗憾文艺界一直没有充分地重视费穆的地位和贡献：

> 他的艺术创作活动，是从银幕到舞台，又由舞台回到银幕。电影和话剧是表亲，它们之间有血缘关系，却又是各不相同的宗族。费穆的舞台创作中，却不论有意无意，怎么也摆脱不开电影的影响，他的话剧结构的跳跃和散漫，就是最明显的例证。古典文学的涵养使他的作品带有可贵的民族风格，如果以画风作比，他的有些电影创作近乎淡墨写意，舞

台剧却几乎都是金碧山水。(《衣带渐宽终不悔——上海沦陷期间戏剧文学管窥》,1981)

从上海"孤岛"时期和沦陷时期,他创作的电影话剧,不论直接间接,从来没有离开爱国主题,这是非常难能可贵的。我们的电影史对费穆的评价很不够,我认为是不公平的。(《影事怀旧录》,1995)

建国初,费穆满怀热忱从香港回到北京。江青却因为抗战前夕出演《狼山喋血记》时要求"多给几个特写镜头"没有得到满足,遂秋后算账,责令费穆检讨。费穆断然拒绝,重去香港,最终客逝南天。直至1997年,柯灵看到一册《费穆电影回顾展观摩资料》时,才惊讶地得知费穆的这一段冤屈。旋即写了《回眸看费穆——致中国电影资料馆》(1997)一文,再次高度评价费穆,又深刻地提出:"以意识形态与政治倾向的违合亲疏臧否人物,月旦艺术,流弊甚多,并非切实的知人论世之道。"

柯灵加入了"苦干"后,经济上多了一份安定,同时一只脚踏回了艺术道路。他一边去钱庄做文书,一边在团里搞演出宣传,又接受了佐临派下的一个编剧任务。他准备改编美国女作家马格丽泰·密西尔的长篇小说《飘》。

沦陷期,改编剧的创作和上演可谓壮观。话剧演出走红,刺激职业剧团增多,各剧团又要不断推出新剧目以吸引观众进剧院,所以剧本的需求量很大。要解决剧本的大需求量,改编是一条捷径:依据"蓝本",加以种种发挥。改编的方式:一是改编外国剧本,如《荒岛英雄》《大马戏团》;一是从小说改编,改编中国小说如《秋海棠》,改编外国小说如《飘》。"苦干"走的就是一条"改编"路线。沦陷期演出的剧目,总体上呈"二少三多"现象：原创剧本少，反映现实的剧本少；改编剧本多，喜剧多，历史剧多。

当时留在上海的、比较活跃的剧作家有：李健吾、姚克、顾仲彝、周贻白、杨绛、张爱玲、师陀、石华父等，以及自编自导的黄佐临、费穆。其中，李健吾、顾仲彝、师陀、石华父、黄佐临都有改编剧本。柯灵全部的三部话剧剧本《飘》《恨海》和《夜店》都是改编剧本。一时出现大批的改编剧本，引起了舆论的注意和指摘。对此，柯灵有自己的"改编剧本"观。他在《衣带渐宽终不悔——上海沦陷期间戏剧文学管窥》（1981）中，既肯定当时改编剧本的积极意义，也客观地批评缺点：

其实这不但为实际需要所决定，上演改编剧本这件事本身，也应有其积极的意义。改编本国的名著小说，可以起普及的作用；改编外国著名的剧本和小说，更可以使观众打开眼界，看到天外有天，认识不同的生活风习，欣赏不同的艺术。这正是一种文化交流，了解外部世界的津梁。

当时上演改编剧本的缺点，首先在于无计划、无目的、饥不择食，大都只是为了卖座和应急。改编作品中，生搬硬套、品质粗糙的不在少数，而且对原作者、原作精神、改编情况大都不作说明，使观众囫囵吞枣，糊里糊涂，有的干脆连原作者和原作的名称也不指明，这不能不说是缺乏负责精神的表现。

沦陷期上海剧作家的代表是李健吾。除了《黄花》（1939）《青春》（1944）属创作外，大量的是改编剧本：《家》（巴金的小说）《云彩霞》（法国斯克里布的剧本）《金小玉》（法国萨尔杜的剧本）《艳阳天》（法国博马舍的剧本《费加罗的婚礼》）《王德明》（演出时作《乱世英雄》以及英国莎士比亚的剧本《麦克白》）《阿史那》（莎士比亚的剧本《奥赛罗》等。他是山西安邑（今属运城）人，出身书香门第。不仅是出色的剧作家、翻译家，也是出色的小说家、散文家、文学评论家和法国文学研究专家。1981年，健吾出版剧本选集，柯灵于病中为之作序。他用了两个月的时间通读了健吾六十年的几乎全部的剧作。《舞台因缘六十年——〈李健吾剧作选〉序》（1981）中，对健吾各时期的话剧创作都有内行的分析和客观的评价，并自叹弗如：

童心！我觉得这是一把开启健吾作品和心灵的钥匙。他的特点是单纯，胸无城府，直到现在，他还给我一个"老孩子"的感觉。在复杂的现实世界里，这是作为一个艺术家的可贵品质。

在抗日战争和解放战争时期，我和健吾共过一大堆风雨同舟的岁月，可以算是熟朋友了。但在文学和戏剧活动方面，我都是他的后学。在他面前谈戏，是最冒昧可笑的"班门弄斧"。

柯灵准备改编《飘》。他编过三部电影，编话剧还是首次尝试。电影与话剧，看似"姐妹"，实则"同"少而"异"多。对柯灵来说，可资借鉴的经验有限。他在电影界滚打了七八年后才动手编剧，"熟读唐诗三百首，不会吟诗也会吟"。但话剧界却是刚刚涉足。虽说在乡下、上海看过不少戏。然而看戏与编剧之间距离很大。《飘》是叙述推进的小说，如何改编成对话展开的话剧？《飘》是长篇小说，情节、人物等枝叶繁茂，如何剪裁、组织才能不伤及原作，并压缩到约三小时的演出时间长度？《飘》是美国南方故事，如何跨洋过海在沦陷的上海落地生根？《飘》

是小说名著，更有"好莱坞"的同名电影刚在上海火暴献映过，如何越过这些影响的"障碍"？况且柯灵正从事钱庄文书、"苦干"宣传，特别是不久之前又接手了《万象》杂志的主编工作，充裕的写作时间根本无法保障。

《飘》的改编进度缓慢，断断续续。接编《万象》时，《飘》已基本完成，可提供排练的需要。此后边排练、边作修改。于"1943年10月1日完稿"，同时也基本排练完毕。《飘》将成为"苦干"独立、开业后的首演剧目，期望一炮打响。

1936年，美国麦克·米兰图书公司出版小说《飘》，随即成为畅销书。根据小说改编的、由"好莱坞"米高梅公司于1939年12月出品的旷世电影巨片让《飘》走向世界。1940年6月，影片越洋空降"孤岛"，连映40余日，创外国影片上座新记录。

6月底，傅东华开始翻译小说。9月出版上册，让读者先睹为快。书名原是《GONE WITH THE WIND》，意为"随风飘去"。"好莱坞"影片沿用书名。在"孤岛"，片商起初译为"随风而去"，后改成《乱世佳人》上映。傅东华译作《飘》，取原书名之意译出。译本的人名"中国化"，不妨对照一下后来新译本所取的音译人名（括号内），如郝思嘉（思嘉莱·奥哈拉）、白瑞德（瑞德·白特勒）、卫希礼（艾希里·威尔克斯）、韩媚兰（媚兰·汉密尔顿）等。柯灵改编剧本所依据的是傅译本，也是当时唯一的本子。

小说中，郝思嘉经历了三次不幸的婚姻，第一任丈夫韩察理在南北战争中病死军营，第二任丈夫甘扶澜在"三K党"的一场骚乱中意外丧命，第三任丈夫白瑞德在情感上对郝思嘉彻底失望后离家出走。故事的结尾呈开放性，郝、白的爱情和命运留给读者去猜想。

《飘》（七幕话剧）删掉了郝思嘉的第二次婚姻。一则第二次婚姻的精彩程度略逊，是思嘉故事的重要"插曲"，但不是"主曲"；二则剧本篇幅有限，对第二次婚姻便忍痛割爱。虽然甘扶澜在剧中也偶尔上场，但与郝思嘉无直接瓜葛。留下的是郝思嘉的两次婚姻，是这个"爱情故事"的精华。剧本基本上忠实于原作精神，在舞台上演出一场让观众感到执著无比、筋疲力尽的爱情追逐"游戏"：瑞德追思嘉，思嘉追希礼，追到头来发现都是错。在每一幕中，思嘉都有惊人的爱情"动作"，使剧情的冲突、发展波澜迭起，精彩纷呈。

狂野的郝思嘉爱绅士一派的卫希礼，卫希礼则爱善良的韩媚兰。卫、韩婚后，思嘉与韩媚兰的弟弟韩察理结婚。她不爱察理，结婚是为了与希礼怄气，更为了继续接近希礼。希礼、察理秘密参加革命党。察理死于警察追捕，希礼离家出外革命。白瑞德神秘且神通广大。思嘉、瑞德每次见面，都以吵架开始、吵架结束。看似冤家对头、水火不容，实际上瑞德爱思嘉爱得发痴，而思嘉心里却始终只有希礼。寡居一阵，思嘉与瑞德结婚。婚后，她的心还在希礼身上。及至希礼在经历了一场闹剧式革命后回到家里，思嘉依然紧追不放。最后思嘉终于幡然醒悟：希礼只是个庸碌无能之辈，也担当不起火一样的爱情，而瑞德才有燃烧的激情。她向瑞德表白真情，但瑞德感到自己的激情已燃烧殆尽，拒绝思嘉而独自出走。

剧作的"历史背景"大胆而富有创意地移到了中国：时间在大革命时期的1926—1929年间，地点是江南城市里的韩家，乡村里陶乐庄的郝家、橡树庄的卫家。从一幅"乱世"图景中来演绎"佳人"的故事。"乱世"不是一个完全模糊的背景，如察理丧命于警察的枪下，希礼为革命坐牢一年，瑞德冒着枪林弹雨带思嘉、媚兰从城里逃到乡村，道德败坏的管家魏忠摇身一变成为地方政要，思嘉的父亲被当作土豪劣绅游街示众等，既是真实的历史图景，也是家庭、个人不幸的原因。

"苦干"要正式开业和独立演出《飘》，经费是一个棘手的问题。其时《申报》正在搞一个"读者捐输助学金"活动，于是向《申报》动脑筋。《申报》为敌伪控制，直接合作的政治风险很大。因此，首先，"苦干"采取间接的、短期的合作办法。双方订立协定：半年演出期里，"苦干"留下盈余的三分之一，其余捐输助学金；"苦干"的演出、行政权独立；《申报》特设一个"《申报》义演助学金办事处"，与"苦干"往来联系事务。其次，在"苦干"的"开幕辞"中公开说明合作的具体情况。《飘》演出结束的半年以后，"苦干"便断绝了与《申报》的所有联系。

1943年10月10日，苦干剧团公告成立。原定在同一天举行"苦干"的开幕和《飘》的首演，后都改在10月16日。"苦干"开幕词《献辞》出于柯灵的手笔，其中对剧团的宗旨和精神作了真诚感人的表白：

> 我们是渺小的一群，整个剧运中的一个小小环节，正如一切先进和同行的伙伴一样，我们对戏剧有的是献身的热情，这热情足以培育理想，增强自信。我们确信自己工作的庄严，同时心折一位先贤的警句："有一分热，发一分光。"只要有所皈依，努力决不会白费。（《佐临丹尼天上团圆》，1995）

《飘》在巴黎大戏院（霞飞路今淮海中路554号，淮海电影院）首演。导演吴仞之，其中的一幕由佐临导演。蓝兰饰郝思嘉，石挥饰白瑞德。连演三十几天，吸引了一大批痴迷郝思嘉的观众。但剧评反映平平。一则，因为是改编本，而缺乏一种原创的新鲜感。二则，免不了要与小说、电影比较，觉得相对逊色，而并不考虑舞台演出的各种客观限制。小说中"历史背景"与

"爱情故事"达到水乳交融。郝思嘉的魅力,不仅是狂野、执著地追求爱情,还有为了达到目的而不择手段的那种果决,为了生存而吃苦耐劳的顽强精神,都十分动人。同时,那种美国南方社会没落所有的凝重感和作者无限的惋惜之情,都使人掩卷难忘。而剧中无法全部表现出来。

《飘》的剧本传至战时陪都重庆,1943年由重庆美学出版社印行出版。不料剧本连同上海的演出在重庆竟引起一场笔舌之战。剧中的"北伐战争"背景,原本是皮里阳秋、弦外有音:因为北伐战争的结果之一是使东北亲日军阀易帜,对现实有所影射。批评者并未正确解读出上海沦陷区环境下演剧的"弦外有音"。夏衍力排众议,仗义执言,及时地替"苦干"说了公道话。当时柯灵并不知道此事。一位流寓重庆的同乡,剪存了夏衍发表在成都《华西晚报》上的这篇"辩护"文章,终于战后重逢时得以相赠柯灵。

《飘》的改编和演出,正是中、美结成同盟关系与日本激烈交战之时。这个时候,在舞台上演出一个风靡世界的、中国式的美国故事,其本身的政治意味就是不言而喻的。柯灵和"苦干"是有意而为之。对剧的背景问题,后来柯灵谈了自己的看法:

《飘》经过移植,故事情节改以1927年大革命为背景。这种苦心,似乎始终未为评论家所体察。(《给傅葆石的信》,1987.4.21)

我把剧情中国化了,把第一次革命战争作为剧中的历史背景,当然不是无意的。《飘》演出时,日、美已成为敌国,《乱世佳人》已被禁映,而"苦干"剧团把《飘》作为初演剧目,剧团揭幕的日期,又选定为十月十日,旧中国的国庆

节，这种政治态度，不言而喻。(《"飘"风三弄——答一位研究生的来信》，1999)

1990年，华语剧团新加坡艺术剧场35周年的纪念演出，把《飘》改名为《乱世佳人》搬上舞台。这个剧团光荣地诞生于1955年华文学校反对英国殖民政府的学生运动中。导演是新加坡剧坛前辈林晨。他在第二次世界大战后无意中发现《飘》的剧本，"太喜欢这个剧本和女主角郝思嘉的刚毅性格了"。他误以为《飘》从未在中国演出过，所以特别选了《飘》来上演。柯灵赞同林晨对《飘》的解释：

> 林晨先生对我这稚拙的少作给了过多的肯定，特别是对我当年写作心态的理解，说到"若能结合柯灵创作《飘》的时代背景（1943年）来看这个戏，里头的声声感叹似乎就更有意思了"。天涯比邻，使我深有欣怍交作之感。(《"飘"风三弄》，1999)

《飘》是柯灵的话剧处女作，在他的心目中很重要，"知音"却迟迟来到。

三 《万象》

1941年7月，平襟亚创办"万象书屋"，并《万象》杂志。书屋开在福州路328弄的一幢双开间门面的石库门房子里。这条弄堂原先叫"画锦里"，因为边上开了一家"世界书店"，渐渐地被叫作了"世界里"。平襟亚是江苏常熟人，来上海以投稿为生，写通俗的武侠、传奇小说，终名利双收。继而办"中央书店"，靠翻印古籍和畅销书，以"一折八扣"的方法薄利多销，完成了"原始资本"积累。接着就像模像样地办起"万象书屋"、《万象》杂志来，一身而兼作家和老板两个头衔。

《万象》主编陈蝶衣，江苏武进人。他多才多艺，更堪称一代歌词作家。沦陷期，其歌词于"靡靡之音"中透出爱国情怀，《情人的眼泪》《香格里拉》等流传至今。主编《万象》毫不逊色，把《万象》定位在"包罗万象"上，追求"新潮"，又"言之有物"。他的人脉关系丰富，把程小青、范烟桥、周瘦鹃、包天笑、徐卓呆、孙了红等名流罗致旗下，建立了一个通俗文学的"大本营"。同时又青睐大学生的作品，筑成一个纯文学的"小营盘"。在敌伪的控制、检查环境下，《万象》充分利用"规则"，顺利打开言说空间，而政治上保持清白。

《万象》的商业性和趣味性都非常强，杂志销量一路走高，平襟亚从中着实赚了不少。平、陈之间曾有君子协定，主编得分享经济利益。实际上老板、主编界限不清，平襟亚参与编辑，陈蝶衣也参与创办。《万象》的销路越来越好，双方的经济矛盾也日益尖锐。1943年5月，陈蝶衣在主编杂志将近两年后拂袖而去。平襟亚急得如热锅上的蚂蚁，到处托人推荐编辑高手。人称"江南第一枝笔"的小报作家唐大郎把柯灵推荐给平襟亚。

柯灵还是没有经济头脑。他只要一份固定的编辑费，此外没提任何额外的经济条件。出于过去的一些不愉快的经验教训，他要求保证拥有主编的全部权力，老板不得以任何方式予以干涉，否则立马交权走人。平襟亚是业内行家，既知道柯灵的大名有"含金量"，也知道他属于新文学一路的作家、编辑，十分满意这项具有新路线、新气象的合作。

柯灵接编《万象》有自己的考虑：首先，《万象》是独立的商业杂志。在敌伪对新闻出版严密的控制下,享有相对的自由,可以为抗战文化迂回曲折地做点工作。其次,出于对文学的热爱。他调整《万象》的风格,将侧重点从趣味性转向文学性,在侵略者的铁蹄下举起"五四"进步文学继续燃烧的火种。在整个抗战时期,他从"《世纪风》——《浅草》——《草原》——《万象》"这样一条线下来,绵延不断地为"五四"进步文学和抗战文学运动竭尽了自己的力量。

问题在于,在敌伪的眼皮底下出任《万象》主编,他将从暗处走到明处。他是一个被挂号"登记"的人,在为"苦干"编剧时也躲躲闪闪地用了一个新的笔名"朱焚"。但是编杂志要和社会广泛接触,就无法隐名埋姓。对此,柯灵这样考虑:

> 为什么我愿意在这种艰难环境中编《万象》?说起来也复杂,也简单。我在当时给一般人的印象,大概算是一个倾向进步的作家。政治上一向靠拢左翼,接触的也是左翼人士,但我只是个理想主义者,与实际政治很隔膜,也没有兴趣。对抗日的态度是鲜明的,我从不隐晦。……我有个天真的想法,听说日本的情报工作很厉害,日本人对中国的爱国者倒是尊重的,我自持自己是自由知识分子身份,也许他们不会轻易动我。(《给傅葆石的信》,1987.4.21)

"倾向进步"、"靠拢左翼"、"抗日的态度",再加上"天真的想法",其中隐伏的危险是可想而知的。危险立刻向他逼来了。他接编《万象》6月号这一期,主要处理了两件事。第一件,这一期《万象》已由前主编编就了部分,依然"通俗"大唱主角。而出版时间已近,难以再"动手术"。他干脆抽掉了一些稿件,把《乳娘曲》(予且)《一〇二》(孙了红)等几个连载的通俗小说一次发完,为下一期的改刊做好准备。他在这一期的《编辑室》中说:"下一期是第三年的开始,自然照例有一点改革","新的长篇已经在准备中"。

第二件,月末,汪伪政府强令各报刊载文庆祝5月27日的日本海军节。这是1905年日俄战争中东乡平八郎率联合舰队在对马海峡大败帝俄海军的日子。而1943年,司令官山本五十六特意选择这一天率联合舰队从日本本岛出发,气势汹汹地杀向中途岛。柯灵不得不与平老板商量:汉奸报刊为此已鼓捣了一阵,《万象》要保持"清白"。平老板两年前吃过日本人的苦头。上海沦陷后,因为"中央书店"出版过反日书籍而被日本宪兵逮捕,关押几十天,又被罚款,从此书店一蹶不振。平老板觉得此事非同小可,乃出一"金蝉脱壳"之计:印些有庆祝字样的散叶夹在市内发行的杂志中,外地的就免了。若来追究,便以"来不及"去搪塞。两人提心吊胆了一阵,最终无动静,算是蒙混过关。

7月底,汪伪政府又强令各报刊对8月1日"收回租界"一事公开载文表态、庆祝。太平洋战争爆发后,美、英出于加强盟国关系的需要,向中国提议签署有关废除治外法权、交还在华租界的新条约。日本为了进一步拉拢汪伪政权与盟国决战,也与之订立交还租界的协定。随后,便策划了汪伪政府在8月1日"接收"杭州、苏州、汉口、天津等地日租界和"收回"天津、汉口、广州、上海几个城市法租界、公共租界的闹剧。在上海,日本的所谓"交还租界",不过是把公共租界、法租界分别改称第一区公署、第八区公署,而上海八个区公署全部由日本管辖、控制。

主编、老板再度商量决定:《万象》还是要保持"清白"。但怎么个"清白"法?"金蝉脱壳"计已用过,这回出文一篇是逃不过了。此文须得绵里藏针、笑里藏刀。论笔头功夫,两人都好，但笔风不同。平襟亚善写爱情、传奇，细腻而抒情，作此文不对路数。柯灵有多种笔法套路，其中杂文一路，指桑骂槐、指东打西，自是游刃有余、手到擒来。所以重担便落在了柯灵身上。性命交关，就靠他的笔头了。他艺高胆大，取"反话正说"兼"一语双关"之法，成一篇四百字的"表态、庆祝"短文《可纪念的日子》（1943）：

> 民国三十二年八月一日是一个可纪念的日子！
> 它值得我们深思，感奋！
> 外人统治了百年的上海租界地，今日终告收回！
> 我们知道租界是一种特殊的存在，它在中国的版图以内，主权却不属于中国，它是帝国主义在华的殖民地。它几乎成为一切罪恶的渊薮，种种黑暗，罄竹难书！
> 中国是中国人之中国，中国的土地，主权当然属诸中国，毫无疑义。然因中国历年积弱，卧榻之旁，竟容他人酣睡，这是多么可悲，可痛！今日收回租界，当然值得警惕！庆祝！
> 独立、自主，领土完整，是中国近年奋斗的目标。可喜此种目标，逐步达到，光明不远，值得吾人奋发，共同努力！卒底于成！
> 民国三十二年八月一日是一个可纪念的日子！
> 值得我们深思，感奋！

文成首尾回环之势，且感叹号多达十几个，似乎是一种"中国力量"的暗示。绝妙之处，在于故意不留作者或刊物的署名，成一张十足的"无头榜"。敌伪再生恼怒，也无从下手。此文刊于《万象》8月号，上海市民读之，备感痛快、解气。但"天有不测风云"。让人万万想不到的是,此文当年敌伪无从下手,"文革"中竟成为"当汉奸"的罪证之一,被诬作"置中国人民于何地"?

从7月号起,柯灵正式主编《万象》,并亮出编辑人"柯灵"的名字。一则这样的大型刊物,主编及名字都无从保密,不如坦然以对,免得敌伪捕风捉影、借口生事。二则"柯灵"这名字有社会影响,有如树一旗号,以便"重招旧部",实现改刊。他的编辑班子历来精悍,就两个助手,一个叫杨幼生笔名洪荒,一个叫王湛贤笔名阿湛。两人用笔名写文章,那是后来的事。当时他把杨幼生从校对一职提上来做助理编辑,从此开始他们亲密的、长久的师生关系。他又从老家绍兴叫来了自己的外甥王湛贤,参加编务工作。

《万象》拥有二万读者,多属市民阶层,阅读口味在通俗性、趣味性上。陈蝶衣可谓抓住了沦陷期一部分上海市民的文化、精神需要。所以,柯灵对《万象》侧重文艺性,采取了"渐进"的推行方式。他在《编辑室》(1943年12月号)中说:"《万象》原是通俗性的一般杂志,所以我们还不能毅然和趣味绝缘,凡是足以遣愁益智的译作,我们还是欢迎,尽量容纳。至于文艺方面,则想竭力向质的深与厚上走,过去已经介绍了好些生气蓬勃的作者和作品,读者想必能看出我们努力的迹象。"作为作家,他当然知道所谓"通俗"与"文艺"之分,绝不能一概而论,两者之间通常是你中有我、我中有你。况且又是在敌伪严密控制下的沦陷区环境里,保持一个言说阵地实属不易。

《万象》每期的容量达二十万字。他以前编报纸副刊都是"螺蛳壳里做道场",如今可大施拳脚了。《万象》以小说为主打,长篇小说是"定海神针",中、短篇小说辅佐。广收各类体裁的作品,诗歌、散文、杂文、游记、知识小品、戏剧、电影、书评、文学和艺术评论，遍地开花。开辟《万象闲话》《作家书简》《文艺短讯》《书画插页》《编辑室》等栏目，还组"创作"、"欧战"、"职业妇女"等特辑，出"戏剧"等专号。重文学性、知识性、新闻性，兼容通俗性、趣味性、消遣性。接本地稿、外埠稿和海外稿，收沦陷区、国统区和解放区各地的作品。《万象》成了一个有文学品位的、多样色彩的刊物，较之于原有的"包罗万象"更加"包罗万象"。

　　刊物的基础在于作家。他煞费苦心地拉起了一个多元混合的作家队伍，大体上归为三支。第一支是新文学传统的作家队伍，对《万象》提升文学性起了关键的作用，对读者的影响也大。作者都是他在《世纪风》等副刊上交往过的老关系。他们支持柯灵，柯灵为他们提供阵地，彼此策应。两部"名家新作"长篇小说，王统照的《双清》、师陀的《荒野》先后连载，使每期都显出分量。还有胡山源的《散花寺》、罗洪的《晨》等长篇小说，师陀的短篇小说、通讯，唐弢的杂文、小说和散文，许广平的散文，楼适夷的译文，李健吾的剧本，石挥的剧艺讲座，郑逸梅的小品等。王元化、傅雷、徐调孚、姚克、陆象贤等都有作品奉献。内地和海外，巴金、叶圣陶、丰子恺、夏衍、卞之琳、王任叔、郁达夫的稿件也纷纷地远道而来。他的话剧剧本《飘》（朱梵即柯灵）《夜店》（朱梵、师陀）都首刊于《万象》。

　　第二支是"鸳鸯蝴蝶"派一类的通俗作家队伍，对于保持《万象》的固有特色和稳定固有的读者群体，其作用也不可小视。如张恨水（《胭脂泪》）、程小青（《希腊棺材》）、孙了红（《侠盗鲁平奇案：一〇二》）等人的小说。柯灵原与他们打交道不多，但在国难时期却看到了他们身上可贵的民族气节，不禁肃然起敬。他们的通俗作品，虽说远离政治，意在消遣，却不乏触及社会人生、民族生活。柯灵为他们留有足够的版面，诚意致言欢迎来稿支援。还为他们办了一个《三十年前老上海》特辑，挖掘逸闻，旧事新谈，有很强的可读性。

第三支是追随新文学进步、艺术传统的青年作家队伍。他们在《万象》学步、成长，也使《万象》充满朝气和活力，不断地得到"新鲜血液"的补充。其中，有一批在"孤岛"时期就聚集于《世纪风》旗下，沦陷期又共赴《万象》阵地。他与这批英姿风发的青年亲密地合作，由文字之交而建立起长期的友谊。其中有何为、黄裳、徐开垒、沈毓刚、晓歌、陈钦源、杨幼生、林莽、刘以鬯、董鼎山、沈寂、钱今昔、林祝敔、海岑、匡沙等。

柯灵也拉些"临时"作者。因为兼职"苦干"剧团，于是灵机一动，把做话剧和编杂志两件事凑在一起。推出了一期"戏剧专号"，内容以话剧为主，却又别出心裁地专辟"平剧与话剧的交流"一栏，——亲自登门约请在上海的京剧名角写稿。周信芳、杨宝森、童芷苓等十位演员都应约付稿，各自从自己思考和实践的角度，谈了不同剧种的特点和借鉴。柯灵也曾登门请梅兰芳大师写稿，期望成为此专栏的最大"亮点"，但被婉言谢绝。大师以为，既已罢演、隐居，作稿甚为不便。

柯灵到《万象》两个月后，7月的一天，意外地来了张爱玲。她一身上海普通小姐的打扮，丝质碎花旗袍，淡雅清丽，带着她的小说《心经》。虽是初见，他对她并不陌生。最近两个月里，她的《沉香屑——第一炉香》《沉香屑——第二炉香》在《紫罗兰》杂志五、六两期上以头条刊发。7月，《茉莉香片》在《杂志》月刊上发表。作为编辑，他向来关注新人新作。他觉得她的小说风格独异，好像是忽然从"海上"凸起的一座奇峰。从《万象》的视点，无论是"文学性"，还是从"通俗性"，都是不可多得的佳作。"张爱玲是谁呢？我怎么才能找到她，请她写稿呢？"他与《紫罗兰》的主编周瘦鹃认识，踌躇再三，没有去打听。否则就好比是"挖墙脚",有失文人间的交情。现在张爱玲自己来了,让他欣喜不已。两人谈话很简短,却很愉快。他收下了《心经》,在《万象》8月号上就发表了,还附上她自己绘的插图。

在1943年大半年的时间里,上海文坛几乎所有重要的文学期刊每期都有张爱玲的作品。在小说赢得满堂彩后,散文作品又精彩登场。一时上海文坛皆说张爱玲。在上海沦陷区这个特定的时空里,文坛的方方面面,代表不同政治倾向、不同文学趣味的各个文学圈子,似乎都顺理成章地接纳了这位文坛新人。《紫罗兰》代表"鸳鸯蝴蝶"的趣味,《古今》承袭周作人、林语堂的"闲适"格调,《万象》坚持"新文学"传统,《杂志》则走"纯文艺"路线,竟一致对张爱玲嘉许和推崇。在新文学史上,这种情况即使非仅有,也极为罕见。这是第一次"张爱玲热"。

柯灵出于"爱才"的心理,对张爱玲迅速走红上海滩且喜且忧。因为环境特殊、清浊难分,很有一些背景不干不净的报纸杂志意不在文学,而是利用张爱玲替自己撑门面。滞留、隐居于上海的一些前辈作家也有同样的喜忧。郑振铎让柯灵出面劝说张爱玲:不要到处去发表作品,她的作品可以交给"开明书店"暂且保存,先付给稿酬,等到环境好转后再印行。

其时,"开明"的编辑负责人叶圣陶已去重庆,但老板章锡琛、编辑夏丏尊等还在。"孤岛"时期以来,店里以编辑的名义延揽了王统照、王伯祥、周予同、周振甫、徐调孚、顾均正等老作家,以躲避时代风雨。柯灵与"开明"有较长时间的交往,1929年起就为"开明"系统的《开明》《文学集林》《中学生》等写过小说、杂文。虽说没有更深切的关系,但一直是"开明"忠实的读者,怀有敬意和好感。抗战以来,与"开明"的几位前辈有了直接的接触,更为倾倒。例如,他对徐调孚先生就极为敬佩,盛赞先生是"一位新文学运动中真正的无名英雄,从《小说月报》开始便埋头编辑工作,几十年如一日,真正达到了浑然忘我的境界"。抗战时期,徐调孚对柯灵所编的各个刊物都有大力帮助,加深了彼此的交往。1985 年,为纪念"开明"创建六十周年,柯灵写《开明风格》一文,回顾与"开明"的交往和印象,并对"开明风格"作了精辟的概括:

> 开明书店品格鲜明,独具一格,扼要地说,是谦逊恳切,朴实无华,有所为而有所不为。叶圣老为开明书店二十周年纪念碑题词,有四句话给我印象很深:"开明夙有风,思不出其位,朴实而无华,求进弗欲锐。"
>
> 开明书店的名义,早已在历史上消失,但开明的风格,应该作为出版界的精神遗产,得到继承和发扬。

而 1943 年,柯灵没有转达郑振铎对张爱玲清醒而善意的建议。他觉得,与张爱玲的关系尚疏,且张爱玲性格特立独行、心高气傲,主张"出名要早",此时正被多家杂志宠着。然而张爱玲却信任柯灵。她给他去信,为平襟亚的"中央书店"准备给她出一本小说集一事征求意见。想起郑振铎的嘱托,他瞒着平老板给她寄了一份书店的书目,并特意说明这种"一折八扣"的书靠低价倾销取胜,质量低劣不堪,"如果是我,宁愿婉谢垂青"。又恳切陈词:静待时机,不要急于求成。她的回信十分坦然:"趁热打铁。"与"出名要早"的表述相差无几。

后来,张爱玲的第一本小说集《传奇》由《杂志》社出版。柯灵不禁暗暗叫苦:与其给《杂志》,不如成全"中央书店"。《杂志》属《新中国报》系,背景是日本驻沪领事馆,《杂志》为汉奸刊物无疑。在《杂志》里当社长、编辑的袁殊、恽逸群、彭启一等人，原来都熟悉。彭启一还是柯灵在"明星"宣传科时的成员。他与他们早就划清了界线。直到1949年以后，他才知道他们都是中共地下党员，抗战时期是暗中插入敌伪心脏里的"尖刀"。他们掌握着《杂志》。

评论对张爱玲小说一片叫好，不过大都流于琐碎和感性。1944年5月，《万象》刊出《论张爱玲的小说》一文，似乎是一个"杂音"。署名"迅雨"的作者是翻译家傅雷。但无论是傅雷还是柯灵，都并非有意要敲打一下女作家。相反，都觉得应该以新文学发展的高度，来肯定女作家的成就和贡献，同时也需要客观地指出女作家的不足之处。这要比所有廉价的叫好声加在一起更有价值。柯灵在这一期的《编辑室》中解释："张爱玲女士是一年来最为读书界所注意的作者，迅雨先生的论文，深刻而中肯，可说是近顷仅见的批评文字。"

张爱玲的反应，是随后发表一篇随笔《自己的文章》，兜来绕去、借题发挥，实质上是不很礼貌地回答说"不"！说《万象》上她的"《连环套》就是这样写下来的，现在也还在继续写下去"，坦陈"老婆人家的好，文章自己的好"。

奇怪的是，《连环套》并未"继续写下去"。"《连环套》的连载中断"，在80年代引起了一些研究者的兴趣。有的研究者认为，傅雷的文章一经刊出，《连环套》就被"腰斩"，张爱玲也不再在《万象》出现。柯灵在《遥寄张爱玲》（1984）中则说："他看到了事实，却没有阐明真相。《连环套》的中断有别的因素。"并说"张爱玲本人对《连环套》提出了比傅雷远为苛刻的批评。"

《连环套》的连载中断并没有影响柯灵与张爱玲的关系，他们之间依然有交往。张爱玲与平襟亚之间倒发生了一场稿费纠纷。离开《万象》，张爱玲的文坛"故事"没有完，柯灵与张爱玲的文缘"故事"也没有完。80年代，正是柯灵的一篇《遥寄张爱玲》,引起了第二次"张爱玲热"。

因为《论张爱玲的小说》,傅雷与柯灵之间却引起了一场"风波"。文中一面"扬"张爱玲的"优点",一面"抑"新文学的"缺点"时,有些话还涉及巴金的作品。一则柯灵以为所论未必公允恰当;二则巴金远在重庆,而柯灵一直注意避免刊物为敌伪所利用,不随便议论战友,哪怕这种议论无伤大雅。于是便利用编辑的权力,擅自删掉了这一段。"擅自"是因为了解傅雷脾气倔强,弄不好就把这篇有价值的文章拿回去了。但是"先斩后奏"还是惹恼了傅雷,提出要在报上更正,并公开道歉。后解除误会,两人仍是好朋友。

柯灵爱护《万象》作者,尤其是青年作者。青年作者郑定文的小说稿由楼适夷介绍来。一是稿件本身不错,取材于现实生活,描写不落俗套;二是得知作者是一中学职员,生活困难,需要拿稿费补贴家用。柯灵以为,在这样的情形下多给发表的机会,对他各方面都有帮助。至于他以前曾经给汉奸性质的《申报月刊》投稿,应作具体甄别。抗战胜利后,柯灵手下需要用人,想到他还合适。于是去中学找他,没找到。听说已去苏北参加了新四军,不幸泗水时淹死。柯灵遂作《记郑定文》(1946),客观评价一个有些政治"嫌疑"的青年作者:

> 为《万象》写稿以前,定文在《申报月刊》一类杂志上投过稿。当时,《申报月刊》正是宣传"大东亚新秩序"不遗余力的杂志。这是一个事实,我们无须替定文讳饰;可是必须代为辩白。一个年轻人,流落在陷区,挑着生活的重担,要飞飞不起,要溜溜不掉,靠一支笔,沉沉默默卖点纯正的文章,总是一件无亏于良心的事。贫穷不是失节的理由,不得已而劳心劳力,伸手向泥坑里捡几个干净钱来养

命,却决扯不到失节的严重问题上去。定文是洁身自好的,他有强烈的自尊心,给《万象》(这是一个纯粹的商业杂志,也就是说,政治清白的杂志。)写稿以后,他就没有再沾那些和敌伪有关的刊物。更能表达他的是他的作品,那些富于感染性的文字,几乎没有一篇不是对丑恶的现实的抨击。他跟那些随波逐流的人绝对不同。

后来,柯灵在《给傅葆石的信》(1987.7.23)中,对"向敌伪刊物投稿"问题也提出过自己的意见,并以郑定文为例:

仅向敌伪刊物投稿,而与敌伪不发生实际关系的,似应又当别论。此事一般不宜苛责,过分认真。当然,作家不爱惜羽毛,不审慎出处,总是令人惋惜的事,但其中确有许多人,有的出于年轻无知,急于求成;有的明知故犯,不能坚持操守;还有个别迫于穷困,事出无奈的(如郑定文)。总的原则是实事求是,服从客观事实,服从真理。

柯灵还从"字纸篓"里找到一位叫李恩绩的作家。那是一篇关于殷墟文字的学术文章。柯灵阅后,认为此稿确与《万象》不对路,但作者文化修养不低,可以成为很好的组稿对象。及至看到"静安寺路爱俪园"的通讯地址,不觉怦然心动,立刻去信约请他写爱俪园的故事。

爱俪园也称哈同花园,主人哈同是来自巴格达的英国籍犹太人。上海是个"冒险家的乐园",这个词用在哈同头上最合适了。1873年到上海时身无分文,但凭着犹太人的经商才能,30年后成了上海房地产大亨、公共租界工部局董事。1904—1909年在静安寺路(今南京西路)、哈同路(今铜仁路)建成面积达300

亩的私家花园。园内建筑达八十三景之多，形式中西杂糅、丰富多彩。园中又兴办学校，聘请名人雅士，收藏文物，出版书刊。还是一个政治活动场所，宴请军政工商各界人士，召开赈济救灾大会，避居清代遗老，甚至借给革命党人聚会。爱俪园被称之为"海上大观园"，这就是柯灵为什么要看上作者李恩绩和爱俪园题材的原因。

李恩绩在爱俪园"文海阁"编藏书目录。得柯灵约请后，他用笔名"凡鸟"写的特写《爱俪园——海上的迷宫》在《万象》上作为重点作品连载。爱俪园的故事多有流传，一些文人为了餍足市民的猎奇心理，撷拾猥闻、铺张扬厉的笔墨也就绵延不绝。因为长期生活在爱俪园，李恩绩的作品，其所见所闻都属第一手材料。柯灵读后赞赏不已，认为是写爱俪园的"第一种可靠的信史"。特写连载不到一年却戛然而止。柯灵颇为迷茫，遂踏进昔日的名园，在一个古旧的小轩中找到李恩绩。被告之："写稿子赚勿落格啦。"原来也是绍兴人，是说"写稿子赚不到钱"。柯灵只得憾然而退。

1944年6月，柯灵遭日本沪南宪兵队逮捕，六天后释放。他向平老板提出辞职。由于平老板的恳请，他在胆战心惊中继续编辑。《万象》至年底12月号出版后突然停刊。半年后出版1945年6月号，则是最后一期，但这一期由沈寂等年轻人代编。沈寂读大学时，曾在《万象》发表《鬼》《大荒天》等现实主义小说。柯灵在《万象》的《编辑室》中作了推介："似乎若干处很像端木蕻良的作品，但细读之下，作者自有其清醒的风致。沈寂先生是创作界的新人，这也是值得读者注意的一点吧！"沈寂对柯灵、《万象》有感情，以至于主持编辑了《万象》的最后一期。而这最后一期出版的时候，柯灵正遭日本宪兵队第二次逮捕，大吃苦头。

《万象》自 1941 年 7 月创刊至 1945 年 6 月 1 日停刊，共出版四十三期，另出号外一期。这是一份商业性的、都市大众的综合性文化杂志。它的撰稿、编辑与出版，是上海沦陷区有良知的文化人的一次反控制、争自由的文化实践。由于主编的更换，前、后期不同。大体说来，前期冲破了敌伪的封锁，打开了话语空间，倾向于市民的言说。柯灵主编的后期则倾向于知识分子的言说。经过前后两位主编的努力，《万象》集中了上海沦陷区最广泛的作者，更是源源不断地涌现出文学新人。《万象》也吸引了广大的市民读者，始终保持了上万册的销售量，成为上海"非常"时期里一个的"非常"的文学现象。

四 《恨海》《夜店》

编《万象》这两年，柯灵成了一架"工作机器"，奔走在河南路、福州路、霞飞路之间：上午，钱庄；下午，《万象》；晚上，"苦干"。晚上在"苦干"，又分两段：午夜前，做宣传工作，但更多的时候是到舞台上"客串"角色。"苦干"是职业剧团，演员的总数不过二十多人。角色多的戏，一兼二是常事，还有一赶三的。主、配角大致不缺，缺的是跑龙套角色。柯灵是跑龙套角色的当然人选。他上台在指定的位置上站着，或者走一圈就下来。能够说上一二句话的机会少之又少。午夜后，是写剧本的时间。1944 年，他先后写出了《恨海》《夜店》二剧。

柯灵与周剑云从电影界、"金星"影片公司分别，又在话剧界重逢。周剑云主持大中剧团。和其他剧团一样，处于剧本荒，遂请柯灵驰援。柯灵为周剑云做了两件事：把张爱玲的剧本《倾城之恋》介绍给"大中"，自己为"大中"写了《恨海》。

与《万象》中断后,张爱玲一如既往地相信柯灵。甚至在柯灵第一次遭日本人逮捕时,还托了关系前去解救。她把小说《倾城之恋》改编为同名舞台剧本后,请他提意见。她在《走!到楼上去》一文中说:"结构太散漫了,末一幕完全不能用,真是感谢柯灵先生的指教,一次一次的改,现在我想是好得多了。"他的意见能被傲气的张爱玲一一接受,是因为对于"小说改编舞台剧本",有《飘》的实践经验。

　　张爱玲的剧本修改甫定,柯灵又为上演而居间奔走。他介绍张爱玲与周剑云在一家餐馆见面。张爱玲的惊世骇俗,不仅体现在其小说、散文中,也在穿着、打扮上。她来了,穿一袭拟古式齐膝的夹袄,超级的宽身大袖,水红绸子,用特别宽的黑缎镶边,右襟下有一朵舒卷的云头,或许是如意。长袍短套,短套罩在旗袍外面。周剑云是何等人,交际场上什么角色没有见过?而面对张爱玲,竟然一晚上都有些拘谨。

　　1944年12月,《倾城之恋》在新光大戏院上演。由当年上海的四大导演之一朱端均导演。这是张爱玲的第一个舞台剧本。就好像生了孩子以后要分红蛋,她给柯灵送去了一段宝蓝色的绸袍料。他拿来做了件袍子,很是光鲜耀眼。张爱玲的剧本,周剑云的剧团,还有自己的一些友情奉献,所以他去看了《倾城之恋》的演出。演出很成功,连演八十场,场场爆满。在上海沦陷的时局下,一个因战乱成就了爱情的故事,显得既现实又浪漫,"倾城"上海。有道是"外行看热闹,内行看门道"。以柯灵的内行,一方面肯定剧本是沦陷期上海的好剧目之一,另一方面则细微地从"小说改编舞台剧本"和"改编自己的小说"两点出发,精辟地指出剧本的"吃亏"之处:

　　　　作者仗着她的文字魔力,写得华彩缤纷,细腻熨贴,引人入胜。但橘逾淮而为枳,小说里精雕细琢的描写,成套聪明俏皮的对话,到了舞台上,却成了多余的奢侈。……将小说名著改编剧本,经常遇到的危险是读者先入为主,用读小说的感受来要求舞台形象。由小说作者自己来改编,则又容易恋恋于既得的成就,难于大胆放手,根据舞台的要求,另起炉灶,结果往往变成买椟还珠,得不偿失。《倾城之恋》的舞台化,也难免在这上面吃亏。(《衣带渐宽终不悔》,1981)

柯灵的舞台剧本《恨海》,改编自清末小说家吴趼人于1905年出版的同名小说。小说的背景为1900年的"庚子事变",但却是一部"写情小说",叙说两对青年男女的婚姻悲剧。作者说,"小说旨在言情,抒写'精卫不填恨海,女娲未补情天'的人生遗憾。书名《恨海》即来自"情天恨海"一句。早在20年代,郑正秋曾把这部小说拍成默片,欧阳予倩也曾把它改编为文明戏。

剧本《恨海》四幕五场,并有序幕、尾声,人物、情节忠实于小说,但按舞台要求作了一些改动、处理。序幕交代"庚子前八年"在"北京"的一段前事:京官陈戟临有二子,长子伯和与张鹤亭之女棣华、次子仲霭与王乐天之女王娟娟自小定亲,青梅竹马。一、二、三幕,时在"庚子年"。京城乱起,王家父女避走苏州老家。张鹤亭早年已去上海,遂由伯和陪同白氏母女前去投奔。逃难路上,伯和与白氏母女走散,却意外拾得两盒珠宝。白氏病逝客栈,棣华扶柩至上海。第四幕分两场,时过三年到"辛丑后一年",在上海张家,张鹤亭把偶然在街上遇见的伯和领了回来。伯和发横财后,几年来结交不良之辈,五毒俱全,已沦为乞丐。棣华以柔情规劝,伯和则劣性难改。仲霭寻娟娟也来到张家。尾声,上海郊外,棣华、仲霭为伯和出殡。娟娟等几个青楼女子与洋场阔少恰来郊外游春。仲霭、娟娟相遇,但娟娟急急离去。有人说她是"大上海大名鼎鼎的红倌人,惜春楼老八"。

　　柯灵的改编精神,一是取有思想内涵的原著,二是忠于原著精神,三是联系现实,既影射时代,又照顾观众的口味。他看上小说《恨海》,在于有两点可取。首先是庚子事变背景。小说中描写棣华、伯和仓皇南逃一路所见的乱离情景,都带有时代、现实的忧虑,留下了惊心动魄的历史侧影。小说作者揭露列强侵华的暴行,亲贵大臣的昏聩误国,同时也渲染义和团民的愚昧和野蛮。而剧本保留和强调了列强侵华暴行的一面,以加强历史对现实的影射力。同时淡化小说中描写的义和团民的祸害。至于肯定义和团抗洋反清是一场反侵略、反压迫的斗争,这是1949年后出现的权威说法。剧本在舞台上再现了乱世对于家庭、婚姻和个人的祸害。两双情侣本可三生石上永证鸳盟,不期横风吹散,一场浩劫毁灭了百年情好。伯和从翩翩佳士变为不肯回头的浪子,娟娟从娇憨少女变为倚门卖笑的浮花,在沦陷区的上海都有相当普遍的意义。"战乱"、"逃难"、"堕落"、"入娼"、"情变"、"偶遇"等情节类型都在电影《乱世风光》中涉及过。再写这些情节,同样是出于对"乱世"的感慨。

　　其次是婚姻悲剧故事。棣华的故事十分感人。小说中刻意摹写棣华用情之专,芳心一寸、柔肠百转,全系于伯和一身。剧本也突出地表现了棣华的"对爱情的坚贞"。然而这种殉道式的感情,其内涵却是女子从一而终的封建道德规范以及悲观的宿命思想,令人感到在心造的幻影中断送锦绣韶华的人世间冷酷。后来柯灵也承认:剧本的缺点,"当然可以看出来"(《给傅葆石的信》,1987.7.23)。他又解释:一是"没有作更多理性的分析。作品的动机和效果,有时并不完全一致";二是"当时写戏,不

能不考虑卖座率"(《给傅葆石的信》,1987.10.2)。但柯灵把"卖座率"、"商业化"看作是话剧的"苦难"之一:

> 难的是,话剧又不得不商业化。看客全都是买主,为娱乐而来,你有天大的抱负,也得先看买主能不能接受。干戏的得把看戏的爷儿们伺候得舒服。一面是商业的道德,一面是艺术的良心。这中间有扞格,有冲突,自然也有调和。想做到调和的一步,非弄得汗流浃背不可。(《话剧在苦难中——一九四五年迎新闲话》,1944)

大约 1945 年 4 月,《恨海》由朱端均导演,在新光大戏院上演。演出很卖座,吸引观众二个多月。剧院里像是扔了一颗"催泪弹",很多观众——特别是女性——简直泣不成声。大约都是因为情怀舞台上的棣华,这个女子实在是"心好得不能再好,命坏得不能再坏"。小说作者也曾说:"出版后偶取阅之,至悲惨处辄自堕泪,亦不解当时何以下笔也。"可见,小说作者、舞台本改编者和众多的观众,皆为"情"所惑,从而失去理性分析态度。

剧人李邦佐从北京南行上海,看了《恨海》的演出,十分欣赏。他从大中剧团得到一个舞台演出本,带回北京由南艺剧团上演。同时,交给北京文章书屋以"宋约"署名于 1945 年 6 月出版。由于环境险恶,柯灵写《恨海》时用了笔名"宋约"。1946年,柯灵在他主编的上海《中央日报》文艺副刊《文综》上连载发表《恨海》。这可以看作是一个修改后的定稿本,在局部的时间、人物和台词上有改动和增写。如第三幕逃难路上,增加了一个善良、机智的小贩角色,使乱世流民图添了一些变化和亮色。这个本子,由上海开明书店以柯灵署名于 1947 年 8 月出版,

1948年2月再版。

《底层》（1902）是高尔基最优秀的剧作。沙皇时代沦落到生活底层的一群穷人，有锁匠、码头搬运工、小偷、流浪汉、妓女、游方僧、落魄的贵族、潦倒的戏子等，他们都挤住在柯斯蒂略夫老板开设的夜店——一个阴暗、潮湿的地下室里。他们不但没有起码的物质生活条件，而且人格也遭到践踏和扭曲，失去了做人的权利和希望。作品控诉资本主义社会，把穷人抛到痛苦的生活底层。同时又探讨生活应该"怎么办"？游方僧鲁卡的"安慰"哲学宣扬对现实的忍耐和妥协。流浪汉沙金以积极的"人道主义"揭露"安慰"哲学的虚伪和反动，发出"人有创造一切的力量"的呼声。在1905年俄国革命的准备时期，"人有创造一切的力量"成了一个起义的信号。

黄佐临是进步的戏剧家，自然非常喜欢"苏联文学之父"高尔基的戏剧。特别是《底层》一剧，那种对底层社会普遍苦难的展示、关于生活应该"怎么办"的哲学辩论，那种像日常生活一样真实、平淡的再现以及横向展开种种冲突的"群戏"等舞台艺术风格。师陀的《大马戏团》上演后，佐临又给他派了新任务：改编《底层》。半年多过去了，师陀迷恋于小说写作而不能自拔。佐临需要剧本，知道柯灵与师陀之间关系不错，于是建议由两人合作，取"分场包干"的方式：《夜店》全剧四幕，第一、二幕属柯灵，第三、四幕归师陀。

《夜店》保留了《底层》大部分的精华：故事发生在一个地狱般的"夜店"；基本上全部的人物，包括性格、关系和故事；以及"群戏"的方式。出于不同的时代、国情等原因，大胆砍掉了"哲学辩论"戏。积极的"人道主义"哲学精神被转化为底层人的牢骚言行，显得力量不足。另一方面，《夜店》是《底层》的"中国版"，确切地说是"上海版"、"海派话剧版"。故事发生在上海租界时代一个恶浊的夜店：闻家店。店里住着皮匠、清道夫、小偷、流浪儿、妓女、小摊主、报贩、走方卖药人、落魄的富家子弟、潦倒的戏子等底层人。他们的名字全部中国化，并有市民文化的特点。他们的说话中夹杂着上海腔，尤其在吵架、骂人的时候。在上海的贫民区，到处可以看到舞台上的这批人。

《夜店》大致保持"群戏"方式，但突出、加强了四个人物的"戏份"：店老板闻太师是伪善、残暴、荒淫的吸血鬼，老板娘赛观音更贪婪、残忍和放荡，赛观音的妹妹石小妹是受尽欺凌的弱女子，小偷杨七郎年轻而豪爽。这四个人物对应《底层》中的店老板柯斯蒂略夫、老板娘瓦西里莎、弱女娜达莎、小偷贝贝尔。闻太师企图霸占小妹；赛观音醋意大发，去勾引小偷；小偷与小妹有意，欲双双逃奔；赛观音毒死闻太师，嫁祸小偷；小偷遭陷害入狱；小妹绝望上吊。但《夜店》不是一般的情节戏，与"四个人物"的纠葛戏平行发生的还有其他种种的剧情：皮匠的老婆阿满惨死的戏，善良的卖药人全老头描述"天堂"的戏，小偷杨七郎请穷朋友喝酒的戏，还有妓女林黛玉、落魄子弟金不换、潦倒的无名戏子的戏。闻家店里的众生相构成了"夜店——底层"的整体的、象征的形象。

柯灵写的第二幕"结尾"，极为震撼人心。一场冲突紧张而热闹的"偷情"、"捉奸"戏刚过，小妹突然发现赖皮匠的老婆阿满在受穷受苦一辈子后已悄然死去，于是呜呜咽咽地哭起来。清道夫四喜子说："小妹！你是借死人哭自己啊？"报贩牛三叫"大家凑一凑"把阿满葬了，但底层众人却凑不起这笔钱，全场沉默。

　　　　沉默——长长的，凝固的，闭塞的。
　　　　小妹（从床上抬起头，苦闷地看看僵了似的众人，半

晌）他们都怎么了？……（半晌，绝叫似的）大家说话呀，说呀！……我要憋死了，天哪！（大哭起来）
　　——幕落

　　这个结尾是对旧世界的一个控诉：活着固然难，死也不容易。悲凉的气氛，凝重的声调，迟缓的动作，最后在小妹于窒息后的绝叫声中徐徐降幕。
　　柯灵的一、二幕完成后，团里的几个编导都大加赞赏。佐临更是赞为"创造性的改编"，准备自己来导演。接下去就要看师陀的三、四幕了。师陀坦称一、二幕"写得好"，感觉有压力。
　　已经是1944年的下半年了。世界反法西斯战争正在取得全面的胜利，在上海，敌伪的统治更严酷了。话剧演出艰难，除了社会、政治原因外，柯灵在年底写的《话剧在苦难中》又说到行业范围里的一些原因：一是演出"收入"少，举例说即便是能编、能导、能演的如石挥那样的"红"人，其收入远不及一个三轮车夫；二是话剧的"商业化"，影响艺术的发挥、发展；三是"剧评"不负责任，不是乱"捧"，就是乱"棒"。
　　《夜店》由佐临导演，石挥、张伐、丹尼、史原、莫愁等分演各角色，排练就绪。但时局和环境的窒息日益加重，《夜店》无法上演。剧本则在《万象》（1944年9—12月号，署名朱梵、师陀）连载刊出。抗战胜利后不久，《夜店》即将上演前，柯灵主编的《周报》（第十一期）刊出"关于《夜店》"特辑。师陀在《献词》一文中介绍剧本的特点，"第一，这表现在舞台上的不是故事，而是一个社会，我们生活着的这个世界的一角"，"第二，这是个所谓'情调'戏，而不是'情节'戏；郑振铎、徐调孚、许广平、夏衍、李健吾、巴金、索非、唐弢等人，从不同角度对《夜店》作了积极的评价。11月，《夜店》在辣斐大戏院上演。

虽然戏院的场地档次不高，但这部有上海生活和情调的戏还是吸引了很多观众。随后，武汉、香港和新加坡的剧团也上演了《夜店》，反响热烈。1947年，佐临建议由柯灵单独把话剧《夜店》改编成电影。佐临担任导演，拍摄后上映。

三十年后，上海人民艺术剧院重新排练、演出话剧《夜店》。柯灵写去了一封长长的、热情的信：《我们曾经生活在泥淖里——给上海人艺〈夜店〉剧组的一封信》（1979）。信中肯定了复演《夜店》对不了解旧社会生活的观众，特别是青年观众可能是"一服清醒剂"；同时对剧中的一些人物性格和戏份——闻太师、赛观音、小妹、阿满、金不换、戏子等——作了详尽的分析，还解释了"第二幕的结尾"、"最下等的小客店"。

> 《夜店》中的人物，除了独眼龙（即闻太师），无例外的在泥淖中挣扎求存，但其中的绝大多数，依然是这样的善良，有强烈的是非感，饥饿和屈辱并没有使他们的灵魂腐烂。他们用不同的形式反抗命运，只是没有找到正当的方法。正是这种性格色彩，给观众在灰暗中带来光亮，在寒冷中带来温暖。这种色彩表现得越鲜明，就越会博得观众的同情与共鸣。广大观众是否批准《夜店》，关键就在这里。

"苦干"成立后，在巴黎大戏院演出两年又三个月。1945年1月，迁到辣斐大戏院（辣斐德路今复兴中路323号，长城电影院）演出。抗战胜利，继续演出了三四个月后，于年底解散。其职业演出近三年之久，经济上不依赖资本家，组织比较小，作风比较朴素，演出比较严肃，就是"苦干"的特点。1946年，佐临为恢复演出后的上海剧艺社导演了陈白尘的《升官图》，此后转向电影界，到文华影片公司任导演。柯灵与佐临缘分未尽，重逢于"文华",继续他们志同道合的、进步的艺术合作。

五 "贝公馆"

1944年5、6月间,"二战"进入最后阶段,世界反法西斯力量在战场上已占有绝对的优势,正在走向最后的胜利。

6月,柯灵完成了《夜店》的一、二幕后,感觉如释重负。战争的发展,使他看到了胜利的前景,不由地想起了创办一份"政治性刊物"的事。半年以前,漫画家胡考潜来上海,在《万象》发表了《忆丁玲》一文,并在插页上刊登了诗和画。他偶然说起柯灵可考虑去办一个政治性刊物。说者无意,听者有心。一则在报界滚打了十多年,但主要与文艺打交道。二则都是被雇用,免不了有受制于人的地方。现在抗战胜利就在眼前,是否可以自己来办一个刊物,办一个超越文艺的政治性刊物呢?

正做着"政治性"刊物的梦时,"政治性"危险却突然向他袭来。从"苦干"演出的巴黎大戏院打来一个电话,说有两个人找他。他觉得电话里的说话声非常紧张,机械地反应是立刻问"是谁"?回答吞吞吐吐的,重复着"勿好讲,勿好讲……"他对自己的危险处境一直是有所意识和警觉的,猜想大约是敌伪方面的人要找他。他迅速地回顾、梳理近来的事,在心理上作好了准备。赶到巴黎大戏院,随即被带进了"贝公馆"去作"谈话"。

上海西区的法租界里,贝当路(今衡山路)可谓最具法国风情。行道上法国矮脚梧桐树影婆娑,洋房、别墅连片,透过"洛可可"风格的铁栅栏,可以看到里面的草地、树丛和造型各异的精美建筑,好像是从巴黎直接空运过来的。贝当路上有一所美国人开办的"美童公学",里面常常传出孩子们欢乐嬉闹的声音。而现在这个雅称"贝公馆"的地方，实际上却是叫人闻之丧胆的日本"沪南宪兵队"，一个关押、杀害抗日爱国志士的地狱、魔窟。

陆蠡就是被"沪南宪兵队"杀害的爱国作家之一。抗战后，文化生活出版社的吴朗西、巴金分别去重庆、广州筹建分社。上海社交由陆蠡负责，几年中出版的书籍竟达数百种。1942年4月，发往西南的抗日书籍在金华被扣，日本宪兵队追踪到上海，查抄、封存了书店。当时他并不在现场，可以从容趋避。而为了对出版社负责，他不顾劝阻，去巡捕房交涉，即遭关押，遂被引渡到"贝公馆"以及汪伪政府所在的南京审讯。他承认自己是"爱国者"！敌宪问："你赞成南京政府吗？"他说："不赞成！"敌宪又问："日本人能否征服中国？"回答是："绝不可能！"最终身殉。柯灵与陆蠡是要好的文友。在抗战胜利后，遂以《永恒的微笑——纪念陆蠡》（1946）一文悼念这位为国捐躯的作家：

我认识圣泉是在抗战第二年，当时正为《文汇报》编《世纪风》，托朋友请他写稿。稿来了，题为《囚绿记》，附着极为谦和的信，说是写得不满意，不合适可以退还，千万不要客气。事实上那是一篇隽永而精致的文章，那就是他的名作《囚绿记》。正如圣泉的为人，他的文字也是认真切实，一丝不苟，质朴中蕴藏丰深，而凝静如一潭寒碧。接着我去看他，彼此都没有谈什么，在我却是一次愉快的会见。

他在宪兵队里承认他是爱国者。如果在清明的世界，无间敌我，爱国决不该是遭忌的理由；可是"爱国有罪"，在我们本国政府的统治下尚且如此，何况敌人？圣泉不见得连这点乖巧都没有，可是他的正直毕竟使他在苟活与成仁中选取了后一条艰难的路。这就是圣泉。

太平洋战争后，日本宪兵队逮捕了许广平、夏丏尊、章锡琛等几十个著名的文化人，妄图由此突破上海的进步文化界，但没有一个人屈服于敌人的淫威。日军进驻租界不到一星期就逮捕了许广平，其目的是要从她那里找到"复社"的活动线索，"引鱼上钩"。她没有屈服，坚称"身体可以死去，灵魂却要健康地活着"，什么也不说，冒着极大的风险掩护同志、朋友，由此在暗无天日的黑牢里被关押了一年多。逮捕许广平时，宪兵队抄了她的家，其中抄到了柯灵送给她的《市楼独唱》等著作。审讯中，敌宪向她追查柯灵的下落，被她机警地搪塞过去。出狱后，她把这事及时地通知了柯灵，要他赶紧躲避。

敌宪与柯灵的"谈话"内容，围绕着"写抗日文章是什么人指使的"。"写抗日文章"是明摆着的。"什么人指使的"，敌宪企图挖出背后的重要人物。柯灵坦然承认写过一些文章，辩称不过是文人填饱肚皮、发点牢骚而已，无人从后面指使。敌宪威胁利诱、旁敲侧击均未果，遂使出一份"杀手锏"：拿出一份在上海的共产党人名单，要他一一指认。他看名单，竟然发现有"柯灵"。自己并不是共产党人啊！于是断定这份名单并不可靠，脑子里也就转出了对付的方法。名单中他认识的人有限，因为共产党人在沦陷区的地下保密工作做得很好。其中有"楼适夷"，他知道适夷恰巧在前一天离开上海，去了老家余姚。前几天两人还在一起吃饭，算是送行。还有"李琳"，他不能确定是否是那个艺名叫"李琳"的演员孙维世，如果是，听说她早已离开上海。他坚持说名单中的人一个也不认识、不了解。审讯没有套出任何口供。

建筑体洁白、典雅的"美童公学"后院里，很不协调地盖起了一长排小木板房，上面有狭小的窗洞和钉满铁条的外板墙，还有荷枪实弹的游动哨兵，一切都表明这是牢房。柯灵被关入内。以前只是在小说和电影里看到过牢房，此刻直接体验。他感到闷热和肮脏，更有一种对心理防线的摧折。

他正努力着去适应这个前所未遇的特殊环境，突然听到有人悄悄地用绍兴话叫他的名字。临时搭建的监狱简陋、粗糙，牢房之间的板壁上留有不少缝隙，相互间几乎一目了然。他就缝看去，原来是曾号称有"钢铁阵容"的《铁报》老板毛子佩。他在《铁报》时，便知道毛老板有抗日思想。刚要问"毛……"立即被毛子佩打住："现在对日本人谎称姓马。你为了什么事进来？"他答："不知道。""定心点，到了这儿，第一要定心。什么都不要承认，没有证据，就会释放的。吃点苦不要紧，我什么'生活'都吃过了。"毛子佩说话时仍是那种老板的镇定，甚至比《铁报》的"钢铁阵容"还要来得"弹硬"。他顿觉醍醐灌顶，七上八下的"心"即刻"定"了下来。抗战胜利后，他才知道毛子佩的国民党特工的真实身份。于是作诗一首，忆及故人"毛君"。诗见于杂文《狱中诗记》（1945.10.6）中：

> 何当重见马先生，共尽山阴酒百樽，记得隔墙曾寄语，千古艰难是定心。

接下来日日提审。他坚守"定心"两字，嘴巴上咬紧"不知道，不了解"。威胁的言语听了不少，却一直不见动刑。看来敌宪确实没有掌握有力的证据。大约是从其他的审讯中得到一些真伪难辨的口供，其中有"柯灵"这个名字。于是捕来"吓诈"一番，看能否意外地捞到一些什么东西。第七日，敌宪放了他。但严厉关照：一不许乱说，特别是"贝公馆"里的事；二不许乱动，要每周到"贝公馆"报到，接受讯问。出了"贝公馆"，他不由得想起那句话："自由真好！""苦干"的姚克等人曾设法托了关系去营救。

回到家中，意外地见到张爱玲的一张慰问内容的留条。对被"贝公馆"缠上的人，一般人唯恐避之不及，她偏前来探视，确实也表现出为人做事那种特立独行的作派。听说陪同她来的还有一个三十多岁的、打扮笔挺的男人。他猜想可能是胡兰成。张爱玲独来独往，这时正与胡兰成热恋。胡兰成当下"大红大紫"，身为汪伪政府宣传部政务次长、《中华日报》总主笔。柯灵性格偏于内敛，很少激动。他立刻给张爱玲复了一个短笺，感激之情溢于言表。而且觉得这个短笺是平生最好的文章之一，因为很难有真正激动的情绪。过后却也不见张爱玲再有动静。

四十年后，柯灵读胡兰成的回忆录《今生今世》，惊讶地发现有这么一段："爱玲与外界少来往，惟一次有个朋友被日本宪兵队逮捕，爱玲因《倾城之恋》改编舞台剧上演，曾得他奔走，由我陪同去慰问过他家里，随后我还与日本宪兵说了，要他们可释放则释放。"他这才知道当年还有这样一件事，一时心情十分复杂。这是不是就可以解释日本宪兵队始终没有动刑、最后一放了之的谜团呢？不清楚。胡兰成是大汉奸文人，为虎作伥，不提也罢。但对张爱玲的这场好心大生感激之情。屈指数来有四十年，她怎么就不提一下营救的事呢？但如果提了，那就不是张爱玲了。

要立刻向适夷通报"危险"情况。他让唐弢去信，叫适夷不要来上海。唐弢在邮政局工作，知道如何避开日本人的邮件检查。他不得不每周去"贝公馆"报到。敌宪每每纠缠不清，还提出替他们工作。他硬着头皮称"干不了"。几次下来，敌宪终于叫他不要来了。

柯灵继续编辑《万象》。同时又为上海春秋杂志社编了三本书：晓歌的《狗坟》、石挥的《一个演员的手册》，还有一本《作家笔会》。其中《作家笔会》是因于上海沦陷区的作家所写的

"怀人"之作，怀念一些去内地的、一时失去联系的作家，如《怀丁玲》（冈苏）《怀郁达夫》（昔凡）《怀茅盾》（东方曦）等十多篇，并借以表达"寂寞婉曲的心情"和"对于祖国的向往"（《关于〈作家笔会〉》，1945），故原题名就叫作《怀人集》。该书于1945年10月才出版。

1945年年初，柯灵从《万象》辞职。此后半年来几乎不动笔，只去钱庄、"苦干"做杂事。但一直在考虑创办"政治性刊物"一事，逐渐有了主意。一是打破自己一向独立编辑的习惯，邀请唐弢合作编辑。选择唐弢是因为志同道合，且唐弢以前对他的刊物多有支持，也是表示一种友好和感激吧。二是说动刘哲民出资做股东。两人相交三年，做金融的和做文艺的彼此惺惺相惜。唐弢、刘哲民慨然应允。三人草议：刊名拟定为《自由中国》；创刊号上说两个话题：一个是"如何处理伪币"，关系到沦陷区人民的日常生活；另一个是"如何惩治汉奸"，沦陷区人民对汉奸恨之入骨。它们将是战后最迫切的社会、政治问题。"万事俱备，只欠东风"了。

东风未到，一年前那种可怕的"噩梦"却先脚赶来。又是初夏，6月16日晚上，晚饭刚罢，两个日本宪兵突至柯灵住处，叫他去"贝公馆"里"谈话"。时天色转暗，细雨茫茫，有一种不祥的暗示意味。他坐在一敌宪的自行车后架上，向茫茫生死路行去。

果然！刚押入"取调室"，等在那里的萩原、水岛两个敌宪就逼供他的"党关系"。他们报出了夏衍、田汉、阿英、陆象贤等名字。看来，"谈话"不是像去年那样的"无头案"，而是无风不起浪。他无可招认，随即动大刑：坐老虎凳。老虎凳威力无比，使骨头格格作响，痛彻心肺，曾经撬开了多少"软骨头"的嘴巴。如此"三放三收"，完成一套程序。

柯灵并非体格强健之人，即使强健，肉体终无可抵挡刑具。抵挡刑具唯靠意志、精神，支撑他的就是意志、精神。一则夏衍、田汉、阿英早已撤走，即使没走，也不能说。二则牢记着去年"毛君"毛子佩的"经验之谈"："第一要定心"，"什么都不要承认"，"吃点苦不要紧"。毛子佩是同样的血肉躯体，他吃得"苦"，自己也吃得"苦"。审讯是这样的：你只要一招，会被认为还有更多的没招，麻烦就更大，是自讨"苦"吃了。他与所有肉体吃痛不过的人一样，只有两招反应。先一招是"喊娘"，一种从襁褓里养成的抵抗力。后一招是"打死我算了"的呻吟，一种生不如死的时候通常的选择。通常到这个时候动刑也就结束了，拖去关上，明天再来。

一旦用刑，就连日不断，这是"贝公馆"里的"正常待遇"。一连几天，他遭受了吃耳光、抽皮鞭、灌自来水等不断翻新的刑罚。几天下来，已不复人样，尤其是双腿受伤严重，想必是要残废。于是心里的仇恨油然而生。水岛一边像暴风般打他耳光，一边咬牙切齿地用一口半生不熟的上海骂人话来配合："触侬娘个比！侬坏来兮！写文章骂阿拉东洋人！"他在心里恨恨地答道："我偏要写！"他想：只要能活着出去，就要揭露和控诉他们反人道、反文明的罪行。

每次受刑回牢，他都庆幸居然又熬过了一次。同牢里还关着两个台湾人，是宪兵队抓来的伪军逃兵。一个姓林，忧愁焦虑，每当传来街车声，就说"在外头是多么好啊"！一个姓李，似乎豁达，还说"我们本来也是中国人，为什么要打自己人呢"？越日，二人被移解至北四川路的敌宪兵总队。在牢房里只剩一人时，他突感一种前所未有的孤独，直奔地老天荒。为排遣那难耐的寂寞，便在心里默默地做起诗来，乃画饼充饥。另一个念头却实际："若获释放，决作远行！无论如何，不再留在沦陷区里受

罪了!"后作诗为证:

> 肤摧骨折浑忘我,地老天荒草不春,愿向故邱纵一笑,轩眉长作自由人。(《狱中诗记》,1945)

连日用刑,对肉体和精神的摧毁力都是巨大的。他渐至不能自持之境。第五日,由萩原用刑。因为遍体鳞伤、体质虚极,受刑未几便伏地不起。敌宪终于亮出了"底牌"。萩原拿出一本薄薄的书,问:"是谁指使你写抗日文章?"他一看,是1940年"北社"出版的《市楼独唱》。他认得这本书:刚出版时,签上名字后送给了"北社"主持人之一的党员作家陆象贤。现在他大概能猜测到"贝公馆"此番抓他的原因了:日本宪兵去抓捕陆象贤,他却提前撤走了,敌宪抄家时抄到了这本《市楼独唱》,于是顺藤摸瓜。怪不得,一开始审讯时就提到"陆象贤"。

柯灵一直记着陆蠡一事的"教训":不要承认"爱国"。萩原指着书,又是威胁,又是利诱。此时他再也忍受不住,颓然无力地说:"你是日本人,你爱日本;我是中国人,我爱中国。书既然给你抄到了,书里比我说得更清楚,请你不要再问我了。你打死了我,也就是这两句话。"萩原竟然一时语塞。是因为被这段"爱国"答词震动了?是因为不过是个文弱书生,确实招不出什么东西?还是因为连日动刑后已命悬一线,再也吃不起打?总之,萩原居然一反常态,立刻把柯灵驮在背上,送去了牢房。此后四日,不见提审。但周身内外,痛楚万状,日夜如受脔割。至第九日,突获释放。照例被严厉关照不得乱说。

他心里则说:一定要说出"贝公馆"野蛮、残暴,一定要通知有可能进"贝公馆"的朋友赶快避走。抗战胜利后,柯灵发表

《狱中诗记》一文，为"贝公馆"全程遭遇作"七记"，每记皆附"说明"，前有"小引"。所记分别为"被捕"、"坐老虎凳"、"寡母"、"林君"、"李君"、"毛君"、"向往'自由'"、"劫后余生"。谈论《狱中诗记》的诗艺如何无甚意义，因为其诗皆为"血泪"与"仇恨"之作。佐临曾多方设法营救。获消息，即刻前来"贝公馆"接走柯灵，直接送至医生朋友家，诊断后得知严重伤及骨头、脏腑。遂急送红十字会医院，养伤一月余。

　　炎夏的8月9日，佐临、柯灵两人"出逃"到达杭州，准备待机转道安徽屯溪远行重庆。第二天起，逐渐传来好消息：苏军出兵东北，原子弹扔长崎，日本要投降了。听说上海的南京路、静安寺路上人山人海，见到日本兵就围住哄骂、扔西瓜皮。抗战要结束了，这是真的吗？杭州却没有动静，只有日本宪兵队在到处张贴"威胁"告示：若有人造谣生事，严惩不贷。

　　见到了佐临的弟弟、建筑学家佐燊一家三口。还有一时隐于西湖边的老朋友陈西禾，《世纪风》时由郑振铎推荐来的、有才情的作家，长于戏剧。约好一日，大家一起游览西湖、岳坟、玉泉，晚上去湖滨喝茶。惟西禾不参加，因为天生胆小，怕万一惹上麻烦。

　　15日，日本投降的消息趋明。柯灵等人送佐燊去湖边的"西泠饭店"，进店时偶见一个难得的场面：一群日本军官低头肃立，一台无线电收音机正在送出严冷而悲哀的日语广播。柯灵马上想到：日皇的投降诏书吧。他亲眼目睹了中华民族最凶恶的敌人——一个野蛮的军国主义国家瞬间倒下的历史性一刻。这样也就不虚此次杭州之行了。一年后，柯灵与唐弢、师陀再游西湖，听到船夫讲起一件事：日本宣告投降后不久，有一对年轻的日本夫妇坐船至湖心，男的纵身跳下，船夫欲救，女的苦苦哀求别救他。柯灵听后，情绪复杂：黩武主义对日本人的麻醉竟深至如此。是该悲悯、憎恨，还是该悚惧？随作诗一首记之：

忍看降幡出帝城，水天渺渺一遗民；蒙羞岂欲朝西子，千古恼人是战声。(《在西湖——抗战结束那一天》，1946.5.9)

从"西泠饭店"出来，一行人心情格外好，去"楼外楼"饭店吃饭，还喝了酒，以示庆祝。酒后下湖坐船，佐临忘不了他的戏剧，提出乘逗留杭州的几天弄一部戏出来。但他又说了一句冷静而有意味的话："打完了仗，干戏也许更麻烦了。"这是对抗战胜利后"干戏"的一个预言么？当晚柯灵怎么也睡不着：胜利了吗？是在梦里，还是现实？这么大的历史事件，就这么轻轻地收场了？寂静的夜晚没有回答他。第二天，大小各报都证实了"日本投降"！杭城到处是国旗、锣鼓、鞭炮和欢呼庆祝的人群。这一天，他终身难忘！他在逃亡的路上迎来了抗战的胜利。

抗战八年，从上海"八·一三"保卫战的炮火中投身《救亡日报》《民族呼声》，历经了"孤岛"、沦陷的全部日子，在逃亡路上的杭州迎来了胜利。这是柯灵一生中一段十分重要的经历。他的编辑生涯，创作生涯，包括杂文、散文、电影、话剧、文艺评论，都走向了或即将走向高峰。它们并非象牙塔里的自我陶醉，而是实实在在的战斗，甚至是殊死的战斗。这段经历将会牢牢凝聚在他的心里，成为今后思想、写作的一种特殊的、丰厚的资源。确实如此，后来有许多忆旧文章与抗战话题、背景有关，也给后人留下了一些珍贵的历史资料。

他的亲历、目睹，使他憎恨日本侵略者。但他不是一个感情用事、褊狭的民族主义者。他是这样看待中日关系的：

> 我个人曾两次进日本宪兵队，但这丝毫无损于我对日本人民的友好感情，无损于我对日本这个伟大有为的民族的钦佩。但过去两个邻邦兵戎相见的不幸事实，却应当永远引为前车之鉴。"度尽劫波兄弟在，相逢一笑泯恩仇。"鲁迅的诗句，正是中日人民世代友好，绵延不断的预言。(《纪念许广平同志——〈遭难前后〉新版序》，1980)

> 播种仇恨只会结成循环报复的恶果，化干戈为玉帛却是美好的理想，中日人民化敌为友，就是这种理想的体现。而这是用无法计量的代价换来的，日本军国主义以举世罕见的惨祸强加于中国人民，也给日本人民带来深重的苦难，同时使大和民族在全世界面前留下了野蛮和不义的丑恶烙印。中日人民世世代代友好下去，绝不应该成为仅仅动听的政治口号，而应该把它看作空气和阳光一样，因为这是出于现实生活的需要，中日和世界人民的需要，这是任何一个有识之士都能认识到的。但事实表明，日本有一部分右派人士并不如此，他们热衷的是史海倒流，重现他们祖传的野心。——的确，"只要是这样，那情况就是严重的！"(《倒流——纪念七七抗战五十年》，1987)

这些话表现出一个中国知识分子应有的清醒、正义和睿智，也可以说是代表着中国人民的一种和平愿望。

上海《中央日报·文综》

《文汇报·浮世绘》

《周报》杂志创刊号

新民报晚刊·十字街头》

香港《文汇报·彩色版》

香港《文汇报·社会大学》

《文汇报·读者的话》

上海出版公司"三大杂志"（广告）

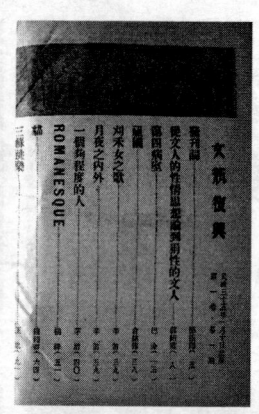

《文艺复兴》杂志创刊号

影片《海誓》剧照

《活时代》杂志创刊号

影片《夜店》

电影剧本《腐蚀与海誓》

争取和平、民主的日子

一 《周报》

柯灵无须远行重庆了。本可借机欣赏杭州的湖光山色,但上海那边的两拨人马十万火急地催他回去。一拨是严宝礼,催他回去复刊《文汇报》;一拨是唐弢、刘哲民,催他回去创刊《自由中国》。沪杭线三百公里,半日可抵上海。但隆隆的列车,多归"军用":战胜的政府军队忙于去上海接收,战败的日本军队忙于转道上海撤回。

挨到8月底,柯灵一行总算挤上一列人满为患、吵闹不堪的火车赶到上海。在上海,庆祝抗战胜利的狂欢转瞬已经过去,眼下社会秩序大乱,市民极为失望和不满。国民党接收大员蜂拥而至,为"摘桃子"彼此之间剑拔弩张。一时,接收大员们的"五子登科"成为上海一大"讽刺"景观。夏丏尊愤懑地责问:"胜利,到底是谁的胜利?"而十多天前,佐临就担心"干戏也许更麻烦了"。

先说《文汇报》这边。柯灵一到上海,就被严宝礼急急地拉去。严宝礼是办报高手,善抓时机,动如脱兔。8月15日,日本正式宣告无条件投降,第二天《文汇报》复刊。严宝礼请出储玉坤来主持，陈钦源、范泉两编辑辅佐，暂出"号外"应景。《文汇报》先声夺人，但是"力度"有限：八开一张，如小报格局。更是缺乏引人的"看点"，甚至立场、观点变味，完全没有以前的磅礴大气、正义旗帜。严宝礼急电徐铸成、柯灵前来走马上任。徐铸成远在重庆，又忙于筹划出版《大公报》"上海版"。

等到柯灵见过这张《文汇报》"号外"后，连连摇头，即刻策划改版。9月6日，改版后的四开大报《文汇报》出版。柯灵担任主笔和副刊主任，同日《世纪风》复刊。他作了简短的《〈世纪风〉复刊词》（1945.9.6），表示"新生"的喜悦和愿望：

> 一个小小副刊的荣枯绝续原不算什么，可喜的是窒人的时代已经过去，国家的运命在苏生，一切都在苏生了。我愿望《世纪风》的复刊，至少能带给读者一点新生的喜悦，也有点亲切之感。
>
> 文艺的沃土是自由的空气，我们应该有理由祝颂《世纪风》的成长和健实。

然而《世纪风》的"亮度"难以照亮《文汇报》。总编班子依然立场不稳，脱离广大群众，甚至混淆是非，由此招致广大读者的不满，发行量不断下跌，广告客户大幅度减少，报纸经营出现了危机。严宝礼心急如焚，准备实施改组。

再说《周报》那边。唐弢、刘哲民按预定的计划，已经征集了"如何清理伪钞"特辑的稿件，唐弢已经写就了"发刊词"。他们忧心忡忡地问柯灵："局势很混乱，怎么办？"他们没有办过刊物，忧心是必然的。柯灵不同，比他们"多一点决心，少一点顾虑"，决定按计划进行。敌伪报刊寿终正寝，政治性刊物一时为"真空地带"，而混乱的局势又正需要一份政治性刊物，可谓

"机会难得"。但《自由中国》的报名已经不能用,抗战胜利后没有想像中的"自由"出现,中国离"自由"尚远!柯灵改报名为《周报》,很具体,又不受拘束,且平仄协调,叫得响。在主持完成《文汇报》改刊两天后,9月8日《周报》创刊,是上海抗战胜利后问世最早的一份政治性刊物。

柯灵把《周报》的班子戏称为"像一个简陋的手工业作坊"。唐弢、柯灵列名主编;助编兼校对是《万象》跟过来的杨幼生、王湛贤;财务会计孙秀珍,是刘哲民的外甥女;管出版发行的是周启明;一名勤杂工兼外勤赵镒浮,是柯灵童年时代在绍兴的小朋友,为了照顾他的生计;发行人也是投资人之一刘哲民,另一投资人钱家圭,两人同是晋成钱庄的经营人,不久又有王辛笛、张邦铎加入投资。发行所、编辑部在厦门路136弄尊德里11号的一间统厢房里。

《周报》第一期的"发刊词"以"加强团结,实行民主"为旗号。国民党变脸甚快,柯灵虽改刊名《自由中国》为《周报》,却未改"发刊词"。是照顾唐弢的办刊、写作"热情"?按说,他是负责人,而写"发刊词"一类更可谓轻车熟路。在版权页上两个编辑列名的次序上,柯灵把"唐弢"列前。虽说邀请唐弢时,并未指明正、副。但按说柯灵列于前也是顺理成章。这是柯灵向来的谦虚吧,那种时候他总是把自己的名字列于后。可是当时唐弢就在一边,他很高兴自己的名字在前面,却连一句表示客气的推辞话也没有。这就使"好好先生"柯灵有些想法了。但也没有多想,大约是淡泊名利,是面子太薄,是觉得不值得斤斤计较,首先办好刊物才更重要。

不料"发刊词"被国民党市党部指为"通共",威胁"非加以禁止不可",《周报》险些夭折于襁褓。柯灵去周旋后,在第二期的《编后记》里作简短地补充说明,最低限度地表白《周报》

的性质、立场和宗旨，以求取政治压力下的一线生存：

> 《周报》是几个私人创办的刊物，同人既无党派的观念，更无政治的成见，只是站在国民的立场，拥护政府的原则下，以善意的态度立言，以促进中国的开明与进步。我们深信中国是应该进步、强盛的；而每一个国民，都有服役于这种理想的义务与权利。

柯灵在完成《文汇报》改版和《周报》创刊后，开始两头忙碌。《周报》呱呱落地时，国民党上海市党部刚恢复成立，其属下的宣传处专事审查出版前的刊物校样。宣传处长毛子佩，此时风云际会，已是国民党新贵。因着《铁报》和"贝公馆"前后两段缘分，柯灵直接去了毛子佩的办公室，要求《周报》免审。毛子佩还算是讲面子、卖交情，无可无不可地算是默认同意了。恰在这时，一个春风得意的年轻人进来，见桌上放着《周报》，大声说道："《周报》，看见伐，迭个末事，靠勿牢。"一口上海话，"迭个末事"就是"这个东西"。毛子佩不动声色地把话题岔开了。过后毛子佩告诉柯灵，那人是庄鹤矧，三青团的重要骨干，炙手可热的接收大员。毛子佩不再多说，看来是不想收回刚刚作出的允诺。柯灵也就心照不宣，此后《周报》不再送审。

9月，柯灵了却了一件在《万象》时留下的憾事：采访京剧大师梅兰芳。长篇访问记《梅兰芳的一席谈》，作为《文汇报》的专栏文章，从9月7日开始，连载三天。访问记详尽地记录了这次两人长谈的经过和内容，穿插描写、评价和赞赏，透露了抗战八年中梅兰芳的行踪遭遇，鲜为人知的处境、心态和兴趣爱好，家里的格局陈设，是否还要登台唱戏，对话剧和京剧表演的看法，使读者如身临现场，直接感受到梅兰芳的音容笑貌：

> 老吗？我看不出来。他依然潇洒，精神健旺，态度宁静，看不出有什么衰老的影子。头发梳得很光，穿着洁白的衬衫，整齐大方，恰如我们从画报上所习见的他的照片一样，留了几年的胡子是薙去了。
> 艺术家有他的尊严，梅先生的牺牲无疑替中国人民争了光，替戏剧界争了很大的面子，值得我们用庄严的笔墨来记述的。

不久，战后的第一个国庆节到来，梅兰芳息演八年之后首次登台亮相，演出《刺虎》一剧。这天，《文汇报》的"新闻版"刊登了署名梅兰芳、由柯灵执笔的《登台杂感》一文。在同一天《文汇报》增发的"画报"上，刊登了梅兰芳的题为《春消息》的、寄托个人心志和胜利喜悦的寒梅图，还配上了梅兰芳蓄须和无须的两张照片。不久，在《周报》的特辑"我理想中的新中国"里，梅兰芳受柯灵邀请参加了笔谈：谈戏剧将是文化事业的一环，谈戏剧工作者将是人民的艺术家，谈京剧将如何改革。

柯灵如此热心地宣扬梅兰芳的复出，自有其深意所在：让人们真正地了解梅兰芳、京剧乃至中国戏剧文化环境。中国自古倡优并列，属于底层阶级。五四运动扫荡旧文化，京剧遭池鱼之殃。旦角更是雪上加霜，受双重鄙视。歌舞之事，自古男优女伎，各自为曹，这就是戏台上男扮女装的由来。民国初期，保守派视男女同台为"有伤风化"，激进派则认为是一种腐朽落后的现象。即便如大师者梅兰芳，旧文人称"梅郎"是传统的轻薄，新文人称"梅博士"是表面抬举而实际嘲讽，戏目广告大书"伶界大王"是标举商品价值。这三种徽号,正好表现出梅兰芳在当时所处的戏剧文化生态。经过抗战,人们对梅兰芳改变了看法。他是一"戏子"吧,其民族气节足以使人肃然起敬。比较一些知识界的软骨动物,更显得卓尔不群。

> 小报界和鸳鸯蝴蝶派对梅乌烟瘴气的捧场是司空见惯,进步报刊对梅这样热情的肯定和宣扬,《文汇报》可以说是第一家。(《想起梅兰芳》,1993)

还是9月,从重庆来了一位朋友,带来了蔡楚生的一封来信,令人感到太意外和惊喜了。信是"1945.8.15.午"写的,就在抗战胜利的那一刻,蔡楚生想到了上海的朋友,尤其是柯灵。战时,他从上海到香港,香港沦陷后到桂林,再去重庆。自去桂林后,他的音讯断绝,有小报曾传他去世的"噩耗"。现在,他活着!当晚,柯灵就写了《蔡楚生无恙》("1945年9月12日清晨")并附录《蔡楚生重庆来书》,在《周报》上刊发。文中评价了抗战时期的蔡楚生,同时也可以看出作者对战后的时局、社会相当不满意:

> 战争八年,他一直站在自己的岗位上,与穷苦斗,与疾病斗,与他感情上的创伤斗,同时与一切阻碍中国前进的绊脚石斗。他宁肯吃大饼,睡地板,保持艺术家的庄严与伟岸,而不肯做反动政客的尾闾。
> 为了民族,为了人类,我们的艺术家不惜默默地吃苦、战斗,献出他们的心血乃至生命。可是胜利的意义是什么呢?是为了多一群肥头胖耳,在困难中发财的商人吗?是为了春风得意的大小贵人吗?为了艺术家永远的孤独、贫困,

并且默默地忍受迫害吗？

《文汇报》终于改组。11月，徐铸成推荐宦乡前来"主政"《文汇报》。宦乡原为《前线日报》总编辑，经验丰富，作风凌厉。因与原报社在办报方针上的分歧难以弥合，正辞职在家。宦乡提出必须转变《文汇报》办报方针，把反对内战、推进和平作为第一要义，哪怕因此得罪了国民党政府，也要在所不惜。1946年起，《文汇报》在版面和内容上都发生了一系列崭新的变化，其中最显著的是柯灵主编的《读者的话》创刊。4月，徐铸成归来《文汇报》，5月起任总主笔，宦乡任副总主笔，柯灵还是主笔和副刊主任。得三员大将，《文汇报》因此发生重大转折，雄风再现，成为国统区的一个十分响亮的正义"声音"，传遍全中国。但是随着国民党政府反和平、反自由的倒行逆施日益升级，《文汇报》能生存下去吗？

柯灵忙于两报，直感分身无术，却是"屋漏偏遇连阴雨"。一张外地小报，居然不问青红皂白，在一批汉奸作家的名单中列入了"柯灵"。受此极大的侮辱，他愤怒至极，立刻写信表示强烈谴责。其时很多大后方的归来者都以胜利者自居，视沦陷区人民不是汉奸就是顺民，成为胜利曲中的一种不谐之音。就在这时，国民政府派专员前来拜访柯灵，送上一份宣传委员的"委任状"，并表彰"被日寇逮捕，严刑拷打，坚贞不屈"云云。同时受委任、表彰的还有柯灵熟识的严宝礼、费彝民。10月10日，国民政府又颁发一批胜利勋章。在报上公布的获勋者名单中，有国民党大小将领，共产党方面的一些领袖人物，也有严宝礼、费彝民、柯灵三人。这样，对柯灵的谣言、中伤不攻自破。柯灵没有去领取这枚代表他参加抗日的荣誉、功勋的勋章，因为他已经对战后国民政府的一系列行为日益不满。但胜利勋章还是由他人代领后送来。想不到在若干年后的"文革"中,这枚勋章也成为"罪行"之一。

10月,王新衡通过关系约柯灵到他在环龙路(今南昌路)圣保罗公寓的寓所吃饭。他是"军统"复兴社特务处上海特区区长,权倾一时,能够调动数支秘密的情报组、行动组和公开的特务、警察机关。据说他曾与蒋经国同在莫斯科中山大学留学读书,关系密切。柯灵并不认识他,但听说过他的一些传奇故事,也知道他专事策反左翼作家的工作。柯灵不得不赴约。王新衡仪容潇洒,礼节周到,觥筹交错之间只作闲谈。倒是柯灵沉不住气,问起他对《周报》有什么意见。他只是用一个外交辞令"蛮好"答之。柯灵主动却轻描淡写地与他摊牌:《周报》是无党无派的刊物,目的在于发扬民主;若看出什么问题,请随时予以关照。王新衡听后不置可否。

不久,柯灵在《文汇报》的一次宴会上与王新衡再度见面,也只是寒暄一番。事后严宝礼告诉柯灵,王新衡在背后对他有一评语:"柯灵柯灵,其实可怜。"像一句四言诗,巧妙地利用了"柯灵"与"可怜"的谐音。意思是说:国民党给你很高的荣誉,你不要;你柯灵又不是共产党,却甘愿去做共产党的尾巴;那么,你"柯灵"实在是"可怜"了。王新衡不愧"专事左翼作家的策反工作",一言中的,对柯灵不屑一顾了。

除了政治和社会改革的明确方向外,《周报》并无周密的编辑计划。柯灵主管编辑,唐弢负责笔政,只是一个自然的、大致的分工。因为柯灵长于编辑,又是刊物的构想、策划者,自然负责编辑这一摊。每期的"评坛"一栏,采用短评的形式放谈时事,大部分由唐弢执笔,其中以"浮"、"芜"、"村"为笔名的则为柯灵所写。《周报》发表过两篇表明刊物重要立场、态度的社论,唐弢写了《我们坚决反对内战》(第10期),柯灵写了《我们的声诉》(第12期)。两人的政治大方向一致。柯灵对工作上的关系,取"彼此尊重、互不干涉"原则。唐弢的文章,他从不提出意见,经手后就发排。自己的文章,就直接发排。他独立决定《周报》的方针、内容和风格。两人有过一次激烈的争论,为的是柯灵的《苏军在撤退中》(1946)一文要不要刊出,最终还是刊登了。"苏军撤退"确是一个敏感的、复杂的政治问题。该文的主要论点是对内民主不让,对外主权不让,尊重中苏友谊,反对国民党反苏反共,但同时强调注意群众的民族感情:

> 最近发生的反苏浪潮是有其复杂的因素的。主要的是国民党中的顽固派对政治协商会议的成果感受威胁,觉得对自己不利,东北问题来得正好,他们于是乘机制造空气,"扬汤止沸",目的在于转移视线。但问题并不这么简单,其中至少有一部分人是出于民族感情。这些人中间,只有狭隘的爱国冲动者是一种;理智上明明知道这是顽固派在挑动,在实行"偷天换日",而在情感上又觉得东北问题难免使我们的自尊心受到伤害,因而产生不虞之感者又是一种。
>
> 所以谈到东北问题,我们必须注意两个前提:第一,我们应该尊重这种爱国情绪,无论在什么场合,这种情绪都是可宝贵的。其次,因为问题的复杂性,我们得保持适当的冷静。

《周报》的"寿命"差不多一年。这一年却是时局极为动荡的一年,而《周报》成了一个感应灵敏的社会、政治时局变动的"晴雨表"。它本着素朴的政治信念,不断地提出战后人民的最低要求:惩治汉奸,整顿经济,安定民生,重建教育,振兴文化,取消一切侵犯人权的法令,保障言论、出版、集会和结社的自由。随着形势的急剧变化,"要求和平、反对内战"、"要求民主、反对独裁"的呼声压倒了一切。

"反对内战"是《周报》的一个激越的声音。《周报》站在和平的立场上大声疾呼,指陈利害,公正论证。社论《我们坚决反对内战》虽及时地表明了立场、态度,但也显得天真:"我们以为当前老百姓所注意的不在乎谁先开枪,而是谁在开枪,我们要求立即停止进攻,同时也立即停止抵抗。"

反对专制独裁、还权力于民众是《周报》另一激越的声音。柯灵的《团结前途》(第29期"评坛")呼吁:

中国目前最重要的课题,首在完成和平团结统一民主。但需要和平,必须团结;完成统一,首在民主。团结要靠双方的诚意,互信互让,缺一不可;而实行民主,虽然都有责任,重心在国民党而不在中共,因为政权在国民党手里,这是明明白白的事情。今日惟有彻底而没有假借的实行民主,始可以打开僵局,消除芥蒂,使一切迎刃而解,又是一个颠扑不破的真理。

国民党秉政二十年,中国忧虑频仍,民生垂绝,而顽固派直至今日还竭力要想保持"一党专政"。这样下去,和平民主固然无由实现,分裂灭亡却是必然的结局。

在专制独裁统治下,出现了一件件镇压民主人士的血案、一幕幕践踏自由的丑剧。《周报》的反应迅速而强烈,给予大胆的揭露、凌厉的反击。最具爆炸性新闻的是两个特辑。一个是"昆明血案实录"(第15期)。1945年12月1日,西南联大等五校学生因集会反内战,遭反动军警血腥镇压。事出偏远的昆明,国民党对全国实行新闻封锁。傅雷得"十二·一"血案材料后，即交柯灵。《周报》遂以大量的文字记载和照片提出"血的控诉"，揭开了血案的真相和黑幕，引起了极大的社会震动。随后又继续对事件进行跟踪、抨击。柯灵发出一连串严词质问，而矛头直指"云南警备司令"关麟征：

> 我们不是口口声声在喊民主吗？今日之下，谁有权力禁止反对内战？谁有权力向徒手的学生开枪动武？当局明令保障人权，开放集会言论出版自由；昆明军政当局有何权力公然禁止集会？并且，明明是有人主使制造恐怖事件，为什么偏又在报上捏造所谓"匪劫"的新闻，诬学生为匪，这是什么用心？（《昆明学潮》，1945.12.8）

继"昆明血案"后，又接连发生"李、闻血案"、"南通惨案"、"重庆较场口惨案"、"南京下关事件"等，《周报》都有强烈反响。柯灵拍案而起，《终止暴行》（1945.12.29）《重庆较场口惨案》（1946.2.16）《再论重庆较场口惨案》（1946.2.23）《再论南通惨案》（1946.4.20）《读报偶感》（1946.7.20）等，拿起笔勇敢无畏地参加争取民主和自由、反对专制和暴行的战斗。

另一个特辑是"警管区制剖析"（第37期）。从1946年6月1日起上海实行"警管区制"：警察分区管理，在区内可随时破门到访居民，借防止"非法活动"为名，实质是一项加强反共的手段措施。"警管区制"激起一片反对声浪，在社会上讽"警管区"为"尽管去"，在法令的掩护下胡作非为。《周报》布置坚强的笔阵予以反对、批驳，最后导致废除"警管区制"。柯灵一马当先，连续作战，发表《保卫家园》（1946.5.11）《暴风雨前奏》（1946.5.18）《警察现代化》（1946.6.4）等文。同时在他主编的副刊《文汇报·读者的话》中，从 5 月 7 日起，几乎连日发表关于"警管区制"短评近十则，与《周报》合力，双管齐下，威力益强。《保卫家园》中尖锐地指出：

> 我们不妨揭穿了说：这种举措，借名治安，实为防共。党派地位平等只是表面文章，党派斗争仍然无所不用其极。最近天津的挨户搜查大肆拘捕就是明证。国民党的法西斯作风是愈来愈表面化了。但这样对付共产党，是没有什么用处的，十八年的内战也没有把他们消灭就是明证。归根结蒂，遭殃的还是安分守己的良民。

《周报》激越的声音，是柯灵、唐弢领唱下的多声部合唱：马叙伦写了特务在南京殴打上海和平请愿代表丑剧的《南京七日记》《记六·二三下关事件后的余感》，郑振铎逐期发表回顾抗战八年黑暗岁月的散文《蛰居散记》，平心阐释中国共产党的理论和政策的《与一个美国军人的通信》，周建人具有逻辑和辩证特点的政论《我们要生活得好论》《战争·科学与民主》《论民族气节》。夏衍、宦乡是两大台柱，还有胡绳，《周报》所刊大量高瞻远瞩的时局分析，都出于他们的手笔。如夏衍的《论中苏关系》《再论中苏关系》。署名直接用"夏衍"，并注明"文责自负"，其中含有保护和尊重《周报》无党派立场的用意。他看到《周报》上接连刊出揭露军统内幕的文章时，又特别叮嘱柯灵要注意策略和安全。吴晗为《周报》写过不少评论和旅行通讯，费孝通的《初访美国》在《周报》上逐期连载。

一些活跃的民主战士，柳亚子、马寅初、施复亮、张志让、林汉达、周予同等，也以《周报》为表达政见的讲坛。郭绍虞的《什么是孔孟的真精神》指出"狂者进取"是国民应有的精神，许寿裳的《国父中山先生和章太炎先生》高呼要切切实实地"实行三民主义",以及胡曲园的《谈思想自由之路》《偶像论》,王伯祥的《香港在地理历史上的检讨》等。出力最多、年事最轻的是静远,他是《周报》的特约撰稿人,几乎每期都有文章发表,同时兼任《文汇报》的特约记者,写了许多出色的采访报道。

政治性兼文艺性、新闻性,形成《周报》的风格。政治风格,首先,其鲜明的特点是人民性。从人民的立场、要求出发,争取政治民主、社会进步。《周报》声明"无党无派",但有倾向性,倾向于人民。其次是开放性。除了官话外,容纳各种不同的声音。《周报》上发稿的作者,有自然科学家朱洗、顾均正,政治、思想上坚持独立见解的梁漱溟,还有张学良、冯玉祥的诗,曹聚仁的《谈新赣南政治》等。又特设"每周文摘"一栏,广开言路。转载黄炎培、胡愈之、沈兹九、左舜生、杨刚、丁玲、刘白羽、张恨水,以及《新华日报》《大公报》等多种报刊的文章。再次,坚持开放性,但掌握原则性。《大公报》以"民间报纸"为面目,一度某些作者、文章却有为国民党政府"小骂大帮忙"之嫌。《周报》给予严肃地批评,如静远的《论大公报的态度》,蔡尚思的《大公报上的封建政论》《评王芸生对中国历史的看法》,郭沫若的《摩登堂吉诃德的一种手法》等。

文艺风格也较为突出。一是在于大力吸收新文学一派的作家、作品,郭沫若、茅盾、叶圣陶、巴金、徐调孚、耿济之、田汉、洪深、冯雪峰、楼适夷、许广平、胡风、何其芳、艾芜、许杰、李健吾、陈白尘、吴祖光、刘厚生等都利用《周报》阵地发文。《周报》的三个特辑,"我理想中的新中国""十五天后能和平吗""我们控诉",广泛邀请有社会影响的代表人士参与笔谈,其中有不少文艺界的人士,如梅兰芳、黄佐临、吴仞之、石挥、陈翰伯、柳湜、沈志远、钱锺书、杨绛等。二是《周报》以文字为主，兼及漫画。封面例有一幅：早先刊丰子恺的作品，创刊号上用的是"炮弹作花瓶，人世无战争"一幅；十五期开始由丁聪包办，配合内容，对现实政治进行讽刺。"苦干"的同事孙竦以"左拉"为笔名，从创刊号起就为《周报》作漫画。三是在于《周报》重视编排的新颖、活泼和醒目，也借助于美术。美术趣味的字体、色彩、花边等，做得很考究。刊名"周报"二字，占十六开本封面上部的半面，每期用不同的颜色套印。下部的半面，左为漫画，右为目录，显得朴素而醒目。

新闻风格，是在议论为主的《周报》上兼及报道，显出事实说话的真实性。一是注重报道、特别是重要政治新闻的报道。如《陪都暴行目击记》《校场口血案开审记》《记南通血案》《陈公博受审记》《东北之战秘记》《满洲山水人物》《津浦路徒步南行记》等。二是每期都有"读者通讯"一栏，汇集全国各地的声音，社会各层面皆有投书，教师、学生、职员、工人、农民、商人、公务人员、警察、军人，国民党的逃兵、忏悔的特务、战后从日本回国的苦力、台湾同胞等，形形色色、无奇不有，涉及的事情和问题，多是新闻网外的遗闻，一般报刊不载。

《周报》与《文汇报》之间有一条无形的纽带，使之成为攻守同盟。纽带的结成，自然因为柯灵无疑。他既是《周报》的创刊人、负责人，又是《文汇报》的主要编辑之一，占有取得两报守望相助的便利条件。《文汇报》的一些过于尖锐的"读者来信"转到《周报》发表。对有些重大的事件和议题，如"警管区制"问题，策动两报彼此呼应。《文汇报》的副总主笔宦乡是《周报》上政论的重要作者，还有陈虞孙、徐铸成、刘火子、张若达、木耳等也写稿支持。抗战时期在《文汇报》上结识的青年作家，也纷纷给《周报》来稿，经由柯灵的引荐，黄裳、何为、林莽（王殊）到《文汇报》当记者。《周报》上新结识的青年作家静远、陈尚藩、郑拾风等,也经他介绍到《文汇报》去工作。当《周报》风雨飘摇时,他推荐唐弢到《文汇报》负责编辑副刊《笔会》。

二 "民进"、《读者的话》、上海出版公司

1945年底与1946年初之交,柯灵做了三件大的事情:参与中国民主促进会的创建、成立;主编的《文汇报》副刊《读者的话》创刊;《周报》所属的《文艺复兴》月刊创刊,并成立上海出版公司。

第一件事。中国民主促进会于1945年12月30日在上海成立,简称"民进"。主要创始人马叙伦、王绍鏊、周建人、许广平、林汉达、徐伯昕、赵朴初、雷洁琼、郑振铎、傅雷、柯灵等,大多是抗日战争时期留居上海的文化、教育界进步知识分子。在敌伪统治下,他们与中国共产党人一起,坚持抗日救亡斗争;抗战胜利后,又积极投入反对内战、争取和平、反对独裁、争取民主的爱国民主运动。根据斗争的需要,经过充分协商,决定成立一个以"发扬民主精神,推进中国民主政治之实现"为宗旨的群众团体。通过民主投票,选出马叙伦为主席。柯灵这样评价马老的政治和写作成就:

他弱冠参加政治活动,辛亥、五四、反袁、第一次大革命,无役不与,现在形势又把他推到舞台前面,成为老当益壮的民主战士。他奔走呼号,口诛笔伐,齐头并进。因为曾经沧海,他大量抨击现实的文章,常常引据故实,反复论

证,以见历史潮流的不可逆转。他记述蒋介石慰问上海父老的《茶会补记》,嬉笑怒骂,活画出那种封建式庙堂酬酢的傲慢、卑怯与虚伪;写特务在南京殴打上海和平请愿代表丑剧的《南京七日记》《记六·二三下关后的余感》,情真理足,语重心长,完全可以当"民国野史"读。(《〈周报〉沧桑录》,1985)

柯灵被选为"民进"理事会的十一名理事之一。对于"民进"和参加"民进",柯灵是这样说的:

> 按我的工作、生活和气质,只是普通的知识分子,说具体些,是作家和新闻工作者。出于对民主、和平的长期向往,对国民党政府独裁内战政策的强烈反感,投入了汹涌的民主运动,主要手段也还是办刊物、编报纸、摇笔杆。也因此参加了中国民主促进会。"民进"发起人和初期的领导核心,主要是学者、教授、作家一流人物,是个群众团体,而不是政党。我因为"民进"这段经历,无意中得到了"民主人士"的身份。(《缅怀李维汉同志》,1989)

参加"民进"并当选理事,这对他意味着什么?他一向自认为不热衷于政治。实际上,从30年代到上海不久,就已经遭遇上政治。抗战时期和胜利后,对政治的介入已经很深。只不过他不参加政治党派。他的《周报》,也强调"无党无派"。即便加入"民进",他也认为"是个群众团体"、是"无意中得到了'民主人士'的身份",如此轻描淡写。对于当初"民进"创建时傅雷执意不参加领导层,后来新"政协"筹建时郑振铎执意退出"民进",他还羡慕不已,"很惭愧不能像他们那样的一清如水"。他

"不热衷于政治"非虚。所以他一时难以意识到,自从参加"民进"那天起,他已经走上了一条新的政治道路。他不单单是作家、编辑,还是党派活动家。

第二件事。1946年1月1日,柯灵主编的《文汇报》专刊《读者的话》创刊。重视读者,把读者当作养命之源,努力成为读者忠诚而亲切的朋友,是《文汇报》的优秀传统之一。在柯灵说来,《读者的话》创刊及其"服务读者"的宗旨,则又是受影响、启发于韬奋主持的《生活》周刊的"读者信箱"栏目。

在柯灵的编辑生涯中,韬奋是有很深影响力的前辈之一。"八·一三"上海抗战爆发后,韬奋立刻把他主持的《大众生活》(前身为《生活》)改为《抗战》(后迫于国民党的压力改为《抵抗》)。当时柯灵主编的《民族呼声》恰与《抗战》在同一个印刷公司排印。他总是看到韬奋在那里专心致志地为刊物作校对。原来大名鼎鼎的编辑如韬奋先生办刊物,始终是坚持亲自跑印刷所,亲自看校样!他觉得韬奋先生这种"严肃认真的负责精神",够自己学习一辈子了!

影响柯灵的还有韬奋先生的人格精神。1936年,柯灵写《与韬奋、柳湜先生谈电影与消遣》一文给韬奋的《生活》,批评该刊上一篇谈青年问题的文章。《生活》很快就公开更正了自己的观点。像《生活》这样有威信、有影响的刊物,能够这样做是很不容易的。尤其使柯灵觉得:韬奋先生从善如流、虚怀若谷的精神,对自己是一个深刻的、永远也难以忘记的教育!《想起韬奋先生——纪念香港三联书店成立三十年》(1978)一文中,对韬奋先生的景仰之情跃然纸上:

> 提到三联书店,不能不想到生活书店的缔造者韬奋先生。他光辉的一生,给知识分子照亮了行程。他全部生命最

坚固的基石是全心全意为群众服务的思想,同群众的血肉联系。这使他从一个热烈的爱国主义者成长为共产主义文化战士。他严格要求自己,"且做且学,且学且做",做到哪里,学到哪里,从"个人主义的出发点"开始,转到"集体主义的出发点"。他因为参加抗日救亡运动被捕入狱,有人问他在狱中有什么感觉,他的回答是"我常感觉的只是自己的渺小,大众的伟大"。今天听来,仍然如洪钟大吕,响遏行云。

柯灵在《〈读者的话〉开场白》(1946.1)中把"韬奋精神"、"《生活》精神"概括成简明的口号——"有话大家来说,有事大家商量,不论男女老少,人人可以投稿"——来表明刊物的宗旨,并与"柯灵主编"字样同标列于刊头上。"开场白"宣称:

《文汇报》是一张民间的报纸,发扬民意是我们神圣的义务。……上至国家大事,下至市井琐屑,乃至个人的切身痛痒,有意见不妨贡献,有问题不妨讨论,有义愤不妨控诉,有愁苦冤屈或什么难以解决的疑难杂症,也不妨表而出之,或者大家可以想想办法。

《读者的话》内容广泛,从控诉汉奸到抨击暴政,从揭露血案到反对内战,从呼吁帮助到实施救援……这些内容犹如一面镜子,不仅能够真实、全面地反映社会现实,还十分有效地发挥出其宣传、引导和监督等方面的作用,对时代进步和社会发展可谓影响深远。其中《街头人语》是最重要的栏目,常放在头条地位。该栏目与《读者的话》同时诞生,是为《读者的话》而专设。笔者"街头人"便是柯灵,每天一篇,三五百字,是针对时局、社会问题的杂文式短评。承接"鲁迅风"一脉,笔锋锐利,讽刺鞭挞，淋漓痛快，脍炙人口。如1946年1月26日的一篇：

> 一个党，一个主义，一个领袖，一道同风。
> ——这叫做"统一"。
> 皮带，皮绑腿，大皮包。
> ——这是"三皮主义"。
> 金子，房子，车子，女子，面子。
> ——这是"五子登科"。
> 你当它正经，它是开玩笑；说它是笑话，偏又是事实。
> 中国的政治，就是如此如此，这般这般！

反映百姓民不聊生、生灵涂炭，是《读者的话》的重要内容之一。如《饥饿压到了头上，如何能安心工作?》是江苏县级公教人员为生存的大声疾呼，《救救四郊的农民》是农民对悲惨生活境遇的血泪控诉。《读者的话》不仅反映百姓疾苦，还想方设法为百姓服务。如《意见箱》让人民就邮电、交通、卫生等问题提出意见或建议；《社会服务》为读者征求职业、寻人，征求房屋、书籍、医药等；《读者顾问》邀请专家解答关于科学、医药、恋爱、婚姻、思想修养等方面的提问。

《读者的话》还发动广大读者援助困难或不幸的人。读者王林言其一家八口的生活出现危机，要通过该刊向群众求援。编者不仅刊出来信，还附上了一篇《编者的呼吁!》，后有许多读者伸手援助。受此启发，此后《读者的话》的重要工作之一，就是号召为鳏寡孤独者提供援助，取得了十分显著的社会效果。读者来信《这是什么世界》和柯灵的《援救陆漱田先生》，两文共同诉说一个市民无辜被军警关押，呼吁援救，强大的舆论压力迫使当局不得不释放陆漱田。

河南青年韦芜,因投稿触怒地方当局被学校除名,遂给《读者的话》写信求助。信刊出后,他盲目闯到上海,工作无着,更无处栖身。柯灵一面再给他发求助信并加编者按,一面暂时录用他在报馆内做杂务。由于报馆录用人需有铺保和保人,叶圣陶先生得知后,慨然应允以开明书店和本人名义为他作保。后来,已是一个老新闻工作者的韦芜在回忆起青年时代与柯灵和叶圣陶的这一段特别"邂逅"佳话时,是那么感激、感慨。柯灵觉得,编辑《读者的话》是一段十分愉快的经历:

> 我编的报刊,有文艺性的,综合性的,政治性的,也有群众性的,而后一种经验最为愉快和难忘,特别是《文汇报·读者的话》。它使我懂得,文字媒介一旦电流般接通群众的心海,相引相吸,相激相撞,会产生何等的社会效果。(《〈煮字生涯〉自序》,1985)

读者来信蜂拥而至,纷纷把《读者的话》当作自己的讲坛。及至国民党政府的警察也来控诉自己的不平,真正"民主"的《读者的话》因为发表了其中的两封警察来信之后,终于招来了国民党政府不"民主"的对待。

第三件事。1946年1月10日,《文艺复兴》月刊创刊。《周报》创办四个月来,销量一路攀升,站稳了经济脚跟。于是柯灵有了更大的办刊设想。战前,他很喜欢三个刊物:政治类的《生活》、文艺类的《文学》和译文类的《西风》。前两种具有很大的权威性和影响力,后者则拥有大量的读者。战争造成了文化真空,他试图尽快予以填补:《周报》已经顶替了《生活》,构想中将以《文艺复兴》顶替《文学》、以《活时代》顶替《西风》,要请一流的作家、学者来当主编。

柯灵请来郑振铎、李健吾主编《文艺复兴》。《周报》的两个股东钱家圭、刘哲民担任发行人。郑振铎在《发刊词》中说："我们不仅为了写作而写作，我们还觉得应该配合着整个新的中国的动向，为民主，绝大多数的民众而写作。"杂志刊登小说、剧本、诗歌、散文、文艺评论、书评等。主要撰稿人有郭沫若、茅盾、巴金、叶圣陶、郑振铎、李健吾、钱锺书、辛笛、周而复、靳以、沈从文、许广平、师陀、路翎、杨绛、罗洪、柯灵、唐弢等。长篇小说连载有钱锺书的《围城》、巴金的《寒夜》、李广田的《引力》、艾芜的《乡愁》等。10月，鲁迅逝世十周年，刊出纪念鲁迅专辑，发表《鲁迅与王国维》（郭沫若）《回忆片断》（雪峰）《十周年祭》（许广平）等十多篇文章。还有悼念闻一多、夏丏尊、耿济之以及"抗战八年死难纪念"等专辑。《文艺复兴》是抗日战争胜利后，全国唯一的、较有影响的大型文学期刊。1947年11月1日出版第四卷第二期后停刊，共出版二十期。

4月10日，《活时代》半月刊创刊，主编施蛰存、周煦良，发行人刘哲民。《发刊词》告知，"我们必须要能了解全个世界，才能在这个世界上占据一个恰如其分的地位"。刊物的百分之八十是文摘类的译文，如《是月也，鼋出于海》一文，注明"贺若壁摘译自《星期六晚邮集刊》"。其他有《我在中国获得了爱》《从来不穿制服的上将》《新闻记者帽子里的玄虚》《苏联之谜》《欧洲妇女在做些什么？》《巴黎公主多》《我们穿过沙哈拉沙漠》等。百分之二十则归国人撰述，以"特稿"刊出，如黄裳的《印度小夜曲》、施蛰存的《河内之夜》、陈嘉庚的《论国是》、舟斋的《我开纸坊》等。但总共出了三期便告停刊。

《活时代》的停刊，首先是读者不踊跃。原因诚如施蛰存所说"当时时代空气不对头"。大约是说，读者迫切关心的是战后生存的严酷现实,大的如内战的阴影,小的如柴米油盐的缺少。其次,明白无误地显示了刊物经济力量的薄弱。《周报》《文艺复兴》还赚钱,《活时代》却连赔三期。颇有经济头脑的刘哲民,连同财务会计孙秀珍,连连向柯灵发出告警。到第三期尚无起色时,柯灵不得不听命于刘哲民的"停刊"意见。随后又不得不面带愧色去向主编施蛰存、周煦良道歉。

《活时代》的早夭,留给他两个想法。一个想法是有点"遗憾"。像《活时代》这样的刊物,高雅健康,初创时难免曲高和寡,又是遇上特殊的"时代空气"。如果自己再坚持一下呢?或许在艰难中就生长起来了。《活时代》的不幸早夭,自己也有责任。另一个想法是有点"搞不懂"。他是三个刊物乃至"上海出版公司"的负责人,照理说有决定权。怎么就听命于刘哲民的"停刊"意见?刘哲民通经济,又出资、管发行,早早地掌握了财务大权。现在其权力还在弥散、扩大?当初,柯灵要办自己的刊物,动机之一就是想一切都由自己做主,不受他人钳制。但财务状况究竟怎样,他完全是一笔糊涂账,唐弢也是一个搞不清经济账的。所以他最终还是"搞不懂"。财务上,柯灵、唐弢只领车马费,而刘哲民则什么都不拿,也无话好说。

4月,《活时代》创刊的同时,柯灵出任负责人创办起上海出版公司(西藏南路26号),开拓出版业务。过去以"周报社"作招牌,现在挂起了响当当的新招牌,还用了极为夸张的语言来做广告:"上海出版公司发行三大刊物。"公司的出版标记有些"洋派",选用的图案是一幅西洋绘画:一个神情专注的智者正在伏案写作。

公司编辑、出版的文艺图书的质量很高。最初以"文艺复兴丛书"的名义出版:师陀的《果园城记》,柯灵、师陀合作的《夜店》,吴祖光的《后台朋友》,丁聪的《阿Q正传插图》等。

后来书出多了，就不再找名义，有书便出。如郑振铎的《蛰居散记》、许广平的《遭难前后》、唐弢编的《鲁迅全集补遗》等。又重印了不少名著，如经校勘改正的瞿秋白编的《鲁迅杂感选集》，鲁迅编的《木刻士敏土之图》《凯绥·珂勒惠支版画选集》《死魂灵百图》和《引玉集》等几本画集。虽然这些画集都有"三闲书屋"初版本，但在质量上更站得住脚。更为可贵的是，还出版了《鲁迅日记》的影印本二十四册和方志敏的《可爱的中国》，留下了宝贵的史料。有这些出版成就，并不意味着一个"出版家"的柯灵已经横空出世。他颇为了解自己，也颇为诚实、谦虚："所有这一切，并不是依据清晰的蓝图来构筑的，都只是有意种花、无意插柳的结果。"

有一些已经预告出版的图书，由于各种原因——主要是因为1947年5月《文汇报》等三报遭勒令停刊后，柯灵在上海逃避特务的追捕，之后流亡香港——而没有出版或转去他社出版。其中有：马叙伦的《妄言集》、夏衍的《一个旅人的独白》、钱锺书的《谈艺录》、沈从文的《魇》、蹇先艾的《沧桑集》、黄裳的《从军杂记》等。

1946年，时局极为动荡。6月下旬，内战全面爆发。国民党政府一方面派军队在战场上穷兵黩武，一方面令警察、特务血腥镇压"反内战、反独裁"的和平民主力量。"民进"先后发表了《对于时局的宣言》等一系列重要文件，提出了立即停止内战、保障人民自由权利等政治主张。为了扩大和平民主力量，"民进"联络了上海六十八个主要群众团体组织，组成了"上海人民团体联合会"。6月23日，"民进"为主发起、组织在上海北火车站举行十万人的反内战大会，并委派九名代表组团赴南京和平请愿，其中有民进领导人马叙伦、雷洁琼二人。

11点，代表们上车后，集会群众浩浩荡荡在闹市游行，直到下午4点至西区的复兴公园才散去。柯灵在游行队伍中，一路上见到学生撒传单、作演讲，听着用20年代流行的《国民革命歌》的曲谱高唱《反对内战歌》，很是激动。他说：

> 我不由自主，被那伟大的单纯所征服了，禁不住要想用我苍白的声音来赞美它。那首歌是这样的：反对内战，反对内战。要和平，要和平！反对内战要和平，反对内战要和平！要和平！要和平！（《歌颂》，1946）

赴南京的请愿代表沿途不断受到滋扰，抵下关后被事先埋伏的国民党特务、暴徒围攻殴打长达五小时之久，尽皆负伤，有的重伤。这就是震惊中外的"六·二三"下关事件。柯灵组织《周报》一连三期报道、剖析"六·二三"事件。马叙伦、雷洁琼等四名代表则以当事者的身份在《周报》发文，揭露国民党的法西斯专政和暴行。

7月，在昆明。11日，李公朴被国民党特务暗杀；15日，在纪念李公朴的大会结束后，闻一多被暗杀。这是继"六·二三"下关事件不到一个月，国民党政府制造的又一起震惊中外的"李、闻血案"。全国人民愤怒了！《周报》愤怒了！马叙伦、马寅初、茅盾、田汉、吴晗、胡风等纷纷在《周报》上发表文章，提出愤怒的指控，并发出为民主献身的誓愿。柯灵在《读报偶感》（1946.7.20）中说：

> 事实已经清清楚楚摆在眼前，苏北大张旗鼓的打了起来，全面内战的爆发也已不远。
>
> "前线"在打仗，"后方"则开始向民主势力全面进攻。
>
> 昆明在四天之中暗杀了民主同盟的李公朴和闻一多。民

盟是一个民主的政党,并未拥有"武力"。自然不妨先除之而快。这种残暴的情形,较袁世凯的时代有过之而无不及。

上海虽然还没有见红,可是谣诼纷纭,言者凿凿。"山雨欲来风满楼",恶兆业已显现。反对内战的学生,已经受着围剿,到处压迫学校借故开除。许多工人也受同样遭遇。华夏书局被无端抄查了,抄去了无数民主书籍。而最骇人听闻的是,无党无派,纯粹人民立场的《文汇报》竟被迫停刊七日。

7月12日,《读者的话》刊登了两封上海市警察的来信:一封是署名"一群警察"的《警察的沉痛呼声:吃饭不要忘记种田人,拿出良心来待老百姓》,另一封是署名"本市一巡官"的《警局巡官要求夏季制服免费》。两封信道出了警察群体对政府的不满。政府本视警察为镇压"工具",两信既出,无疑是后院起火。两个月来,轰"警察区制"下台,逮住"六·二三"事件不放,都有《文汇报》的份。

当天,黄浦警察分局便前去《文汇报》兴师问罪,命交出投书"警察"和"巡官"的真名实姓。徐铸成、柯灵以"有义务代为保密"为由,予以拒绝。僵持了数天,最终黄浦分局持市局命令,以"捏造警员名义,离间上下感情,淆惑社会视听,意图破坏公共秩序"为由,罚令《文汇报》从7月18日至24日停刊一周。所举理由,实在贻笑大方。中央通讯社发布的官方消息却道出了真相,称《文汇报》"平时屡刊攻击治安机关之文字,造谣中伤,不一而足"。但"造谣中伤"乃是污蔑不实之词。

柯灵在《〈煮字生涯〉自序》中披露,曾发现了一份1946年国民党上海市社会局《本市各报调查及分析》的旧档案,其中"内幕与背景"一表中称《文汇报》:"该报言论左倾,偏向中共,

而以本党为攻击对象,对本局施政多有不利之批评。该报辟有
《读者的话》一栏,系由左倾作家柯灵主编,常有挑拨群众攻击
政府之言论及赤化宣传。内容记述各项,均有均衡之发展,文
化、工人、知识界之读者颇多。"

《文汇报》停刊一周,引起中外震动。抗议、批评纷起,慰
问信如雪片飞来,连警局派驻报馆的执行监督者也流露出同情。
7月19日,叶圣陶先生接连给柯灵去了两封信:一予鼓励,"被
罚停刊,你们当然不颓丧";二出建议,"《文汇》停刊期满之日,
弟以为宜出一特刊,至少两版,专载读者投函";三生担忧,"今
日《联合晚报》载有《周报》应予停刊之讯,如何应付,念甚"。
叶老是柯灵始终敬仰的前辈之一:

> 在"五四"及其稍后一辈的老作家中,颇有些这样的典
> 型:待人接物,谦和平易,质朴无华,看来很有些温柔敦厚
> 气;但外柔内刚,方正耿直,眼睛里容不得沙子,遇到需要
> 行动的时候,决不落在任何人后面。对这种前辈风仪,我怀
> 有衷心的景仰,叶圣老就是其中的一位。(《叶圣陶先生的两
> 封信·附记》,1979)

7月25日,《文汇报》复刊。当天,《读者的话》整版发表
慰问信。有各界知名人士的信,如郭沫若、叶圣陶、周振甫、千
家驹等;以团体名义致信的有《新华日报》、中华全国文艺协会、
漫画协会、木刻协会等,还有美国新闻处,美国《时代》杂志社
等;但绝大多数为普通读者的信。另有一整版,以《真理在哪一
面?》为总题,转载上海和外地出版的中外报刊的评论。连续三
天,《读者的话》都发表读者来信,仍有许多未及刊出,只得刊
出一份投信人名单。这次《文汇报》停刊,成了一次不期而至的

民意测验。

叶老的担忧不是多余,《周报》开始遭到毒手了。发行所不断遭受电话、匿名信的威吓、警告,直至从报摊上没收、撕毁刊物,都属司空见惯。苏州、南京、蚌埠、杭州、宁波、广州以及江西、山西等地,《周报》的发行、零售都受到蓄意捣乱。7月19日,报上传出《周报》将被查禁的消息。柯灵、唐弢、刘哲民"三驾马车"急忙去市府新闻处,出示《周报》合法办理的"登记证",被告知并未遭禁,便以为无事。为小心起见,《周报》上登出沈钧儒、沙千里、史良、闵刚侯四律师受任"上海出版公司"常年法律顾问的皇皇通告:"如有侵害其出版、言论或其他法赋权益者,本律师等有依法保障之责。"但是在只讲"法统"而不讲"法治"的国民党政府治下,此举只是精神上的"示威"。

不久,从可靠渠道得知《周报》确属被禁之列。于是直接去见市府新闻处朱处长。朱处长出示内政部批示的抄文,批语是"查禁有案,不准发行"。是什么"案"?7月26日,呈文社会局请求覆案及转呈内政部,并由发行人进京探询真相。8月3日,《周报》第四十八期出版的那天,代理发行的五洲书报社告急:警察把《周报》全部没收了!于是急忙去见警察局行政处方处长,被告知奉命执行。柯灵等力辩尚未接到"查禁"令,被推脱说应该问社会局。之后社会局推市政府,市政府推内政部,内政部又推回上海。追问到无法推诿时,便称所奉为"密令",一密而天下定矣。8月8日,"密令"变作社会局的"明令"批文:"该报未经核准登记,应暂缓发行。""暂缓"只是掩人耳目,《周报》的生死命运已定。

柯灵编完最后一期即四十九、五十期合刊的、特大的"休刊号"。在"我们控诉"这个醒目的大字标题下,刊载了十五篇送别《周报》的诔词,以收到顺序先后为:马叙伦、茅盾、周予同、叶圣陶、郭沫若、柳亚子、巴金、王伯群、郭绍虞、徐调孚、顾均正、刘西渭、适夷、许广平、吴祖光。郭沫若的《自由在我》,一如"五四"时代的慷慨激昂:"《周报》在民主运动史上,在反内战运动史上,将永远保存着他的令誉","书是焚不完的,儒是坑不尽的,秦始皇是快死的","自由在我,不要受伪善者的欺骗,也不要向杀人犯求饶。""自由在我"代表着十五篇战斗短文的共同主旨。

"休刊号"中马叙伦、施复亮、平心的三篇长文,仍然严正批评蒋介石的"八·一三"《告全国同胞书》。最后全文刊载了《上海杂志界联谊会为抗议〈周报〉被迫停刊宣言》,其中说道:"我们以最沉痛的声音,向各人民团体及全世界正义人士发出申诉和呼吁,希望得到各方面的援助,人民的喉舌不应该随便被割去!"

"休刊号"的首要位置上刊登的是唐弢、柯灵共同署名的,由唐弢执笔的"休刊词"《暂别读者》,详尽地揭露了《周报》停刊的真相,最后说:"在二十世纪的中国,即使做梦打鼾,也还有检查和警察的。君不闻'天下有道,则庶人不议'乎?在这样'有道'的天下,我们只好闭紧嘴巴,暂时休刊了。'等因奉此',以告读者!"《周报》为和平、民主而生,为和平、民主而夭!8月28日,《周报》实际上永别读者。

后来还有两件略有意思的余墨可陈。第一件,"文革"时期,《周报》自然成了柯灵的一件"湿布衫"。外调人员从北京赶到上海来向他调查一个"柏"字的用意。《周报》刊登过袁水拍的一首政治讽刺诗《停战令下》,讽刺蒋介石、马歇尔玩弄的假和平伎俩。诗意十分明了,怎么也算不上是一株"大毒草"。只是封面目录署名"袁水拍",正文中将"拍"误作"柏",显然属校对疏忽。而按"文革"的"文字狱"惯例,则企图从一个"柏"字中挖出一段"历史反革命"材料。此事可作"文革"荒诞之一证。

第二件，柯灵认为《周报》是全体同仁协力所为，并非靠某一人所独支。可有人却不！虽然他没有直接说出"有人"为谁，其实明白：

> 《周报》昙花一现，曾起过一些影响，到"文化大革命"期间，却被视为政治包袱，成了我无法脱卸的湿布衫，事过境迁，似乎形势"稳定"，又不那么讨人嫌了。还有人准备替它梳妆打扮，改造历史，一面又翻云覆雨，播弄无聊的口舌。
>
> 办刊物是集体事业，分工合作，各尽所能，荣辱与共，无分彼此；作家的扶持，读者的赞助，更是必不可少的条件，将众擎之功粉饰为独支之局，既违事实，更不足为训。（《〈煮字生涯〉自序》，1985）

1985年，柯灵作洋洋长文《〈周报〉沧桑录》，"在于为当时的民主洪流留一缩影"。

三 《文综》《十字街头》《浮世绘》

1946年，柯灵遭遇了一个多事之夏：《周报》被迫停刊；上海《中央日报》副刊《文综》的兼职编辑被辞退。另则又受聘去上海《新民报》晚刊创办副刊《十字街头》；为风雨飘摇中的《文汇报》创办了《浮世绘》《笔会》等副刊。

战后，国民党当局对共产党在上海公开办报千方百计进行阻挠。共产党则以多种措施加以应对,在争取公开出版党报的同时,又借用各种力量办报。甚至鼓励进步作家进入政治上比较顽固、反动的报馆去编辑副刊。就是在这种特殊的背景下,1946年2月,柯灵接受冯有真邀请主编上海版《中央日报》文艺副刊《文综》。

《中央日报》是国民党中央机关报,1928年2月1日在上海创刊。冯有真在抗战前任中央通讯社上海分社主任。"孤岛"时,任国民党中宣部驻上海专员,矢志抗日,两次险遭日军特工暗杀。太平洋战争爆发后,转移到安徽,创办屯溪版《中央日报》,并遥控上海的新闻活动。胜利后回到上海,复办上海版《中央日报》,1946年2月15日创刊,文艺副刊《文综》同时创刊。

《文综》无固定的出版日期。柯灵主编期间,《文综》可谓精彩纷呈,名家名作层出不穷。黎锦明、师陀、沈从文、唐弢、俞平伯、王统照、裘柱常等文坛宿将多有赐文,黄裳、姚雪垠、陈伯吹、袁鹰、徐开垒等新起之秀常有来稿,柯灵的话剧剧本《恨海》也连载刊出。除了文字以外,还搜求老舍、钱锺书、丰子恺、施蛰存等名家手迹,为版面增辉。《文综》上,作家风格不同,文体多样,诗歌、散文、杂文、小说、剧本一应俱全。内容从抗战回忆、怀人叙事、学问轶事直至文坛众议不一而足,非常丰富。例如,钱锺书的《题病树丈居无庐图》颇可作为他应酬之作的佐证,孟度的《从〈雷雨〉序中看曹禺》论述独到、精彩。

国共争端愈演愈烈,柯灵反专制、反内战的政治倾向日益彰显。及至察觉政府查禁《周报》,冯有真知道柯灵已十分烫手,必须立即辞退,再晚就引火烧身了。八年抗战,冯有真对国共合作由衷拥护,抗战之后对内战重起则忧心忡忡。由于《中央日报》是国民党的喉舌,这就决定了他主持的这份报纸在内战中为国民党政府涂脂抹粉,而对共产党诬蔑指责,刊发了不少歪曲事实的报道和不利于人民解放事业的言论。实际上，他对于国共两党孰是孰非，时局将会走向何方，心明如镜。但那时他已身不由己，难以自拔。他请来原《世界日报》主编胡山源。换了主编，《文综》起了变化，内容乏善可陈，大多为纯文艺的性灵之文。

8月，柯灵离开《文综》。上海《新民报》晚刊的赵超构立即邀他去创办一个副刊。与《文汇报》一样，《新民报》也是最有影响的商办民报之一，由陈铭德等三人创办，1929年创刊于南京。1946年5月1日，《新民报》上海社成立。原拟发行日、晚刊，由于国民党政府阻挠，仅晚刊面世。经理邓季惺，总主笔赵超构，总编辑程大千。至此，《新民报》在南京、重庆、成都、北京、上海已拥有五个社，八张日、晚刊，号称"五社八版"。然而，1949年后仅一脉单传，就是上海《新民报》晚刊，1958年4月1日正式易名为《新民晚报》至今。

上海《新民报》晚刊创刊，尽显"曲高"之风，却有"和寡"之嫌。经两个月摸索，逐渐领略到上海读者的口味。7月1日起，篇幅由四开一张改为对开半张。8月21日起，又扩充为对开一大张。为顺应上海读者已经叫顺口的"新民夜报"叫法，一度把报名改为《新民晚报》。内容上，尽可能唱好"晚"字经。扩版声明中宣称："言论要持论公正，消息要特别敏捷，国内外各大都市均有特派员，机动采访新闻，巴黎和会开幕，本报立派记者参加，作翔实之报道。"副刊除了原先吴祖光主编的文艺性的《夜光杯》外，新增柯灵主编的群众性的《十字街头》、李嘉主编的娱乐性的《夜花园》，以及《内幕新闻》《新闻漫画》《市场新闻》等专栏，赢得了读者青睐。

刚把柯灵从《中央日报》赶走，《周报》除灭在即，而"柯灵"这个名字复又出现在《新民报》晚刊上。上海市长吴国桢十分恼火，立即把赵超构召去，陈说利害，指名柯灵此人不能用。

赵超构与邓季惺商量。他们请来柯灵，原本就是要复制一个《新民报》晚刊版的《读者的话》，因为这完全符合《新民报》"要做一个纯民间性的报纸，它只能以是非和正义做出发点，以主观之良心裁判，配合客观上人民大众之要求"的方针。再者，两人都是见过大风大浪的人物，还有《新民报》创办人陈铭德做靠山。所以决计按自己的既有立场办报，继续留用柯灵。不过这毕竟是用胳膊去扭大腿的事。

《十字街头》就是《新民报》晚刊版的《读者的话》。柯灵在《〈十字街头〉创刊告读者》(1946.8) 中说：

> 这小小的副刊是专为诸位开辟的。动机很简单：在这扰扰攘攘的时代，我们觉得应该替大家作一点事。——这话也指您，指他，包括一切清醒的人而言。我们希望能借这点地位，作个联系，各自献出绵薄的心力，也算是我们对于这个时代的芹仪吧。我们相信这是一种愉快的工作，希望每一位读者都能够参加。

《十字街头》以"街谈巷议"的日常生活为话题范围。但是这年头"活着比死难得多"，说如何提高生活水准未免奢侈，于是话题就不怎么轻松了。读者程海麟寄《金陵东路惨案目击记》一信到《读者的话》，已错过了当日刊出的时间。柯灵赶在第一时间于《十字街头》上刊出。该信称，目击警察开枪打死摊贩"二三人"。黄浦分局警察上门问罪：一称作者报道失实，造谣惑众；二要报社交出原稿，将作者予以法办。柯灵提出，如有"失实"责在主编和报社，投稿人应受保护。同时找到程海麟进一步核实。因为现场曾有外国记者拍了照，遂一起去《密勒氏评论报》《字林西报》等处寻求旁证材料，然而不得。事情最后不了了之，原因是"摊贩"事件中被警察杀死的何止信中所述的"二三人"，事实是死十七人、伤数百人。

柯灵通过《十字街头》又结识、起用了一些青年作家，高潮是其中之一。《文汇报》停刊一周时，高潮给《读者的话》寄来一封"慰问信"，是一首《蝶恋花》："七日精神粮食断，饿火中烧，料深人人怨。四项诺言犹在耳，谁知竟是空头券。保卫论坛争召唤，旗鼓重振，正义冲霄汉。防口防川终失算，民心更比风雷悍。"不久又寄来两首新乐府《啼笑篇》《舞弊叹》，对国民党政府嬉笑怒骂，酣畅淋漓。柯灵以报刊"代邮"的方式，终得以登门拜访诗人高潮。柯灵在《十字街头》的《街头什锦》和《文汇报·浮世绘》的《百艺图》专栏上，请高潮以投枪匕首式的诗词，分别与漫画家陆志庠、沈同衡联手，讽咏描绘形形色色的下层社会，诗画合璧，一如两美兼备的绘图"上海风情竹枝词"。高潮在《十字街头》刊发的诗篇，常被南京《新民报》转载，也惹出不少"麻烦"。柯灵在《一个没有桂冠的诗人——记高潮》(1996)中盛赞诗人：

> 他擅长武戏文唱，用旧诗词的格调写新歌谣，针砭时事，文采飞扬，笔锋尖锐泼辣而又新鲜，时有警句，闪烁生光，很受读者注目。
>
> 综览高潮的诗作，完全可称之为40年代中国的诗史和史诗，具有无可置疑的历史和文学价值。

风雨飘摇中，《文汇报》依然挺立。柯灵旗下，副刊以丰富多彩、贴近时代为特色：文艺性的《世纪风》《笔会》《灯塔》，群众性的《读者的话》，时事性的《新闻窗》。1946年3月起，先后推出一批周刊，如《演剧》《妇女周刊》《图书周刊》《工业周刊》《教育周刊》《史地周刊》《新生代周刊》《中国农村周刊》等。还有专版《经济界》《文化街》《半周文摘》等。1947年6月，周刊再作调整，成六个"新"字号的周刊，《新社会》《新经济》《新思潮》《新科学》《新教育》《新文艺》，分别邀请侯外庐、杜守素、吴晗、郭沫若、陈白尘等著名作家、学者主编。另设《星期谈座》周刊，邀约著名的学者、专家和社会人士，就一些热门、敏感的话题自由发表观点、意见。还有三个双周刊《中国农村》《剧运》《人民医药》。

抗战胜利后，《世纪风》是最早转向人民本位的副刊。1945年10月10日、11日，组织了两个版面的《我理想中的新中国》，所刊马叙伦、郭绍虞、师陀、唐弢等人的文章，对国家前途较多充满了希望，提出了冀求。然而不过一个月，11月9日，《世纪风》就忍无可忍地发表聂绀弩的新诗《命令你们停战!》。28日，发表鲁迅的杂文《难产》，因议论"言论自由"，竟有三处被删，共刊出一百七十九处"×"代替被删节的文字。

1946年元旦起，《世纪风》由柯灵、叶以群、陈尚藩共同主编。此后由于柯灵的主要精力投在新创刊的《读者的话》上，《世纪风》的编辑工作多由叶以群负责，而逐渐演变成政论性副刊。最后于这年10月底停刊。《世纪风》停刊，另一方面是各个副刊调整的原因。此前几个月，文艺性副刊《笔会》创刊。这年元旦，又同时恢复"孤岛"时期的通俗性、综合性副刊《灯塔》，仍由柯灵兼编。《世纪风》与《灯塔》一硬一软，互相配合。由于时代多难，原本侧重"趣味性、娱乐性"的《灯塔》不得不更多地关注现实，内容逐渐与《世纪风》重叠。几个月后，于4月底停刊，并入《世纪风》。

《周刊》在禁与未禁中飘摇时，柯灵劝说唐弢加入了《文汇报》。1946年7月1日，柯灵策划的文艺综合性副刊《笔会》创刊。刊名为柯灵所取，刊头字由钱锺书题写，唐弢主编，没有惯常的"发刊词"。它继承了《世纪风》传统：文章以反对国民党独裁、要求民主自由为基调，但在内容、题材、形式上则力求多样。还不定期出刊"专辑"，如"抗战名作推荐"、"哀悼闻一多"等。作者有郭沫若、茅盾、郑振铎、王统照、叶圣陶、巴金、田汉，以及冯雪峰、臧克家、师陀、柯灵、林默涵、李健吾等。后来，柯灵在《走过半个世纪——〈笔会文粹〉序言》（1996）一文中，对《笔会》有很高的评价：

  产生《笔会》的大背景是抗战胜利，内战继起，多难的中国走到了十字路口，不可避免的和平与民主潮流推进了革命进程。《笔会》充当了这伟大时代的鼓手，送别旧中国，迎接新中国，并接受种种难以逆料的磨练与考验，不断犯难前进。

该文也认为"副刊的成败利钝，和主持编务者密切相关"，充分肯定《笔会》首任主编唐弢、继任陈钦源，他们"莳花栽木，水耕火耨，不知付出了多少辛苦"。柯灵原本准备邀老朋友陈西禾来担任《笔会》主编。1938年，郑振铎把陈西禾的一篇戏剧评论推荐给《世纪风》，并力赞其文采。从此柯、陈两人交往。西禾一直在中国银行捧饭碗，未免浪费才华。然而天生胆小，却偏逢战乱，惶惶不可终日。佐临、健吾再三邀他从事戏剧，也是不肯。柯灵终于说动他主编《笔会》。一时，他兴致勃勃地开始筹备，自告奋勇地去请钱锺书写了刊名。不知怎的，突然反悔，再四敦劝也白搭。对西禾这位老朋友，柯灵在《有怀西禾——并祝〈文汇报·笔会〉四十周年纪念》（1986）中有恰如其分的评价和分析：

西禾一生，可以说是悲剧与喜剧的混合体。他心地善良，才华学养，很为熟人所爱重，但是想得多，做得少……有人说他是中国式的"奥涅金"和"奥勃洛摩夫"，说像，也不像，但我却想起普希金的一句名言："心灵的悲伤的记录。"他是我们这个时代矛盾激烈的反射镜。

1946年12月1日，由柯灵、陈钦源、梅朵（下一年年初加入黄裳）共同负责主编的文化性、娱乐性副刊《浮世绘》创刊。柯灵在《〈浮世绘〉发刊词》中说：

《浮世绘》是日本的一种世相画，我们借来用作这副刊的招牌，却另有一种解释。浮生若梦，世事如烟，在凝重深沉以外，还有浮靡纤丽的一面，声光交织，如花雨缤纷，也自有一番庄严华妙之致。我们的希望就是能将这一面的形形色色，移向笔端，使读者欢喜赞叹，借作清娱。

《浮世绘》的内容，我们企求的是生动与广泛，宁可驳杂，力避单调。艺术的赏鉴，影剧的评述，三教九流，诸家杂技，都是我们介绍的材料。此外如名胜记游，风土猎奇，都市风情的织绘，乃至小摆设，小趣味，无可不谈。

《浮世绘》取代《文化街》专版而来，取日常、驳杂和娱乐，加强调节《文汇报》的"硬"性和"软"性的比率，但"文字游戏，则吾岂敢"！既寓庄于谐，如刊登李健吾的讽刺剧《和平颂》；又寓谐于庄，发表郭沫若祝贺田汉五十寿辰所作的《先驱者田汉》。柯灵把陈钦源、梅朵同列为主编，意在培养青年人，大胆放手交由他们去组稿、编辑。梅朵是剧评、影评新秀，为

《新华日报》《新民报》《文汇报》等写稿，专业、内行且文采飞扬。柯灵从《文化街》的影评稿件中发现了他，赏识有加。

1947年3月，国民党军队在战场上步步失利，另一方面则对日益成长的全国反战力量加强镇压，不断制造惨案。5月，反内战、反饥饿、反暴行的学生运动遍及十八个大中城市。20日，南京、上海等地十六所大专院校学生六千人在南京举行示威游行，遭军警镇压。南京《新民报》日、晚刊不顾国民党军警特务纠缠迫害，以大量篇幅报道和支持学生斗争。在上海，复旦大学门前反动派暴徒打伤记者，《文汇报》、上海《新民报》晚刊予以及时报道。《读者的话》发表评论，对国民党政府的"维持社会秩序临时办法"和造谣中伤进行驳斥。《联合晚报》也接连报道学生运动和抗议军警、暴徒行凶。《联合晚报》（即《联合日报晚刊》）于1946年4月15日创刊，是共产党领导的进步报纸。社长刘尊棋，发行人兼总经理王纪华，总编辑陈翰伯，主笔冯宾符，记者、编辑多数为共产党员。

5月24日，国民党上海当局以制止"为共党张目"和"维护社会治安"为由，勒令上海《新民报》晚刊、《文汇报》和《联合晚报》三报停刊。柯灵在半年多以前发表于《读者的话》"街头人语"栏目上的一篇杂文式短评（1946.8.18），可以看作是提前为《文汇报》、甚至为三报的被勒令停刊所作的"停刊词"。其中这样说：

《文汇报》在抗战中诞生，出版年余，即遭摧残。胜利后复刊，到今天也整整一年了。

仅仅一年，中间却也被勒令停刊了七天。

《文汇报》在敌伪环伺之下，坚持抗战，忠诚而热烈地拥护政府，遭敌伪摧残是当然的。

> 但胜利以后，它为什么还要遭受歧视？
>
> 《文汇报》还是《文汇报》，立场没有变，态度没有变。它的方向是很明显的：在战时坚持抗战，在战后坚持民主。
>
> 如果这个方向没有错，我们应当明白错误在哪一面！

经过报社主持人陈铭德等人的奔走活动，两个月后，上海《新民报》晚刊于7月30日复刊，但当局派王健民来任总编辑，并特务二人挂名记者，以作监视。这时，柯灵已不能再去主编《十字街头》，因为他正遭到国民党特务的搜捕。柯灵与《新民报》结缘不到一年，但情谊难忘。1989年，《新民报》创刊60周年，他作《沧桑忆语》（1989）予以纪念。其中说到这张报纸的坎坷经历，不禁为之感叹：

> 《新民报》在那样困难的环境里，凭陈（铭德）邓（季惺）两位惨淡经营，报社同人流血流汗，艰苦努力，曾经发展到五社八报，足迹遍于平、宁、沪、成、渝诸大城市。尽管停停出出停停出，出出停停出出停，解放以后，到了"文革"期间，还曾冬眠十年以上。单说这点毅力与韧劲，也不会在中国新闻史上曳白了。现在时移势迁，一纸风行，读者翕从，已成为有全国性影响的晚报，抚今追昔，自不能无沧桑之感。

柯灵与《文汇报》的缘分却远未到头。不久他将避难香港，在那里参与香港《文汇报》的创办。至于《读者的话》，四十多年后，于90年代初复刊。他作《重见〈读者的话〉》（1991）一文，予以祝贺、勉励："《读者的话》复刊了，我作为《文汇报》的老编辑、老读者，衷心拥护，举手赞成。"

在争取民主、和平的日子里，柯灵的杂文写作几乎在经过四五年的停歇之后，又进入了一个新的高潮。在《周报》《文汇报》上海《新民报》晚刊上发表。由于反内战、反独裁的背景，他的批评、战斗的"鲁迅风"杂文有着极大的发挥空间，同时也配合《周报》《文汇报》坚守的政治立场和主题。其杂文的新特点一是突出政治批评的尖锐和大胆，触及到内战、独裁、罢工、学潮、镇压、惨案、征粮等尖锐的政治话题；二是突出时事批评的敏感和坚定，一旦出现政治问题立即作出反应，毫不犹豫地摆出观点和评论。较之抗战时期的杂文，少了隐晦曲折，多了旗帜鲜明，讽刺也更显力度。

文体样式上又有新的尝试：一种短评、短论式的杂感，或称杂感式的短评、短论。《街头人语》专栏是为副刊《读者的话》所写的杂感，逐日刊载。从时事新闻中抓话题，有时同时抓两三个相关的话题，加以一针见血的、画龙点睛的评论。一般就是三五百字，言简意赅，痛快淋漓。一些句子，甚至可以成为脍炙人口的政治格言、警句。有的则直接抄录流行的政治民谣，加添数语，便"尽得风流"。战后，国民党大员纷纷坐着飞机、火车来"劫（接）收"，一班当地的汉奸特务则摇身一变自称"地下工作者"，两者合流参与对沦陷区人民的公开掠夺。柯灵在"一九四六年三月二十日"的《街头人语》上作文予以揭露、讽刺，全文如下：

  抗日战争期间，沦陷区里曾经流行过一个歌谣，道是：乡长买田买屋，保长吃鱼吃肉，甲长忙忙碌碌，户长啼啼哭哭。

  抗战胜利以后的上海，也有两个歌谣，一个是：天上来，地上来，上海人，活不来。

又一个是：刮民党，敲竹杠，老百姓，泪汪汪。

沦陷时有那样的歌谣，胜利后又有这样的歌谣；并且沦陷时的歌谣，胜利后照旧可以通用。

岂不懿与！

1947年4月18日新辟的小栏目《街头闲话》则是为《文汇报》本市新闻版所写的短评，逐日发表，加有标题，同样是讽刺、简练的杂文风格。如《可怕的"救济"》《自治乎？被治乎？》《中国的"国情"》《人事》《鬼事》《卖淫也要合法》《打风满学府》《弯曲的云彩》《免于饿死的自由》《人肉新价》等，都十分精彩。《人肉新价》（1947.5.23）是《文汇报》停刊前最后的"街头闲话"，全文如下：

湖南荒歉，有忍痛卖女者，长者年十四五，售五万元；幼者十岁左右，得款三万。

比上海的猪肉似乎便宜多了。谨录于此，以供他年修中国"民主史"者参考。

柯灵是杂文家。杂文写作几乎贯穿他的全部写作生涯，大致上可以分为四个阶段。一，早期杂文。《猎人与鹰犬》（1935）曾被看作柯灵杂文写作的开始。后来又有拾遗，《耕余随感》（1929）《怀古之思》（1934）等作品出现，使得写作起始的时间提前。但是已经知道，这篇《耕余随感》还不是柯灵杂文的"处女作"。早期作品中可以看到鲁迅杂文的明显影响。二，抗日战争时期杂文。柯灵的杂文写作进入了第一个高潮，同时成为有风格和影响的一家。他是"鲁迅风"派杂文作家之一，出版了与他人的合集《边鼓集》《横眉集》，个人的《市楼独唱》。1940年以后，杂文写作锐减，乃至停歇。三，解放战争时期杂文。杂文写作进入了第二个高潮，主要发表在 1945—1947 年期间的《周报》《文汇报》上。1946 年发表的杂文最多，批判、讽刺力度更强。随着两报先后的停刊，杂文写作再度趋于停歇。其中一部分杂文，后收入《遥夜集》（散文、杂文合集，作家出版社 1956 年出版）。四，新中国时期杂文。在一个很长的时段里，柯灵断断续续地写作杂文。但是数量已不足为观，而批评性杂文因不合时宜也已难见。大都为思想性、文化性的杂感、杂忆，如《"艺术总比战争要好"——看日本歌舞伎演出》（1955）《秋瑾烈士百年祭》（1979）《如果鲁迅健在——纪念鲁迅先生诞辰一百周年》（1981）等

四　上海逃捕、"文华"

　　柯灵离开了《文汇报》《新民报》，但还有上海出版公司和文华影业公司的工作。

　　抗战时期，原"联华"和卡尔登戏院的老板吴性栽，在租界相继成立了合众、春明、大成等影片公司。抗战胜利后，1946 年 8 月，又成立文华影业公司。公司设在孟德兰路（今江阴路）九福里 96 号，摄影场则在徐家汇三角街三十号。吴邦藩任经理，陆洁任厂长，原班的"联华"经营管理层。编、导、演则基本上是原"苦干"的班子，编导方面有柯灵、佐临、桑弧等，演员有丹尼、张伐、史原、莫愁、韩非、韦伟、崔超明、俞仲英等。

　　桑弧是上海人。先是剧本《灵与肉》《洞房花烛夜》和《人约黄昏后》被搬上银幕。1945 年起，自编自导《教师万岁》《人海双姝》。到"文华"后，与张爱玲合作了三部电影，《不了情》

《太太万岁》和《金锁记》,成为年轻的著名导演。他的影片既无文明戏的僵化酸腐,也不似艳情古装剧的露骨,自成一种"海派"风格。柯灵的《浮世的悲哀》(1944)一文,评论桑弧正在拍摄中的《人海双姝》及导演风格:

  艺术的色相是繁复的,正如人世的色相。壮阔的波澜,飞扬的血泪,冲冠的愤怒,生死的搏斗,固足以使人激动奋发;而从平凡中捕捉隽永,猥碎中摄取深长,正是一切艺术制作的本色。大多数的人生是琐琐的哀乐,细小的爱憎,善恶相磨擦,发着磷磷的光。他们几乎百分之九十九不能超凡入圣。……多平凡的"浮世的悲哀"啊!它像是一面看不见的网,却几乎笼盖着无极的时空。

  黄佐临已从复社后的上海剧艺社转行来到"文华",首次"触电"是导演讽刺喜剧片《假凤虚凰》。他很喜欢曾经执导过的话剧《夜店》,征得师陀的同意后,约柯灵独立改编成电影剧本。当初柯灵忙于数家副刊的编辑,分身无术。现在《周报》《文汇报》等停刊,是向佐临"还债"的时候了。但是国民党政府、特务会轻易放过他吗?差不多两年前,还公开地、大张旗鼓地给他颁发过"胜利勋章",现在要一笔勾销吗?
  就在对《文汇报》等三报发出停刊令的同时,一份抓捕黑名单也已拟就,柯灵名列其中。当天深夜,军统特务就到他家里去抓人,结果扑空。第二天清早,特务赶到上海出版公司候捕,慌乱中几乎将管出版发行的周启明误作柯灵捕走。周启明当时大惊失色,虽然后来把这件事当作笑话到处讲。柯灵已不能再去上海出版公司。公司就此陷入瘫痪,致使一批图书的出版计划搁浅。
  柯灵的处境十分危险!而他的及时逃捕,是斗争经验战胜了专制和恐怖。他预料国民党不会放过他,也曾吃过"贝公馆"的苦头,已有警惕。当初《周报》停刊时,他就在《文汇报》社里躲过一阵,风头过去后才露面。所以《文汇报》停刊当天,他连家都没回,直接通过一个特别的朋友安排来躲避追捕。这位特别的朋友是一年前结识的,一个25岁的中学女教师陈国容,小陈老师。

1946年3月,柯灵着手《文汇报》副刊的大改版。恰在这时,中共上海地下党教委派小陈老师前来,商讨在《文汇报》副刊上筹办一个教育宣传阵地。她简要地说明了意图:刊物要反映教育界反内战、反饥饿、反迫害的呼声,以周刊形式为好。柯灵听后,觉得求之不得。不仅是早年置身教育界的经历,也是深知教师、学生的正义、热情和力量。之所以改版时没有专门辟出教育一块,不是不考虑,是因为《文汇报》复刊进程的步履艰难,一时还来不及与教育界建立起畅通、有效的联系渠道。

柯灵向总编徐铸成汇报后,遂办起一个《教育》周刊。柯灵与小陈老师商定,由教委自行派人组稿、编辑,交他过目后即行刊出。教委派出一党员教师、"民进"会员的余之介任编辑,小陈老师协助组稿。1947年3月再次调整副刊后,《教育》周刊改为"新"字号之一的《新教育》周刊,余之介仍为主编,又增加傅彬然、孙起孟两主编。

陈国容是南洋女子中学和圣玛利亚女子中学的教师。圣玛利亚女中(位于沪西的白利南路今长宁路)是美国圣公会于1886年在上海创办的一所教会女子中学。其特色在于英文、家政和音乐舞蹈,培养出来的女生具有上流社会淑女的风范,是名副其实的贵族教会女校。南洋女子师范学校(位于沪北的开封路)则是教育先驱者凌铭之先生于1912年创建的上海的第一所女子中学,1927年改名为南洋女子中学。1937年,校董事会推举创建人之一的吴若安女士继任校长。学校素有民主、爱国的教育传统，并积极参加社会斗争。抗战一结束，地下党就在学校建立了第一个学生党支部，成为沪北学生运动的基地之一，被誉为"民主堡垒"。

一为典雅，一为热烈，两所学校的风格截然不同。巧合的是，小陈老师似乎集两种风格于一身。说她典雅，因为良好的家庭教养、高等教育学历。所学为教育专业，有流利的英语和娴熟的汉语表达。说她热烈，是正义、爱国、斗争和牺牲精神，一个年轻的中共地下党员。她接受党的任务，到南洋女中领导学生运动。与南洋女中又有另一层特殊关系：她是吴若安校长的外甥女，又是继女。吴校长是江苏金山（今上海金山）人，积极投身爱国民主运动，长期掩护地下党员和学生。在地下党领导的上海中等教育研究会和小学教师联合会担任理事，后来又加入上海"民进"担任领导。这就是小陈老师的生活、工作和革命的圈子。

小陈老师以"上海中等教育研究会"的名义来办《教育》副刊。初时余之介、小陈老师的组稿顺利，但对编辑工作却甚为陌生。小陈老师时常向柯灵请教。柯灵向来好为人师，尤其是进步、好学的年轻人。但他并不知道她是共产党员。两人对《教育》的工作都很投入，互见了对方透明、热情的心灵。一来二去，彼此有了好感，进而擦出了情感的火花。他单身进出，倏忽间已有十多年了。她忙东忙西，转眼也到了待嫁年龄，连吴校长都开始为她着急了。一年来，他们的爱情之船在扬帆前进。

当柯灵即将被特务追捕时，小陈老师立刻通过地下组织，由卢绪章将他安排到一个安全之地——虹口地区横浜路（今同心路）长春公寓的王应麒家里。卢绪章是浙江宁波人，一个真正的"与魔鬼打交道的人"，秘密级别极高的党员，由中共中央副主席周恩来直接领导。公开的身份是"广大华行"的总经理，与一批国民党高官打交道,甚至与国民党首脑之一的陈果夫合办中心制药厂。广大华行是一家经营西药、医疗器械等多种物品的商行,实为最早由共产党开办的内、外贸公司,从事秘密交通、情报和经济工作。抗战胜利后,他从重庆转战上海,又先后开办广大药房、民益运输公司等,都是党的外围工作机构。民益运输公司的经理就是王应麒。长春公寓住的都是有钱有势的人,进出的人很少,应该是一个安全之地。

柯灵蛰伏于王家,总不能除了吃饭就睡觉。惊魂甫定,便"逃"中偷闲,写起电影剧本《夜店》来了。一则没有文字工作做觉得十分不习惯,二则"文华"、佐临那边缺少剧本处于嗷嗷待哺的境地,三则以文易米应付失业之虞。他与王应麒夫妇彼此略作寒暄,各自自觉地遵守地下工作的原则。小陈老师经常来,一则探望是否安全,二则带来些消息,三则说些悄悄话。近来国统区在加紧抓捕政治犯。《新民报》《文汇报》有多人被抓。《文萃》编辑陈子涛、骆何民则惨遭杀害。

柯灵需要继续留在王家。时至盛夏,安全之地突然不安全了。一天,对门的一个女人偶然进王家,他躲避不及,撞了一面。不料,第二天那女人来敲门,先寻了个借口,随后便打听起来。他在房里听着,感觉那女人形迹可疑。小陈老师得知此事后,立刻将情况向组织汇报。隔一天,她带着他立刻从王家搬走。据卢绪章打听,那女人的丈夫是蒋介石的侍从室主任,可能柯灵已经被怀疑。

前去何处,一时茫然,只得先找一家旅馆暂宿。他搜肠刮肚,想起"苦干"的女演员黎频,原名是李菊萍。黎频由她的哥哥李德伦——日后大名鼎鼎的"中国交响乐之父"——介绍,1944年从北京到上海,在塔斯社"苏联之声"广播电台工作,兼职到"苦干"演戏。李德伦曾就读于上海国立音乐专科学校,先后学习大提琴演奏和音乐理论。毕业后在上海参加中国青年交响乐团演出，同时又为"苦干"配乐并指挥乐队。1946年11月前往革命圣地延安，在中央管弦乐团任指挥和教师。所以，其时李家兄妹在贝当路（今衡山路）的寓所正有一空房。

小陈老师到戏院找到黎频。抗战胜利后，"苏联之声"和"苦干"先后关门，黎频经戏剧家欧阳山尊——其时从延安到国统区做文化统战工作——介绍到"观众演出公司"参加演出。黎频一副北京人快人快语的性格，叫"柯兄"马上搬去家里。同事加上革命关系果然好，柯灵藏进了她家的三层阁。在上海，顶层的房子多有阁楼，屋顶为斜面，通常用作搁放杂物，三层楼房上的便叫三层阁。较之三层楼的正房，似乎更像一个安全的藏身之处。只要没有声响，谁知道阁楼上还藏着人？不过终究不方便，比如上个卫生间，就要在梯子上爬上爬下。眼下安全第一，这点委屈就不算什么了。

但有些难题。第一个，万一邻居问起来怎么办？黎频有个舅舅，姓铁，于是柯灵就化名为"铁寿民"，以"铁舅舅"称呼，上海话叫"铁娘舅"。第二个，两人南腔北调。黎频一口京音，柯灵满口绍兴"说话"，不太像舅甥。柯灵要模仿出京音比登天还难。唯一的办法，若遇人便少说话，甚至不说话，"哼哼哈哈"地混过去。最大的难题是一日三餐怎么办？黎频早出晚归，自己也是东一餐西一顿。她想起一个要好的女友——哥哥李德伦的大提琴演奏的同行好友钱挹珊。她是年轻的大提琴演奏名家，唯一师从西班牙大提琴大师卡萨尔斯的中国学生。家庭生活条件优越，丈夫曹石峻公开的身份是商人，实际上从事共产党的地下活动。柯灵在回忆这段逃捕的日子时，对黎频和钱挹珊当年的冒险、慷慨的帮助，其感激之情溢于言表：

有很长一段时间，黎频还每天到她的好友音乐家钱挹珊家里给我打饭，而且饮食精致，远过我日常生活的标准，这使我至今怀有深切的惶愧与感忱。我和这位慷慨的"漂母"素不相识，迄今也无缘谋面。(《银海浮沉录——〈柯灵电影剧本续编〉前记》，1985)

夏去秋来。不意"观众演出公司"要去台湾巡回演出一年，黎频将同往。房子直接交给柯灵没有问题，问题是谁来继续送饭。小陈老师没有时间天天送。"漂母"钱挹珊打算亲自送饭，柯灵坚决不同意。小陈老师恰要上庐山与朋友商量一合作翻译事宜，让柯灵先随同前往再说。从庐山下来后，暂时到唐弢家避了一个多月。

屈指数来，这段生活前后五个月左右，《夜店》也在遍逃中断断续续、心惊肉跳的情形中完稿了。柯灵心情一轻松，加之蛰伏已久，放胆出门小行。傍晚，正秋雨潇潇。回到唐弢家，忽得一不好的消息，称住处可能失密。柯灵匆匆谢过唐家，借暮雨和一辆撑起满篷的三轮车作掩护紧急离开。无他处可去，直奔贝当路李家兄妹的空寓所。

"铁娘舅"又回来了。"开门七件事"烦请邻居帮忙代劳，自己动手下厨。数日下来，厨艺差劲不说，还吃出了毛病，连连拉稀。那边，不意小陈老师也突遭病侵，下不了床。于百般无奈之中，他不得不向佐临求助。佐临从《夜店》拍摄现场赶去，把他送进医院急诊治疗。佐临、丹尼遂作商量，让他在家里避难，多加小心就是了。

佐临没日没夜地拍摄《夜店》，回来后再与柯灵交流。12月底，《夜店》拍摄完成。1948年2月8日，在皇后、金门、卡尔登、黄金、国际五家影戏院同时上映。主要演员有张伐（杨七郎)、周璇(石小妹)、童芷苓(赛观音)、石羽(全老头)、石挥(闻太师)、韦伟(金不换妻)等。几乎是舞台剧的原班人马,除了周璇和童芷苓之外。周璇是大明星加盟,十分出彩,有人把《马路天使》《忆江南》《夜店》和《清宫秘史》四部影片列为她的代表作。童芷苓则是时下以《大劈棺》等戏红遍上海滩的京剧花旦。《夜店》是一流的编剧、导演和演员的合作成果。

《夜店》搬上银幕时,柯灵对原剧进行了再创作,在人物、情节和场景上更加中国化。佐临在导演处理上下了很大工夫,每一个镜头都经过精心的设计。影片虽然描写租界上的社会生活,但对于战后国民党统治下的黑暗现实,同样有控诉、批判的意义。不足之处,与话剧一样,对受压迫的底层人物逆来顺受、不图反抗的落后思想,缺乏明确的批判,不及高尔基的原著来得深刻。

巴金读了《万象》上的话剧剧本《夜店》后,曾称赞"这不是戏,这是生活,实实在在的生活"。现在则向柯灵提出,把电影剧本《夜店》收入他主编的《文学丛刊》。《文学丛刊》是有影响的文学书刊,把电影剧本《夜店》当作正规的文学作品出版,对柯灵、对电影艺术都是极大的支持和鼓舞。

但是逃亡、颠沛的生活终于耽误了这件好事,柯灵没有能够把电影剧本《夜店》整理出来。十多年后,1962年秋,他为自己编了一本《电影剧本选集》,找到了《夜店》的一个油印本,收在里面,交给了中国电影出版社。"文革"中,书稿全部失踪。又过了二十年,1982年以后,在意大利、法国、英国和中国等国家,先后举办了"中国电影回顾展"。其中放映了一批三四十年代的"老片",《夜店》也在内。在中国电影出版社的陈纬、电影艺术研究中心图文资料部负责人王永芳的襄助下,由洪声根据影片记录、整理成文。这部特殊的"台本",说明是"根据师陀、柯灵舞台剧本改编"、"由洪声根据影片整理"后，收入《柯灵电影剧本续编》（中国电影出版社，1986年）。还加以说明：

> 过去我写的电影剧本，为了文责自负，成书时一向按原作发排，《夜店》是唯一的例外，其中自然有些导演艺术处理的东西，不敢掠美，附此说明。（《银海浮沉录——〈柯灵电影剧本续编〉前记》，1985）

苦苦地熬着逃亡的日子，已经一年了，哪里是头呢？1948年初起，为了避免国民党政府的迫害，在中共地下组织的安排下，一部分文化、新闻、电影、戏剧工作者先后撤离上海，南下香港，待机转往解放区。一时香港人才济济，有郭沫若、茅盾、夏衍、林默涵、邵荃麟、冯乃超、叶以群、周而复等。这批人员在港虽属过路的性质，但在一年左右的时间里，仍开展了许多进步的文化工作。中共地下党的巨头之一潘汉年在香港指挥着情报和统战工作。他向徐铸成建议，让《文汇报》在香港复刊，并招回柯灵等部分原采编人员。同时组织抵港的电影人士争取与倾向进步的资方合作拍片或成立影业公司。其中争取到了曾言称"不与共产党合作"的永华影业公司，共同来创作、摄制进步影片。"永华"发出邀请，让柯灵前去担任编剧工作。

"永华"成立于1947年，是香港规模最大的影片公司。创办人李祖永，宁波富商出身，南开大学毕业，美国留学生，教授身份。后成为印刷界的大人物，长期承接国民党政府农业银行的纸币印刷业务，因而倾向于国民党，属统战、争取对象。"永华"财力甚厚，欲大干一番电影事业，不惜花费重金聘用了一批著名导演卜万苍、朱石麟、李萍倩、程步高以及演员刘琼、李丽华、孙景璐、王元龙、姜明、高占非等，还吸纳了不少由上海撤至香港的、颇为活跃的进步影人来参加工作，如吴祖光、陈西禾、张骏祥、欧阳予倩、白杨、陶金、舒绣文、顾而已等。

1948年5月，柯灵几乎以电影表演化妆的手法完成了乔装改扮，由佐临、小陈老师两人送至机场，秘密离沪去港，开始一年的海外政治避难的日子，并参与香港《文汇报》和"永华"的工作。

五　香港《文汇报》《春城花落》《海誓》

1948年1月1日，中国国民党革命委员会成立，推举宋庆龄为名誉主席，李济深为主席。"民革"坚持同共产党合作，赞成新民主主义纲领的基本原则。成立后打算筹办一份机关报，希望徐铸成来主持报政。徐铸成则正在策划《文汇报》在香港复刊。经过商议，双方决定把筹办"民革"机关报与《文汇报》复刊计划结合起来，创办香港《文汇报》。柯灵到港后，即会晤徐铸成，参与筹备工作。

在香港各界爱国人士的大力支持下，筹备工作紧张地展开。报社用房借用一香港爱国人士在华人聚居地的荷里活道三十号的一幢简陋楼房。几乎是白手起家，从登记、资金、场地、设备、组织、人员等，步步艰难，却也忙得不亦乐乎。对徐铸成、柯灵来说，避开了迫害和险境，尤其是柯灵在惊吓中蜗居了整整一年，现在能够努力使曾经为之呕心沥血的《文汇报》重新获得生存、发展，能不乐乎？

同时"拿人薪水，为人做事"，柯灵马不停蹄地开始为"永华"编剧。因为"永华"的酬金丰厚，他就在九龙租下诺士佛台的一间居住舒适的公寓房子，远离尘嚣，在安静的环境中创作电影剧本。6月起,大战暑天两个月,完成了《春城花落》,即投入拍摄。

导演是原"明星"的同事程步高,主演是舒绣文,饰演年龄跨度很长、命运多变的女主人公金枝。柯灵与舒绣文相识于"天一"。她是电影、话剧双料"名旦",出演过几十个不同的角色。尤以在抗战胜利后,由上海昆仑影片公司出品、蔡楚生导演的《一江春水向东流》中塑造的"抗战夫人"王丽珍形象,久为人所称道。剧因名角而传,角因名剧而传,《一江春水向东流》与舒绣文堪称如是。《春城花落》中其他演员有王元龙(饰方四维)、林静(饰方太太)、罗维(饰方曰彦)、洪波(饰潘小闲)、吴漾(饰莫少文)、杨薇(饰金枝的四姨)等。老板李祖永亲自上阵做监制。

山"花"在大城市险恶的环境中渐渐凋"落",这是一个出生于贫瘠乡村的女性——从女孩到妇女——悲剧一生的故事。南方乡村,金枝、银枝姐妹自小父母双亡。上海的四姨前来把金枝送到北平一个富户方家去当女仆。方家男主人四维见金枝年轻漂亮,借机强奸了她,致有身孕后,遂在外纳为姨太太。两年后,此事终为方太太查知,设计骗去了金枝两岁的女儿小菜。五年后,金枝辗转流落到上海,遭浪荡、无耻的潘小闲诱骗同居。又过了七年,银枝从乡下来投靠姐姐,竟被潘小闲骗卖给阔少莫少文玩弄,遂跳江而亡。金枝独自漂荡,来到一所女校当校役。偶见一个女学生,觉得很像自己的女儿小菜。原来,方家已迁居上海,四维夫妇去世后,儿子曰彦当家,妹妹就是曰菜即小菜。因为方家老女仆诉说来龙去脉,金枝、小菜母女得以相认。小菜结婚那天,金枝发现新女婿竟是莫少文。金枝饱受前事煎熬,决意放弃与女儿在一起的安逸生活,到孤儿院去服务。

"永华"的创业之作是两部历史"大制作"《国魂》《清宫秘

史》,一鸣惊人。但主题涉及"爱国主义还是卖国主义"的尖锐纠缠,既被国民党所利用,自然就受到一些进步影评及后来的电影史著的诟病。特别是《清宫秘史》,在"文革"初期受到大规模的政治性批判。同时,公司也出品一些小制作的、无关宏旨的影片,如《春雷》《春风秋雨》《大凉山恩仇记》等,柯灵的《春城花落》及下一部《海誓》都属此列。小制作影片也有追求,或现实的反映,或精良的制作,同样值得肯定与回味。柯灵这样解释《春城花落》:

> 入境问俗,这个剧本的内容和情节安排,多少是为了适应香港电影观众的欣赏习惯,但自信并未背离现实。(《银海浮沉录——〈柯灵电影剧本续编〉前记》,1985)

二三十年代,像金枝、银枝这样可怜的女孩,比比皆是。因农村家贫,为了生存而不得已离乡背井,流入城市。她们年纪小,没见过世面,又天真、纯朴,便无法逃脱在城市底层社会"被欺压和被侮辱"的命运。她们的经历是苦做、上当、受辱乃至自杀。方四维强奸女仆,方太太夺人骨肉,潘小闲骗色诈财,莫少文玩弄少女,影片揭开了城市黑暗现实的一角。但影片并不突出意识形态,它讲人生和社会的现实故事。而剧中,方曰彦有文化、有道德,没有继承他父母的恶德败行,莫少文悔不当初,深自忏悔,金枝在苦难中探求真正有意义的生活,都是"黑暗王国里的一线光明"。大概,这些就是剧作者所言"入境问俗"同时"并未背离现实"吧。

从"性格与命运"看,四姨说金枝"你心肠软,打不定主意,娘儿们的短处你全有了"。一个美丽、淳朴的女人,因为性格的"弱点"和环境的险恶,无论是她一次一次地遭受不幸,还是一次一次地努力生存，对观众总是有一种牢牢的牵引力。结局是她对富家子弟"拿钱赎罪，不可能"的拒绝，她不图安逸而服务孤儿院，还有那首插曲儿歌"小麻雀，没有妈，飞来飞去找妈妈，风也大，雨也大，孤孤单单真可怕。麻雀麻雀不要怕，冒着风和雨，自己闯天下"，对观众、尤其是女性观众有一种人生和道德的启示。

影片当年拍完，于1949年5月上映。上映前，经略加整理，冠以"电影小说"的名目，先在刚创刊的香港《文汇报》的副刊《彩色版》上逐日连载。影名取"春城花落"，以投合商业、市民的口味。下一部影片《海誓》的编剧已列入"永华"的计划，但暂时无法开工：一是小陈老师来到了香港，二是香港《文汇报》创刊在即。

小陈老师趁学校的暑假去港。一是爱情之旅，二是要与柯灵谈入党的问题。原打算快去快回，不料后一件事"碰钉子"了。他对入党一事感到十分突然，也不赞同。他认为早年参加共产党都是冒杀头危险的，而眼下革命取得全国的胜利只是一个时间问题，此时入党岂非一种政治投机？她针锋相对地反驳：你柯灵被日本宪兵队两次逮捕，遭国民党特务一年追捕，说明你是革命者，够共产党员的条件。但他又犹疑：夏衍是他的革命领路人，为什么没有叫他入党？她随即向夏衍汇报情况。夏衍说让负责组织工作的冯乃超去解决。于是就等。等到下一年的5月两人离港时，也没有等到。柯灵自信，即使没有入党，不是也一直在为党工作吗？

小陈老师下榻于市中心的女青年会。她在图书馆做一份工作，并到一所中学兼课，不久又在香港《文汇报》上主编副刊《妇女周刊》。

1948年9月9日，香港《文汇报》创刊。徐铸成任发行人、总主笔,马季良(即唐纳)任总编辑,杨培新任经理。报纸以中间偏左的面目出现,得到在港党的领导人乔冠华、夏衍的赞同。发行后初战告捷:一是如实报道了淮海战役,使香港读者了解内地的战况。二是戳穿国民党政府发行金圆券的内幕,使香港工商界避免了一些损失。

柯灵任副总编辑,负责副刊工作。《社会大学》仿照《读者的话》,有"工作·学习"、"健康讲座"、"恋爱顾问"、"职业介绍所"、"自由谈"、"文化街"等小栏目,广泛联系读者群众。《彩色版》类似《世纪风》《浮世绘》的综合版,刊登小说、诗歌、散文、杂文、特写、译文、文艺评论等,另有"童稚之声"、"艺文简讯"、"新寓言"等小栏目。两个副刊分别由两个助手陈钦源、梅朵负责主编。还有一系列周刊,郭沫若、侯外庐主编的"哲学"周刊、茅盾主编的"文学"周刊、翦伯赞主编的"历史"周刊、千家驹主编的"经济"周刊、孙起孟主编的"教育"周刊等。

这段短暂的避难时期和办报经历,使柯灵了解了"东方明珠"香港,结下了许多热情的朋友。日后虽隔海相望,终究存有一番感激、感恩之情。1962年,逢香港《文汇报》创刊十四年之际,他应约写成《"千里共婵娟"——祝香港〈文汇报〉创刊十四年》一文以示祝贺,并诉说对香港朋友、侨胞的怀念之情:

> 在香港的新闻界、文学界、电影界中,我有不少朋友(当然还有知名而不相识的神交)。因为我的繁忙而兼疏懒,很少互通音问。但这并不减少我对朋友的怀念,因此偶然在报上看到他们的名字,有关他们的消息,哪怕是一鳞半爪,总是油然而生欣慰之情;如果在报上读到他们的文章,那就更有恍若晤对之乐了。更重要的,是我从报纸的字里行间,

听到了广大侨胞的心声……我们虽然隔着大海,可是"千里共婵娟",彼此心波的频率是完全一样的。

但是对一个爱国、爱民族的作家来说,"英国殖民地"那一层毕竟给他留下长期的、隐约的刺痛。1997年7月1日香港回归前夜,他特别选择这个有纪念意义的日子写下《化干戈为玉帛——庆祝香港回归》(1997.6.30)一文,全然释放往日的刺痛,并为"对话代替对抗"、"一国两制"拍手称好:

> 1948—1949年间,我参加《文汇报》在香港复刊出版,在香港愉快地生活过一年……《文汇报》东山再起,到香港复出,是利用了香港资本主义制度下的新闻自由,反映出中国知识分子关心祖国命运的执著,锲而不舍。遗憾的是,香港虽好,却是英国统治着,是旧中国的一根耻辱柱。
>
> 香港回归之所以值得如此隆重地庆祝,激起如此热烈地回响,不仅因为中国洗雪了百年的耻辱,表明她俯仰由人的时代已经结束,还因为这个事迹为世界外交史树立了一个良好的创例:以对话代替对抗,以理智代替情绪,以文明礼貌代替武力较量的新型国际关系。这是公道的胜利,和平的胜利,是文明的胜利。是中国的大喜事,世界的大喜事。
>
> 更值得大书特书的,是"一国两制"的创立和实行,充分表现了中国的智慧与自信,是政治学上富有诗意的天才创作,必将在全世界发生不可估量的影响。

1948年,香港《文汇报》呱呱坠地后,柯灵见缝插针,写写停停,在冬天里完成了《海誓》的初稿。"永华"签下了石华父(即陈麟瑞)的舞台本《海葬》为影片改编的"蓝本"。《海葬》原名《抛锚》，在上海沦陷时期改了剧名上演，舞台本曾在上海出版公司的《文艺复兴》（1946年8月号）上刊出。石华父的舞台本又是根据30年代京派作家杨振声的短篇小说《抛锚》改编的。杨振声写过《抢亲》《报复》《抛锚》等一组小说，以渔村贫民生活为题材，展现了渔民美好的人性和山东沿海野蛮、原始的民俗遗风。所谓"抛锚"，是渔村里一种古老的惩戒方式：将有罪的活人沉海。舞台本《海葬》与小说《抛锚》一脉相承：剽悍、纯真的性格，复仇和爱情的故事，野蛮、原始的渔村风俗。柯灵在电影剧本《海誓》发表时，特别加注说明："本剧的人物、情节实际上已另起炉灶，离原作小说和舞台剧十分遥远，几乎没有什么关系了。"

编剧时，为了弥补并不熟悉的渔民生活题材，柯灵拿出当年做特写记者的本领，几度前去香港的渔村、渔家搜集素材、体验生活。一则从素材中得知了渔民的天灾、人祸的真实生活，二则多年来潜移默化的影响形成了他一种朴素的阶级思想。于是在改编中把一个旧时的、风俗的故事写成了一个具有时代性、现实性的社会故事：

《海誓》所写的是渔民在天灾人祸交迫中的生活，在落后的社会里，劳苦人民对压迫者原始性的反抗。我在戏里强调一点：血债必须用血来还，阶级的仇恨决不能因压迫者的怀柔和小恩小惠而泯除。（《关于〈海誓〉》，1950）

剧情主线是穷苦的渔民穆三向有钱有势的渔船主刘老板报杀父之仇。二十多年前，穆三爹欠下一笔高利贷，因债主刘老板倚仗官府前来逼债，绝望中投海。这几乎是一个展开阶级仇恨故事的开端，但情节的发展并没有走向阶级反抗和斗争。穆三"粗犷,有力,强韧而勇敢,典型的渔民性格",却没有阶级意识,只图个人复仇。周围穷苦的渔民也没有阶级团结意识。最后,复仇的方式、过程尽归于风俗故事。穆三、刘老板同船出海,船倾覆,人落水。按渔家遗风,穆三救下刘老板。刘老板设宴谢救命之恩。不料穆三借机将刘老板逼至悬崖落海,以血还血地报了杀父之仇。刘家欲将穆三送官府惩办,穆三深知官府没有公平,愿意遵渔家遗风"抛锚"。

不仅主线的复仇故事没有贯穿阶级主题,同时副线的爱情故事喧宾夺主。但是这个三角关系的爱情故事和人物性格都写得十分动人。渔家姑娘素姐不图富贵,爱穆三爱得坚决,因为坚决而生妒,妒而丧失理智,暴露了穆三的避祸窝藏之地,终酿成穆三被捕的悲剧,自己也在爱和悔的折磨中悲剧性地投入大海。穆三真爱素姐,爱到真时却怕自己的复仇宿命连累素姐,一直吞吞吐吐,从而引起素姐的误解。同时他又同情没有人同情的渔妇何九姑,使素姐一再误解。何九姑备受生活的折磨,内心的顽强被扭曲成外形的放浪。她受穆三帮助的点滴之恩,以大胆窝藏被追捕的穆三相报,却被素姐误解成风流勾搭,愤而呼人抓走穆三。

剧本没有很好地完成一个社会悲剧,却很好地完成了一个性格悲剧。男女主人公穆三、素姐的悲剧,都是性格使然。刘老板的性格也很有艺术光彩,"以高利贷起家","想以小恩小惠洗清手上的血迹,而剥削者的本性不改","工于计算,世故精通"。柯灵受阶级学说的影响,有明确的意图:"我想借这个人物说明一点:压迫者终究是压迫者,无论他怎样怀柔,也不要对它妥协。"(《关于〈海誓〉》)其他人物,"带着复仇性"的穆大妈,"感情单纯"的小乙,"好争胜"的少船主刘四,"狗头军师一类"的账房阴司秀才,"近似神经病患者"的牛五等等,几乎所有的次要人物都性格鲜明。

柯灵对《海誓》的写作并不满意。他清楚问题出在哪里："写作时一时摔不掉原作人物的形象与浪漫气氛，一面又要根据现实生活和自己的看法另行摸索。"(《关于〈海誓〉》)他本打算取原作的一个轮廓，大胆地写阶级仇恨和反抗的故事，但最后又很不自然地回到了原作的结局上。他一时十分苦恼，不知道怎样才能把他的故事与原作的故事妥帖地缝合在一起。只好暂时搁笔，不意一搁笔就两个月，期间一字未着。

当他在香港和暖的冬天里苦思冥想着如何来缝合《海誓》的故事"裂缝"时，寒冷的中国北方大地上演了惊天动地的历史性事件。国共战争已经演变成为真正意义上的解放战争，解放军在辽沈、淮海、平津三大战役中势如破竹，取得了战略决战的全面胜利。1949年1月21日，蒋介石在内外交困中被迫宣布"引退"。1月31日，古都北平解放。4月，百万雄师渡长江，23日南京解放，宣告国民党政权灭亡。5月27日，上海解放，这座百余年来作为帝国主义侵华桥头堡的大都市获得了新生。

4月，先期抵达北平的"民进"主席马叙伦通知柯灵准备北上参加"新政治协商会议"筹备会。这是一件他没有想到过的政治大事，月底便得出发。《海誓》虽已完成初稿，但"了犹未了"。他请朋友提了意见，还来不及修改，只得先交给公司。公司认为，这个初稿本与舞台本已大不相同，建议不用原作的名义。但他却很顶真，没有同意：一是该剧本多少借用了舞台本，二是万一有损舞台本应担负责任。但公司没有理会。

《海誓》几个月后就拍完，于11月在港上映。还是程步高导演，但影片与剧本在人物、情节上大大小小的出入不少。一则因为剧本本身未及臻于完善，二则因为导演的二度创作，而产生的问题当时已无法与远在北平、上海两地奔忙的柯灵商讨。人物名字也做了改动，就与原舞台本相去更远了，故此不提及"蓝本"。

影片中的主要演员有陶金（饰黄大，即穆三）、李丽华（饰秋姐，即素姐）、刘琦（饰梁九嫂，即何九姑）、王斑（饰顾老板，即刘老板）等。一年多后，柯灵看了影片，以编剧身份提出了一些艺术上的不同见解。他是与人为善的，所以也感激程步高、陶金、李丽华等参演的努力。但对自己又是很严格的，感觉因为社会的剧变，他的作品便失去意义了，同时坦陈艺术上的失误和教训：

> 写《海誓》的时候，我是很花了一点工夫的，尤其因为是改编工作，更有左支右绌之苦；今天看来，工夫用的都不是地方，也可以说，是近乎于虚牝了。解放以后，经过了这样天翻地覆的大变动，再来看自己解放前的作品，其一无是处原是意料中事，不过由此也更可以看出来思想内容对于艺术品的重要，而在技巧上浪抛心力，是如何的劳而无功。对于像我这样的写作者，这也正是一个很好的教训吧。(《关于〈海誓〉》，1950)

香港一时聚集着一大批文化人士。随着中国革命即将胜利和民主政府曙光初现，一些新的文艺话题渐渐浮出水面。柯灵的《你站在哪一边》（1949.3）一文，似乎在思考或者回答未来中国电影的路要朝哪里走？

> 在创作实践上，我们面前摆着两条路：
> 一条是好莱坞式的路：色情、打斗、冒险、暗杀、堕落糜烂的氛围，空洞无聊的感喟，乃至"极端偏窄的爱国主义，种族主义与歇斯底里"（美国著名剧作家劳森在纽约和平大会上的控诉）。
> 一条是苏联电影的路：劳动的讴歌，社会主义建设的颂

扬，高尚的情操，真挚的爱情的欢乐，健康的泪与笔。

首先，就两者来选择而言，柯灵显然要走"苏联电影的路"，这是正确的。但这不是纯粹的艺术选择，而是政治选择的结果。第二次世界大战结束，以苏联和美国为代表，东方社会主义和西方帝国主义两大阵营的对抗格局已经形成。柯灵开始运用"两大阵营"思维方式，而且在未来一段时间里都是这样。其次，走"苏联电影的路"还不是未来中国电影最具体的"创作实践"。就在柯灵为"苦干"编剧、为《万象》编稿、为香港市民编电影的时候，延安那边已经在进行"为工农兵服务"的创作实践了。对此，柯灵似乎感觉不多。这样，他还有许多课程要补。"戏剧电影的检查制度是不是还应该存在"，是一个更加热门的文艺话题。有的反对，有的赞成，反对和赞成都有各自的理由。作为一个长期以来一直深受国民党和日伪文化检查机构之苦的作家、编辑柯灵来说，无疑有充分的发言权。他的《影剧检查的商榷》（1949.1）一文，给出了比较复杂的"商榷"意见，他认为：

"我们可以确定一个前提：无原则的自由是不对的"；"若主张由民主政府设立机构，专司检查，怕不是妥善的办法"；"将来纵有检查，也决不会再有国民党反动政府那样荒谬办法"；"保障思想与言论自由必然是其（按指民主政府）基本政策之一。无论如何合理，检查终归是检查，终究是一种由上而下的限制，和这种政策相违背的"；"这有关民主政府的文化政策，似乎不是戏剧与电影的单独问题"；"我们应当有比检查更为积极有效办法吧"；"戏剧电影工作者，应当各有一个强大健全，代表同人利益的工会组织"，"这个组织有一个特种委员会，专司检阅（事后的）本行业的出品，对优秀的作品加以鼓励,对窳劣的作品有权加以处理";"戏剧电影方面,我们如对政府有所希冀,那么还是希望她对这事业的奖掖多于限制"。

这份"商榷"意见:一,由于其说不一,看不出明确的反对或赞成。二,既有反对之处,又有赞成之处,显出矛盾或中和之意。三,基本上是猜想,或是表达希望和建议,代表一种呼声。四,甚至也有具体的设想,但毕竟停留在设想阶段。五,把戏剧电影问题与文化政策联系在一起。六,看出了文化政策如何则取决于民主政府如何。应该说文章的视野是开阔的,见解是深刻的。但是缺漏了逻辑推理的最后的、也是最关键的一步:民主政府如何则取决于它的领导人如何。或许柯灵知道,但不能说出来。

从这份"商榷"意见,可以见着当时以及未来几年里一大批知识分子的思想、政治状态,他们的疑虑、迷惘和希望,就像两年后毛主席在《应当重视电影〈武训传〉的讨论》中说的,"对武训和影片的歌颂竟至如此之多,说明了我国文化界的思想混乱达到了何等的程度"。同时也就注定了他们"长期改造"的命运,就像苏联作家阿·托尔斯泰在长篇小说《苦难的历程》中说过的,旧知识分子的思想转变过程是要"在清水里泡三次,在血水里浴三次,在碱水里煮三次"。在1949年,柯灵当然说不出其中的"道理"所在。几十年后,他才明白其中的"道理":

> 早在三十年代,中国深受内忧外患困扰的时候,许多知识分子就对十月革命的故乡心驰神往,把北方广大的黑土当作理想世界,我们祖国未来的蓝图。不知道多民族的俄罗斯面临的是另一形式的沙皇统治,斯大林这位无产帝王正在制

造无边的黑暗，以"肃反运动"的名义，把大批老布尔什维克送上审判台，构陷诬害，不是当枪靶子，就成为西伯利亚的囚徒。这种骇人听闻的倒行逆施，在消息灵通的西方早已曝光，在东方老大的中土，却一直讳莫如深。而苏联的痛史，不幸终于在中国有了更为乖戾的翻版。(《马思聪的劫难——马瑞雪〈劫难〉序》，1989)

不过在1949年，革命的胜利和共和国的诞生，使知识分子在欢呼、庆祝和喜悦的泪水中度过。柯灵也是这样。

影片《不夜城》剧照

影片《腐蚀》剧照

影片《春满人间》（海报）

《上影画报》创刊号

电影剧本《秋瑾传》

电影剧本《为了和平》

《遥夜集》

《暖流》

《同伴》

共和国的早春

一 北平行、《文汇报》

　　1949年年初起,潘汉年领导的华南地下党,陆续把知名的民主人士、作家和艺术家,经由香港,从海道分批送往东北、华北和北平。4月下旬,柯灵和陈老师被安排溯海北上,同船而行的有张骏祥(戏剧、电影艺术家)、赵沨(音乐家)、白杨(戏剧、电影演员)、龚澎(外交家)、顾仲彝(剧作家、戏剧理论家)、郭安娜(郭沫若的日本夫人)、刘韵秋(欧阳予倩的夫人),还有马思聪(作曲家、小提琴演奏家)的夫人王慕理,她带着一对才几岁的儿女。后来柯灵回忆起船上的情景,其情感依然像诗一般的美好:

　　　　船上满载浪漫的欢乐气氛,彼此有一种共同的感觉:我们正迈向光明的时代,即将投身于美妙的尘世天堂——社会主义的新中国。启程那天,日丽天和,风平浪静,黄昏时大家不约而集,在甲板上欣赏那金碧辉煌的满天霞光,浩淼无边的旷阔海景,谈笑风生。晚上还在船厅里举行了联欢会。
　　(《马思聪的劫难——马瑞雪〈劫难〉序》,1989)

船至烟台，柯灵一行离海上陆，转乘汽车、火车，走走停停。一路上，所见神州大地到处满目疮痍，但快乐、兴奋之情油然而生，因为这是行进在解放了的土地上。经蓬莱、潍坊、济南、天津，前后半个月的艰苦旅程，5月初到达目的地古都北平。

"民进"领导人马叙伦、王绍鏊、郑振铎、周建人、许广平、严景耀、雷洁琼等已先后到达北平。柯灵将与他们一起参加"新政协"筹备会。"民进"成立时，在郑振铎的力主之下，会章中写入一条明确的规定："本会在国民代表最高权力机构成立以后，由大会决议宣告结束。"意思就是一旦"新政协"成立，"民进"便将自行解散，从此退出社会、历史舞台。

未来新中国政府的总理周恩来、秘书长林伯渠、统战部部长李维汉一起前来与"民进"领导层进行磋商。结果是：中共中央根据历史演变的趋向，决定"民进"为构成"新政协"的民主党派之一。从一个"群众团体"一跃而为拥有政治权力"新政协"的民主党派之一，大家都觉得很突然。经过商量，还是愉快地接受了共产党的信赖、建议和安排。柯灵也这样。只有郑振铎谢绝，坚持自己力主的那条会章"规定"，从此告别"民进"。

6月15日，"新政协"筹备会举行第一次全体会议。期间，柯灵第一次见到领袖毛泽东。伟人坚毅的脸庞、有力的挥手、豪迈的发言，使他感到热血沸腾。6月30日晚上，在先农坛举行中国共产党成立二十八年纪念大会——共产党领导人民经过二十八年的奋斗推翻了三座大山，取得了新民主主义革命的伟大胜利，新中国即将喷薄而出。大草坪上，会聚了各界代表和无数的群众，万头攒动，洋溢着高度的兴奋和激动。突然瓢泼大雨从天而降。大雨没有浇灭人们的热情，更是激起了一场即兴的载歌载舞,与豪雨拥成一片。柯灵的热情被迅速点燃,马思聪则情不自禁地抱住柯灵的双臂。两人不断地纵跳欢呼,仿佛达到了忘我的创作境界。这是一次心灵世界的火山爆发,只有在偶然的机遇中才可能蓦然升腾。然而,这也是对豪雨、歌舞的一次超越了历史的"误读"。在整整四十年以后,柯灵才合理地解读出那场突至的暴风雨所含的"神秘的启示":

> 这一场暴风,一场暴雨,似乎是自然力量神秘的启示,昭告蒙昧的人类不要太天真,太自信,把历史进程看得过于简单。但大家正在兴高采烈,没有丝毫的感应。特别令人惋叹,应该受到谴责的,是那些迷信权力的人物,被自己一时的胜利冲昏了头脑,没有意识到这种向心力和凝聚力的珍贵和娇嫩,不但不加爱惜,反而肆意摧残。(《马思聪的劫难——马瑞雪〈劫难〉序》,1989)

6月21日,《文汇报》经上海市人民政府批准后复刊。严宝礼任总经理,徐铸成任总主笔,娄立斋任总编辑。他们立即去电催促柯灵尽早到沪担任副总编辑,负责副刊。但是,他在"新政协"筹备会结束后还得留在北平,因为几天后要参加中华全国文学艺术工作者代表大会,即第一次文代会。

7月2日,第一次文代会召开。这是新中国文学的伟大开端。期间,毛泽东、朱德、周恩来来到大会上祝贺、讲话。毛泽东发表热情洋溢的讲话:"同志们,今天我来欢迎你们。你们开的这样的大会是很好的大会,是革命需要的大会,是全国人民所希望的大会。因为你们都是人民所需要的人,你们是人民的文学家、人民的艺术家。""人民所需要的人",穿透了柯灵和每个与会者的心灵。

会后成立了中华全国文学艺术界联合会，以及中华全国文学、戏剧、电影艺术、音乐、美术、舞蹈工作者协会等。柯灵当选为中华全国文学工作者协会（简称"全国文协"；1953年10月第二次文代会后更名为中国作家协会，简称"中国作协"）候补委员、中华全国电影艺术工作者协会（简称"中国影协"）委员，这无疑是对他长期以来从事进步文艺工作的肯定。

　　新中国成立在即，柯灵相识的一些前辈、朋友担任了政府机构的领导工作：马叙伦出任教育部长，周建人出任新闻出版总署副署长，蔡楚生出任中央电影局副局长……柯灵呢，马叙伦希望他到"民进"总部担任领导工作，时任"新政协"筹备会副秘书长的齐燕铭则表示可以由民政部来安排工作。

　　如今，他遇到的是一个多么难得的进入全国性政治领导层的机会啊！然而他并没有这样去想。他想的是：一是他虽然保留了"民进"理事身份——没有像郑振铎那样全然而退，可以参政议政，但不能以此为进身之阶；二是他真正喜欢的是从事写作和报刊工作。当李部长关切地问起他今后的去向时，他的回答是"当一名报纸的专栏作家，到全国各处走走，但原单位人事纠纷很多，不想回去了"。"原单位"就是《文汇报》。李部长含笑批评道："这种想法不对，越是有矛盾的地方，你越应该去做工作嘛！"他听后感到很大的震动。他只是一个以文字、文章为生的知识分子，做事的信条是"合则留，不合则去"——绍兴师爷的信条之一。而像李部长说的这种积极的入世态度，却从未想到过，显出一种思想差距。

　　李部长建议，既然喜欢做新闻，也可以去刚创办的《光明日报》。《光明日报》由中国民主同盟会创办，创刊于1949年6月16日，负责人胡愈之。胡老邀请他去负责副刊。他不想去《光明日报》，但帮助草拟了一份关于副刊的编辑计划，并为副刊取名《朝霞》。虽辜负了胡老的一番好意，但也为胡老尽了一些义务。他要"积极的入世"，重返《文汇报》。

第一次文代会结束，而"新政协"筹备会第二次全会和中国人民政治协商会议第一届全会，分别将于9月17日和21日召开。因为其间有近两个月的时间，柯灵决定先回《文汇报》。陈老师则谢绝了龚澎大姐的到外交部工作的邀请，与柯灵一起回上海。学校里，吴若安校长被派去接管民立女中并任校长，陈老师继任南洋女中校长。

到了9月，政协会议召开在即。柯灵的一些朋友已经收到了赴会的请柬，陆续去京。可是柯灵一直没有收到请柬。他是"民进"理事，为当然的代表。马叙伦也是这样对他说的。他心存不解，却没有去打听具体情况。否则，不是一个争当代表的行为吗？事后有朋友告诉他，有人上报他抗战胜利后获得过国民党颁发的胜利勋章。在一时无法查证的情况下，先搁置他的代表资格。这是一个天大的"冤屈"！他又气愤又担忧：气愤的是不讲事实的诬陷，共产党将领周恩来、陈赓等，还有民主人士严宝礼、费彝民，都在颁勋名单中，况且自己也没有主动去领勋；担忧的是将会引起党和群众的误解，甚至会毁掉自己的政治、写作的生命。这决不是一件是否当选代表的小事！

陈老师比较冷静，批评他在入党问题上自命清高。现在只有争取入党，在审查过程中澄清事实。她立刻去向夏衍汇报。夏衍在上海，时任市军事管制委员会文教委员会副主任。他毫不犹豫，一口答应帮助柯灵解决组织问题。第二年，柯灵加入了共产党。但中组部批示：柯灵是民主党派理事，党员身份则不予公开。

严宝礼、徐铸成、柯灵都是经过风雨、见过世面的人。现在他们遇到了真正的难题：《文汇报》陷于一种左支右绌的格局中。

过去《文汇报》标举"中间"立场，实际上"偏左"。1949年后，党和政府不仅允许《文汇报》复刊，又在经济上给予必要的支持。《文汇报》主观上也想搞好：一方面坚定地跟党和政府走，另一方面试图保持原来民间式的"自由"特点。然而后者遇到了问题，民间式的"自由"与新政府的文化导向、新闻管理有出入。

8月12日，《文汇报》展开了关于"可不可以写小资产阶级"的讨论。只有《文汇报》有眼光、有胆量做这样的事，因为这是建国后的第一次文艺问题的自由讨论。但是，就在一个月之前的第一次文代会上，周扬在总结解放区文艺运动经验的《新的人民的文艺》——代表毛泽东的《在延安文艺座谈会上的讲话》的文艺路线的、权威性的报告——中说：工农兵是解放战争和国家建设的主体，所以文艺作品的描写对象，其重点必须放在工农兵身上。所以，"可不可以写小资产阶级"值得讨论吗？要把文艺引向何方？

11月9日，《文汇报》刊登了从无线电中收听到的湖北恩施解放的香港专电。这违反了新闻报道规定——私营报纸不得擅自发布未经允许的重大国际国内的政治新闻，重大政治新闻均须以新华社的稿件为准——而被视为"伪消息"。娄立斋要"吃不了兜着走"了。他在连续接受上级的批评和作了检讨之后，主动辞去了总编辑、副总主笔的职务。柯灵"临危受命"，接任总编辑、副总主笔，并副社长。他的担子加重了：负责整张报纸，要写社论，还要管副刊。但更重的是心理压力：

> 知识界（包括文学界）的处境却不同：在新社会，大都成了"旧知识分子"，开始进入漫长和痛苦的改造过程。旧新闻工作者面对的，则是迫切的接轨问题。《文汇报》是当

时全国唯一的私营报纸，以其进步历史而获得继续出版的荣幸。但鼎革伊始，新旧交替，百废俱举，百举俱废，《文汇报》在旧轨上走惯了，改弦更张，举步艰难，自不待言。我那时是新提升的总编辑，限于水平，更是捉襟见肘，战战兢兢。(《想起梅兰芳》，1993)

由于对现行管理制度、发行方式、读者需求等诸方面的一时不适应，《文汇报》的销路不好。1950年10月，《文汇报》改版。一是增加时事的、丰富的短评。仿照原来的《街头人语》，由唐弢为本市新闻版写杂文式的《上海新语》；新辟随笔式的《文娱杂谈》，由黄裳来写。两人都是千字短文的写作高手，事情顺利进行。二是恢复有分量的、有可读性的长篇作品。副刊《磁力》特约了几位名家的名作连载，以"欲知后事，且听下回分解"的"力"把读者紧紧地"磁"牢。但事情不遂人愿。先是师陀的长篇小说《历史无情》，接着是郭沫若的抗战回忆录《洪波曲》，因为这样、那样的"不适宜"而被主管部门紧急"叫停"，通常称之为"腰斩"。

按总编负责制，总编既已签发，除了关乎大是大非，"上面"不必再加干涉。现在可苦了柯灵，似乎"出尔反尔"了。作家作品都是柯灵约来的，不得不一一前去说明、道歉，搞得十分难堪、被动。张乐平的漫画连载《二娃子》配合"土改"运动讲述穷苦孩子二娃子"翻身记"，因无法配合当前的"抗美援朝"运动而中途停刊。张治中的《和谈回忆录》干脆主动地打了"退堂鼓"。

梅兰芳的回忆录《舞台生活四十年》为硕果仅存，连载一年，"善始善终"。1949年10月，梅兰芳在上海美琪大戏院登台演出，还特地给柯灵送去了票，那是一场与俞振飞合演的《游园惊梦》。柯灵见舞台上的大师风采依旧,把一个二八年华的少女杜丽娘演得风情万种,历久难忘。

几年前,《文汇报·浮世绘》上,黄裳发表《饯梅兰芳》(1947年1月8日)一文,以此文"饯"大师,以为大师已"老",感慨系之。文章观点犀利,辞藻华丽,却是看走了眼。二十多岁的、才华横溢的作家,只顾淋漓发挥,而忽略意外的杀伤。然而大师不仅未"别",在舞台上更加辉煌灿烂。

时过境迁。1949年12月,梅兰芳率团再度到上海演出,柯灵受邀前去赏戏。而后,两人相互在家里设席小聚,夏衍、于伶两次都光临了。柯灵曾建议梅兰芳写回忆录,此次席间以《文汇报》总编辑身份旧事重提。心中却有不安:不知他是否在意三年前那篇"饯梅"文。大师终究是大师,绝口不提那事,答应撰写回忆录在《文汇报》上发表。这就是后来的《舞台生活四十年》:中国第一部长篇演员回忆录、自传。

《舞台生活四十年》采用一种少用的体裁:"梅兰芳口述,许姬传记录。"但实际的写作、发表过程十分复杂,几乎绝无仅有。北京那头,梅兰芳每天做两小时以上的谈话,由秘书许姬传速记下来。第二天清晨整理成稿,立即寄给在上海的弟弟许源来。《文汇报》驻京办事处的谢蔚明则帮助奔走采访、搜集材料、拍摄照片。上海这头,由许源来对整理稿作润色、修改。许源来为一方才子,其文笔平铺直叙、却娓娓道来,趣味十足。但才子大多好杯中之物,许才子亦然。连载日日"等米下锅",怕许才子喝酒误事,于是严宝礼派出编辑黄裳加以协助。稿子改定后即送车间发排,第二天见报。

《舞台生活四十年》从1950年10月16日起开始在《文汇报》刊出,前后一年共连载190期。刊出后反响不一,普通读者以为表演技巧谈得太多,戏曲界则一致叫好,报社里也意见纷坛。从长远看,《舞台生活四十年》对于京剧的普及、表演技巧的探讨和理论的概括,都是有意义的。《文汇报》做了一件大好事。周恩来总理给了"《舞台生活四十年》很有意思"的积极评价。作为倡导者、总编辑的柯灵以为:

> 《舞台生活四十年》的内容,和我预想的很不相同。我期待的是记述梅兰芳艺海浮沉,兼及世态人情的变化,廊庙江湖的沧桑,映带出一位大戏剧家身受的酸甜苦辣,经历的社会和时代风貌;而不是侧重于表演艺术的推敲。前者的读者范围比后者会宽广得多,也会更有趣味,更有意义。(《想起梅兰芳》,1993)

1952年3月,柯灵奉命从《文汇报》调入上海电影剧本创作所任副所长,这是夏衍亲自点的将。柯灵称得上是《文汇报》的重臣之一,与报纸、报社同人一起经历了许多风雨和苦难,真是难舍难分。后来在《文汇报》创刊五十年之际,作《启示录——祝〈文汇报〉创刊五十年》(1987)一文由衷地吐露了自己的深情和感谢:

> 我是《文汇报》的一个老伙友,从草创奠基到茁壮成长,盛衰起伏曲折悲欢的滋味,都曾有幸分尝。日本侵略者统治下的腥风血雨,人民革命的惊涛骇浪,革命胜利后出人意表的烈日严霜,它一一披肝沥胆,承受检验,而终于站稳了脚跟,扎下了根柢。我生命历程中最重要的青壮年华,大半是在《文汇报》拥挤的编辑室里度过的,是它抚育了我,带着我通过了伟大的时代洗礼。
>
> 感谢《文汇报》的慷慨,给了我经受磨练的机会。和祖

国共休戚，与人民共呼吸，是新闻工作——也是一切文化工作的"通灵宝玉"，不慎丢掉了就会丧魂失魄：这是《文汇报》给我的一个启示。正义的呼声最响亮有力，任何暴力和权势都不能阻遏：这是《文汇报》给我的又一个启示。把心交给群众，就会得到群众的心，和群众相拥抱，就会从群众中得到力量，恰如滴水投入大海：这也是《文汇报》给我的启示。

二十多年里，柯灵的报界编辑生涯经历了五个阶段。一，启蒙（1930—1931）。随傅天弼到上海先后编辑《时事周刊》和一张小报，回绍兴随田锡安办《儿童时报》，初步入行。二，成长（1932—1936）。《晨报》《大晚报》的记者，主编《明星半月刊》《铁报》副刊《动与静》《大美晚报》副刊《文化街》，以文艺副刊为特色。三，高峰（抗日战争时期，1937—1945）。《救亡日报》编委之一，主编《民族呼声》，《文汇报》副刊《世纪风》《儿童园》，《文汇报》（晚刊）副刊《灯塔》，《大美报》本埠新闻版、副刊《早茶》《浅草》，《大美晚报》要闻版，《正言报》副刊《草原》，《万象》杂志。在上海"孤岛"、沦陷区环境下与日、伪战斗。四，又一高峰（解放战争时期，1945—1949）。创办、主编《周报》，创办上海出版公司，出版《文艺复兴》《活时代》等刊物和书籍，任《文汇报》主笔、副刊主任，主编副刊《世纪风》（复刊）《读者的话》《浮世绘》，《中央日报》副刊《文综》，上海《新民报》（晚刊）副刊《十字街头》，参与创办香港《文汇报》并任副总编辑。坚持反内战、反独裁斗争。五，新的摸索（建国初，1949—1952）。《文汇报》的副社长、总编辑，在新环境里寻找发展道路。

柯灵结束了报人生涯，五六十年代主要的活动舞台是在影界。

二 《遥夜集》《同伴》

　　建国的欢庆过去了，运动的口号响起来了。无论在报界、影界，还是创作上，柯灵都只能在这个喧嚣、多事的背景下被动适应地做事。他为《文汇报》写了不少照"本"宣科的、应景式的社论、文章，发挥党的机器上的"螺丝钉"作用。他的散文，包括抒情小品、杂文和评论，总体的基调和风格已有很大的变化：从"暴露"到"歌颂"，从"忧郁"到"高昂"，加入时代的、流行的"颂歌"大合唱。同时创作失去了自由、规模和连续，进入低潮。其实来自国统区的作家大都如此。

　　《站在人类命运的转折点上——庆祝中国共产党建党三十年》（1951）是柯灵的一种新的"政治抒情体"散文的代表作。从半封建半殖民地的旧中国历史说起，回顾中国共产党的诞生、领导人民推翻三座大山、建立了新中国的艰难历程，多么伟大！人民军队从无到有、从弱到强，军事上不可战胜，道德、文化上也不可战胜，多么光荣！毛主席，"一个伟大的名字"，"他是天才"！"他是圣者！五千年来，我们的祖先中有无数杰出的人物，可是和他相比，他是海洋，而他们不过是沧海之一粟。他的事业夐绝千古。"从历史到现实，从马、恩、列、斯到毛主席，从人民到军队，从工人、农民到妇女，从城市到农村，从抗美援朝到中苏友好同盟，该颂的都颂了。字里行间翻动着滚滚的政治激情，升华为一个政治公式"样板"：

　　　　马克思列宁主义——毛泽东思想——人民的幸福——祖

国的建设和社会主义前途——世界的持久和平——全人类的解放事业——这是一套完整的交响乐中不可分离的章节与音符。让我们——全中国的人民，在我们天才的指挥者毛主席和共产党的领导之下，来完成这个伟大的合唱吧。

《天安门——一九五一国庆日记事》（原题为《心的检阅，力的检阅》，1951）记下了在天安门参加国庆大典的经历、感受。浩浩荡荡的游行队伍在广场上接连不断地走过，多么壮观！毛主席在城楼上向人民群众频频挥手致意，多么亲切！作者心潮澎湃，诗一般的语言奔涌而出：

> 这是人民意志的检阅，心的检阅，力的检阅。
> 这一切都是我们在两年前所不敢和不能梦想的情景。
> 我们应该更加确信我们是无敌的。

柯灵的政治抒情体散文，表现出丰富的政治联想，连续铺排的政治歌颂，线条粗犷却衔接流畅，较多采用独句构成段落的结构，有诗歌般的节奏和韵律，使气势和情感更加充沛，充分利用了"散文"、"抒情"的特点，适合于表现宏大的主题。

柯灵在《文汇报》的短评栏目《上海新语》——仿照过去的《街头人语》《街头闲话》——上有一些杂文新作。然而风格却有天壤之别，以"新"为目，析新人新事新社会，一改"鲁迅风"的"批评—讽刺"体，而成为"颂歌"体杂文，与同期的"颂歌"体散文形成写作上的同构和共振。

有的采用新、旧对比的构思，歌颂新社会的变化。如艺人在旧社会即使功成名就还是低人一等，现在政治、人格上都翻了身。盖叫天为此流泪，"是一部活生生的梨园更新史"（《盖叫天之泪》)。"抄身制"的消亡,说明工人阶级成了国家的主人公,"归根到底,是不是尊重人,尊重人格,是识别社会进步与否的标记"(《送别"抄身制"》)。北京收回帝国主义在中国的"驻兵权","这是一件使人振奋的大事,全国人民,应当为此浮一大白;史家应当饱蘸彩笔,大书特书,为千秋万世之鉴"(《永别了,"驻兵权"!》)。

有的则从新人新事中提炼和宣传新道德、新风尚。一位老太太的若干黄金失而复得,说明"在社会主义社会,黄金不过是黄金,最最宝贵的,乃是无产阶级崭新的道德"(《还金记》)。工交工人克服困难服务社会,"一句话:依靠群众,依靠劳动与创造"(《柳暗花明》)。《强盗的幽默》讽刺美国在联合国大会上表演强盗喊"捉强盗"的"幽默",还可见"鲁迅风"杂文的些许余脉。

1956年,柯灵出版了两本作品集:《遥夜集》《同伴》。《遥夜集》(作家出版社)是一本杂文、散文合集,绝大部分是1949年前(1935—1949)的作品,故称"遥夜","这些作品多少反映了人民的苦难和斗争"(《舟人夜语觉潮生——〈遥夜集〉前记》,1956);只有五篇是建国初的"颂歌"作品。《同伴》则是一部小说集。

这里有必要对柯灵小说作一全面追述。他的小说创作缺乏连贯性,可视作"副业"耕耘。1927年,在务实小学教书时写出了小说"处女作"《心的跳舞》。小说截取几个小学生在课间休息时种种玩闹的场面,表现一种几乎是普遍的儿童心态——厌烦读书、贪玩。捉蝴蝶的,抓泥鳅的,玩"掷豆红"游戏来赌输赢罗汉豆的,斗嘴闹架的……在这个短暂的时间里,心都欢快地跳起舞来了。艺术上以简洁的白描来勾勒性格。从癞头柏青和"小老太公"福均这两个孩子形象中,可以看到《阿Q正传》的一些影响。柏青像阿Q一样最恨人提他的癞头。福均是个驼背,脸又长得像猢狲,看上去老态龙钟故得"小老太公"的外号,因先天不足多受同学嘲笑欺负。他于课间只玩一种分明是自己创造的纸上游戏:填写"同学好坏一览表",在一串同学的名字后面填上"好"或"坏"。欺负他的便填"坏",更坏的便填"恶",还加一条附注"该打皮古(屁股)三百"。于是心里便痛快淋漓,似乎所受欺负和委屈都洗雪干净了。小说里的老师姓殷,又有点迂气,学生在背后就叫他"阴司秀才"。

《诗人秋岛》(1931)写一个迷恋于田园诗的诗人秋岛,但亲眼看到日寇的种种暴行之后猛然觉醒,毅然投身到现实的抗日运动中去了。小说为"九一八"后杭州《民国日报》副刊《沙发》的抗日征文而作,获得第三名。《同伴》(1933)是随"明星"公司的摄影队外出拍片时在青岛火车站的候车室里写成,发表在文学期刊《现代》。以同情的笔调,写一个年轻、漂亮的知识女性从爱情受骗到沦落为交际花、性感歌舞演员的不幸经历。但又揭露了演艺界的污浊之风和演员"同伴"之间的妒忌、倾轧、中伤和落井下石。小说出于作者对自己置身于其中的影界、艺界的一种"人啃着你,吃了你的肉,临了还说你的肉是酸的"的观察、体验和印象。《巨卿先生》(1935)发表在《申报·自由谈》,反映农村学校教育事业的鼎革。私塾老师孔巨卿先生作为"旧物"固然结局凄凉,但新学堂的"为人师"者不仅不学无术,并且把公立学校校长的职务当作一种"官位"而你争我夺,尽管口念维新,其实头脑依旧。

1935年2月,郑伯奇主编的、尝试文学通俗化的《新小说》杂志创刊。受郑伯奇约请和鼓励,柯灵在第1卷第2期上开始发表长篇连载小说《牺羊》,配以万籁鸣作的插图。小说取材电影界生活,反映新旧势力的矛盾冲突和形形色色的人事浮沉,尤其是女性的不幸命运。开篇登场的是一批都市文化青年:《现代妇女》杂志的编辑王晓晖，同天书局的经理杜子熊，艺林影业公司的演员邱明，还有公司里的三个"作家明星"女性。她们的性格特色鲜明：尚璇"入世"，白苹洲"出世"，林静如"不能入世也不能出世"。她们就是小说要描写的三只"牺羊"。尚璇的"牺羊"故事率先展开，这位"入世"的女性已是两度受男人欺骗。至此，一部长篇小说的三条情节发展线索已经摆开。郑伯奇在《编辑余谈》中介绍说："长篇小说《牺羊》，由两性生活的矛盾展开到电影界新旧势力的冲突，场面的转换一定更可引人入胜。"但《新小说》仅出版了六期，因为没有发生预期的"与工农群众相拥抱"的社会影响而宣告停刊，《牺羊》仅连载了五期成为未完成之作。郑伯奇表示歉意。柯灵倒是大度、洒脱，把"责任"往自己身上揽：一说自己没有把小说写好，二说终于获得解脱，自觉还只是个写小说的"学徒"，而长篇小说的文学"门槛"又太高。

1936年有三篇小说。《未终场》取材于当年作者参与其间的反对工部局禁演抗日话剧《走私》《都会的一角》风波，表现爱国的主题。后两篇小说是对社会世相的精确复制。《云》表现小资产阶级社会的"私利"世相。父子之间、夫妻之间、亲戚朋友之间，盛行金钱、利益的风气，亲情、人情已如"云"消散。《浮世绘》采用"复调"结构，以一个晚上在上海大街上流浪的"光头"、"鸭舌帽"和"近视眼镜"三个男人独立的平行故事，从不同角度来表现下层社会的"苦难"世相。原是码头临时工的"光头"，因为生活无着而被骗去参与抢劫，结果坐牢十年。出狱后无家可归，所以非常怀念那住了十年的铁笼子。原是报馆排字工人的"鸭舌帽"失业后，只能默许妻子去做一个特种行当"淌牌"。这是一种私娼活，就在仅仅一个小阁楼的家里"接客"，而丈夫却只好"回避"。"近视眼镜"从内地到上海来闯荡，三个月来却找不到一个插足谋生的地方。他想跳楼，却没有胆量。小说里用了一些上海地方语，如"那能介晏？"（"为什么这么迟？"），增加了"海派"小说的语言特色。

写于1937年抗战初期的《乐土》《鹏》两篇属抗战题材小说。《乐土》描写一个青年知识分子由苦闷到彷徨最终觉醒的过程。陆曼士是一个被生活压弯了腰的小职员。消息传日本人将要攻打上海，有钱的人纷纷逃离。他却无能力携家人外逃，绝望中指望一切都是一场虚惊。远在北平的女友若华来信，说是古城完全被敌人包围了。他终于醒悟到"中国目前决没有避世的桃源，太平的乐土"。小说的结尾无疑暗示人们：在民族的生死关头，唯有奋起反抗才是真正的出路。陆曼士的形象及心理活动很符合生活的真实，在抗战初期的小说中是不多见的。

柯灵的第一本小说集是1939年由世界书局出版的《掠影集》，收《同伴》《圣裔》（原作《巨卿先生》）《未终场》《云》《浮世画》《乐土》《鹏》（原作《大鹏》）七篇，列入郑振铎、王任叔、孔另境主编的《大时代文艺丛书》之一种。起名《掠影集》，自谦"无非是一些浅薄凡庸，浮光掠影之作"。《〈掠影集〉序》（1939）中说：

> 这些年来，困扰着我的是所谓"生活"。它使我有所失，却也使我有所得。许多人世间可悲可喜可笑可歌的事情，更亲切地看到了，有时自己还在里面串演了一角。……为了纪念那一段逝去的年光，我今年决心把几年来所写的东西辑集起来，其中挑出算是小说的七篇，变成了这一本。它们芜杂、粗陋，形式不一，作风各异，正是一种低等学艺者的习作的本色。

《湮》（1939）《舍》（原作《胬割》，1940）《霍去非》（1949）三篇同属知识分子题材，描写战乱中不同的知识分子形象和心理。《湮》根据生活原型而写，作者带着同情和批判的态度，表现一类内心懦怯、脆弱的知识分子在战争中被极度的恐怖心理所"湮"的过程。银行高等职员郁征被战争吓破了胆。他害怕有人要杀他，有人把他当汉奸。他怀疑行里的同事对他有恶意。他不相信别人的善意劝说，是那么的固执。他不敢住在家里，也不敢住旅馆。他给妻子写了遗书。后来在转送去香港他哥哥家的途中，终于跳了大海。另一方面作品也揭露了侵略战争的野蛮和恐怖统治的严酷。作品中写到向报馆投手榴弹、当街枪杀新闻记者等，是造成郁征惶惶不可终日的外部原因，也是作者曾经亲睹亲历的。《舍》写的是战争中另一类觉醒、爱国的知识分子。"年轻的母亲"在丈夫牺牲于抗日战场后，教幼子要"打日本"，最后托付别人养育幼子，奔赴战地当护士。小说中对她民族精神的升华过程和与幼子难舍难离的心理活动，描写得细腻动人。

《霍去非》作于香港避难期间，描写一类非常可耻、可怕的知识分子形象。霍去非表面上温文而潇洒，态度很谦恭，甚至有点懦怯。实际上游手好闲，靠老爹吃饭，道德和政治品质都很恶劣。上海沦陷，他因为曾在报上登过一首"抗日大鼓"的应景小诗，竟到日本宪兵队去自首、写悔过书。抗战胜利，怕这丑事有汉奸嫌疑，又给"军统局"的一个特务头子献珠宝，拉拢关系。内战开始，常打听"共产党能打赢吗"？这家伙还是一个可恶的"犹大"。你看他懦怯，他却把一位进步的记者朋友向特务出卖了。作者说："不错，霍去非是懦怯的，不幸我们忘记了'唯懦怯者最为残酷'的名言。"

1956年与《遥夜集》同时出版的《同伴》（文化生活出版社）是柯灵的第二本小说集，辑集了《湮》等三篇知识分子题材小说，加上《掠影集》中的《同伴》。《〈同伴〉后记》（1956）中说："这个集子所收的四个短篇小说，都是写知识分子的。我在这里写了知识分子在旧社会的彷徨、挣扎和反抗，写了他们坚定地追求光明的心，也鞭挞了其中无耻的出卖者。"从后面三篇来看，柯灵对人物心理的把握和描写都很见功夫，小说在艺术总体上有"向内转"的趋向。这就表明他的小说创作水平已越过了"低等学艺"期。

三 《腐蚀》《为了和平》

柯灵的一生中，在电影界的活动是全方位的、连续的：影业公司的事务工作，电影刊物编辑，电影编剧，影评，电影理论研究，电影机构的行政领导等；从建国前的三四十年代到建国后的五六十年代。其中以电影剧本创作最为突出，称得上是一个有成就、有影响的电影剧作家。

1950年，柯灵作为副社长、总编辑，在为《文汇报》的生存前后忙碌的间隙里，完成了建国后的第一个电影剧本——根据茅盾的日记体长篇小说改编的同名电影《腐蚀》。1941年5月，《腐蚀》在邹韬奋主编的香港《大众生活》连载。小说以其对抗战时期国民党的深入揭露而引起轰动。还有许多读者关心赵惠明的命运，希望作者在小说中给赵惠明一条自新之路。为了满足众多读者的请求，茅盾续写了赵惠明走向自新的道路。10月，上海"华夏书店"赶印了单行本。抗战胜利后，《腐蚀》再度引起注意。国民党紧急下令查禁《腐蚀》；共产党对《腐蚀》表示欢迎，在各解放区翻印。《新华日报》《解放日报》上都发表了评论，称赞《腐蚀》"是一篇对国民党特务罪恶的有力的控诉书"。

茅盾说:"在我所写的长篇小说中,《子夜》是国外版本最多的,而《腐蚀》则是国内版本最多的。想不到作为'紧急任务'赶写出来的这部小说,竟发生了如此广泛的影响!"

在解放战争年代,柯灵、佐临就商量过把《腐蚀》搬上银幕。建国初,他们认为把《腐蚀》拍成电影"在今天还有很大的教育意义"。其一,"《腐蚀》铭刻了中国对日抗战中的真实情况"。其二,"《腐蚀》控诉了特务制度的罪恶"。1月底,柯灵、黄佐临去拜访时任文化部部长的茅盾,征询对改编一事的意见。茅盾表示同意,并对改编提出了几点具体的意见。

剧本《腐蚀》揭示了一个二十多岁的国民党女特务赵惠明的特务生涯。她爱慕虚荣,跟上了貌似绅士的特务希强,不意被暗中利用充当特务工具,就此被拖下水,干起了罪恶的特务勾当,"手上已经沾了血"。但她尚存一丝天良,心里充满了极大的矛盾。她恨灭绝人性的特务组织,但难以脱出罪恶的网络。她在特务组织派系的"鬼相打"中又成为牺牲品,加之过去的男友、进步青年小昭被特务逮捕入狱并杀害,于是准备冒险潜逃、"重新做人"。最后,为了救出一个刚失足于特务组织的少女安兰,放弃了自己的脱逃机会,被特务、宪兵逮捕。

作品暴露了国民党的特务制度、机构和手段,大大小小特务的各种狰狞面目,"一个不是人的世界";还暴露了"皖南事变"的真相,"是蒋介石和日本人跟汪精卫共同计划的,反动派要把代表人民力量的共产党打下去,好实行投降,结束战争,让日寇能够调过头去,和德意法西斯一起,进攻太平洋和苏联"。

影片《腐蚀》从编剧到导演,尽可能地忠实于原作,同时希望能更加突出地传达出原作的精神。但还是有所剪裁、增删和更动。一则是因为小说与电影属于不同的艺术形式;二则更重要的是,小说是在抗战中最黑暗的年代里写的,作者不得不采用"恍惚迷离"的曲折手法,而现在编剧时则要求"明确更明确",直接予以暴露。剧本中重庆"歌乐山下"的集中营"中美合作所"的背景,为原作中所无。茅盾以为这样的写法从时间上说不甚合拍,恐怕失真。而电影编、导认为时间上虽有错落,但为了更加有力地暴露国民党集中营的血腥和美帝国主义的罪行,写了"中美合作所"的监狱、刑罚和刑场。

5月,由文华影业公司投入拍摄。按说柯灵也还属"文华"的编剧人员。导演黄佐临,丹尼演赵惠明,石挥演小昭,还有高重石、梁明、崔超明、程之等参演。12月,影片《腐蚀》参加"抗美援朝、保家卫国"电影宣传月,在全国各地上映。在影片即将上映前,柯灵、佐临共同署名发表《〈腐蚀〉从小说到电影》(1950)一文,介绍改编过程。其中特别说明了"关于主角赵惠明的处理问题":

> 她是失足者,在一定意义上来说也是被损害者,但她是万恶的特务,因此对她的同情不能不有严格的分寸。人民政府对特务的政策是镇压与宽大相结合,逾越分寸,就要蹈"宽大无边"的错误。以革命者宽阔的胸襟,加以悲悯与鞭挞,同时强调特务组织的凶残,指出主要的罪恶在于制度,这是我们处理赵惠明这一人物的基本态度。我们希望不至于在观众的印象中造成偏差。

这个"特别说明"虽属具有"先见之明",但并非权威的解释。反特故事片《腐蚀》上映,观众踊跃,评论推崇。然而仅仅"红"了几天,"上面"便紧急下令"停映",拷贝入库封存。柯灵感到很奇怪,就去打听,得到这样一句话:"一个被诬骗失足的女特务,是应该被憎恨的,却写成了可以同情的人物。"原来问题还是出在"主角赵惠明"上!还有一个奇怪:电影剧本是根据小说原著改编的,且征得茅盾当面同意。当影片《腐蚀》遭到停映厄运时,时任文化部长的茅盾却不置一词。茅盾一向善于撰文表明自己的立场和观点,进行论争,何况《腐蚀》是一部重要的小说。柯灵相信茅盾有想法,但没有说。

  茅盾确有想法,只是当时没有形之于语言文字。他不仅知道影片《腐蚀》停映是公安部门的意见,而且还听到一位很有权威人的指责《腐蚀》"不该给赵惠明这样一个满手血污的特务以自新之路"。并批评原作:"这是一本对特务抱同情的书。"茅盾对于这种不符合实际的指责,当然不能接受。直到1954年,人民文学出版社重印《腐蚀》时,征询对原书是否作修改?他经过慎重考虑,决定"不作任何修改"。并在《后记》中对莫须有的罪名作了温和反驳:"如果考虑到日记体裁的小说的特殊性,而对赵惠明的自讼,自解嘲,自己辩护等等,正是暴露了赵惠明的矛盾,个人主义,不明大义和缺乏节操了;在这一点上,我觉得一九四一年向作者提出要求给予赵惠明一条自新之路的大多数读者,是看清了赵惠明的本质。"

  三十年后,柯灵在《心向往之——悼茅盾同志》(1981)中仍然认为当初《腐蚀》"停映"是一件"冤案":

> 照我粗浅的想法,惩治特务,律有明文:"首恶必办,胁从不问。"《腐蚀》的女主角是被拐骗失足的,正是胁从分子,衡之以政策,不是很好的配合吗?而且观众如果同情失足者,自然会更引起对特务制度的憎恨。分化瓦解敌人,作用正在于此。但到了文艺作品中间,不知何以就变得如此"天网恢恢,疏而不漏",对一个天良未泯的失足者(实质上也是被害者),连少许的同情也靳而不予?

这原本是一篇悼念新文化巨人茅盾的文章，充满敬仰之情，并颂鲁迅、郭沫若、茅盾的文化、历史功绩：

> "五四"新文学运动的发难者，后来又多是左翼文化运动的旗手和支柱，鲁迅、郭沫若、茅盾就是知名的文坛三皓。他们像长江大河的源头，劈开乱石丛莽，冲过巉岩峭壁，汲引千川万壑，推波助澜，荡涤旧世界，开创新天地，汹涌澎湃，冶文学革命与社会革命于一炉。影响所及，蔚为近代中国文学运动的主流。这种无限忠于祖国、忠于人民、忠于生活、忠于艺术的前辈风仪，特别使人心向往之。
>
> 鲁迅先生的博大精深，郭老的汪洋恣肆，茅公的谨严邃密，是中国现代文学史上的三座高峰。而茅公为数可观的中长篇小说，则有如重岚叠翠，绵亘千里，不但是文艺领域的壮观，也是中国现代社会生活的历史长卷。

该文又指出茅盾长篇小说创作中的一个重要现象："茅公规模宏大的长篇小说，竟多是'未完成的杰作'。"对《虹》《第一阶段的故事》《霜叶红似二月花》《锻炼》，以及最后命笔的《回忆录》，一一分析了原因，开拓了"茅盾研究"的新空间。

1950年底，对有"问题"的《腐蚀》的处置是很温和的，仅仅"停映"而已。1951年就不同了，5月，对昆仑影业公司的《武训传》则由《人民日报》的社论出面，以政治化、运动化的方式展开讨论和批判，成为"左"倾文艺批判的开端。批判运动引起电影界乃至文艺界、文化界极大的震动。而有关的编创人员连带接受批判，乃至接受组织处理。6月，文华影业公司的《关连长》、昆仑影业公司的《我们夫妇之间》分别被指污蔑"解放军"、丑化"工农干部"而遭到点名批判。不过这些还是属于文艺批判范畴。

《腐蚀》虽然侥幸逃脱批判，但柯灵、佐临还是惊吓不小，"文华"陷于一片惊慌之中。私营电影公司出了"问题"，它们消亡的时刻随即来临。8月，文化部宣布对私营电影制片厂进行社会主义改造的决定。经过逐渐地归并，到1953年，全国只剩下了三家国营电影制片厂：北京电影制片厂、长春电影制片厂和上海电影制片厂。这是点名批判对电影事业所造成的第一个后果。第二个后果是1951年4月在北京成立了中央电影指导委员会，对电影创作进行统一的审查。操持审查大权的是中宣部电影处处长江青。审查极为严苛，以致在一年半内没有一个剧本通过。国营电影厂被迫停产，大批导演、演员和工作人员无事可做。第三个后果是对电影人的思想、精神的消极影响，"不求艺术有功，但求政治无过"的心理病和创作的公式化、概念化从此盛行。

1952年，为了解决电影剧本荒，文化部电影局决定在北京和上海成立电影剧本创作所。3月，上海电影剧本创作所成立，所址在永福路52号。夏衍任所长，他把柯灵从《文汇报》调来任副所长。1954年4月，夏衍调任文化部副部长，柯灵继任所长。该所专为"上影"提供电影文学剧本。所里的编剧人员先后写出了一批本子供投拍，艾明之的《伟大的起点》《护士日记》，李天济的《落水记》，石方禹的《天罗地网》，杨村彬、王元美的《湖上的斗争》，唐振常的《球场风波》，柯灵的《为了和平》《不夜城》等。编辑人员则对外来的本子进行研究、讨论，提出修改意见。柯灵担任行政领导工作，参加种种的会议、运动，同时又搞创作、做编辑。

《为了和平》于1955年2月完成。这是柯灵建国后第一部原创之作，也是第一部"受命"之作，受文化部电影局副局长陈荒煤之命。两年前，上海《解放日报》上刊登了一篇约二三千字的短文，题为《毛主席，我以母亲的名义感谢你》，作者为一位家庭妇女。这是一个中医家庭，她的几个孩子在旧社会都沾上了坏习气。1949年后，在党的教育下，孩子们都变好了，参军的参军，工作的工作，最小的也戴上了红领巾。《人民日报》转载了这篇体现新旧社会变化与人民感谢党和毛主席的感人文章。陈荒煤建议在银幕上及时给以反映，把编剧任务直接给了柯灵。

但是完成这个任务的过程并不顺利。柯灵熟悉知识分子生活题材，但这样一篇抒情式的散文，远远不足以构成一部电影剧本。于是他进入生活，对文章的作者进行访谈，访问一些知识分子家庭，与家庭主妇及子女座谈，甚至到一个中学里去住了一段时间。结果却很失望，因为生活所提供的是另一类情节素材：在旧社会，知识分子家庭的子女大多在时代浪潮的推动下追求进步，而主妇们担心的是子女的安全，经常提心吊胆。还有一些家庭主妇，甚至受到子女进步思想、行为的熏陶，逐渐地觉悟过来，最后卷入了斗争的风暴。与那篇"感谢"文章所提供的情节框架和主题显然不同。

他久久不能进入剧本的情节构思，不得不反复地思考和分析。他以为，沿着"感谢"文章，可以写成一个富有人情味的剧本，通过青年男女在新旧社会截然不同的行为，显示党在整个社会生活中形成的思想和道德力量。可是根据他所掌握的生活素材，其发展将使得境界更加开阔，对描写1949年前后这一代母亲和青年子女的精神面貌来说，有更加深刻的历史意义。他想起了以前有过的一个创作意图，并且朦胧地构思过一些情节线索：以一位母亲为主角，通过她在战争中流离颠沛的命运，从而来表达反对侵略战争、保卫和平的主题。意图和构思都来自朴素的感受和认识。而现在，当这个母亲轮廓再度浮现在脑海里的时候，就比较有深度了：不仅要反映人民的苦难，更重要的是表现人民的斗争，传达我们时代的风貌。这就是《为了和平》。

但是《为了和平》在一些方面是否在重走《海誓》走过的老路呢？是的。第一，他是一个需要从感性的、现实的生活中去寻找和构思情节的剧作家，所以他去渔村搜集素材，去知识分子家庭访谈生活。第二，"原作"与他了解、掌握的生活不相符时，他相信自己对生活的认识和分析，于是改弦更张、另起炉灶。第三，不太乐观的是，虽然有一定的现实生活基础，但他试图给现实生活以更高的意义，而更高的意义出自于一种思想理念，这种思想理念又来自于方向性的、指导性的、流行性的"宏大叙事"主题。第四，不能乐观的是，"旧灶"——一个知识分子家庭的妇女故事——影响还在，依此作成"新灶"——一个知识分子家庭的妇女的"为了和平"的故事，从中又派生出另一个"新灶"——一个知识分子的"为了和平"的故事。几个"灶"不能协调地连在一起，结果就跟《海誓》一样，故事出现了明显的"裂缝"。

《为了和平》的故事发生在上海，对上海的社会，包括大学校园等的环境描写都是真实、准确的。故事从沦陷期、内战期一直写到抗美援朝，虽然实现了一个长跨度的历史时间，却使得情节和内涵多少被稀释。主线上"丁孟辉的故事"讲述一个妇女受到丈夫、子女的进步行为的影响，从家庭走向社会的"觉醒——斗争"的成长过程。这使人想起高尔基的长篇小说、经典的社会主义现实主义的杰作《母亲》，成长的工人领袖巴威尔和成长的底层妇女、母亲尼洛夫娜，甚至"五一"大游行、"法庭斗争"等情节和场面。但丁孟辉是从生活中发现和提炼而来，是中国化的，具有思想上的革命历史意义和艺术上的典型意义。问题在于，"丁孟辉的故事"的叙述不时地被另一个派生出来的、构思中确定为副线上的"江浩的故事"所打断,甚至有"反客为主"的意味。

"江浩的故事"讲述一个知识分子受到社会进步思潮的影响,从教书先生走向民主战士的另一个"觉醒——斗争"的成长过程。这个故事一旦在构思中产生,其力量无疑要强于"丁孟辉的故事"。首先,江浩起初只是被设计为一个中学教师,但很快就升格为大学教授。较之于家庭妇女故事,大学教授故事能够更加直接、有力地表现"为了和平"的主题。其次,较之于丁孟辉形象,柯灵显然更加熟悉江浩形象的生活"原型"。闻一多、郑振铎等许多生活中真人的影子,自动地闯进了艺术的构思中。同时,柯灵又深深地受到那篇著名的新华社社论《别了,司徒雷登》中"我们中国人是有骨气的"影响,社论号召写"闻一多颂"、"朱自清颂"。通过江浩来歌颂闻一多一类进步知识分子的英雄气概,这一点在构思上是非常明确的。

柯灵十分清楚剧本在故事叙事上的问题所在:两个人物以及故事都是好的,但只能生硬地进行交替叙述,而达不到水乳交融,简直是"剪不断,理还乱"。其构思运笔之苦,写作过程之长,个中滋味唯有自己心知肚明。他以往写一个剧本,一般也就两个月,《为了和平》却写了两年,可见其中故事之"乱"、写作之"苦"。

大作家的风范之一是谦虚、坦白,他在《一个剧本的诞生——〈为了和平〉创作手记》(1959)中承认剧本有诸多不足:"这个剧本的主要缺点,从整体看,它缺乏故事的完整性,结构几乎是有些畸形的";"毛病大半出在江浩身上。这个人物一闯进来,就带来了很多问题,这是我先前完全没有想到的";"剧本一再修改,样片拍好以后,还修改了一道,让丁孟辉来叙述故事的全部经过,使她成为贯穿全剧的人物。从表面看,她似乎是主角了;但给观众印象较深的,仍然是江浩";"要是今天来写,我会使丁孟辉和江浩自立门户,写成两个剧本的。他们完全有资格成为两部戏的主角,不应该使他们勉强结合";"对我来说,这是一次失败的经验,也是一次有益的教训"。

影片《为了和平》于1956年由"上影"拍摄。佐临导演,赵丹、白杨分饰江浩、丁孟辉。柯灵、佐临已是三度电影艺术合作了。但柯灵在回顾中说:"因为在某一艺术处理上有不同意见,我的固执曾使佐临不快,对此我深为抱憾。"(《银海浮沉录——〈柯灵电影剧本续编〉前记》,1985)这里不妨作个猜想:大约是佐临按剧中"冲突"的逻辑要求而提出把"江浩的故事"作为主线;而柯灵坚决不同意,因为这将使"丁孟辉的故事"萎缩而难以成型,也几乎等于毁掉了他一开始的苦心构思。不久,影片在苏联上映时就把片名改为《江教授一家》,似乎在确认以"江浩的故事"为主。柯灵觉得《为了和平》也有一点收获:

> 可聊以解嘲的是,这个剧本多少填补了当时电影题材的空白点:给民主革命浪潮中大学教授和大学生的心路历程,作了一幅简朴的素描。虽然因为写的是知识分子,当时战战兢兢,唯恐蹈政策错误的心情,至今灼然如在。(《银海浮沉录——〈柯灵电影剧本续编〉前记》,1986)

"战战兢兢",是当时柯灵的一种极为真实的心情写照:一是几年前亲涉《腐蚀》"停映"受到惊吓;二是剧本《为了和平》写作期间,1954年10月发起了一场对《红楼梦》研究中的资产阶级唯心主义思想的批判运动,而1955年1月对胡风文艺思想的批判运动已经拉开序幕。知识分子正在被加速进行教育和改造。

男主角的扮演者赵丹,是 30 年代初柯灵在"明星"二厂的门口接来的小青年,如今已是一流的演员了。赵丹因为在电影《武训传》中饰演武训一角而遭到行政处理,但对艺术的追求孜孜不倦。后来,在 1980 年的《悼赵丹》一文中,柯灵对赵丹的艺术道路以及他在病榻上所写"管得太具体,文艺没希望"的艺术赠言作了评价:

> 赵丹投身于戏剧、电影表演艺术的"地狱之门",已经将近半个世纪,他给自己赢得了声誉,也体验了各种甘苦。各式各样的折磨和打击都没有减损他的锐气。
>
> 赵丹的赠言中有一句意味深长的话:"对我,已经没有什么可怕的了。"这使我们不能不凛然于血泪淋漓的痛苦经验,读之令人酸鼻。我想起闻一多的诗篇《红烛》,它歌颂将光明送与人世,而把自己烧成了灰烬。——我不知道是不是记错了。让我们感谢赵丹吧,感谢用最后的生命给我们带来的亮光!

柯灵把第一部"受命"之作《为了和平》写"走样"了,但仅仅也就是抱憾而已。而下一部"受命"之作《不夜城》,就不是抱憾而是要遭祸了。

四 《不夜城》、"鸣放"经历

1956 年初,柯灵去北京参加全国政协会议。在一次宴会上,极其荣幸地被安排在"第一席":与毛主席、周总理同席,同席的还有科学家钱学森、社会学家吴景超、南通大生纱厂厂主张敬礼,香港、澳门工商界人士高卓雄、何贤,一位民主人士和一位总工程师。从"第一席"的名单中透露出一个信息:在社会主义建设的新时期,党除了依靠工农基本群众外,准备团结合作的还有哪些阶层的人。那是一次盛会,一百几十桌密密匝匝的筵席,明灯如昼,宾客如云。柯灵从这么近的距离与毛主席、周总理在一起,尤其是毛主席精神饱满、谈笑风生,一会儿谈起清末状元张季直的故实,一会儿评价五四新文化运动和胡适的作用,虽不能完全听懂那一口湖南乡音,但还是留下了很深的记忆:

> 那的确是千载难逢的幸会,因为八个人所接触的,正是站在威望和荣誉顶峰的毛泽东,无可置疑的世界巨人,即使对共产主义怀有最大偏见的人,也不得不承认这个传奇式革命领袖的存在。正是他和他所领导的革命运动,使得我们这个百余年来受尽宰割与屈辱的东方古老民族,挺着胸膛站了起来。(《人民的心》,1981)

柯灵被安排在"第一席",是否与一个创作任务有关呢?会议期间,夏衍"揪"住了柯灵,给他下了一个创作任务:写一个反映和平改造资本主义工商业的电影剧本。柯灵一脸困惑:虽说这是个重大题材,但是这几年写小资产阶级的作品已被批得体无完肤,这样的题材还能上银幕吗?夏衍立刻给他吃了"定心丸":这是李维汉提出来的,并有意让柯灵担此重任。这是中共中央统战部和文化部交下的创作任务,柯灵责无旁贷。

继1952年的"五反"运动,1953年开始对资本主义工商业进行社会主义改造。1955年10月,李维汉向党中央提出实行全行业公私合营方针的建议,很快得到批准。1956年1月,北京、上海、天津等全国许多城市，先后实行了对资本主义工商业的公私合营。柯灵说：

> 李维汉同志对党的统一战线工作，有不少创造性理论阐发，丰富的实践经验。他认为民族资产阶级和他们的企业，是资本主义留给新社会的"两项财富"，通过全行业公私合营的道路，实行赎买政策，对企业和人的"双重改造"，可以顺理成章地解决问题。他的方针得到中央的批准，私营工商业社会主义改造的胜利完成，使这种主张通过了很好的历史验证。《不夜城》的主题，也就是为这种政策唱赞歌。（《缅怀李维汉同志》，1989）

创作准备期间，文化部有关领导建议柯灵按照《人民日报》上一篇题为《传家宝》的通讯来改编：上海的一个资本家不仅交出了他的全部生产资料，而且献出了自己的"传家宝"——495两黄金，作为对企业的投资。但柯灵没有采纳这个建议，因为觉得与自己最近了解、掌握的生活素材不相符。

《不夜城》的写作刚开始，柯灵的工作、职务恰逢变动。1956年3月，文化部电影局决定在上海电影制片厂设编辑处，自行组织电影文学剧本。同时撤销已建四年的上海电影剧本创作所，所里人员下放"上影"。柯灵到"上影"担任顾问。"上影"于1949年11月，从接管国民党在上海的中央电影机构的基础上建立的，厂址漕溪北路595号，袁文殊任厂长。

1956年3月至7月，《不夜城》初稿完成：30年代，抗战前，上海的大光明印染厂受日本纱厂的排挤，几乎倒闭。张伯韩从海外留学归来，致力于"工业救国"，拒绝了买办的收购，接过家族企业大光明纺织印染厂，以经营"爱国牌"蓝布而逐渐兴旺发达。40年代，新中国成立前夕，时局动荡，"大光明"前途难卜。他与买办勾结，在美国银行的帮助下投机做美棉生意，几乎破产。50年代，解放初，在人民政府的加工定货扶持下，"大光明"渐有发展。但是他以非法手段牟取暴利，成为不法资本家。"五反"运动开始，女儿文铮劝他坦白交代，却被打一耳光。经过工人们和妻子梁景萱的启发帮助，他终于悔悟，向政府坦白交代了自己的错误，并响应政府号召，走上了公私合营的道路。

《不夜城》是独特的。柯灵对人物、情节和环境都有自己的创造：它第一次反映了民族资产阶级从30年代"工业救国"到50年代消亡的历史过程；从1949年前到1949年后，从社会生活、经济生活到家庭生活，生动、丰富地描写了他们的活动；不仅表现他们的行为，还深入地表现他们的心理。在一定程度上，《不夜城》是以前茅盾的《子夜》与随后周而复的《上海的早晨》的"浓缩"版：一个民族资本家从黑暗的"子夜"走向光明的"早晨"的完整历程。不论是小说家茅盾、周而复，还是剧作家柯灵，他们对民族资产阶级的"性格和命运"，对社会主义改造运动，在政治、政策的认识和理解上，都是相一致的。

《不夜城》虽属"受命"之作，但决不是一部图解政策的公式化、概念化的剧作。柯灵没有被那些夸大的新闻宣传所迷惑，而是与以往一样，到生活中去寻找人物和故事的真实"原型"，然后加以创造、发挥。他不相信那些在"五反"运动中揭发出来的不法资本家，三年后就高高兴兴地变成了思想进步的公私合营单位经理了。所以他不能对主人公民族资本家张伯韩采用简单化的处理。既要展示他1949年前思想性格上的两重性：有反对帝国主义与发展工业的要求，又有唯利是图、剥削工人的阶级本性；同时，也要表现他在1949年后思想转变的艰难和不断反复，揭示他内心的犹豫、动摇、痛苦和矛盾。

《不夜城》创作期间,传来了"双百"方针推出的消息,文艺界一时如沐春风,创作的热情如火山迸发。另一方面,鉴于建国初三次政治化的文艺批判运动的威慑力,余威尚存。因为是重大题材,柯灵采用相对"保守"的策略,反复以政策的尺子来衡量自己的作品,试图做到万无一失。但是百密难免一疏,他没有意识到已经走进了一个题材禁区:小资产阶级能不能写都成问题,何况资产阶级,还是不法资本家?一俟风向有转,《不夜城》将大遭厄运。

自从柯灵离开后,《文汇报》又经历了一番新的曲折。失去了新闻发布和评论的相对"自由"的空间,被动地融入了报业分工的行列,所谓的办报特色便所剩无几。1953年1月,相当无奈地由私营转为公私合营,同时从综合性转向教育行业,名存实亡地维持了两年多。1956年4月28日,《文汇报》干脆改为《教师报》,并迁址北京。其《终刊词》称:"《教师报》决定5月1日创刊,《文汇报》出版到这一期为止。亲爱的读者们!从今以后,我们要在《教师报》见面了!"这是《文汇报》第三次终刊,为期约半年。10月1日,《文汇报》复刊,社址迁回上海。复刊后的《文汇报》重新定性为以知识分子为对象的全国性、综合性的报纸。

《文汇报》显出新的"曙光"之际,严宝礼、徐铸成抓住机会请求上级部门调回"老同志"柯灵。但"上影"厂长袁文殊不同意,他需要这位重要的顾问和编剧,况且即将筹拍的《不夜城》是一部国家级关注的"重大题材"影片,接着柯灵还有一个带电影代表团访问民主德国的任务。但也给以慷慨支援,同意柯灵在《文汇报》兼副总编辑,定期参加编务会议。

10月,柯灵担任团长率中国电影代表团赴德意志民主共和国首都东柏林参加"人民民主国家电影周",并把中国影片《山间铃响马帮来》等介绍给外国朋友。"电影周"结束，从东柏林赶去布拉格，参加中国文化代表团访问另一个东欧社会主义国家捷克斯洛伐克。这是他的第一次出国之旅。

作为贯彻"双百"方针的措施之一，鼓励自由竞争和发展，1957年4月，"上影"厂改组为联合企业并具有行政职能性质的上海电影制片公司，下设三个故事片厂：江南电影制片厂、海燕电影制片厂、天马电影制片厂。公司在淮海中路796号，袁文殊任经理。柯灵仍然担任顾问。

《不夜城》初稿完成后，其浮沉的命运便开始了。文化部很快批准投入拍摄，并提名将《不夜城》作为优秀剧本创作奖的候选剧本。《人民文学》杂志闻讯约走了剧本，评价是"写得不错"：好就好在实事求是，无论对守法户或"不法"者及其变化的状写，都比较入情入理，绝无生硬感；文笔尤其好像读一部精彩的小说。但常务副主编秦兆阳颇为敏感和警惕：改造资本主义工商业者虽说是事实，但是这样写，人们会不会说，作者和杂志是在为资本家叫好？犹豫再三，决定退稿。《人民文学》与《不夜城》失之交臂，但秦兆阳却有先见之明。1957年7月在北京刚创刊的《收获》杂志闻讯要走了剧本，柯灵的老朋友、主编巴金毫不犹豫地拍板，发表在创刊号上。柯灵是《收获》的编委之一。当年再由中国电影出版社出版单行本。

江南电影制片厂厂长应云卫抢走了《不夜城》的拍摄任务，但接受附加条件：重大决策须由公司领导拍板。影片由著名导演汤晓丹执导。柯灵与汤晓丹虽首度合作，但两人却是30年代"天一"时开始的老朋友。建国以来，汤晓丹以《南征北战》（与成荫合作）《渡江侦察记》《怒海轻骑》（与王滨合作）《沙漠里的战斗》等"军事题材"片的拍摄，当红电影界。袁文殊连续三次找汤晓丹谈话，明确交代：《不夜城》是"出国"任务，宣传我国和平改造资本家政策的胜利,驳斥国外的某些歪曲宣传;一定要把张伯韩刻画成一个新中国的"红色资本家"。汤晓丹这才明白《不夜城》属于政治任务,不禁感到有压力。

"江南"厂对这部重点影片格外重视,应云卫亲自出面听取各方人士对剧本《不夜城》的反映,甚至邀请上海的一些民族资本家来开座谈会。不料,竟是批评多于肯定。应云卫带着所有意见去找袁文殊经理、张骏祥副经理,要求柯灵再写一稿。3月至5月,柯灵完成"二稿",交到摄制组,基本没有改动。柯灵对汤晓丹直言不讳:"这个本子,是领导出题目,我作文章。"汤晓丹立刻领悟到柯灵为何对剧本"基本没有改动"。5月,《不夜城》开始筹拍。

《不夜城》的"二稿"写作、影片拍摄是与一场政治"魔术"同时进行的。3月初,柯灵和上海的一批党内、外代表进京参加党的全国宣传工作会议。会上宣布"党内在今年开始整风",同时指出"百花齐放,百家争鸣"是一个基本性、长期性的方针。4月27日,党中央的《关于整风运动的指示》中强调,这次整风运动是一次既严肃认真又和风细雨的思想教育运动;要坚决执行"知无不言,言无不尽;言者无罪,闻者足戒"的原则。5月1日,《人民日报》发表《关于整风运动的指示》全文,标志着整风运动的开始。

因为与多个组织、单位——电影界、新闻界、作协、政协、"民进"等——有关系,柯灵便忙于参加各家单位的整风座谈会。在上海市委宣传工作会议——效仿中央的、吸收党外人士参加的整风座谈会——上,柯灵作了一次认真而有"内容"的发言。之所以放胆作有"内容"的发言:一是完全相信党和毛主席的诚恳态度和口头、白纸黑字的双重承诺;二是这些天来受到踊跃"鸣放"的熏陶、影响;三是心里确有憋了几年的一些意见。

那是5月16日,他围绕着电影话题"鸣放":"一个呼吁","一个疑问"。"一个呼吁"是请求支持电影编剧,建议创办一个专门发表电影剧本的刊物。"一个疑问"是不明白"我们的党委领导同志"不作任何说明就封杀了一些文艺作品。

如果对有些文艺作品,既不明令禁止,也不公布理由,就可以由少数领导同志或领导机关不声不响,随便处置,那么作家和艺术家的劳动成果,还有什么保障?作家的劳动还有什么意义?(《一个呼吁,一个疑问》,1957)

又举了两个例子。话剧《考验》——夏衍在建国后写的第一个剧本,第一次提出和批评社会主义建设事业中的官僚主义问题,由佐临导演演出——具有现实的政治教育意义又反响热烈,为什么有人不允许就不能参加全国汇演了?影片《腐蚀》既健康又卖座,为什么有人叫停就停了?这两个"有人",后者是公安部门"一位很有权力的人",前者来头更大且还是"现管",他是上海市委第一书记、有"一言堂"之称的柯庆施。

柯灵本可不"鸣"不"放"。事后立刻就有党员朋友告诉他,党员事先都接到通知:在这次座谈会上是"只听不说"。因为疏忽,通知时竟把他给漏掉了。"漏"得真不是时候。

15日,"事情正在起变化"。6月8日,《人民日报》发表社论《这是为什么》,一场大规模的、群众性的反右派斗争在全国迅速展开。党内的整风运动"魔术"般地变成了全民的反右派运动。

柯灵心里是乱七八糟的。他很疑惑,"鸣放"时听到的一些观点和意见,没有问题啊,有的自己还存有同感,怎么能说是"反党反社会主义"呢?他很震惊,有那么多人被打成右派分子,在大会小会上被批判、斗争，作无休无止的认罪、检讨。有的同志是非常熟悉的，怎么看都不像右派分子。况且不是说过"和风细雨"、"言者无罪"吗？他也害怕，在各次整风座谈会上都发过言，尤其在那次上海市宣传工作会议上的发言，不知道会闯下什么样的祸？他也反复地检查自己：是不是思想、立场有问题？是不是离党和毛主席的要求很远？是不是还要彻底改造？

另一方面，在运动中保持沉默是不行也不可取的。迫于运动的声势和压力，纵有生花之笔，又于事何用？批判徐铸成？批判石挥？批判……于理于情都说不过去。他陷入了一种半清醒、半糊涂的政治梦游状态，一时丧失了独立思维和判断能力，人云亦云地加入到口诛笔伐的斗争潮流中，同时越来越感到不安和耻辱。

柯灵心向系之的《文汇报》、徐铸成在运动中首当其冲。《人民日报》的两篇社论《〈文汇报〉在一个时期内的资产阶级方向》《〈文汇报〉的资产阶级方向应当批判》，措辞严厉，势大力沉。《文汇报》同人的意志前所未有地土崩瓦解，揭发、检举的明枪暗箭互相射来射去。

柯灵对《文汇报》的运动状况和徐铸成的遭遇感到不寒而栗。如果不是当初袁文殊经理存有"私心"，他不是就归队《文汇报》了吗？至于他挂名的《文汇报》副总编辑一职，倒未追究，也就此无疾而终。由于长期和密切的关系，他被看作是"堡垒从内部攻破"的工具，"受命"批判《文汇报》的"资产阶级方向"：《"锣鼓"声来自何方？》（1957.7.29），涉及"双百"方针后《文汇报》开展的一场"为什么好的国产片这样少"的电影问题专题讨论，以及朱煮竹（即钟惦棐）的《电影的锣鼓》一文。

《文汇报》犯了"事"，然而"上影"能置身"事"外吗？运动中，吴茵、吴永刚、石挥、项堃、白沉、沈寂、马国亮、陈歌辛等46人被定为"右派"。石挥是一个多才的电影艺术家，能演能编能导。但是，前有他编、导、演的《关连长》被批过，近又有1957年完成的、自编自导的《雾海夜航》正遭猛批，加上刚在报上发表了一篇"鸣放"短文，数"罪"并罚，归于铁杆"右派"。然而他突然失踪了。

柯灵与石挥有长年的艺术交往和合作。石挥参演了柯灵的三部影片：《乱世风光》《夜店》和《腐蚀》。石挥失踪，谣言纷起，甚至说是"叛国投敌"了。为了肃清右派分子的恶劣影响，必须严加批判。也是因为长期和密切的关系，柯灵竟被指派为批判的"主力"。批判与否，划清界限与否，是个严重的政治态度问题。柯灵又被迫"受命"，艰难地挤出一篇《石挥——反派的典型》（1957.11.28），没想到还被以《文汇报》社论的名义发表。虽然"反派"一词意义相当含混，但这事加深了他的不安和耻辱。直至一年以后，石挥"失踪之谜"才被揭开：跳海而亡。为了导演、拍摄影片《雾海夜航》，他曾在上海到宁波的"民主十二号"客轮上体验过生活。他选择了这艘客轮，去到东海告别这场看不懂的运动。

运动中写过或者是被迫写过这类揭发、批判文章的人无以计数。但是事后在政治环境已经安全的情况下，文章作者表示道歉、忏悔的则很少。有的可能在自己心里道歉、忏悔过，然而真正白纸黑字地作出道歉、忏悔的则很少很少。相反，有很多人会说自己在运动中如何受到背叛和伤害。柯灵在《我的人生旅程》（1980）中向已经作古的石挥道了歉，虽然死者听不到：

《腐蚀》的主要演员石挥同志已成反右斗争的牺牲品。（十分遗憾的是，我在运动中随声附和，也对他提过不切实际的意见。）

柯灵的外甥王湛贤也成了反右斗争的牺牲品。他曾经在《万象》《周报》以及《文艺复兴》担任过助编。他也很有文学才华，1949年前出版了的三本小说集：《远近》《楼凫村》和《晚钟》。1949年后进《新民晚报》当副刊编辑。鸣放期间，在报社领导的反复动员下提了意见，就此上当，被打成右派。还清算了他的另一件事：把《水经注》中一则秦始皇去见海龙王的故事译成白话在副刊上发表，"影射共产党丑陋，不让新闻自由"。他最后的遭遇很惨：戴上右派分子帽子后被送去青海劳改，之后下落不明，不知死于何地。如果当年柯灵舅舅不把他从绍兴的乡下带到上海的报界，虽说阿湛将没有一个小编辑、小作家的小光环，但至少还是一个与山水田园朝夕相伴的农民，这样就免去了经历运动的苦难，生命还在。即使生命总要结束，也将落叶归根于故乡的土地。那么，舅舅当年之举，到底是对还是错？柯灵说：

> 阿湛的遭遇更惨，作为"极右分子"，流放到青海，就死在那里，至今尸骨在何处也不知道，更谈不上什么平反了。（《书简·致单复》，1991.12.29）

"1957年的夏天"过去了，运动结束了。柯灵提心吊胆地过了些日子，最终幸运地从网中漏出，与当初不幸漏进，两者抵消了。

上海宣传工作会议是反右前夕的一次策略性的会议，号召"知无不言"，目的是让毒草尽量放出来，即所谓"阳谋"。不久反右派斗争就揭幕了。我没有被打成右派，是非

常幸运的。(《一个呼吁,一个疑问》,1957)

不知道这出悲喜剧的逻辑性发展是如何的？是单位领导袁文殊,还是市委宣传部部长石西民、副部长周而复在暗中保护了——他们确实保护过人——他？是他作出过一些批判、斗争的姿态？抑或他不属于《〈文汇报〉的资产阶级方向应当批判》中被点名批判的"民盟"系统？

柯灵漏网了,傅雷却漏不了。傅雷与徐铸成一样,深陷于对"拆墙"话题的一个"大家砌的墙大家拆"的"鸣放"。傅雷不得已做了几次自我检查,却被指为"避重就轻"。于是他决然声称：如有罪听候处理。从此拒绝出席批判会,但此举无异于以卵击石。意想不到的是"上面"耐人寻味地宽容。大规模的运动过去了,1957年也过去了,他漏网了。他的漏网没有谜：市委宣传部长和文教书记石西民、市委宣传部副部长周而复暗中保护了他。但他的问题还没有做出结论,是否彻底、安全漏出,一时难断。

漏得过"1957年",漏不过"1958年"。柯灵被卷入这场错案了。石西民、周而复要保傅雷这样的"死硬"分子大为不易。头顶上"一言堂"柯庆施以及他的左右手张春桥收网正急。石西民要保傅雷,限于身份、地位,不便直接出面。遂托周而复去找到柯灵,请柯灵担个任务：以朋友的身份出面做傅雷的工作。时值春天,柯灵正在杭州西子湖畔把夏衍的话剧剧本《秋瑾传》改编为同名电影。接到任务,火速赶回上海。周而复于私下明确告之：他们要保傅雷过关,让他劝说傅雷作一检查,了此一桩公案;检查的原则是分析思想错误而不承认"反党反社会主义"。柯灵接受了任务,因为周而复是他的老朋友,也是代表市委的石西民来派定任务的。

劝说傅雷不是件容易的事，免不了激烈的争论。傅雷作了一份书面检查，柯灵提了一些意见。完事后，柯灵去杭州了。不久收到傅雷的一封信：一是无奈，说是拿着书面检查去开会，结果还是被戴上了"右派"帽子；一是强作旷达，说是在这样的大时代大风浪中，牺牲区区一个傅雷算不了什么。柯灵如猛然坠入冰窖，特别难受的是，好像是自己有意把他诱进了陷阱。他去僻静的静慈寺一带踱步良久，想来想去，想不透事情怎么会变成这样一个截然不同的结果。他相信傅雷嫉恶如仇，热爱祖国，1949年后一直跟党走。他也相信党，迟早会了解傅雷。当晚他就复了一封短信，把自己心里想的全部告诉了傅雷。

回到上海，柯灵急忙去找周而复，要知道葫芦里卖的究竟是什么药。周而复向来作风明快，此时却沉默无语了半天，最后只是说他也没有料到是这么个结果。柯灵立刻意识到周而复是遇上了不好对付的麻烦，就不再多问。谜底是后来揭晓的：那是当时的文艺处长张春桥的"手笔"和背后市委"一言堂"柯庆施的旨意。一旦拿到"证据"，傅雷便难逃罗网了。石西民、周而复欲保傅雷，最终回天乏术。为此，两人一直都感到内疚和歉意。柯灵尤甚，觉得自己是直接的"当事人"。二十年后，当他怀念傅雷时，仍然对自己当时的那种不"切合实际"的言行、尤其是那种"政治优越"的态度忏悔至深。而他不说出来，谁也不知道：

五十年代中期，由于对某些问题看法有分歧，我和他两次当面争论，争得不可开交，以致他的夫人梅馥在旁边坐立不安。但争论是从善意出发的不含有任何渣滓，因此不但没有产生隔阂，反而增加了彼此间的了解。因为直来直往的争执正是推心置腹的表现，而虚与委蛇必然成为友谊的障碍。傅雷对中西文学、音乐、美术都有很深的素养，我对他怀有真诚的钦佩。但现在分析,我当时对他一定有些潜在的政治优越感,否则完全可以用心平气和来代替面红耳赤,何况他当时正处在拂逆的困境。进一步看,我的观点基本上也是书生之见,并不比他更切合实际一些。每想到这一点,我就感到由衷的悔愧。(《怀傅雷》,1978)

傅雷复回书斋,闭门谢客,在悲剧的心态中翻译法国大文豪巴尔扎克的《人间喜剧》。人民文学出版社继续印行他的翻译作品,但建议他另用一个笔名。他的回答是"不"! 1959年国庆前夕,摘去了"右派"帽子。最后,终于还是过不了更为疯狂的"文革"运动。

五 《上影画报》、东欧行、《春满人间》

在1957年这个特殊的夏天,柯灵一边被动地参加运动,一边主动地做电影工作。

8月10日,上海电影制片公司的《上影画报》(月刊)创刊,柯灵担任主编。刊物主要宣传、介绍"上影"三个故事片厂的创作与生产,兼顾"上影"的美术片厂、科教片厂、译制片厂以及其他兄弟电影制片厂的动态。如"上影"各厂正在拍摄中的故事片,《女篮5号》《海魂》《雾海夜航》《乘风破浪》《不夜城》《红色娘子军》等,影片的剧情,角色和扮演者,拍摄现场和花絮。介绍"上影"演员和导演,如白杨、张瑞芳、王丹凤、赵丹、舒适、张伐、秦怡、孙道临、沈浮等,他们的演员生涯和家庭生活。创刊号上,特别介绍病愈后的演员周璇,她的近况、近影，她写给读者的亲笔信。也介绍外国电影和演员，如"苏联电影周"、"亚洲电影周"，《王子复仇记》《两姐妹》，英国喜剧演员卓别林等。报道毛泽东、刘少奇、周恩来等党和国家领导人来"上影"视察，会见电影工作者，参观电影厂和拍摄地。在文化产品短缺和乏味的年代里，《上影画报》内容丰富，中外兼顾，图文并茂，迅速成为一本在全国有影响的、受读者欢迎的电影杂志。三年后，1960年9月《上影画报》停刊，与《电影故事》合并于11月创刊《上海电影》。1962年10月，《上海电影》与《大众电影》合并，用《大众电影》刊名出版。

柯灵作为上海电影局的顾问，除了担任《上影画报》主编外，对《电影故事》《上海电影》《大众电影》等上海的电影刊物一直关心和具有影响。《大众电影》在"文革"中被迫停刊，1979年1月迁北京复刊。《上影画报》于1982年在上海复刊，2006年更名改版为《世界电影之窗》。《电影故事》于1979年1月复刊，复刊100期时，柯灵还写文给予热情的评价：

  《电影故事》是通俗性的期刊。通俗而不流于媚俗，活泼而不流于油滑，严肃而并不俨乎其然，使人望而生畏，在某种程度上，又可以看作是观众自己的电影讲坛：这就是《电影故事》独有的风格。它一直拥有大量的读者，并不是偶然的。《电影故事》从反面证明，传播文化的使者，决不能用倚门卖笑的轻浮态度来博取读者的青睐，因为这只能表明自己的堕落。（《秀才人情纸半张——记〈电影故事〉复刊一百期》，1987）

1957年5月，摄制组拿到《不夜城》的"二稿"后，筹拍一路顺利。汤晓丹坚持由孙道临担纲主人公张伯韩，认为其形象大气且富有修养。其他演员崔超明（饰张耀堂）、林彬（饰梁景萱）、师伟（饰张文铮）、李玲君（饰沈银娣）、刘非（饰瞿海生）、顾也鲁（饰张仲鸣）等，也是点一个到位一个。他不禁深深地感到：重点片的待遇就是不一般。

汤晓丹完成的分镜头剧本，总体上忠实于柯灵的原作。仅增加了"五反"内容，但"上影"公司审查时对此不予认可。袁文殊提出，资本家的两面性没有摆平，建议按原剧本只写张伯韩要求进步的一面。张骏祥认为，只写他的爱国思想，写工人阶级对他仁至义尽的帮助。瞿白音主张，不能正面写"五反"。柯灵在场，没有发表不同看法。领导们给出了最后的意见：无须再分一次镜头，开拍时注意把不该加的取消就行。

5月，《不夜城》开拍之际，社会上"事情正在起变化"。摄制组开始担心：摄影棚里所拍的内容与外面形势的发展明显脱节。他们要求柯灵再修改剧本，但被拒绝；向"上影"公司领导反映，没有回音。于是自作主张，集思广益，拟就了一个修改方案：增加张伯韩的"五毒"行为和拥护公私合营的戏。修改方案呈报公司，但遭到否决，并被明确告之："一定要忠于原作者的艺术构思。"

随着运动的急剧升温，厂内的一批运动积极分子对拍摄中的《不夜城》，由私下异议发展到公开批评，出现了一张张指责影片"宣扬资产阶级"、"为资本家涂脂抹粉"的大字报。摄制组感觉压力很大，在惊疑惶恐之中勉强将镜头拍完。副厂长王力通知汤晓丹：让少数主创人员看一遍全片，然后把片子锁进仓库。放映是严加保密的，意外的是突然拥进一批来抓影片错误的人，把放映室的玻璃窗都挤碎了。他们很失望，因为睁大了眼睛也没有看到影片是怎么"为资本家涂脂抹粉"的。但有人还是找到了"宣传腐朽的资产阶级生活方式"的证据：影片中出现的一道"丹凤朝阳"名菜。

　　《不夜城》的拍摄差点胎死腹中，又上下牵连不少。石西民遂以市委宣传部部长的身份，冒着很大的风险给文化部去电话："《不夜城》是敲锣打鼓的时候写的，不要批了吧！"电话没有起作用。因为后来不仅批判了，而且从小范围的厂内批判走向了大范围的全国性批判：1958年、1965年和1967年，前后三次，一次比一次猛烈的批判，从而成为极"左"年代里文艺界瞩目的"《不夜城》事件"。石西民因为"不要批了吧"这句话而付出很大的代价，"文革"时与《不夜城》连坐。作为《不夜城》的主要当事人之一，柯灵对石西民的这句话却有十分深的感触：

　　　　这句话没有起作用，但我一直衷心感激。也决不可低估了这句话的分量。在昏天黑地的时候，敢于挺身而出，说一句公道话，是需要足够的正气和勇气的。文艺领域一贯强调党的领导，作家凡有所作，莫非是领导同志麾下的出品。但领导成则居功，败则诿过，出了问题，首先站出来批判，表示立场正确，而毫不感觉于心有愧，已成惯例。肯代作者分担一点风险的，真可以算得凤毛麟角。（《俯仰之间》，1988）

　　这段时间，柯灵既有《不夜城》纷扰之忧，也有外事访问之喜。9月3日，他随中国文化代表团风尘仆仆地赴东欧山国保加利亚，参加中保文化协定签订五周年的庆祝活动。郑振铎率团，团员三人：陕西省文化厅长武伯伦、我国驻保大使馆文化参赞王一达和柯灵。途经莫斯科住了三天，6日抵达索非亚。从这天起，柯灵每晚记日记。

　　日记记下了他们全部的友好旅程和新鲜足迹：像一座大花园一样的保加利亚首都索非亚，九九广场上共产主义战士季米特洛夫的陵墓，奥波尔铨斯基街季米特洛夫故居，著名的休养地保尔维茨，保加利亚人民共和国的国庆典礼，俄罗斯大街上的鹰桥，部长会议大厦里的国庆庆祝酒会和舞会，中世纪修建的里拉山修道院，保加利亚科学院……

柯灵连续不断地享受一道道文化大宴小餐，饱览神秘的异国风光和情调，感受社会主义国家蓬勃发展的工厂和农庄，与同行交流和讨论文化的各种话题。他每天都饶有兴致地把所见所闻所感细细记下。在临睡之前读一读季米特洛夫的《狱中书信集》，或者《导演学引论》《人民日报》。还给时时思念的、远在上海的恋人陈国容校长写信。不久，日记以《在索非亚》（后作《东欧山国之旅》）为题发表。每则日记都是一篇短小、精美的游记散文，或可称作"日记体散文"：以日期为标题，记人记事记景，简洁、准确，有条不紊，行文自然流畅，文辞细腻而优美，字里行间渗透着个人的情感，并显示出对历史、文化的了解和兴趣。如：

索非亚给我的第一个印象，是仿佛走进了一座大花园。街道都覆盖着浓密的绿荫。街面用白石小方块砌成美丽的波纹图案，和布拉格的街道相似；但俄罗斯大街的主要一段，却铺着土黄色的砖块，像琉璃瓦一样，光滑而整洁，构成童话般的境界。（九月六日）

修道院建成于十一世纪，十三世纪时被毁坏了，大约在十四世纪的三十年代，重建了其中的一座教堂和石塔，全部的修道院是在十九世纪上半期兴建的。保加利亚人在反抗异族侵略的斗争中，曾经多次利用寺院来保护自己的民族文化；在土耳其统治的时代，里拉山修道院就保留了它的自治权,并一度成为重要的文化中心。这个修道院的庄严明朗的特色,正是人民自由愿望和国家新生气象在建筑艺术上的反映。(九月十日)

看了歌剧《杜司克》,原著是法国萨杜尔的名作。上海沦陷期间,李健吾曾据以改编为话剧《金小玉》,由佐临导演,曾经轰动一时。歌剧男主角多多尔·玛札洛夫,为保加利亚歌剧演员,经常在维也纳演出,也时而向祖国观众献艺。剧场观客满座,还有许多站票。玛札洛夫唱男中音,清越圆润,无怪乎如此受观众欢迎。(九月十五日)

结束访保,29日从索非亚到莫斯科,30日到苏联远东边境站伊尔库茨克,10月1日下午回到北京。国庆的游行队伍刚散去,晚上还可以看焰火。柯灵的这次"东欧山国之旅",洗去了心里几个月来因为运动和《不夜城》的纷扰而积起的灰尘。现在,他可以带着清爽、愉快的神气去迎娶他的新娘了。

陈国容校长所在的南洋女中,于1953年并进来尚实中小学的中学部女生,学生数量大大增加,工作也就更忙。(后来1956年南洋女中改为公立学校,1957年迁址到海宁路830号,开始兼收男女生,1966年改名为向东中学。)1954年,陈国容到上海市第二女子中学当校长。这所学校的前身是1902年由吴馨创办的务本女塾,历经上海县立第一女子高等小学校、上海县立务本女子中小学,上海市市立务本女子中小学。校址永康路200号。

建国初期,柯灵回到上海后几经搬迁,最后定居在复兴西路(靠近武康路)一栋小楼的二层楼,格局精致的一户三间。这是一栋西班牙式的三层公寓小楼。白墙,红瓦,在树影中半掩半露。绞丝花纹窗框、扭铁花栅阳台,一道通往楼上的暗红色楼梯,都凸显着小楼的雅致。南窗外的复兴西路是一条林荫道,两旁浓密的梧桐树遮天蔽日。北窗外是一个属于小楼的花园。院落的中间是一块草地,铺着茸茸的朝鲜金丝草,草地四周种满各式鲜花。园内的黄杨树、桑树还有泡桐,长得与楼房一般高低。外围,沿着竹子篱笆是密集的冬青树。三楼上住着一位有名的老太太,她就是上海的国宾馆"锦江饭店"原来的女老板董竹君。

10月19日,柯灵与相识、相恋十一年的陈国容举行了婚礼。十一年里,两人在花前月下谈情说爱的时光是少之又少的,而经常从共同的进步工作和政治患难中享受到很多很多的爱情,是名副其实的一对有共同政治理想和经历过严峻考验的革命恋人和夫妻。

在那个年代,加上革命夫妻的名义,他们意下婚事从简。但是一批热情的老朋友"不同意"。举办婚礼选择在24层高楼的国际饭店,那是当时闻名遐迩的南京路、甚至也是大上海的最高的、标志性的建筑。在上海长袖善舞的周而复出面操持了这场仅有两桌的小型婚礼和宴席,却是名流汇集,请来了巴金、佐临、张骏祥、靳以、罗荪、以群及他们的夫人。夏衍、曹禺和郑振铎不能前来,则送来了贺礼、贺信。新郎、新娘和宾客们,沉浸在1957年中一个少有的欢快时刻里。

在1958年"大跃进"中,柯灵接下了第三部"受命"之作:《春满人间》。5月26日,上钢三厂的一起铁水溅落事故使转炉车间司炉长邱财康全身重度烫伤,面积达89.3%,几乎体无完肤。多位医学权威判断"难以救治",但他凭借着坚强的意志和"继续为国家炼钢"的顽强求生力量,在广慈医院(今瑞金医院)的医护人员和全社会不惜代价的全力抢救下,终于战胜死神,重返工作岗位。这既是工人阶级英雄模范邱财康的奇迹,也是社会主义大家庭的阶级情谊和力量的奇迹。事迹和经历迅速地被全国多家报纸报道,还被编成了话剧、评弹、说唱、连载小说以及学生课文等。在上海的大、小弄堂里到处都能听到"邱财康,为了钢,受了伤……"这首儿歌。

"上影"不甘落后,立刻派出上海科学教育电影制片厂,在6月迅即完成了一部抢救邱财康严重烧伤的科教纪录片《生命的凯歌》。随着"大跃进"时代"干活一窝蜂"的风潮和"邱财康题材"一再升温,7月,"上影"决定以"你追我赶"的"大跃进"精神再拍摄一部文艺故事片,加强宣传这一感人而又有教育意义的事迹。拍摄任务下给了"天马"厂。编剧任务就下给公司顾问柯灵。他编剧又"好"又"快",时下流行的口号就是"多快好省"。柯灵表示责无旁贷,并且深以"能够反映这样的事迹为荣"。为了更加"跃进"起来,再派上谢俊峰、桑弧(本片的导演)合作编剧。《春满人间》的创作是与"抢救邱财康"同步进行的。至于"终于战胜死神,重返工作岗位"是后来的结果。

编剧工作一经铺开,就"跃进"不起来,而是需要一板一眼地来对付。按柯灵惯常的套路,首先是熟悉生活、搜集素材。他冒着7月的酷暑,到上钢三厂体验炼钢生活,方知所谓"钢铁元帅升帐"的一些细枝末节。于是后来的影片中有:"炼钢工人歌"("钢水出炉红又红,炼钢炉边出英雄。比智慧,显神通,比干劲,气似虹。要让钢铁元帅升宝帐,要替祖国建设打先锋……"),两个转炉车间的司炉长丁大刚(以邱财康为原型,卫禹平饰)与梁世昌(中叔皇饰)之间为得到生产红旗的"打擂台"竞赛的情节,"一天炼两百炉钢的全国新记录"的喜报等等。

他到广慈医院深入生活的收获更大。主要是去特别病房看抢救英雄和英雄与死神的搏斗。他一连四五个小时观看医生为邱财康植皮,专注地听伤势稍有好转的邱财康断断续续地诉说在旧社会的悲惨遭遇,激动地看到群众纷纷来探望钢铁英雄。后来的影片中就有：紧张的植皮过程，丁大刚的"忆苦思甜"和对党的感激（"我是穷人家的孩子，在旧社会，差点没饿死，是党给了我生命，教育了我，让我明白人活着是为什么。我能够参加党，是我一辈子最大的幸福，只是我为党工作得太少了"），虹桥乡农民送来的鸡蛋和番茄，来自北京、哈尔滨、兰州、昆明等全国各地的慰问信、慰问电，少年儿童在病房的走廊上列队静候邱财康叔叔的新消息……

上海第二医学院（下附属广慈医院）党委曾对科教纪录片《生命的凯歌》摄制组作过指示，概括了事件六个方面的意义：敢想敢说敢做的共产主义风格，共产主义大协作，"我为人人，人人为我"的精神，党的领导和群众路线，工人阶级的高贵品质，医疗科学上两条道路的斗争。概括确实很有政治水平，任何一个方面都可以构成强大的政治主题意义。但是要以一部普通规模的影片"统吃"全部六个方面是不可能的。

那么只有突出主线。就事件本身而言，一是英雄的性格与命运，二是全力抢救英雄。选择"一"，故事从时间纵向发展；选择"二"，至少涉及医生护士的努力工作、党的坚强领导和支持、全市医院的社会主义大协作，还可派生出医疗科学、实践上的分歧，人民的阶级情感，因而故事须从空间横向展开。

柯灵如何选择？首先，从上钢三厂到广慈医院的生活体验来看，最感动他的一定是邱财康本人。他亲眼看到邱财康在病床上的痛苦和意志，而且从厂里了解到邱财康是个硬汉子。其次，从柯灵的电影编剧经验和水平看，以人物故事和单线索发展为好。所以他将取"英雄的性格与命运"为主线。如果以此为主线，大的问题又来了。事件本身决定，情节将围绕着病人和病床展开。这是一个无法接受的限制。一则电影的基本艺术取向是曲折的情节和动感的画面；二则重度的烫伤画面会引起不适的生理刺激。

这就是为什么在"大跃进"时代《春满人间》的编剧工作不能"跃进"的原因。在矛盾的创作状态中，结果是第一稿、第二稿都不甚理想。

第三稿作出了一个大胆的改动和选择：宝塔式的复调式主题结构，一个主部主题，又设第一、第二两个副部主题。以"党的坚强领导和支持"为主部主题。东华医院的党委书记兼院长方群（白杨饰）为主角，她的戏最丰富，领导、支持和协调了抢救丁大刚的全部活动。影片以方群的一句高境界的话——"每一个关心老丁命运的人，整个社会，都是这个戏的主角"——来落幕。这使得《春满人间》汇入了最为流行的、长盛不衰的"党的颂歌"的时代"大合唱"。

"英雄的性格与命运"降格为第一副部主题。既有力地烘托主部主题，又有相对的独立意义。为了弥补病人、病床描写的单调、枯燥，派生、增加了两条支线：一条是丁大刚与朱秀云（王丹凤饰）之间恋爱、婚姻的"喜庆"色彩的故事（开头处准备结婚，结尾举行婚礼，中间有不寻常的爱情）；另一条是丁大刚与梁世昌两个先进的钢铁工人之间生产红旗竞赛的"大跃进"色彩的故事（虚构了一个丁大刚为了救梁世昌而受伤的感人细节，梁世昌则以更加努力工作而创造了"一天炼两百炉钢的全国新记录"）。

第二副部主题上有许多"声音"：破除医疗科学上的崇洋、保守思想（白教授认为按国外权威文献89.3%的烫伤面积无法治疗）；在医疗中发挥敢想敢做的革命精神（外科主任范纪康主张锯掉病人严重感染的右腿而保全生命；另一些医务人员则以培养噬菌体杀菌的新医疗法最终治愈了病人的右腿）；共产主义大协作精神；"我为人人，人人为我"的社会主义精神等。

在《春满人间》的多种主题和"声音"中，"党的坚强领导和支持"格外激越、嘹亮，取得了主调突出、多个声部互相应答的效果。三稿完成，已是"1959年2月26日"了。"3月"、"6月"又作两次小修改后定稿，但三稿的基础不动。屈指数来，前后经历了大小五稿和大约一年时间。

期间，1958年10月，上海电影制片公司撤销，上海电影局成立。袁文殊任局长。柯灵依然担任顾问。1959年1月，上海电影局撤销"江南"厂建制，支援华东各省新建电影厂，留下"天马"、"海燕"两厂。6月，《春满人间》由"天马"厂投拍。这回是"大跃进"速度，于9月拍完。9月25日至10月24日，文化部举办"庆祝国庆十周年新片展览月"。上海30家影院展出《聂耳》《林则徐》《老兵新传》《青春之歌》《万水千山》等二十八部故事片，其中也有《春满人间》。"新片展"结束，10月，上海市电影局领导层变动，袁文殊调任中国电影艺术研究所所长。新任局长张骏祥，也是非常内行的领导：

> 编剧，导演，理论，批评，电影教育，行政领导，集于一身。他似乎怀有"十全武功"，干练，自信，充满活力，雷厉风行，献出血肉之躯所能奉献的一切。……我曾经私忖，如果骏祥对他的导演专业罄力以赴，锲而不舍，也许会在舞台和银幕上留下更多的光辉。但我知道，这只是不切实际的书生之见。（《序张骏祥戏剧电影文集》，1997）

柯灵在电影局的一次创作会议上发言（即《谈〈春满人间〉的创作》，1960），从"情节的提炼"、"矛盾冲突"、"样式"三个方面总结《春满人间》创作的成败得失。其中谈到"处理矛盾冲突不够大胆"："不敢大胆写他（丁大刚）的痛苦，和这种大痛苦所引起的复杂的心理活动"；"怕对知识分子政策掌握不稳，既不敢把范主任写成正面人物，又不敢把他写成反面人物"；"不敢写方群的复杂心理，怕损害党委书记的形象"。这也"不敢"，那也"怕"，而且丁大刚、范主任和方群都是主要人物，结果是直接损伤了全剧的思想、艺术质量。同时也反映出刚刚过去的反右运动和批判《不夜城》对柯灵的影响，从意识深处产生出一种谨慎和犹豫的创作态度，也可以说来自生存本能的害怕。

几年里，大明星白杨在《为了和平》《春满人间》中两度出演柯灵剧本的女主角。回想起1936年，正是"明星"二厂厂务秘书柯灵第一个接待了前来报到的青年演员白杨。不久她就在《十字街头》一片中一举成名。

> 电影演员地位特殊，万目所视，千手所指，名渊利薮，飞短流长，处境尤其困难。王莹新硎初试，就惊呼"黑暗的电影圈"，阮玲玉风华盖代，也经不住"人言可畏"的摧残。在群星闪烁明灭的天空，白杨始终不减其光辉，环顾中外影坛，都可以算得是一个异数。
>
> 从白杨的成功之路上，我看到了一点，那就是她对电影艺术追求的执著。她拍了那么多片子，很多已是脍炙人口的名片巨片。她也早已名满天下；但每一次新创作，她还是那么谦虚谨慎，兢兢业业，全力以赴地拼搏。（《白杨的影剧生涯——〈我的影剧生涯〉序》，1995）

柯灵以内行的眼光来欣赏和推崇这位常青的女明星。

六 《暖流》、艺评艺论

1959年，柯灵的《暖流》由上海文艺出版社出版。这是一本散文类的杂著，大部分选辑50年代后半期的作品，分四辑共十九篇。"暖流"是一个时兴的、含有思想意味的情感表达词汇，以此来统领集子内的各篇，大致上也还达意。但是，如果对照时代给予作者的实际感受，就难以"暖流"通体，而是"寒意"阵阵了。在那个时代，知识分子的二重心理现象是普遍存在的，如果自己不想主动成为运动对象的话。《暖流》大致上可以代表柯灵在那段时间里的散文写作状况。

第四辑是出国访问记，最为轻松、自然。除了1957年的保加利亚访问记《在索非亚》之外，还有1958年随中国电影代表团访问民主德国记《斯大林大街礼赞》（外二题）——后改作《闹市的海鸥》《战争废墟上的和平橱窗》《萨克森瑞士纪行》——等记游散文。他写弗利特里希大街上成群的白色海鸥绕着人丛低飞，写庄严、宏丽、明朗的斯大林大街显示着和平力量的胜利，又写德国东南边境上秀丽的山川陵谷萨克森瑞士：

> 把视线放平一点，面前的境界显得无限地宽阔秀美。在易北河对岸，也是屏列的峰岭，岭后展开一片平畴，接着远处错落的丛山，竟显着玲珑剔透、各自不同的丰姿，更远处是眉黛般浅浅的山痕，连绵起伏，上接云天。山那边已经是捷克斯洛伐克的国境了。
>
> 沿河两岸，错列的丛树、屋宇，临河的车站和轮渡，历历可数地出现在眼底，看去却又像和真实隔着一层，只有在画里和梦里，才有那样悠然物外的恬美景色。空气宁静极了，只不时有几声鸡鸣，从山下隐约传来。要不是隔岸正蠕蠕地驶过一列玩具般的电气火车，我几乎忘记了这奔流一样的时代。（《萨克森瑞士纪行》）

第一辑反映社会主义革命的动向。除了受迫写的《"锣鼓"声来自何方?》《石挥——反派的典型》外,还有《生命的烈焰》《西谚的破产》等。前者是一篇带有历史叙述和总结色彩的秋瑾烈士就义五十周年纪念文。后者是一篇杂文,在农业生产"大跃进"中,绍兴的一个普通农村妇女陈宝珍以带茧的双手掌握了很多生产技术,于是就想到这一"新的例证"证明着西谚"太阳底下无新事"的破产。

第二辑表现社会主义建设的热度,最切"暖流"之题。《话说上海人民游乐场》《请历史老人作证》,属上海的"新、旧社会对比"之作。《访枫桥的一个公社》(1958)可以作为"大跃进"时代"浮夸"状的经济建设和"粉饰"味的文艺创作之小小例证。包括作者在内一行人访问了绍兴属下的、约二十公里外的诸暨县枫桥镇视北乡一个"共产主义建设公社"。生花妙笔描绘了一个个"醉人"的景色景象,尤其是相关的几组数字叫人激动无比:

> 一座粉墙上写着擘窠大字:"为亩产一千五百斤而斗争!"这是春耕时候的奋斗目标,当时还有人觉得"冒",现在为时不过三个月,人们一看见它,却就想起了自己的保守思想,因为一季的产量大部分已经超越了全年的指标。春耕时搞试验田的都是干部,现在群众也纷纷起来搞了;从前是一亩两亩的搞,现在一搞就是六千亩,指标亩产两三万斤,最高有订到五万斤的。(一般的晚稻指标是一万三千至一万五千斤。)他们还提出了响亮的口号,要争取"搞一亩,打一亩,亩亩都丰收"!浙江某县的试验田里,曾有过这样的豪语:"英雄抱有凌云志,要破水稻二万关!"如今行情一变,视北乡不声不响地超过了他们。

这个村子里有一块三角形的试验田，望去是繁密饱满的稻子，黄澄澄躺了一地，群众估计这一亩的产量是七千斤，有几位农业工作人员正在现场作精密的核算。这个村子里有一头猪的重量是六百多斤。

全区的水库，二年中搞了五千多个，单是视北一乡，就有一百多。——其中有青年水库，老年水库，妇女水库，还有利用每天晚上休息时间搞出来的夜水库。

公社成立后，仅仅在一昼夜间，就办起了三十五个工厂；接着又很快地办了农业大学。公社实行农业、手工业、供销、信用等合作社四合一的办法。

到底是视北乡"共产主义建设公社"给前来的参观者作了近于完美的"表演"，还是作者看走了眼？到底是作者真的看走了眼，还是故意看走了眼？总之，留下了一段"大跃进"、人民公社化的风流"佳话"。

第三辑谈戏曲。虽然柯灵写过三个剧本，也在"苦干"苦干了几年，剧评却是他写作中的稀有品种。副题同为"剧场偶记"的一组三篇剧评是50年代前期的作品。涉及传统戏和戏曲改革问题，从评论传统戏的演出，进而探讨戏曲改革问题而形成理论。《关于名著改编——剧场偶记之一》（1953），从越剧《西厢记》的演出谈到以往的京剧《坐楼杀惜》《鸿鸾禧》，谈到改编戏曲名著要"明确地找出一条道路来。这不但适用于改编戏剧名著，同样适用于改编现代作品"。他提出：

不要希望原封不动地搬，而要把原著的精髓吸取过来，大胆生发可以和自己这一艺术形式结合的成分，而毫不顾惜地舍弃自己所不适于表现的成分。

严格地说，认真的改编不能不是一种创作。它只是利用了别的艺术品的成功因素，而不是依靠那种因素，依靠是靠不住的。尽管是改编，必须付出艺术家创造性的劳动；临描和摹仿是画匠的无生气的工作。艺术品吸收养料的唯一方法是经过咀嚼和消化，而决不能用注射，更何况是皮肉的补缀。

《关于民族风格——剧场偶记之二》探讨戏改工作中如何继承并发扬民族风格的问题。以"叙述故事的连续性"、"不用布景"为例，认为传统戏有自己的民族风格和基础；而戏曲改编和创作中有"无原则地接受西洋近现代剧分幕方法"、"滥用布景"的现象；并辩证地提出"民族风格也是在发展的，不是孤立的，一成不变的。由于时代的推移，它必然有所增益，有所吸收——吸收现实生活的影响，其他艺术形式的影响，乃至其他国家的艺术的影响。但是，必须是在民族传统的基础上"。《关于〈扫秦〉——剧场偶记之三》就福建高甲戏《扫秦》演出中的一个"重要的改动"生发出"神鬼"戏话题，"并不认为神鬼上台，就是宣传迷信"。这组"剧场偶记"显示出作者对传统戏乃至戏剧的内行和理论素养的丰厚。评论翔实细腻、丝丝入扣，理论步步推进、深化，高度概括。

《"孤岛"剧运一脔——回忆苦干剧团》是一份珍贵的现代戏剧运动史料。《"艺术总比战争要好"——看日本歌舞伎演出》（1955）对前来演出的日本歌舞伎的三个节目给予艺术的评价，还对艺术家的良知、中日文化交流等话题进行了发挥。他说：

这三个节目是一种和谐的配合，《双蝶道成寺》的艳丽，

《倾城返魂香》的古朴,《劝进帐》的沉郁,同样给我们以难忘的印象。舞台上的境界,对我们是这样的新鲜,又是这样的亲切,因为它有显明的东方的色彩。它们共同的特征是深厚的人民性。我们的观众绝大部分不懂日语,语言的隔阂并不妨碍心灵交流,剧中所表达的思想感情,和我们息息相通。

五六十年代,"谈艺"是柯灵写作的一部分,除了戏剧评论外,主要是电影研究、评论和理论,还有文艺、散文理论等。后来分别收入《剧场偶记》(百花出版社,1983年)《柯灵电影文存》(中国电影出版社,1992年)《文心雕虫》(百花出版社,1990年)等集子。

柯灵是有影响的电影剧作家,又在电影部门担任职务和工作,因此经常要在电影方面作报告和发言。主要谈电影剧本创作问题,如《电影文学三讲》《题材、样式、人物描写》《编剧导演之间》《试论农村片——兼谈电影的民族化、群众化》等。其特色在于:一,以剧本理论为核心,谈相关的一系列问题;二,不是纯剧本理论,而是从总结创作实践中去提炼和概括,特别是包括自己的经验和教训,并用于指导创作实践;三,由于是现场报告,不作严密的理论体系构建,但基本理论和观点明晰、突出;四,不采用概念到概念的论述方式,而是通过一个又一个例子进行生动丰富、深入浅出的启发和引导;五,电影研究、评论和理论融为一体。在50年代电影剧本特别是优秀的电影剧本供不应求、专业电影编剧队伍薄弱的情况下,他的电影剧本理论和创作指导,其意义和作用无疑是重要的。

《电影文学三讲》是1958年春夏间华东各省在上海举办的一个电影讲习会上所作的讲习报告。其中的《电影剧本的特性——

电影文学三讲之一》《视觉形象的表现——电影文学三讲之二》（缺失"关于细节运用"一章）于 1979 年发表。《电影剧本的情节结构——电影文学三讲之三》没有整理成文，遗憾缺漏。《电影剧本的特性》开宗明义，对"电影剧本"作了一种权威性的解释：

> 电影剧本是电影艺术的基础。电影剧本本身，已经被公认为一种独立的文学样式，但写作电影剧本唯一的目的，是为了拍摄电影；虽然它同时也可以作为一种文学读物而存在。舞台剧本在不断的演出中，可以不断的进行修改；而电影剧本写出以后，却只能供一次拍摄。
>
> 在影片的全部制作过程中，电影剧本的杀青，不过是第一道工序的完成。但这个工序却是最重要的，将来完成的影片，题材是否新颖感人，是否具有高度的思想性，反映的生活是否真实，人物性格是否鲜明突出，影片有没有激动人心的力量，其成败的因素，基本上决定于电影剧本。

在总体的框架上，首先阐述"电影艺术的特性"，归结为综合性的艺术、艺术和科学的结晶体、具有强大的表现力三大方面。接着的"电影与小说"、"电影与戏剧"，以不同艺术样式的比较作进一步阐述，分析了夏衍编剧的影片《祝福》（鲁迅的原著）从小说到电影的主要环节，《白毛女》从歌剧本（延安鲁迅艺术文学院集体创作，贺敬之、丁毅执笔）到电影本（水华、王滨、杨润身改编）的过程。至于更高地提出"电影的群众性"为总特点，例如电影必须成为教育群众和组织群众的工具等，虽不免有跑题或"画蛇添足"之嫌，但在当时的文艺环境下却也不失为一种有效的政治宣传和保护色。

《电影文学三讲》中谈到许多影片，苏联的《伟大的公民》《勇敢的人》《战舰波将金号》《政府委员》《列宁在一九一八》《米丘林》《海军上将乌沙科夫》《生活的一课》《乡村女教师》《忠实的朋友》《大家庭》等，西班牙的《马歇尔，欢迎你》，英国的《百万英镑》，美国的《杀人的喜剧》，意大利的《偷自行车的人》《我出卖自己的眼睛》，中国的《董存瑞》《黄宝妹》（纪录片）等，表现出很深的电影艺术研究和修养。

《试论农村片——兼谈电影的民族化、群众化》是1960年7月全国第三次文代会上的书面发言稿。这次会议没有纠正"左"的文艺路线，相反在"主调"上肯定了以往的种种错误。因此会议上的报告、发言和讨论都会存在这样那样的问题和不足。柯灵的这份书面发言稿也是如此。但并非一无是处，一些见解还是有价值的。例如，"在保证农业题材为主的情况下，却没有理由一概排斥其他题材的影片，只要能为农民所接受，对他们有益，能鼓舞他们前进的东西，都应当占相当的比例，以适应农民多样化的要求"。又如，语言问题"是民族化、群众化中的重要环节"，"流行的病象是'新文艺腔'和'洋腔'"。值得注意的是后来于1998年9月30日在文末补做的一则"附记"，从"只字不改，收录于此"的宣称中也可见一种自我灵魂拷问的方式：

> 1958—1961年的"大跃进"饥荒……连上海这样的大城市，也陷入了空前的食品供应困难，"有啥吃啥"的口号，就是这时候提出来的。正当全国农民在死亡线上挣扎呻吟的时代，我自己也在"有啥吃啥"的困境中，却细磨细琢地研究如何向农民送影片。因为我对狂热的政治宣

传,"三年自然灾害"的谎言深信不疑,真像巴金在《随想录》里说的,"喝了迷魂汤"一样。现只字不改,收录于此,以见我个人的愚昧无知,并以存中国文坛的悲剧性记录。

柯灵的文艺理论,集中在创作理论方面,散见于创作经验、阅读心得和文艺批评中。如《创作学习笔记》(1959)、《散文——文学的轻骑队》(1960)《真实、想象和虚构——艺术概括谈片之一》(1961)《给人物以生命——艺术概括谈片之二》(1962)《红楼偶语》(1961—1963)等,涉及创作理论的一些基本问题。

《真实、想象和虚构》谈生活真实和艺术真实以及两者的关系。提出要加强创作中的艺术想象和虚构——"艺术容许夸张,容许幻想"、"艺术并不排斥巧合",同时论证"现实主义要求严格的真实,但并不提倡依样画葫芦"。《给人物以生命》洋洋洒洒,以"艺术概括中最完善的形式,就是典型人物的创造"这一论点为核心,谈及典型人物和个性、性格的真实、性格与矛盾冲突、性格与环境、人物的情感和思想道德倾向、典型人物的意义,以及作家的个性和主观色彩对人物的影响,一环扣一环,不断地扩展、生发,达到透彻。

《红楼偶语》是与两篇"艺术概括谈片"的同期写作。细读《红楼梦》,品味和领悟其中的艺术表现方法和技巧,形成一则则随意、舒缓的"谈片":黛玉葬花中的一个个细节是"绝妙的写真";"只是娓娓动听地叙述故事"——金钏儿、鲍二家的、鸳鸯这些女奴的悲惨故事——"也不作任何诠释",但是能清楚地听到作者控诉的声音;雪坡、腊梅和身披凫靥裘的女孩宝琴,闹蝶、飞花和香梦沉酣的姑娘湘云,是生动的两幅画,"一幅冷艳,一幅秋纤,一幅冬景,一幅春景";还有情节上"合理合情的曲折",描写"一双会说话的眼睛"等。而从名著改编的角度来看《红楼梦》,那么:

> 《红楼梦》是一部封建社会人情世态的百科全书,要把它忠实地搬上舞台或银幕,而不损原作精髓,几乎是不可能的事。
>
> 但也有一种取巧的处理方法,那就是简化为贾宝玉、林黛玉、薛宝钗的三角关系。这当然也可以做到不失为有卖座率的好戏,但很难说这就是曹雪芹的作品。

上海电影艺术研究所于1961年成立,所址在瑞金一路一百五十号,柯灵为首任所长。该所由上海电影工作者协会主办,前身是上海电影工作者联谊会所属的电影艺术研究部。主要的任务是研究上海电影史和国内外电影艺术理论,以及电影民族化等课题。副所长是他十分熟悉的朋友陈西禾,话剧、电影的编剧名家。研究所在1966年"文革"开始后停办。1985年恢复,改称上海电影艺术研究室,为上海电影总公司的下属部门。1988年9月,恢复建制和原称上海电影艺术研究所,为上海市电影局的下属机构,所址搬到永福路五十二号。

七 《秋瑾传》、运动对象

电影剧本《秋瑾传》改编自夏衍于1936年创作的同名话剧。在"左联"提出"国防文学"口号后,话剧《秋瑾传》——初发表时题为《自由魂》——被认为是对口号的响应和实践。此剧具有"国防"意义,一是因为取外敌入侵、国难当头的"庚子事变"为背景,以历史影射时代的危机;二是因为女主人公秋瑾及革命党人被标举为勇敢斗争、不怕牺牲的民族"自由魂",其激扬蹈厉的作用明显;三是因为举国鼎沸、民情激昂,而庙堂之上则对内专横暴戾、对外卑躬屈膝,其借古讽今的含义昭然。

时至50年代,"秋瑾的故事"虽然不再需要负载"国防"意义,但烈士英勇斗争、争取自由解放的革命精神依然具有教育意义。周总理、胡乔木先后建议把"秋瑾的故事"搬上银幕,这便成为柯灵的创作动机之一,在某种程度上也是一部"受命"之作。但建议之风吹来,也正合柯灵之意:秋瑾是出自家乡绍兴的"鉴湖女侠",她的革命斗争的经历和精神惊天动地,使他长久地感到自豪和激动。

电影剧本根据夏衍的《秋瑾传》来改编。他以为这个本子在人物、情节和背景的基础上都非常好,人物对白也很精彩。不仅夏衍对自己的剧作作过阐释,而且还有其他一些不同意见的评论,都有利于再度创作。1957年冬,在动笔之前,为了获得感性的材料和感受,他两次去到绍兴做访问和实地考察工作。1958年4月,在杭州西子湖畔完成了初稿。随后在"大跃进"中"受命",得先把"邱财康的故事"搬上银幕,前后花费一年时间。1961年进上海电影艺术研究所后,文艺环境又随着"调整方针"有所好转,便开始着手写"二稿"。电影局也重视这部民主革命历史题材影片,让"天马"厂同时筹拍。

这是第三次了,他与导演桑弧、演员白杨一起去了绍兴。他们访问了已经为数寥寥的、当年曾接触过秋瑾烈士的人。有熟知秋瑾和浙东会党的马老先生,秋瑾留日时的同学、光复会的同志陈医师,当年就在绍兴府台衙门做杂役的徐姓老人,秋瑾的侄子秋高等,得到了一些原始的、难得的口头材料,尤其是一些生动的细枝末节，有利于日后在创作中穿越时空进入历史的环境，去把握人物的活动。还有一位在任的王副市长，小时候见到过秋瑾，说起久远的印象，即使一枝一节，也是绘声绘色。柯灵在《访问秋瑾的乡亲》(1962)中说："他们的谈话，使我们得到了许多从文字上得不到的东西，对创造秋瑾形象，是很可贵的帮助。"他们还去看了秋瑾故居"和畅堂"、秋瑾从事革命工作的秘密据点和被捕之地的"大通学堂"等处，并为电影的外景拍摄作准备。

1962年1月，供拍摄的二稿完成。剧本截取秋瑾短暂的一生中最后七年的生活和革命经历。"序场"交代1901年"辛丑和约"签订的时代背景。情节从秋瑾寓居京城小官僚府第写起。先写她捍卫女权，反叛封建的家庭和丈夫，毅然离别两个孩子，东渡日本求学，寻找妇女解放的道路。随后逐渐进入高潮，写她在日本参加留日学生的革命活动，先后加入革命党光复会、同盟会。1906年回国后，创办《中国女报》。1907年出任大通学堂督办，暗中组织革命武装，准备在浙、皖两省同时举行起义。高潮是徐锡麟在安徽起义失败后，秋瑾在绍兴被捕、就义。从捍卫女权、争取妇女解放到投身革命、争取国家和人民的解放，是影片中秋瑾的思想、行动的发展线索。

比较话剧，影片的创作目的相对单纯，在于塑造一个有血有肉的民主革命女英雄形象。秋瑾形象从三个方面去写：首先是反叛的女性。与丈夫王廷钧在"男女平权"上的交锋，走出封建家庭独自去日本留学，创办《中国女报》，表现她捍卫妇女在家庭、社会上的地位和权力，并争取妇女解放的一面。其次，最重要的一面是革命的志士。留学日本期间与徐锡麟、陈天华结为同志，组织、领导反对日本政府的"取缔不法留学生规则"的抗议活动，秘密研制炸弹、购置武器和建立武装力量，组织和准备武装起义,被捕前的奋勇抵抗和厮杀,大义凛然地面对审讯和牺牲……不仅表现她的革命思想、意志和精神,更是表现她的革命斗争行动。再次,是忧国忧民的诗人。幕启时伴随着她的《宝刀歌》,幕落时呼应的是绝笔"秋风秋雨愁煞人"。剧中有悼念蹈海殉国的陈天华的《书感三首,以柬星台》之"河山触目尽生哀……"《勉女权歌》之"吾辈爱自由,勉励自由一杯酒……"等诗篇穿插其间。导演桑弧所见相同,把秋瑾绚丽而短暂的一生归纳为三个"惊"字:"惊才绝艳,惊世骇俗,惊天动地"。

秋瑾自号"鉴湖女侠"。剧中抓住这一性格线索,以一个个生动的场面和细节着意渲染"侠义"之气,从而增强人物个性的独异色彩。剧中描写她精武艺、善骑马,喜身着男装、腰佩短刀。离开上海到绍兴去策划起义之前,与徐锡麟、王金发一起举杯痛饮,待酒意浓烈之时,拔出倭刀舞动起来,一面高唱"吾辈爱自由……"她拿出仅有的、用作赴日盘缠的一笔钱,去救一个因主张维新变法而入狱的朋友。"大通学堂"受围,骑马持枪与清兵反复厮杀。刑场上,在供状上龙飞凤舞地写下"秋风秋雨愁煞人",为一个能文能武的秋瑾女侠添上最后的精彩一笔。

对"杀身成仁"的情节,则按照掌握的历史史料来写,并不回避人物的历史局限性。但又挖掘人物精神的闪光点——秋瑾说:"杀身成仁,是革命党人的本色,贪生怕死,还谈什么革命!"柯灵对"有时间从容走避的,但她没有走"和"历史条件的限制"这两点曾作过令人信服地分析和解释:

> 1905年如火如荼的俄国革命,曾经给觉醒了的中国人民带来极大的鼓舞。但俄国民粹派把个人恐怖行动当作革命有效手段的主张,也在这前后遥远地传来中土,和我们剑侠传的古代余风相结合;其结果是使有些热血之士,轻轻拚却了

大好头颅。在秋瑾同一时代的革命者中,就不乏这样的人物。著名的天才宣传家陈天华,是为了以一死警同胞,在日本投海自沉的;和秋瑾的革命行动有密切联系的徐锡麟,是因为刺杀安徽巡抚恩铭而牺牲的。从秋瑾豪放不羁的性情中,似乎也可以看出这种思想的痕迹。——当然,历史条件的限制,并不减损他们照耀千秋的功业,为祖国和人民献出生命,并不是每一个人都能做到的事情。(《**生命的烈焰**》,1957)

虽然较多地参照和吸收了夏衍的舞台剧,但把舞台剧搬上银幕是一个再度创作的工程,仍然需要作出许多的增删、改动和创造,特别是在场面、细节和对白中。夫妻间在"男女平权"思想交锋中的一段对话,可作改编中既有吸收、又有改造的例子:电影版除了对话用语更贴近生活化、口语化外,其冲突的程度也显得更为激烈。

王廷钧:(拦住她的话)女人是人,但没有救国责任。(用一种说服的态度)我跟你讲过很多次了,即使国家有了什么不幸,也决不会责备到你们女人身上的。

秋　瑾:错了,救国是每个人的责任,不要旁人夸奖,也不怕旁人责备。(掉转话头,好像想起了什么似的)唔,对了,你说!你不仅是一个有责的匹夫,而且是一个吃了国家俸禄、吃了民间脂膏的官吏,你自己尽了你的责任没有?吃花酒,打牌,这算是你的"在其位,谋其事"吗?我跟你说,中国好好一个几千年的大国度,弄成现在这个极穷极弱的地步,大部分都是你们这班醉生梦死、只知自己、不知国家的官儿的责任。(**夏衍的话剧版**)

廷　钧：古人说的好，"不在其位，不谋其政。"国有国法，家有家法，女人都像你这样，还成个什么章法！

秋　瑾：（勃然作色）女人就不是人，就不许关心国家的事？那你们这些当官的，吃国家俸禄，百姓的脂膏，又管了什么了？去年八国联军在京城里烧杀掳掠奸淫，无法无天，如今又订了丧权辱国的条约，你吭过一声气儿没有？
（柯灵的电影版）

两个版本一个重要的不同，是在一段"留日和回国初期活动"情节上。话剧版仅作了间接的交代，电影版则进行直接叙述。而且这段直接叙述相当长，占全剧三分之一的篇幅。其好处，首先在于作为一种人物传记，不能让大的生活时段"空缺"，使之保持连续。其次在于这是一段重要的生活。与徐锡麟、陈天华结为同志，领导反对日本政府的抗议活动，以及陈天华蹈海殉国等情节，不仅剧情精彩，而且是主人公从反叛女性到革命志士之间的一个重要的转折过程，形成了人物性格的有层次发展。

剧本完成之时，正逢文艺政策"调整"的好时机。1962年3月的"广州会议"（话剧、歌剧、儿童剧创作座谈会）、8月的"大连会议"（农村题材短篇小说创作座谈会）以及"文艺八条"的形成，再度吹来了暖暖的春风。是否因为是精心地筹拍从而耽误了开拍的时间？总之等到一切准备就绪、即将开拍之际，暖风正在转向寒风。1963年1月24日，柯庆施提出"大写十三年"的口号。"十三年"只许写建国后十三年，把革命历史、历史题材全排斥在外。周扬、夏衍、林默涵、邵荃麟等文艺界领导同志都大不以为然，还把这个口号作为一种错误论调来批驳，并继续执行"调整"方针。但上海是柯庆施的辖地，且有张春桥当先锋，姚文元也头角已露，没有人敢摸老虎屁股。

影片《秋瑾传》生不逢时。至于剧本，一时倒也躲过了来势汹汹的大批判。最终却没有躲过"文革"，在批判《不夜城》时被连带上，诬指《秋瑾传》是"配合蒋介石反攻大陆"，此为一个"莫须有"罪名。更诬指"秋瑾叛卖革命"，不仅"莫须有"，连起码的历史、文化知识也没有。专制虽使人沉默，但无法杜绝腹诽。彼时为了表示无声的抗议，并代先烈辩诬，柯灵于心中默占一绝：

> 填海补天愿终虚，千秋碧血付须臾，北邙一抔花环艳，自有生民祭夏瑜。（《历史老人摊了牌》，1977）

柯灵多次在文中写及革命的先驱、烈士秋瑾，怀有高度的敬仰：

> 在中国近代史中，秋瑾是妇女中为革命献出头颅的第一人。仅仅这一点，就值得大书特书。特别令人感动的是她的从容就义，完全是心驰神越、精诚凝蕴的结果。……秋瑾馨香的姓氏，可以载入世界巨人传而毫不逊色。轩亭口的碧血千秋，使我不由得想到丙辰清明节天安门前花山诗海、掀天人潮中的英雄群像。（《从秋瑾说到赛金花——〈秋瑾传〉代序》，1978）

"文革"结束，《秋瑾传》有了重见天日的机会。然而夏衍参加文化部处理电影剧本的工作，为了避嫌，对《秋瑾传》的通过不置可否。《秋瑾传》却令人意外地得以印行、出版，而出版界有一个不成文法的禁例：未经开拍的电影剧本不予印行。经袁文殊的考虑,由于秋瑾的史料搜集和研究有了新的发展,并先后征得夏衍、柯灵的首肯,建议由上海电影制片厂修改后拍摄。

"上影"厂由黄宗江、谢晋担任编剧,谢晋导演。两位编剧在再度改编、完稿后,请柯灵提意见。柯灵去信,对"黄、谢"版《秋瑾传》就思想、艺术方面提了几条认真而有价值的意见,如"陷害秋瑾者究系何人"、"秋瑾、徐锡麟的感情纠葛,是否要写"等。又诚恳地说明"此剧原著是夏公,一切请以他的意见为准,我有些想法,仅供参考"。并给夏衍去信,将意见附上。夏衍接信后予以逐条批注,表明自己的看法,与柯灵的意见接近。夏衍把意见告诉"上影"厂长徐桑楚、王林谷,同时也诚恳说明:"意见可以提,但掌握分寸还在于导演。"

"黄、谢"版《秋瑾传》听取了柯灵、夏衍的意见,并特别注明:"本片根据柯灵改编自夏衍的舞台剧《秋瑾传》的同名电影剧本改编。"其中,大的方面,增加了一段情节:从日本回国前,秋瑾拜会了孙中山先生,并接受委托在回国后挑起浙江主盟人的重任。彩色故事片《秋瑾传》于1983年摄制、上映。秋瑾一角由著名的青年演员李秀明扮演,演来英姿飒爽、感人至深。

1963年3月,柯灵辞去电影局和电影艺术研究所的职务。他是中国作协理事、中国作协上海分会书记处书记,于是调往上海作家协会。然而他与电影仍有不少瓜葛。他还担任中国电影工作者协会理事、中国影协上海分会党组成员和常务副主席等职。《不夜城》麻烦已大。又接受为两部纪录片《上海在前进》(中央新闻纪录片厂,1965年)《东风劲吹》(天马电影制片厂,1966年)写"解说词"。后来他说:

　　平生碌碌,消耗我生命最多的是电影和报刊工作——这是文化领域中开阔的阳光带,和人民呼吸息息相通,我像一颗褐色的植物种子,偶然因风飘坠,落地生根,在风露中成长,对这片哺育过我的土地,自然怀有感激和依恋之心。
(《银海浮沉录——〈柯灵电影剧本续编〉前记》,1985)

柯灵的电影剧本创作,以建国前后为界分两个阶段。三四十年代,如算上最早的《有妇之夫》,总共是七部剧本,以《乱世风光》《夜店》为代表。其特点是批判的现实主义,善于通过人物的命运来揭示社会不平与人生的坎坷,具有同情底层阶级的人道主义精神。即使是历史题材的《武则天》,也试图蕴含现实的因子。在商业片泛滥的背景下,显出难能可贵的"严肃"、进步的一面。

五六十年代有剧本五部,除《秋瑾》的"二稿"外,都是50年代的创作,以《不夜城》为代表。其特点是社会主义现实主义,同时接受为"工农兵"、为"政治"服务的文艺思想、路线的指导,其中几次"受命"写作:历史题材试图谱写"民主主义革命历史",现实题材力争展现"社会主义革命和建设"。同时,他还担任社会主义电影事业中一些局、所的行政领导。想不到的是,他竟于一种难以想像的局面——在人民广场批判影片《不夜城》——中最后告别电影生涯。

从1964年开始,极"左"的文艺大批判甚嚣尘上,而电影界是重灾区。7月29日,康生在"全国京剧现代戏观摩会演"的总结会上点名批判《北国江南》《逆风千里》《李慧娘》《谢瑶环》为"坏电影和坏戏"。8月18日,毛泽东在请示公开批判影片《北国江南》《早春二月》的文件上批示:"可能不只两部影片,还有一些别的,都需要批判。"8月29日,《北国江南》《早春二月》分三批在全国五十七个大中城市公开放映和批判。12

月，江青点名一大批影片为"毒草"，上海被点名的影片有《不夜城》《红日》《聂耳》《阿诗玛》《舞台姐妹》等。《不夜城》上了江青的"黑名单"，要有大麻烦了。

北南呼应。8月，张春桥在上海传达"全国京剧现代戏观摩会演"情况时说："电影系统，在北京有一条反动的资产阶级夏、陈路线；上海瞿白音的《创新独白》，它是这条路线的理论纲领。"所谓"夏、陈路线"，"夏"指1959年7月文化部召开的全国故事片厂厂长会议上，夏衍提出要突破老一套的"革命经"、"战争道"，思想要解放，题材要宽广，有意识地增加新品种；"陈"指陈荒煤批评"强调政治忽视艺术"等"左"的错误，呼吁要"出大师"、"出流派"。张春桥敢于敲打文化部副部长夏衍、陈荒煤是有来头的。果然，1965年4月，中共中央决定免去夏衍、陈荒煤等在文化部的领导职务。

所谓"瞿白音的《创新独白》"，源于1962年5月的一篇全名叫《关于电影创新问题的独白》的理论文章。这一年是《在延安文艺座谈会上的讲话》发表20周年，中央文艺领导部门组织一些人到北京写纪念文章。柯灵、瞿白音也去了。时值文艺政策"调整"时期，上面的意思是：不要泛泛地复述《讲话》中人所共知的论点，希望写一些切实的感受和体会。这是一个好的意见。柯灵与瞿白音比邻而居，接触频繁。瞿白音就"创新"问题及写成的初稿，都与柯灵交换过意见，写作提纲也曾在小组会议上讨论过。《创新独白》鲜明地提出冲出"陈言充斥"的重围，创一代之新，文章既反映了群众的要求和时代的呼声，也是一个艺术家思索的结晶。

而两年之后，形势逆转，"千万不要忘记阶级斗争"紧锣密鼓。《创新独白》被与"资产阶级夏、陈路线"挂上钩，麻烦就大了。在文艺界"反对修正主义"的运动中，瞿白音成了当然的、最大的靶子,《创新独白》被判定为"反党反社会主义"的特大毒草。继而,纪念《讲话》的学术活动被定性为"有组织、有计划"的反革命事件"翠明庄黑会","独白"被诬为"合唱"。柯灵也被网住,作为当时瞿白音的"邻居",权重一时的张春桥给予"反戈一击"的将功赎罪的机会。他回答"写不来,也不愿写",硬着头皮顶住。时为市电影局副局长的瞿白音就此一蹶不振,且病魔缠身。柯灵放胆去医院看望了瞿白音,相信他绝不是"反革命"。他了解瞿白音和《创新独白》:

> 白音身上有一种对艺术家来说是非常可贵的品质,那就是敏锐,能在万花缭乱的现象中免于目迷五色,抓出问题来。它带来的副产品是辞锋犀利,这从他的文学和吐属中都可以感觉到。在崇尚实际而不是崇尚虚文的社会里,这本来应当是一个优点。
>
> 这的确是一个艺术家的内心独白,表明了白音的勤于思索和善于思索,从形式到内容,都凝结着他斑斑的心血。对醉心于艺术,醉心于创造的人们,至今是一件很好的礼物。(《庄严的人生的完成——悼瞿白音》,1979)

那次在医院告别时,瞿白音带着苦笑说了这么一句:"像做了一场噩梦。"然而柯灵的《不夜城》将是一场更大、更长的噩梦! 对《不夜城》的第一次批判要追溯到1958年。7月,上海三家故事片厂出品的影片,继在"反右派"斗争中被定为毒草的《雾海夜航》《洞箫横吹》等六部后,又有《乘风破浪》《情长谊深》《不夜城》等七部影片陆续受到批判,停止上映。《不夜城》

其实就没有上映过,被直接打入了"冷宫"。《评〈不夜城〉》
(《中国电影》,1958年第11期)《一个美化资本家的电影剧
本——〈不夜城〉》(《文艺报》,1958年第17期)等,点名批判
《不夜城》。

1962年,《不夜城》突现起死回生之机。7月,统战部部长
李维汉主持召开了关于《不夜城》的座谈会。除了副部长许涤
新、张执一外,还邀请了胡子婴、孙晓村、孙起孟、周而复等同
志参加。一致认为当初批评过重,只需修改,便可以放映。文化
部电影局接到意见,由该局的徐庄写了一个报告:"我主张《不
夜城》拿出来公开放映,一可挽回几十万元损失;二是创作人员
劳动不白费,使观众增加一些有益的节目;三是在创作思想上还
有许多开禁,对创作有鼓舞作用。"报告经局长陈荒煤作"小修
改发行"批示后下发到上海"天马"厂。厂党委书记丁一立刻通
知汤晓丹。后者为拍摄该片曾承受很大的压力,一时分外激动:
《不夜城》要重见天日了吗?

汤晓丹以艺术家特有的天真与热情,迫不及待地赶出详细的
"小修改"计划。然而日子一天天过去,却不见动静。在重提
"阶级斗争"的背景下,《不夜城》公映显然不合时宜,所以几经
折腾的上海市电影局及"天马"厂并没有进行相关安排。到
1964年夏天,厂里又换了一个调子:"照原样完成,供批判。"
影片在剪辑、拷贝完成后仍然存进了片库。同时对汤晓丹进行帮
助,要他认识执导《不夜城》中的立场问题,并且要他写检讨。
汤晓丹很茫然。他有所不知:一方面,对"毒草"电影进行大批
判的运动即将拉开大幕,《不夜城》上"黑名单"是迟早的事。
另一方面,李维汉第二次受到党内严厉批判,被指责犯有"投降
主义"、"修正主义"路线错误。12月,不仅被撤掉部长职务,
而且免掉了全国人大常委会副委员长和全国政协副主席的职务。

《不夜城》是原因之一。

作为一种连锁反应，12月20日，在全国政协第四届第一次会议上，沈浮、秦怡作为被批判的影片《北国江南》的导演和主演，柯灵作为被批判的影片《不夜城》的编剧，分别在会上作了检查。

在"文艺整风"和社会主义教育运动的背景下，1965年2月，对"毒草"电影的批判开始扩大范围、增强火力，首先拿《林家铺子》《不夜城》开刀。4月22日，中共中央宣传部发出《关于公开放映和批判影片〈林家铺子〉〈不夜城〉的通知》。对《不夜城》的批判从上海扩大到全国，批判文章铺天盖地而来。就一些重要的报纸杂志——《光明日报》《解放日报》《人民日报》《文汇报》《新华日报》《文艺报》《大众电影》《电影文学》——上，即有《对〈不夜城〉的两点批评》《从卷铺盖看老板的"起家"——评影片〈不夜城〉》《〈不夜城〉歪曲团组织和青年形象》《是阶级斗争，还是"良心"发现》《〈不夜城〉是为谁拍摄的？》《〈不夜城〉歪曲了对资产阶级的社会主义改造（二篇）》《阶级调和论的艺术标本——〈不夜城〉》《宣扬资产阶级投降主义影片〈不夜城〉》《"人性论"的艺术标本——影片〈不夜城〉的批判》《评〈不夜城〉反映的民族资产阶级同帝国主义的矛盾》等。在这些批判文章中，无中生有，无限上纲，甚至构陷的东西不少。

但由林默涵牵头集体写作的、署名"阎东宾"（完成于大连的东山宾馆）的"主力"批判文章《宣扬资产阶级调和主义的影片〈不夜城〉》（《新工商》，1965年第9期）仍然注意区别对待政治问题和艺术问题，认为影片编导"可能是抱着""表现我国对民族资产阶级进行社会主义改造""这个重大的历史事件和我们党的光辉政策"的"目的来创作和拍摄"的，问题只是没有"如实反映现实"。遭难中的柯灵感到:"这笔下超生的一句话,我是多么地感激涕零!"(《我的人生旅行》,1980)然而在"文革"中,"阎东宾"的批判文章又遭极"左"派的批判"清算":《这笔老账必须彻底清算——评关于反动影片〈林家铺子〉和〈不夜城〉的一场假批判》(《人民日报》,1967.6.4)。

巴金被指定批判《不夜城》。柯庆施刚去世,张春桥已升为市委书记处书记,主管上海文艺工作。批判任务一级级压下去,最后由市文联副主席叶以群交给巴金。巴金以"电影是外行"为由推托。叶以群只得摊牌:"需要有你署名的批判文章。"巴金拖时间,却拖不过去。无奈按照叶以群提供的材料——但说好文章中不点编剧柯灵的名字——硬着头皮写出一篇《谎话一定要给戳穿》。

中国作协书记刘白羽打来电话,叫巴金、魏巍等人出访越南,实意是去避一避大批判风头。批判《不夜城》文章尚未发表,明天就要上飞机了。当晚,巴金与萧珊特意去柯灵家,讲了这件难以启齿的事。讲不出道歉的话,但心里实在觉得歉意。巴金与柯灵之间的友谊,本不是一天两天的事情。萧珊与陈国容又十分熟悉。两家住得近,有时还在生活上相互照顾。

柯灵见到巴金,忽然想起几个月前在北京的一件事。在周扬召集的一次会议上,其中透露将对《不夜城》进行批判。当时柯灵立刻激动起来,巴金在一边立刻按住了他的手。此刻,巴金深夜赶来打招呼,也是特殊情谊的表现。柯灵心里想:希望宅心敦厚而又了解自己的朋友来批判,因为决不会无中生有,陷人于罪。然而在"文革"中巴金受批判时又增加了一条罪行:对《不夜城》"假批判真包庇"。

1965年11月,姚文元发动对新编历史剧《海瑞罢官》的批判,接着是1966年2月,江青炮制的《部队文艺工作座谈会纪要》出笼,蓄意杜撰出"文艺黑线专政"论和"黑八论","无产阶级文化大革命运动"爆发的导火线点燃了。

"文革"岁月

一 牢狱之灾、株连之祸

1966年5月16日,中共中央政治局扩大会议通过毛主席亲自主持制定的《中国共产党中央委员会通知》,标志着"文革"开始。《通知》号召"高举无产阶级文化革命的大旗,彻底揭露那批反党反社会主义的所谓'学术权威'的资产阶级反动立场,彻底批判学术界、教育界、文艺界、出版界的资产阶级反动思想,夺取在这些文化领域中的领导权"。

文艺界首当其冲。柯灵所在的上海作家协会,"革命群众"揭发、批判"叛徒"、"特务"、"走资派"、"黑帮分子"、"反动作家"等的大字报贴得铺天盖地。巴金、王西彦、孔罗荪、吴强、魏金枝等著名作家、理论家,纷纷被打成"牛鬼蛇神"分子关入"牛棚"。叶以群不堪侮辱跳楼而亡。

柯灵自然不能幸免。除了《不夜城》难以脱身的一大罪名外,又被捏造、罗列出大大小小的一堆罪名,从而关入"牛棚",接受批判、斗争,写交代、检查材料。同时,文化系统的革命造反组织,还有大、专院校的"红卫兵"组织,一次又一次地抄他的家。他们翻箱倒柜地抄所谓"四旧"东西,抄所谓隐瞒的"罪证"。陆陆续续地抄走了一批手稿、信件、笔记、资料、书籍等文字物品,一些书画、摆件。等到抄无可抄,不仅封掉了书柜,还封掉了书房和客厅。

柯灵夫妇过着屈辱和提心吊胆的日子。陈国容不断地以"不会有大事情"来安慰柯灵,其实她哪里能知道今后的事情会怎样呢?她自己的处境同样艰危。她是校长,当然就是"5·16"《通知》上的所谓"走资本主义道路的当权派"。市二女中那些原本天真可爱的女孩子,受运动的狂热声势影响和造反派的点火煽动,也起来贴老师的大字报。不过只是小打小闹。

不久,柯灵的牢狱之灾来临了。9月3日傍晚,接到作协来的一个电话,通知他立刻去开会。临走时,他给还在学校的陈校长打了电话。柯灵夫妇不会知道:这次通话后,他们之间将在三年时间里完全隔绝音讯。到了单位,时下作协里当家的那个"文革"领导小组组长在办公室单独召见了柯灵,以告诫的口吻说:"外面形势对你很不利,现在上面给你一个机会,一个环境,让你去考虑考虑自己的问题。"柯灵还来不及领会这番话的全部含义,房门就应声打开,冲进来两个武装公安人员,不由分说便把他押上汽车带走了。这个戏剧性的情景,使他想起自己在影片《为了和平》中写过的日本鬼子逮捕江浩的一组镜头。像是押到一处看守所,一个看去有着高级别的公安干部对他说:"你犯了那么多罪,还号称进步作家!这过去的十七年里,我们为什么不动你呢?那是因为黑线保护你,明白吗?"这几句自问自答的话,便算是逮捕柯灵的法律依据了。柯灵的铁窗日子开始了。后来他说:

> 我生平经历过两个最难发付的时期,一是抗战八年,在国土沦丧的上海等天亮;一是"文革"十年,恭受无产阶级

革命洗礼。我三度消受铁窗风味,身试严刑,就在这时期。坐日本监狱,不怪天,不怪地,是咎由自取;坐共产党的监牢,却是我做梦也没有想到的。(《神奇的时间》,1992)

随着柯灵的牢狱之灾,接踵而至的是陈校长的株连之祸。她既不知道柯灵被押到什么地方去了,也不知道柯灵到底犯了什么罪。她不敢去作协打听,怕这样对柯灵更不利。于是,她利用自己休息的时间,小心谨慎地到与柯灵有关系的一些地方——作协、电影局、"上影"厂等——去看大字报,希望从中获得一点线索。有一次偶然在路上碰到一个熟悉的女同志,被悄悄地告知:柯灵被公安局抓走了。她一时不相信:柯灵怎么会触犯法律进专政机构呢?他可能是被隔离审查了吧?

专案组把陈校长看成是侦讯"柯灵案件"的突破口。他们一次又一次地把她唤去,采用"逼、供、信"的手段,威胁她要与柯灵划清界限,揭发柯灵的罪行。她每次的回答都是"三不":不知道柯灵犯过什么罪,不打算编造,也不准备划清界限。她坚信柯灵是无罪的!她要维护柯灵的清白!专案组无功而返,但她的精神也几乎崩溃了。因为是"走资派",更是受"柯灵案件"的株连,学校的造反派把她列为重点审查对象,斗争随之升级。她每天要到学校去接受批斗,胸前得挂上侮辱性的牌子。顶着双重的恶名,连邻家的孩子也向她扔石子、吐口水。后来柯灵这样剖析"文革"中的"株连":

"株连"是中国封建皇朝的野蛮律例,不幸在社会主义社会也未能根绝,惊心怵目,记忆犹新。"文化大革命"中受冲击的革命干部和革命群众,其配偶一律被扣上"臭婆娘"的帽子……由此可以看出极"左"路线和封建专制之间

一脉相通的关系。(《"株连"质疑》,1986)

过了一段时间后,陈校长接到通知:允许通过作协的造反组织给柯灵送衣服和日用品。这是一个"好消息":柯灵没有被押去外地,还在上海,这就有见面的希望!目前她的经济状况十分困难。因为夫妇两人都有抚养的负担,平时几乎没有积蓄。柯灵已被抓,哪还有工资。她受审查后工资已被冻结,只发给基本生活费。她问父亲借了钱,尽可能把好的东西给柯灵送去。目的是不让柯灵发现她的生活窘迫状况,以免担心。

一天,她收到一份书面通知,除了需要的物品清单外,还有送达的地点——思南路九十九号。这又是一个"好消息":至少可以知道柯灵在哪里被隔离审查。她沿着充满法国情调的思南路找到九十九号,一看竟然是公安局的"上海市第二看守所"。这原是1911年建成的法租界监狱——一座闻名上海的"西牢"。"文革"前,这里关押的大都是刑事犯。柯灵真是在这里坐牢?和刑事犯关在一起?她差点晕倒在地。

柯灵的铁窗日子在反复地审讯和写检查交代中度过。刚被捕时的惊吓、慌乱和愤恨都已逐渐平复。他不知道外面怎样了。但从最近几年到"文革"爆发,特别是从他被捕之前的形势看,极"左"的政治和文艺路线越来越突出,估计这场运动将比以往任何一场运动都要来得凶猛和持久,需要做好心理准备。他领教过法西斯日本宪兵队的严刑拷打,并非没有承受能力和周旋经验:可以反复地检查思想认识上的"错误",但不能承认"反党反社会主义"的"罪行"。

他不担心自己,但十分担心国容。他知道:她社会经历单纯,自尊心很强,特别敏感,受不得丝毫挫伤。"皦皦者易污,峣峣者易折"啊!自己忽然成了"无产阶级专政"的对象,她怎么受得了这件事？从送来的这些高档的日杂用品来看，她似乎不至于境况极差。但"株连"是很可怕的，说不定专案组攻不下自己，就把她弄进来作为"杀手锏"。他们是会干这种伤天害理的事情的。想到这里，心里很害怕，也很痛苦。这种心理逐渐控制和折磨着他。心有所感，又以遣愁，前后得"怀妻诗"七绝二首(《回看血泪相和流》，1991)，其中后一首为得到妻子送来的新棉鞋，一时情绪激动而作：

其一：君是亭亭白玉莲，皎如幽谷出清泉。我自泥污君自洁，应得人天别样看。

其二：莫道苍生正苦寒，谪居犹得试新棉。名流千百无归宿，我在人间大有天。

"文革"正进行得如火如荼。1967年4月，中央文化革命领导小组点名批判一大批影片，"上影"厂被点名的有故事片《不夜城》《武训传》《燎原》《红日》《舞台姐妹》等。5月23日，上海市革命委员会通知：故事片《南征北战》《平原游击队》，美术片《半夜鸡叫》等影片，删去全部的演、职员表在上海重映；同时，映出《林家铺子》《不夜城》《逆风千里》《两家人》《武训传》《燎原》等影片供大批判用。

影片《不夜城》拍摄完成后堆在仓库里积了十年的灰尘，想不到因为一种特殊的"功用"而终于得以公映。对柯灵来说，事情是祸不是福啊，不如把片子堆在仓库里。对《不夜城》批判的升级打破了他监狱生活固有的状态，迫害进一步加深。一是远距离的在报刊上连篇累牍地刊登火力极猛、调子极高的大批判文章。他作为"反动影片"《不夜城》的"反动作者"，又与所谓的刘少奇的"剥削有功论"挂上了钩，罪加一等。二是近距离的触及肉体的群众批斗会。作为"文革"目标中必须要打倒的对象和阶级斗争生动的"活教材",他被拉去在全市范围的各个地方——工厂、机关、部队、学校、街道、里弄等——进行游斗、示众。"忙碌"的时候,一天内要赶两三个场子。当年逢"苦干"剧团的演出忙季,他也曾滥竽充数地出演过"跑龙套"角色。但在群众批斗会上,就始终是绝对的"主角"。具体的批斗过程与细节不说也罢,基本上是直接抄袭自历史上的"大革命"和"土改"时期的"打土豪"、"斗地主"的方式方法。

作为当时有轰动性和后来有历史记载的一次批斗会,那是1967年夏天的一个晚上,在人民广场举行的、号称十万人参加的全市"彻底批判反动影片《不夜城》大会"。人民广场是上海的中心地方,前身是"租界"时代闻名远东的"跑马厅",1949年后是举行国庆节庆祝大会的场地。那天晚上,各路造反派齐聚一堂,他们满脸透露着兴奋,摩拳擦掌,吼声震地,锣鼓喧天,红旗如海,横幅似浪。高压水银荧光灯把宽大的广场照亮得如同白昼,四周的几组高音喇叭一会儿放送最流行的革命歌曲《大海航行靠舵手》,一会儿是带头高呼"打倒……"的口号,更是增添了"狂欢"的热度和"盛宴"的气氛。还有一个特别的举措是上海"市革会"的"头头"下令,由东方红电影制片厂(即"天马"厂)在广场四周架起摄影机,拍摄一部纪录片《彻底批判反动影片〈不夜城〉》,记录下批斗大会令人振奋的过程和场面。这是一部和"文革"一样"史无前例"的电影——一部"关于电影的电影"。

广场上的情绪酝酿到足够热度的时候,作为这场大戏主角的柯灵,在一片"打倒"的口号声中,由两个全副武装的公安警察押解上台。至于批斗的内容,已无新意,方式方法大同小异,一些不人道的折磨在那时也司空见惯。特别之处是这场批斗大会有不少"陪斗"人，凡是与《不夜城》沾上边的差不多都到齐了，齐刷刷地在台上陪着柯灵一起被批斗。这一策划、设计，一是为了壮大声势，二是有"除恶务尽"的意思，与"文革"流行语"打倒在地，再踏上一只脚，叫他永世不得翻身"有异曲同工之妙。这是"文革"中一场典型的"文字狱"和文艺"株连"事件。

陪斗中沾边"大"的是石西民、杨仁声、郭琳爽、汤晓丹等几个。虽说石西民于"文革"前已调任文化部副部长，但还是被从北京揪回上海。当初说过《不夜城》"就不要批判了"，属"包庇"罪。柯灵瞥见石西民，心中突生负疚之感。"我虽不杀伯仁"，但总之"伯仁"是替自己说话而受连累。使柯灵感到十分意外的是，石西民见到大资本家郭琳爽竟然和颜悦色地点头打招呼。在这样狼狈的处境中，石副部长还能记得共产党干部应该对统战对象要有礼貌？其中体现出来的一种"雍容"姿态使柯灵十分折服和难忘。杨仁声是市电影局党委书记，下属的电影厂里长出了一棵大毒草，自是罪责难逃。其实《不夜城》编剧和拍摄时，他还不是局党委书记，但如今起码总还是属于"走资派"吧。

郭琳爽是旧上海南京路上闻名的"四大公司"之一"永安公司"的总经理，1949年后带头参加公私合营，积极现身说法，当上了全国政协委员和上海市人民代表，是一个民族资本家从"子夜"走向"早晨"的光荣代表。但是柯灵根本没有把他作为张伯韩的原型。应云卫厂长为剧本《不夜城》征求意见时，曾邀请上海工商界人士开了座谈会，其中也没有他。这真正是"乱点鸳鸯谱"。说乱也不全乱。与《不夜城》有关，是因为民族资本家的身份，光是这一点就够加入陪斗行列了。在全市批斗市委书记陈丕显、市长曹荻秋的大会上，他不也是被列入陪斗队伍了吗？

汤晓丹是《不夜城》的导演，与柯灵是一株藤上结出的两个瓜。所以他们总是从不同的地方——一个从看守所，一个从"牛棚"——出发，然后结伴而行，共赴批斗。有一次批斗完后，两人意外地各得到一碗上海人雅称的"阳春面"——撒上一小把青葱花的清汤光面——充饥。待连面带汤全部下肚后，造反派竟前来收钱，方知不是白吃。汤晓丹幸而由于妻子的细心常备有几角钱管口袋，当即从容地付出1角。柯灵却身无分文，因为在牢里本无开销，无须备钱，不得已向汤晓丹告贷1角。1979年，两人于第四次文代会上在人民大会堂劫后首次重逢，方得了结这笔债务：一个如数奉还，一个如数收下。他们以此举"纪念"一段刻骨的经历。

陈校长——在学校里早被同事、学生直呼大名——已经一年没有见到柯灵了，不知道他被折磨成什么样子了，甚为担心、焦急。"彻底批判反动影片《不夜城》大会"的《公告》在全市张贴。她看到后，决意前去人民广场，虽说一定是一场痛苦的经历。她远远地看到台上有一排人，根本看不清哪个是柯灵。她怕精神受不了，便丧魂落魄地早早走了。

对柯灵来说，批斗已属家常便饭，抗斗能力日益增强，犯不着如初斗时那样认真对待。那几句批斗词翻来覆去，毫无新意，耳朵都已经听出了老茧。答批斗词也就那么几句，成了套套，脱口而出，应付自如。按自己的想法做，让"革命派"暴跳如雷去吧。此刻，在十万人的怒海中，于闹中取静、忙里偷闲，一时诗兴大发，以非常规的低头弯腰姿势，口占七绝一首：

此真人间不夜城，广场电炬烛天明。卅年一觉银坛梦，赢得千秋唾骂名！（《回看血泪相和流》，1991）

后两句乃心骛八极、超越时空,从唐代诗人杜牧的《遣怀》中套来。诗是地道的打油诗,有些玩世不恭的态度,但终是浮世一景。而这场批斗大会本身难道不是一场旷世闹剧吗?

对影片《不夜城》的批判,其规模"档次",与另一部同样"誉"满全国的《武训传》相当。因为"关于电影的电影",还有一部由"红旗电影制片厂"(即"海燕"厂)拍摄的纪录片《彻底批判反动影片〈武训传〉》,同是1967年出品,两本拷贝,在全国各地放映,是为"难兄难弟"。柯灵始终无缘一睹唯一的一部由自己任"主角"的影片,但后来他说:

> 我不知道那两部片子是不是还在,这是应该作为稀有的历史资料,在世界电影博物馆里保存起来的。(《我的人生旅程》,1980)

狱中三年,他生命的时间被残酷地、一点点地消耗掉:

> 古时候没有钟表,人们以分寸计算时间,有所谓"寸阴"、"分阴"的说法,在监狱里蹲久了,我才亲身体会到它的意义,除了阴雨,阳光每天上下午两次,分东西方向透过铁窗投射进来,窄窄的一小方块,在墙上和地上,从相反方向缓缓移过,又移出铁窗外去,人的确可以清楚地看出时间的脚步一分一寸地移动。在监狱里看到阳光,这当然是很大的奢侈,但被囚者因此也就会眼睁睁地看着自己的生命一分一寸白白地消蚀,对珍惜和了解生命的人,这正是第一等残酷的刑罚。(《纪念许广平同志》,1980)

1969年7月16日下午,按惯例,他又上车被押出批斗。车最后停在一个他十分熟悉的地方:一幢古典的、具有文艺复兴时代风格的花园洋房。庭院中心是座喷泉,喷泉中央的柱子支起一个水盆,水盆上置放着普绪赫雕像,所以叫普绪赫喷泉。这是巨鹿路六百七十五号——上海市作家协会。原系旧上海大资本家刘吉生的宅邸,称"爱神花园",建于1931年,是沪上著名的匈牙利籍建筑师邬达克的大手笔。建筑具有宫殿气派,按照罗马神话中的爱神丘比特和普绪赫的故事设计,形制和柱式都称得上古典艺术的典范。不过,眼下的种种"文革"标记和正在摆出的"批斗"大会阵势已完全盖过了静穆高贵的艺术气息。

批斗照例毫无悬念。只是临将收场时,柯灵的耳朵里灌进了大会主持人的一个严厉的宣布。他的耳朵已中度失聪,仿佛听得是:监禁柯灵是黑市委的保护,现在要把他放到革命群众中交代问题。莫非这是一个充满悬念的、戏剧性的"突转"?又押回看守所,悬念解开:令他在一份"无罪释放"的证书上签名。进驻作协并掌权的"工宣队"(工人毛泽东思想宣传队)派员把他带回了巨鹿路六百七十五号。他在这里被逮捕,也在这里被释放,完成了一个苦难的"轮回"。"无罪释放",证明了他的冤屈!但他来不及去想自己有多大的冤屈,此时只有一种重获自由的感觉:三年的牢狱之灾终于结束了。

他把从牢房里带回来的所有衣物破烂扔进了街头的垃圾箱。在狱中时不止一次地计划过:有朝一日重获自由,第一件事就是扔走这些倒霉的破烂,然后理个发,若无其事地回家。一为在邻居面前保全脸面,二为免得国容一时过于伤心。但是一群路人把他团团地围住,像看"西洋景"似的看着他。他急于脱身,向押解他的工宣队员提出,要给妻子打电话。那队员指着他身边的一个妇女说:"这不就是!"

陈校长满脸憔悴、骨瘦如柴,风也吹得倒。这是"株连"引起的一连串打击对她身心造成的双重结果。柯灵呢,脸色苍白,凡刚从牢里放出的人都有如此的外貌特征。他的头发在狱中的日子里全部变白,必定是极度焦虑所致。古时便有"伍子胥过昭关,一夜白了头"之说。所以,一时老夫妇相见却不能相认。这一年年初,柯灵已在狱中度过了他的六十岁寿辰。

二 下放"干校"、"靠边站"、假"解放"

现在家里只有一间卧室可用,且四壁萧然。当时一些有"问题"的人家被勒令搬出原住的房屋,流行语谓"扫地出门"。幸得陈校长苦撑,尚留得一席容身之地。区房管局的造反派精力过剩,用"铁扫帚"扫走了"走资派",又把"铁扫帚"扫向那些受审查、批斗的住户,勒令各户主到局里来认罪,对着毛主席的宝像,满满地跪了一地。陈校长也在其中,她得忍受,方能保住那间卧室。

他很快就发现,她不仅是外貌变得凄惨。她沉默寡言,没有久别重逢的兴奋。说话不清,几乎丧失了语言能力。她原来是教师、校长,口齿清楚,十分健谈啊!令他感到特别意外的是她学会了抽烟,而且烟瘾很大,一支接一支。她犹如惊弓之鸟,用眼神和手势制止他说过去的事,很艰难、很小声地说:"我们给人家当作特务在审查,你知道吗?四面都有耳朵。"

当天晚上,一颗气枪铅弹突然从窗外射入房内,那是邻家孩子若干时间以来惯使的恶作剧。这件事证明她一直处在不安的生活环境中,隔墙有耳所言非虚。他似万箭穿心,因为不能保护她，还要连累她。他想安慰她，便把狱中所作的两首"怀妻诗"抄在纸上给她看。入睡后，他被一阵沉闷的撞击声惊醒。只见她躺在沙发上，用一条毯子蒙住了头。他忙去揭开一看，突现一个惨景，一时感到天崩地裂一样。他写在纸上的两首诗已被用橡皮擦掉，可见她当时的平静和坚决。新添了两行绝笔字："亲爱的，我们是无罪的。我先走了，真抱歉。"赶快送她去医院抢救。医院同样是造反派的天下，一时"天使"也成了"魔鬼"。他们对"自绝于人民"的"罪人"充满鄙夷轻蔑，草草了事，一副见怪不怪、麻木不仁的样子。"人生到此，天道宁论！"古人在绝望时这样喊，今人柯灵也这样喊。

一个过去的女学生常来照顾陈校长，她告诉柯灵："陈校长曾经割过腕动脉。她只是为了不愿抛下你在不明不白的诬陷中独自挣扎，才自己动手包扎伤口，于生死一发之际救活了自己。所以一直有种预感，她坚持活着是为了等你出来。你出来了，她就可能会出事。"这番话使他很吃惊，又想起了陈国容说过的一件事。他被释放那天，作协的"工宣队"事先把她找去，给予严厉警告：柯灵罪行严重，拒不交代，在监狱里逃避斗争，现在要对他实行群众监督，你必须帮助他彻底坦白。这就是说，柯灵虽然出狱，但依然是批判、斗争的对象。这番警告，显然是又一次沉重的打击，从而把她推到绝望的尽头。此后，他每天晚上都小心翼翼、提心吊胆、怕她出事。

柯灵出狱后，才知道再也见不到挚友傅雷了。1967年9月3日，就在他被捕入狱的那天晚上，傅雷夫妇因不堪忍受"红卫兵"的抄家和污辱，以不屈、冷静的态度选择了死亡。傅雷在红色恐怖全面到来前的自杀，正应了"士可杀不可辱"的古训。当正人君子的忍辱成为邪恶飞黄腾达的资本时，忍辱便没有了价值。当可怖时代过去，1978年，柯灵作长文《怀傅雷》来说出长久以来一直盘踞在心里的话。文中推崇傅雷杰出的翻译才华和成就，回忆起三十多年来两人之间一件件的"君子"之交，以此来缅怀和纪念这位老朋友。他特别了解老朋友的性格，文中说到在狱中时就担心老友的性格是否过得了"文革"：

> 过分的认真，在傅雷的性格里构成一种强烈的色彩，那就是耿直。而因此带来的缺点则是执拗。长期的书斋生活又使他相当严重地脱离实际，对政治问题和社会问题上的某些看法，自以为中正，其实却是偏颇。
> 我忧心忡忡，不知道像他这样的性格，怎么应付得了这种出乎常情的局面。

他再也见不到师长许广平了。1965年，在他与《不夜城》遭猛烈批判时，许广平从北京给他写了信。他永远忘不了信中那句话——"要经住它!"人在急难中，还有什么比同情和鼓励更珍贵。狱中时，有一天他在报纸的一个小角落上，惊讶地发现许广平去世的消息，随后便是长时间地沉浸在默默的悲痛和忧伤中。这是一种真正的默哀，因为无可告语。他想发个唁电去，但这种想法近乎荒唐。那是1968年春，许广平因心脏病而猝然逝去，诱发的原因则是戚本禹强行劫取了鲁迅书信的手稿。送医院抢救，由于"文革"使干部保健制度实际上被废除，即使她是人大常委会委员的身份，最终也被耽误治疗。后来查明，鲁迅书信的手稿就藏在江青的保密室里，原来主谋者是江青。十多年后，柯灵在《纪念许广平同志——〈遭难前后〉新版序》(1980)一文中，回顾了她战斗的岁月和功绩，评价了她别样的写作和特殊的贡献：

景宋先生的文字，不是用笔墨，而是用血肉写的。大别言之，可以归为两类：一类是鲁迅回忆录，刻骨锥心，披肝沥胆，这是她生命的一部分，因为她和鲁迅的生命是生死相契的，是研究中国新文学史上一代伟人的重要资料。在这方面，《许广平忆鲁迅》一书搜罗相当完备。另一类是她自己的战斗纪程，《遭难前后》可为代表。它记录了上海沦陷期间她在日本宪兵队里的遭遇，是外国侵略者铁蹄下鲜血淋漓的人间地狱一相。……在她的作品中，没有一般女作家笔下的婉约妩媚，缠绵清丽，读者却可以从中听到强烈的心的搏动，看到灼热的火花的闪耀。她的文字不属于文苑中的一般品种。

　　景宋先生始终如一，殚心竭力以赴的，是鲁迅著作的整理、辑集、出版，鲁迅手迹、书信、藏书、遗物的搜集保存。刀兵的威胁，政治的桎梏，关山的阻隔，人事的参商，在在满布困厄，需要煞费经营，才能免于陨越。

柯灵在狱中经公安机关的无数次审讯、专案组长期外调内查后证实无罪在案，出狱后却依然是个无罪的罪人。他每天须得去作协参加监督劳动、交代问题，也还是在大会、小会被批判，把"汉奸"、"特务"的帽子向他乱扣。

几个月后，这年秋天，作协宣布全体人员下放"五七干校"劳动。1966年5月7日，毛主席在给部队的一封信中勾画了一幅"人民解放军应该是一个大学校"的理想社会的蓝图，是为"五·七"指示。1968年10月5日，对"五·七"指示作进一步发挥："广大干部下放劳动，这对干部是一种重新学习的极好机会，除老弱病残者外都应该这样做。在职干部也应分批下放劳动。"于是全国各地迅速建起了一批"五七干校"。"干校"是

"干部学校"的简称,名实相差悬殊。选址在偏远、贫穷的农村。无论资历深浅、职务大小,去"干校"的所有人都被称为"学员"或"五七战士"。他们被规定过军事化的生活,出工、收工时必须整队呼口号、唱语录歌,甚至参加野营拉练。他们的学习内容一是体力劳动:种田、挑粪、养猪、做饭、挑水、打井、盖房……要求自食其力。二是参加政治运动,与校外同样的激烈、揪心,人人自危。"干校"是"牛棚"的一种延伸,但火药味略淡一些。巧妙的是,它落实了"最新指示"中的"干部下放劳动",但没有同时落实"除老弱病残者外"。在"干校"里,"老弱病残"者比比皆是。

柯灵开始了长达三年的下放农村生活。先是到上海郊区松江县佘山镇辰山的一所"干校"。他要离家走了,因为发生过那场意外,心里很担心妻子一个人留在家里。陈校长决定回娘家去生活,总算解除了他的后顾之忧。"干校"规定学员每月集中回市区休息四天,这是为革命干部和"工宣队"、"军宣队"人员安排的,而"牛鬼蛇神"只是沾光。这样,柯灵夫妇得以每月在自己家里团聚一次。

虽说在"干校"强于在牢狱,但柯灵的身心仍然多受折磨。身受折磨,是因为论年龄、体力已属"老弱",干力气活显得力不从心。可是,在农村、在"干校",还有不要力气的活吗?另一种身受折磨,则是铁窗生活造成的"病残"。他患有严重的痔疮,超体力的劳动和劳累又造成脱肛,痛楚不堪。心受折磨,是因为他比其他学员多了一段"牢狱"经历,不仅掌权的"工宣队"、"军宣队"对他的审查、看管格外紧,而且在学员之间似乎也多受一些议论、冷淡和白眼。一次,他在"干校"外的一个代办邮政的小店里顺便给妻子写了封信。不料信刚写完,便遭到突袭,背后伸过来一只手把信抢走了。原来是"军宣队"连长,经察看无"斗争新动向"后，遂脸色铁青地说："以后写信，要经我们批准。"一段时间后，他又被转到上海郊区奉贤县的一所"干校"：

> 奉贤地处黄浦江南岸，在塘外滨海的一片滩地上，集中了上海文艺界中人，搭起一大片简陋的草棚，向白茫茫的盐碱地开荒，实行劳动改造。真是人生如戏，这更是一出千年难得一见的好戏：改人者与被改者——工宣队、军宣队、造反派、受审人员，各各按照派定的角色，表演得淋漓尽致。不少受审人员，平时衣冠楚楚，温文尔雅，现在斯文扫地，内心世界也就无情地裸露，显示人性中弱点的可怕。(《悼罗荪》，1996)

冬天的一个月，他逢假期回家与妻子团圆，通常是陈校长已在家等他。可是家里无人，也未打扫。这时岳父来了，说国容昨晚睡下后一直没有醒过来，已送第六人民医院。他立刻赶去医院。抢救了三天，还是没有醒过来。他担心她再次想不开，但洗胃的结果证明不是大量吞服安眠药。医生暗示难有苏醒的希望。他不分昼夜地陪护在病床边，时不时叫她几声，希望把她叫醒。第四天，假期已到，向"工宣队"请假，被断然拒绝。那天晚上，他彻夜未眠，默默地与妻子告别。同时深自谴责，为什么这样卑怯，这样残忍，连给妻子送终的权利也不敢去争取！

岳父已经为她准备了后事。第七天，陈校长奇迹般地醒来。医生确诊，患的是中毒性肺炎，而昏迷过久可能导致神志失常。然而她醒来后的第一句话是"柯灵呢，他怎么不来看我"？她完全记得他休假的事，又字迹歪斜地给他写信："我醒过来了，请放心……"但是她的体质已经完全坏了，人瘦得只剩下了一把骨头。在医院里躺了好几个月才能勉强下床，走路却十分艰难，上下楼还得让人背。

1971年"9·13"事件后，"文革"政治有所变动。1972年4月24日，《人民日报》刊发社论《惩前毖后，治病救人》，要求正确执行党的干部政策。接着"解放"了一大批老干部和知识分子。随着这批人的返城，"五七干校"渐趋衰落。那一年，柯灵被分配到"上影"厂，从而结束了三年的下放"干校"生活，开始新三年的"靠边站"经历。所谓"靠边站"，就是虽属"解放"却挂不上什么职务，不明不白地在一边等着。他的情况更差一点，不属"解放"之例，看来仍然被曾经关押三年的"案底"所纠缠。在"靠边站"的日子里，他被限制"不能乱说乱动"，被呼来唤去做各种杂事，领取生活费而不是工资，属变相的监督劳动。

1975年底，他被宣布"解放"。此"解放"纯属名义上的，因为实质上未作出政治结论，也没有正式安排工作，所以是假"解放"。假"解放"又是三年。"文革"结束，1977年5月后，中国文联开始为文艺界的大批冤假错案平反昭雪。十一届三中全会后，他终获彻底平反、解放。屈指数来，从1966年起，坐监三年，下乡三年，"靠边站"三年，假"解放"三年，总共是十二年！恰恰是一次本命年的轮回！而一个人、一个作家能有几个十二年？

虽说是假"解放"，情况还是有所好转。作为落实政策之一，是发还抄家物资。他去领回抄家物资，不少已丢失。事隔十年，柯灵重新见到自己的笔记、信札、手稿等文字物品时，又是感叹又是欢喜。他细细地整理，有三个意外发现。第一个发现是竟然有一封吴晗的来信，信中还谈到了惹出大祸的《海瑞罢官》。在他被拘禁、审查的漫长过程中，此信居然始终被"埋没"在故纸堆里，从而幸免一种极其可怕的株连。据一位朋友分析可能是造反派的疏忽，而为免再生枝节，建议赶快"烧掉"。他于惊魂甫定之际，唯诺从命。然而"四人帮"于不久便告覆灭，一件有重要历史意义的珍贵文献却不复再得，悔之晚矣。其实他在"文革"之始便烧掉过一批日记和书信。并非其中有什么反动言论，要急于毁灭"罪证"，而是吸取历次政治运动的教训，免得因此累及他人。

第二个是竟然有一些自己以为已经遗落的"孤岛"时期杂文。料想是造反派为了罗织罪名，在旧报中遍搜他的片纸只字以为罪证。"孤岛"时期距今已久，那些文字也记不清了，而为了避祸又经常变换笔名。读了以后，才认得是自己的旧作。这是一个歪打正着的收获，为1983年出版的《柯灵杂文集》"不费功夫"地增加了一些篇目。

第三个是竟然有一套关于他的"专案材料"的全部目录和内容摘要。这是由造反派精心编制的，却阴错阳差地被误当作他的东西，混在抄家物资中发还了。材料中，亲朋好友、相识和不相识的人对他的揭发、检举，都一一记录在案。有的为形势所迫、出于无奈，有的是虚声挞伐、意存回护，有的则似是而非、假假真真，而有的却情不自禁、以为机会难得，忙于落井下石。其中有一个，他一直引以为"老朋友"的，居然于暗中炮发连珠，讨"柯"檄文累达十数篇以上，且无中生有、谎话连篇，借此作为投靠、进身极"左"派之阶。他因此而长了许多识见：不但有机会对造反派的捣鬼术了然于胸，更懂得了劫难中人性敦厚凉薄、纯正谲诈之不同。

随着"不得进入公共场所"的人身限制被取消，他找了一种经常的消遣：坐公交车远远地去南郊的龙华公园。那里游人稀少、环境安静，从而得以避开都市、人群而安心读书。"文革"

以来，因为属"牛鬼"，除了《毛泽东选集》，其他书都不准读。此时又可以自由读书了。他恢复了一种传统的文人心境：似乎进入了"桃花源"，过起了不"耕"有"读"的日子。大约也是终身难忘的一段苦中有乐的日子。

但这种梦幻般的日子不长，因为已是"四人帮"覆亡的前夜了。9月9日下午，他正静心读书，突然广播里传来"毛主席逝世"的讣告。他听着，同时留意着周围人，似乎都没有什么反应。他觉得很意外，同时想：到底是人民冷漠了领袖，还是领袖冷漠了人民？

> 任何叱咤风云、气吞山河的英雄，都得有一个远比大理石坚固的基座，那就是人民的感情。毛主席是伟大的革命家，人民永远不会忘记他的丰功伟绩，可是他在晚年所犯的错误，却不幸地冲淡了他和人民之间的深厚感情……（《人民的心》，1981）

然而，历史开始酝酿重大的转折。柯灵即将脱离人生和政治的苦海。

《越州史镜——绍兴博物馆前言》

前言

绍兴是我们伟大祖国的历史名城之一,史迹辉煌,风土衍沃,山川灵秀,人文荟萃,为世所艳称。远古绍兴,草莱未辟,已有先民筚路蓝缕,劳动生息。舜培嘉谷,福被九州;禹治洪水,泽及万世,史称"古有三圣,越兼其二"。春秋吴越之争,勾践沼吴,卧薪尝胆,艰苦奋发,励精图治,蔚然成中华传统立国创业精神。二千年间,代有景能,指点江山,炳焕日月,绵延不绝。论文化,则艺苑精英,文坛俊杰,歆动中外,论经济,则珍宝所聚,名物所汇,更仆难数。丘壑林泉之美,使历代骚人名士,踪迹连翩,山阴道上,不暇应接。精诚所育,志士辈出,贞烈可风,尤足矜式。近代革命勃兴,秋瑾不仅为一代才女,妇女解放先驱,更是我国女界以头颅奉献理想之第一人。博物多识,史镜可鉴,存传典实,宣扬名德,于以见物力富庶,精神文明,社会进步,二者如水乳交融,不可分离。怀古证今,景行仰止,必将有裨于绍兴现代化建设之飞黄腾达。绍兴博物馆创建伊始,敬叙概略,藉充缘起。

柯灵
一九九三年一月

Preface

《飞翼楼记》

飞翼楼记

柯灵

古越飞翼楼,建于春秋末叶,距今二千五百年,史笔煌煌,载在典籍。其时天下鼎沸,列国兼并,吴越争霸,越王勾践败北,入吴稱臣,蓬首垢面,忍辱负重,奴役三年,获释生还,重履故土,一时百姓欢呼,群臣称庆。上下一心,誓使山川重秀,日月更新,范蠡受命筑城立郭,观天文,察地利,以百里

柯灵手迹(之二)

新时期出版的作品集（部分）

港台出版的作品集（部分）

第二个春天

一 重返文坛

　　1976年10月6日，党中央一举粉碎"四人帮"反党集团，宣告"文革"结束。中国社会进入了一个社会主义新时期。欢呼"十月的胜利"，揭批"四人帮"的罪行，政治上、文艺上的"拨乱反正"……在这些日子里，柯灵的创作热情得到了充分的释放。这并非来自艺术的冲动，而是因为打碎了思想枷锁，感情获得了自由和解放。《在历史的激流中》《跃马横戈五十年》《水流千里归大海》《春节书红》《阿波罗降临人世》等，是一批欢呼共和国"第二个春天"来临的政治抒情散文，同时也拉开了柯灵创作的"第二个春天"的序幕。

　　这批散文激情澎湃，"解放"和"新生"的喜悦充满字里行间，堪与他在建国初写的共和国"颂歌"相媲美。然而，其内在的风骨却在于一种冷静、深入的思考。他从历史——又融合了哲学、文化——的长河中来进行思考：清王朝的崩溃，北洋军阀和国民党的统治，日本侵略者的铁蹄，新中国的诞生，秦始皇的"焚书坑儒"，"四人帮"的倒行逆施，"租界"的耻辱，1927年的第一次大革命，"四·一二"反革命政变，"枪杆子里面出政权"，南昌起义，戊戌变法，孙中山的辛亥革命，五四新文化运动，鲁迅，李大钊，秋瑾，鸦片战争，马克思的《共产党宣言》，赫胥黎的《天演论》，孟德斯鸠的《法意》，卢梭的《民约论》，季米特洛夫，"国会纵火案"，空想社会主义，达尔文，黑格尔，歌德，罗曼·罗兰……

他思考"文革"和历史的倒退，文明和野蛮的搏斗，人民的力量和斗争，社会公敌和政治小丑的可耻下场，争取民主和反对专制……这些问题，或许他在龙华公园读书的时候就在思考，或许在"文革"十年的时间里他都在思考，或许还更早。他试图寻找历史发展的规律，弄清社会和政治在什么时候、因为什么原因走错了方向，又如何去拨正。由于思考穿越时空，上下求索，绵绵不绝，所以这批散文的篇幅都特别长，可特别地称之为"长篇"政治抒情散文而独树一帜。其中不乏一些精彩的篇章。他用三个"决不可低估"来清醒地估价"十月的胜利"，并提醒人们在胜利后还要怎么做：

决不可低估这场战斗的艰苦性、复杂性和尖锐性。——这是一场生死攸关的斗争。它的胜利应当归功于党内老一辈革命家的深谋远虑、当机立断，归功于团结一致的党心、军心、民心。决不可低估这次胜利的重大意义。如果"四人帮"的阴谋得逞，那就意味着党的分裂、国家的分裂，意味着历史的大倒退。决不可低估"四人帮"的流毒，它们将会像霉菌一样潜伏，幽灵一样出没，对我们进行各种各样有形无形的干扰。要彻底肃清这种散布十分深广的流毒，还需要下很大的决心，花很多的力气，很长的时间。(《跃马横戈五十年》，1977)

他用杂文的笔法来刻画"四人帮"的嘴脸,可谓入木三分:

> 当我们提起清末这段霉苔斑剥的历史时,自然会联想到一些人物。第一个就是叶赫那拉氏——慈禧即西太后,无限膨胀的权力欲,"顺我者昌、逆我者亡"的蛇蝎心肠,穷奢极欲的糜烂生活,正是这个太上皇的典型特征。江青和慈禧有很多相似的地方。他们同样是篡权乱国的行家,制造阴谋的好手。清宫大总管李莲英,和张春桥的面目又何等相像!他们一个是"喳、喳,老佛爷!"一个是"一切听江青的"。他们一样阴鸷险恶,结帮营私。二总管崔玉贵,恰好是姚文元天造地设的模型。他们都善于看主子的眼色行事,不过一个只会摇唇鼓舌,一个会耍耍笔杆子。……至于王洪文,却使人不能不想起马克思在《路易·波拿巴的雾月十八日》序文中的名言:法国阶级斗争怎样创造了一些条件和情势,使得一个平凡而可笑的人物能够扮演了英雄的角色。王洪文和路易·波拿巴正是遥遥相望的一对。他们都是典型的政治骗子,"丑角之王"。路易·波拿巴有他"十二月十日会"的啦啦队,王洪文有陈阿大这一伙小兄弟,他们全都是一些流氓、痞棍、亡命之徒、刑事犯罪分子、打砸抢的惯家、五颜六色的社会渣滓。(《在历史的激流中》,1977)

《阿波罗降临人世》(1978)是一篇逾万字的散文,放谈"民主"话题。在"左"毒未完全肃清的背景下,"民主"仍然是一个十分敏感的话题。而对于一个曾经深受过"专制"迫害的作家来说,他对"民主"的渴望是热切的。但他又知道"民主"是不会恩赐的。他过去为争取"民主"斗争过,而现在依然要勇敢地

去争取"民主":

> 在绵延不断的人类史中,争民主自由历来是重要的斗争。在新中国酷寒的年代,却根本不许人民谈论民主,判定民主自由是资产阶级的反动货色,他们得意忘形的口号是:"大民主不给!小民主不给!小小民主也不给!"……共产主义运动的史实证明,征途中一个重要的历史任务和战略部署,就是向统治阶级争民主的斗争。为了革命的胜利,这种斗争是必不可少的。

在文艺界的拨乱反正过程中,他带着强烈的社会责任感频频参加文艺界、报界、高校等单位的文艺问题座谈会。他批判所谓的"文艺黑线专政"论,对一系列被"四人帮"和极"左"思潮搞乱的文艺问题——"题材"、"文艺民主"、"歌颂与暴露"等——发表了自己的意见。

初期的拨乱反正步履艰难,直至1977年底才彻底推翻"文革"的罪魁祸首之一《部队文艺工作座谈会纪要》及其"文艺黑线专政"论。他奋臂欢呼,投笔批判:

> 颠倒黑白的"文艺黑线专政"论终于到了彻底清算的时候了。历史老人是公正的,任何事物都将在时间的考验中还它本来面目。
>
> 把无产阶级专政开始建立并日益牢固的十七年,说成是"被一条与毛泽东思想相对立的反党反社会主义的黑线专了我们的政",并且从文艺领域扩展到几乎包括经济基础和上层建筑的各个领域,据此向革命队伍实行大规模的反革命清洗,是只有像林彪和江青这一类阴谋家野心家才想得出来、

干得出来。(《历史老人摊了牌》，1977)

"题材"是一个长期以来纠缠不清的文艺问题。建国初开始流行"题材决定"论，在电影创作中尤其突出写"重大题材"和拍"工农兵电影"。夏衍、钟惦棐、史东山等提出过要反对"题材决定"论。夏衍在《把我国电影艺术提高到一个更新的水平》(1961)一文中指出，只描写当前重大题材既未尊重艺术家的个人风格、特点，也不能满足不同观众的不同爱好和需求。然而却被指为"反'题材决定'论"而在政治运动中遭到批判，在反动文艺纲领《纪要》中还被污为"黑八论"之一。《题材问题一解》(1977)《打开牢笼》(1978)中，柯灵勇闯文艺禁区，旗帜鲜明地、辩证地提倡"题材多样化"，并进而提倡"形式、风格的多样化"：

我提个问题：在文艺创作的题材问题上，当前首先应当强调什么？——强调多样化，还是强调重大题材？

我的想法是首先强调多样化。理由如下：一，"四人帮"实行文化专制主义，疯狂反对"百花齐放，百家争鸣"的方针。提倡题材多样化，目的就是为了正本清源，拨乱反正，肃清"四人帮"的流毒。二，题材多样化，包括重大题材在内。题材多样化并不排除重大题材，不应该把它们对立起来。

和题材多样化密切相关的是形式、风格的多样化，因为汲取什么题材，如何处理题材，用什么形式表现内容，都和作家的风格有关。……以一个作家为例，因袭、摹仿和一般化往往是他幼年阶段的特征；等到他一成熟，他就会辛勤刻苦地力图形成自己的风格。就整个文艺界而论，作为一种社会现象来看,也遵循着同一规律。我们殷切地期望:在我们这个伟大的时代里,在统一的政治方向下,会出现众多各具不同风格的文艺家,创造出大量不同题材、形式、风格的优秀作品来。(《打开牢笼》,在上海《文汇报》关于题材问题讨论会上的发言)

柯灵获平反后,重新回到上海市电影局任顾问,可谓"官复原职"。1979年,机关复查组通知柯灵去领回他在"文革"期间所写的材料,其实就是一批检查书、交代书。他曾经被迫无间寒暑、没日没夜写这些"认罪书",把头发都写白了。这些就是他在"文革"十年的全部写作"成果",此外一字无成。新中国成立后,以他的散文写作而言:第一个十年写了大约十万字,第二个十年不过五万字(实际上是7年)。新时期初,重新焕发写作"青春",一年半时间里写了十二万字。他对这个差堪告慰的事实很高兴:已经把失去的时间夺回来了!

1979年初,公开发表了周恩来总理在1961年的《在文艺工作座谈会和故事片创作会议上的讲话》一文。柯灵曾经亲聆周总理的这次讲话,还清楚地记得关于尊重"艺术民主"、"艺术规律"的论述在文艺界所引起的欢呼和激动。但周总理的讲话被束之高阁将近二十年,对社会主义文艺事业是莫大的损失。在重新学习这个"讲话"时,他不禁想:如果总理的这个讲话得到贯彻,现在我们的文艺工作会是什么情况呢?我们的社会主义革命和建设又会是什么情况呢?他认为,说到底,文艺工作不是孤立的,文艺界的冷暖总是和政治气候密切联系的,与民主有关:

从古到今,在中国人民漫长的生活史上,民主完全是一页空白。好不容易争得解放了，实现了民主集中制，结果却还是集中太多，民主太少。在有的时候，有的场合，连民主的影子也望不见。在有些同志的头脑里，甚至囫囵吞枣到了这种程度，一听说民主，就毛骨悚然，认为这是资产阶级的东西，和社会主义是水火不相容的。(《文艺需要民主——学习周恩来总理〈在文艺工作座谈会和故事片创作会议上的讲话〉》，1979)

"文革"中电影界是个"重灾区"。柯灵知道"四人帮"在电影界流毒甚广，需要花很大的力气去肃清。《猛回头》(1978年7月，在上海《文汇报》邀请的部分电影工作者座谈会上的发言)中，提出首先要肃清"那些完全违反艺术创作客观规律的唯心主义谬论"，又指出艺术创作要恢复现实主义传统，"一切从生活出发，也就是从实际出发，而不是从概念出发，这条最根本的创作规律被毁坏了，必须坚决纠正过来"。

《实践向我们提出了什么问题》(1979年9月，在上海及华东十四所大学文科《当代文学史》编写讨论会上的发言)中，回顾了二十九年来新中国电影艺术的成长发展和1951年、1957年、1966年的"三次大斗争、三个大波折"，从中总结历史的经验和教训。随后谈及长期以来敏感的、争论不休的甚至被混乱颠倒的、被视为"禁区"的一些理论问题，如艺术与生活的关系、"暴露阴暗面"、"人性论"、如何贯彻执行"双百"方针、电影艺术与群众的关系等。虽然是就电影范畴而谈，但实际上是对一般的理论问题的梳理、解释和廓清。在拨乱反正时期，其意义和作用是很大的。

"暴露阴暗面"、"人性论"一直是难闯的禁区，过去一些作家、作品稍一触及便吃了苦头。柯灵受"实践是检验真理的唯一标准"和十一届三中全会提出的"解放思想、实事求是"精神的鼓舞,率先从理论上去突破禁区。对"暴露阴暗面"问题:一是指出文艺批评生活往往要承担"暴露阴暗面"、甚至是"恶毒攻击社会主义社会"的风险,给作家造成很大的压力,很不正常;二是指出生活中存在"阴暗面",为了社会主义事业不受损害,实事求是地予以"暴露","不但更为有利,而且也是十分必要的"。接着批评了一些与"暴露阴暗面"问题相关的、错误的文艺现象:一是"写正面人物有缺点,尽管是白璧微瑕,也不行,也就是'丑化正面人物'";二是"文艺批评中有一种常见的说法,叫做'不典型'","古今中外,有多少完美无缺的典型形象呢?拿'不典型'这把笼子这么一路笼过去,横扫千军,还能留下多少作品";三是在创作中"竭力避免接触矛盾。但矛盾冲突又是电影剧本的基础,避开了矛盾,或竭力把矛盾磨平,这个剧本怎么写得好呢?"

关于"人性论",柯灵指出:长期以来作家写悲欢离合、亲子之情、朋友之谊都要避嫌;"人情味"似乎成了个坏名词,好像无产阶级是决不能有"人情味";至于写爱情,历来就是禁区。他强调说,这是"一种空气,一种无形的政治压力,使得剧作家不敢问津。这种空气和压力应当冲破,一定扫除"。

对于新时期初出现的一些揭露"文革"及"四人帮"的作品,有人指斥为"暴露文学"并加以反对,从而引起了"伤痕文学"、"'向前看'文艺"、"'歌德'与'缺德'"等几次文艺论争。争论的焦点就在于"歌颂与暴露"。柯灵虽未直接参加论争,但也适时地谈出了自己的观点:

> 解放后十七年间,有人不顾历史条件的变化,形而上学地对待这个问题,把歌颂与暴露都当作铁板一块,我看这实

际是"报喜不报忧"的祖传章法在作怪。……如果一个国家的执政党,爱的只是吹牛拍马,而且确有什么经不起暴露的弱点,那可真是不独可忧,而且可悲了。事实不然,揭批林彪、"四人帮",不是一次异乎寻常的大暴露吗?结果如何呢?不但我们的党、国家和人民得救了,党中央也大得人心。明辨深思,敢说敢做,先天下之忧而忧,后天下之乐而乐,一切唯党和人民利益为依归,这才是真正的歌德派。(《〈香雪海〉序二》,1979.8)

1979年10月,柯灵参加了第四次文代会。如果说第一次文代会是一个"伟大的开端",那么第四次文代会就是一个"伟大的转折"。散会后,他写了《散会后的沉思》(1979)一文来表达自己的感慨和感想。首先,感慨这是"非比寻常"的时代里召开的一次"非比寻常"的文艺盛会:

> 三十多年来,我们也开过不少这样的会:风狂雨骤,人人自危,许多同志一转眼成了众矢之的。残酷的斗争,无情的打击,长年累月的流放和劳动改造。少数投机家从血泊中浮了上去。多数的幸免者提心吊胆,不知道用头发丝悬挂在上空的那把达摩克利斯宝剑什么时候会落到自己的头颈上。可悲的是长期以来,大家还误认为这样做是出于阶级斗争的需要。万金难买的是经验教训,这次文代大会,就开成了一个和过去截然不同的会。假话、空话、官话、套话退避三舍了,大家言出由衷,言之有物。会上有欢笑,有愤懑,有推心置腹的交流,有坦率无忌的指责,有探索,有争论。——批评和反批评是特别可贵的,活生生的事实证明,不许批评和反批评,只是自欺欺人,害人害己,归根结蒂,害了革命

和建设。

其次,邓小平的《祝辞》使他深感鼓舞和振奋。特别对《祝辞》中的"加强和改善党对文艺工作的领导"的论述,从心底里生出一份感想:

> 文艺工作没有党的领导是不行的,但决不是那种与文艺特性格格不入的老一套领导方法,三十年的实践检验是高悬的明镜。……被领导者应当尊重领导,爱护领导;但尊重和爱护决不排除提出不同的意见。恰好相反,直言敢谏,敢于坚持原则,是忠于党和人民的表现。而唯唯诺诺,曲意奉承,却是内心肮脏的外烁,这种人十有八九是贾桂的孝子贤孙;少数还可能是林彪的难兄难弟,"最最最"就是典型的迷魂汤。领导应当谦和些,不要自以为万能和万善,因为这不符合实际。而且千万要注意,不能利用自己手中的特权,有意无意地在二者之间造成鸿沟,使领导和被领导的关系,转化成统治和被统治的关系。这是违反我们党的原则和传统的。

1979年,他已经七十岁了,可是文学热情依然不减当年。几个月前,他来到太湖的洞庭西山。在优美、安静的自然山水和乡村的环境里,忙于完成自己作品的编辑、出版任务。他惊喜于一下子获得了一个"出版"大丰收:《秋瑾传》(电影剧本,单行本,中国电影出版社,1979)《电影文学丛谈》(电影评论集,中国电影出版社,1979)《香雪海》(散文集,上海文艺出版社,1980)《柯灵电影剧本选集》(中国电影出版社,1980)。另有《柯灵选集》(香港昭明出版社,1980)《柯灵选集》("中国现代文选丛书",香港文学研究社,1980)。

柯灵自己动手写序。《从秋瑾说到赛金花——〈秋瑾传〉代序》《〈香雪海〉序一》《〈香雪海〉序二》《〈电影文学丛谈〉序》等,也是一篇篇见解独到、情感真诚和抒写自由的散文。除了介绍自己的作品外,同时也透露若干自己的经历,涉及广泛的文艺话题。《〈香雪海〉序二》(1979)中,说到编作品集的过程中如何处理一些五六十年代的、带有"时代"印记的作品,既表现出一种实事求是的态度,也体现一种自我反省的精神:

> 这一类明日黄花如何处理?我的办法是原样保留,不加粉饰。因为我们确曾有过那样的时代,我也确曾有过那样的情绪和观点。这样也就留着一些历史的侧影。
> 我略一回顾,自己在解放后写的许多东西,风行草偃,大概可以算是个够格的"歌德派",《时间》即是一例。现在冷静地分析一下,它们究竟起了什么作用?扪心自问,汗颜而已。

陈校长在"文革"期间已被迫退职。噩梦醒来是早晨。虽然她的腿部致残,行动多有不便,但她对生活重新燃起了信心和希望。她无怨无悔地操持着繁琐的家务劳动。"文革"前,她翻译出版过美国好莱坞的《二十部最佳电影剧本》中的一部《史密斯先生到华盛顿》。现在又兴致勃勃地拿起笔来,翻译了根据格林童话《灰姑娘》改编的英国影片《水晶鞋与玫瑰花》的文学剧本,美国当代哲学家马修斯的名著《哲学与幼童》。她的教学生涯虽然结束了,但没有忘情教育。她翻译的作品,在内容上还是与教育有关。

二 微言大义

"文革"后,在平反冤案的过程中,柯灵起而仗义执言。最早是为傅雷。傅雷在反右时"出事"后,他的大儿子钢琴演奏家傅聪从正在进修学习的波兰避走英国。时任外交部长的陈毅欲挽回影响,表示希望傅雷能说服傅聪回来,只要写个检查就保证他平安无事。夏衍托柯灵去向傅雷转达。柯灵不得不再当一回说客,但被傅雷谢绝。后来,政策上还是容许傅雷父子自由通讯联系,这就有了"文革"后《傅雷家书》一书的出版。柯灵说:"现在想想,傅雷的看法是对的。如果当时傅聪回来了,在'文化大革命'中,恐怕除了傅雷夫妇这两条老命以外,还得赔上一个傅聪!而且陈毅和夏衍同志,也必然会更担上一条莫须有的罪名。"(《读〈傅雷家书〉》,1982)

他为傅雷申冤。这个从未上书的人,这次急切地向上海、中央的有关领导和部门写了几封信,结果是石沉大海。其时,文坛上出现一批悼念亲人、故友在"文革"中不幸遭遇的"忆悼散文"。在悲愤之余,他写了《怀傅雷》(1978.9)一文,其中透露了傅雷冤案始末和一些细节"内幕"。文章一反他向来华丽精致的文风,写得朴素平实,可见作者心情之沉重。考虑到拨乱反正的曲折和申冤文章可能引起的震荡和误解,他把《怀傅雷》一文转道香港发表,随之引起了海内、外舆论的关注。几经周折,傅雷冤案在1979年的4月获平反昭雪,柯灵终以他的一份心血和努力来告慰老友夫妇的灵魂。傅聪也终于返国,为祖国人民和培养年轻的音乐人才服务。傅聪、傅敏兄弟来到上海时,特地去感谢柯灵叔叔为他们的父母申冤。

《读〈傅雷家书〉》是柯灵在全国政协讨论宪法草案座谈会上的发言，全部的话题就是傅雷冤案，作为"统一战线工作失误的一个典型例子"，并为傅雷、傅聪正名：

> 全部家书证明，傅雷热爱祖国，热爱生活，热爱工作的精神是一贯的。反右前夕，他又成为热爱党、热爱社会主义的积极分子。
>
> 这许多年来，傅聪处身海外，环境是复杂的，但他始终坚持两条：一是不说一句不利于党和国家的话；二是不到与祖国相敌对的地方去演奏。这一方面是傅聪热爱祖国的具体表现，一方面也是傅雷进行教育的结果。

1978年，继《怀傅雷》一文公开为傅雷申冤后，11月借电影剧本《秋瑾传》出版之际，柯灵作《从秋瑾说到赛金花——〈秋瑾传〉代序》一文，为夏衍的话剧《赛金花》多年来的蒙冤受屈作"平直的"辩白。"平直的"辩白，着重于作者的创作意图和作品的效果。

第一，他把《秋瑾传》（1936.12）与《赛金花》（1936.4）作为一个创作、构思的整体来看，以确定主题的性质和倾向。它们是同一年的作品，同属历史剧，但呈一"正"一"反"。"前者反映的是历史上的积极现象，目的在于激扬蹈励；后者反映的是历史上的消极现象，目的在于借古讽今。殊途同归都是为了配合政治需要。"第二，说明剧本的历史背景有现实意义。两个剧本都与庚子事变有关。原因在于庚子年的形势相似于30年代前期的政治局面，"特别是举国鼎沸，民情激昂，而庙堂之上，泄沓嬉恬，对内专横暴戾，对外卑躬屈膝这一点"。第三，肯定夏衍创作《赛金花》的意图。以"国境以内的国防"为主题，用以揭露汉奸的丑态，促起人民的警惕。这在当时无疑有迫切的现实意义。"其锋芒所向，在于坚持'攘外必先安内'，积极反共消极抗日的蒋介石政府。"第四，证明剧本上演产生了积极的效果。演出获得了观众的共鸣，"在抗日救亡的宣传鼓动中，它起到过打击敌人、教育人民的作用"。

文中又对赛金花其人其事、鲁迅的那句"也早已封为九天护国娘娘了"的微讽、"四人帮"讨伐《赛金花》的图谋等，都作出了"学理"的解释。同时说明"并不是认为《赛金花》毫无缺点错误"，例如对义和团的描写等。

柯灵说："我和夏衍同志的关系，论公谊，是下级与上级；论私交，是后辈与前辈。"（《辛苦了，老水手！》，1980）1964年，极"左"派开始批电影界所谓的"夏、陈路线"和夏衍的"离经叛道"论。他人惟恐避之不及，但柯灵担心夏衍困难的处境。毅然给夏衍去信，坚信他数十年"兢兢业业，临渊履薄，为人所共见"。信中并请夏衍转达向陈荒煤致意。"文革"后，1977年夏，他试投一笺于夏衍，探问近况处境。很快，夏衍回了一封长长的信，其中告知："我是七五年七月回家的，断了右腿，'监护'八年零七个月。"

新时期里，柯灵有多篇散文专写夏衍。除了《辛苦了，老水手！——祝夏衍同志八十寿辰》为夏衍祝寿外，而《新电影开山者——〈夏衍电影剧作选〉》(1985)《幸存者的足迹——读〈懒寻旧梦录〉》(1987)《无涯的生涯——"夏衍文学创作生涯展览会"开幕词》(1990.10.9)《与世纪同龄——〈夏衍〉画册序言》(1993)，属文坛后辈为前辈作"序"的佳话，也可见相互之间的情谊和信任。其中《幸存者的足迹》是一篇达万言的"长篇"散文，从革命史、近代史、思想史、文学史等广阔的背景上，论及夏衍的生平、战斗和创作，论及一代名作《懒寻旧梦录》，夏衍的作品和柯灵的评论双璧生辉。《送别夏公》(1995)《送夏公返钱塘》(1995)两文,则是为仙逝而去的夏公所作的悼文。这些散文中涉及对夏衍的多方面的评价,而在《送别夏公》中作了最后的总结:

> 夏衍是革命文艺家,革命与文艺一身二任,而又浑然一体。他是左翼文艺运动的倡导者,新兴戏剧的带头人,进步电影的开山祖;名副其实的文艺战线马前卒。他又是新闻工作的多面手,到老以"白头记者"自命。
> 作为革命家,他勇敢、坚定、灵活、机智,如翱翔天际的雄鹰,同时通情达理,爱才近人,如檐下营巢的家燕。作为文艺家,他忠于理想,而面向现实,他的作品表明,他不是浪漫主义者,而是写实主义者。
> 文坛上矗立着三位风骨崚嶒的老者:冰心如铁骨寒梅,迎风吐艳;夏衍如雪后青松,愈显苍翠;巴金如勇士丹柯,披肝沥胆,剖心滴血,大声疾呼,提倡真诚,在中国文化天空,像高高飘扬的三面旗子。

柯灵与钱锺书是"文字之交"、"清水之交"。1946年,《周报》出资经营、出版的《文艺复兴》杂志先后刊载了钱锺书的《猫》和《围城》(连载)。尤其是后者,充满智慧和幽默,妙语连珠,柯灵总是等手稿一到便一口气读完,读得"兴高采烈、满室生春",终以拍案叫绝。而建国以来,钱氏小说在文学界、学术界和文学史上,显然都受到冷落。原因是清楚的,在激进政治的背景下,钱氏小说难以纳入新文学"主流"。既不是"主流",冷落也就有了理由。"文革"时,钱锺书、杨绛夫妇还要开动老迈的身躯离开北京,到河南乡下的一个"五七干校"里去种田、种菜、喂猪和打井。而海外那边呢，已经形成了有规模的"钱锺书热"、"钱学"。旅美学者夏志清对《围城》评价极高，称之为"中国现代最伟大的长篇小说"。钱锺书更有煌煌文艺理论和批评巨著《谈艺录》《宋诗选注》《管锥编》。难道我们要埋没一座"文化昆仑"？

1979年，上海古籍出版社出版钱锺书的《旧文四篇》（文艺批评集，收《中国诗和中国画》《读〈拉奥孔〉》《通感》《林纾的翻译》）。1980年4月，柯灵借《我的人生旅行——〈柯灵电影剧本选集〉序言》一文，提起《旧文四篇》。同时又提到杨绛新出版的《春泥集》（论文、随笔集）。他说：《旧文四篇》《春泥集》"都是薄薄的小册子，却含蕴了足够的重量。没有几十年铁杵磨针的功夫，是写不出这样的书来的。我一向是他们作品的心折者和爱读者"。

在一篇自叙电影创作的序文中，谈钱氏夫妇的学术艺文似乎有点"脱节"。那么，是柯灵要为老朋友争一个文名？说小一点，要还小说家的钱锺书一个文学史上应有的位置。说大一点，社会、文化的环境已经变化，文学研究、文学史写作上的一些"禁区"是否要冲破？在文学观念上，是否应当还原为文学的立场和标准？这将涉及一些重要的文学史、文学理论和实践的问题。

1982年11月，继前次迂回之后于正面出击，用了二三个月的时间作了一篇长文《钱锺书创作浅尝——读〈围城〉〈人兽鬼〉〈写在人生边上〉》，发表于《读书》1983年第1期，同时在1983年1月12日香港《星岛日报》加以刊载，足见作者对此文十分重视。不仅是率先重新评价钱锺书的创作，而且以一文之力把钱锺书的小说、散文创作和文艺理论、中国古典文学研究，作为一个艺术整体来评价，其中可见高屋建瓴、精辟见解，字字珠玑、一气呵成。

《写在人生边上》是散文集,篇幅不多,而方寸间别有一天,言人所未言,见人所未见。《人兽鬼》是短篇小说集,收《上帝的梦》《猫》《灵感》《纪念》四篇。如集名所揭示,这里写了人,写了兽,写了鬼,还写了上帝;但"目送归鸿,手挥五弦",归根到底是写人。《围城》却是人物辐辏、场景开阔、布局繁复的巨幅写真,腕底春秋,展示出某一时代某一社会的横断面和纵剖面。

散文也罢,小说也罢,共同的特点是玉想琼思,宏观博识,妙语连珠,警句泉涌,谐谑天生,涉笔成趣。这是一棵人生道旁历尽春秋、枝繁叶茂的智慧树,钟灵毓秀,满树的玄想之花,心灵之果,任人随喜观赏,止息乘荫。只要你不是闭目塞听,深闭固拒,总会欣然有得。——深者得其深,浅者得其浅。

锺书创作的基调是讽刺。社会、人生、心理、道德的病态,都逃不出他敏锐的观察力。他那支魔杖般的笔,又犀利,又机智,又俏皮,汩汩地流泻出无穷无尽的笑料和幽默,皮里阳秋,包藏着可悲可恨可鄙的内核,冷中有热,热中有冷,喜剧性和悲剧性难分难解,嬉笑怒骂,"道是无情却有情"。

随后对文学界"点穴",其"指力"分量得当:

锺书的散文和小说创作,特别是《围城》,在中国新文学史上应占有什么地位,更可以有种种不同的看法;但是谁也无法改变它们在读者心里的分量。对锺书创作的存在假装没有看见是不难的,我们迄今为止的现代文学史已经毫不费力地做到了这一点。但抹煞客观事实,最后必将受到事实的调侃。有一种意见,以为海外评论家盛赞《围城》,乃是有意和国内评论家闹别扭,这种说法当然有很巧妙的战略意义。有些海外评论家有政治偏见是无可否认的,但以偏见对偏见,却正好证明,在这一点上倒是"五百年前共一家"。麻烦的是海内外的广大读者,特别是外国读者,对艺术虽可以有偏嗜,却不会有偏见。评论家自以为掌握着裁判员的哨子,拥有优势地位,但是和作品角力的结果,反而使自己处于下风,是常有的事。

文章继续高论,深挖钱锺书文学创作的根基,乃归结为:"学术上的造诣"和"对人生的热爱"。此番高论基于与钱锺书长期的交往和了解,而非一般研究者所能得之。

  锺书艺术上的成就,和他学术上的造诣密切相关,涉猎一下他的理论性著作——《谈艺录》《宋诗选注》《旧文四篇》《管锥编》等等,不得不惊诧于他功底的深厚。出入经史,贯通中西,融会今古,而绝傍前人,匠心独运,自成一家;和他创作上的才华焕发,戛戛独造,互相辉映,各有千秋。渊博和睿智,正是他成功的秘诀,力量的源泉。但还有深潜的对人生的热爱。人惯于把讽刺分为热嘲和冷讽,其实热嘲也好,冷讽也好,都产生于爱和恨,如果只是冷漠,就只会产生绝望和虚无。只有理智和感情的高度融合,高度升华,高度平衡,才能达到这种难以企及的境界。说锺书的创作"才胜于情"或"理胜于情",未免使人生只见树木,不见森林之感。

文章一出，如投石惊动水面，由涟漪推起波澜，内地的"钱锺书热"、"钱学"迅速升温。柯灵意犹未尽，在《回首灯火阑珊处》(1986)中继续推崇钱氏，首肯《谈艺录》是一部"忧患之书"。《促膝闲话中书君》(1988)谈钱氏人品，又谈钱氏的渊博和睿智，"二者互相渗透，互为羽翼，浑然一体，如影随形"，还谈及钱氏在险恶环境中的气定神闲，盛名之下的宁静淡泊。

1980年底，《围城》重新出版（人民文学出版社）。柯灵于百忙之中重温一遍，算来已是第四遍了。1989年，佐临的女儿黄蜀芹准备拍摄根据小说改编的同名电视连续剧《围城》。他在读了剧本后给黄蜀芹去信——《〈围城〉搬上银幕》(1989.10.26)。根据自己对小说的理解和作品改编上的经验，对于如何在荧屏上再现小说的人物、情节和背景，特别是对方鸿渐性格的把握，热心地提了七条意见以供参考。后来，《围城》中方鸿渐一行四人南去三闾大学途中，在一个小镇上逗留、住宿的几场戏，是选在斗门镇的西街上——柯灵家的老高家台门前——的一排老木屋里拍摄的。当柯灵在荧屏上看到那几场戏时，大概会产生几分惊喜和亲切感吧。

钱锺书、杨绛，伉俪同负盛名，性情相投、心有灵犀，风雨中同进共退，步调甚为一致。柯灵以为，说了钱锺书，不说杨绛，就会觉得少了些什么。"她的《称心如意》和《弄假成真》，是喜剧的双璧，中国话剧库存中有数的好作品。'泪和笑只隔了一张纸'，杨绛写的就是这种含泪的喜剧。因为是用泪水洗过的，所以笑得明净，笑得蕴藉，笑里有橄榄式的回甘"(《衣带渐宽终不悔》，1981)；"《干校六记》的'悱恻缠绵，哀而不伤，怨而不怒，句句真话'，不但给肯定空前、但愿绝后的十年动乱留下了一个侧影"(《钱锺书创作浅尝》)；"她兼擅著译，珠玉纷陈，而自谦为'坛下人'，意谓她游移于文坛之下，和《红楼梦》中妙玉自称'槛外人'相似"(《促膝闲话中书君》)。柯灵出书，向来都是自己写序文，惟有请两位老朋友作过序，杨绛是其中之一。

海外有"钱锺书热"、"钱学"，又有"张爱玲热"、"张迷"。然而张爱玲在中国内地消失久矣，在各种版本的《中国现代文学史》中也几乎见不到这颗曾经闪亮过的文学明星。抗战胜利初期对她的喧闹一时的指责过去了，而1949年在她看来无疑又是灾难。但事实没有她想的这么坏。1950年，上海《亦报》先后连载了她的小说《小艾》《十八春》。1952年，她应邀参加了上海第一次文学艺术界代表大会。究其原因，是当时上海文艺界的领导夏衍爱才，他是张爱玲的读者。夏衍兼任上海电影剧本创作所所长时曾对柯灵说，准备邀请张爱玲到所里来当编剧，但眼前还有人反对，稍等一时吧。柯灵还来不及把这个消息向张爱玲透露，就听说她去了香港。夏衍、柯灵都甚感惋惜。

1981年11月，柯灵作《衣带渐宽终不悔——上海沦陷期间戏剧文学管窥》(在香港中文大学中国现代文学研讨会上的发言)一文，开始提及张爱玲的名字和她根据自己小说改编的话剧《倾城之恋》。三年后，他写了《遥寄张爱玲》(1984.11)，是内地第一篇重新评价张爱玲创作的文章。在《收获》《读书》以及《香港文学》三家影响很大的刊物上同时刊出。《收获》同时还刊登了张爱玲的小说《倾城之恋》，是内地首次重刊张爱玲的作品。是柯灵和三家杂志社要联手完成一篇为张爱玲的"翻案"文章吗？内地出版界正在酝酿重印张爱玲的作品，但仍有禁忌和阻力。柯灵的文章一出，人民文学出版社立即来向他借去老版《传奇》，上海书店抢先出版了老版《传奇》影印本。完全出乎意料之外，他的文章反响竟既快且大。一旦"禁区"的缺口被打开，便引起了文学研究者、爱好者和出版社的不断升温的热情，于是有了后来持续十年的"张爱玲热"。他这样解释"张爱玲热"：

> 张爱玲热的出现有复杂的因素，真正站得住的文学作品是不容易禁锢的，禁锢越严，越有人想读，这是一。假大空的作品早已败坏文学读者的胃口，新鲜活泼、直抒胸臆的作品就特别受人欢迎，这是二。改革开放的年代，思想解放改变了读者的审美要求，这是三。最重要的，当然是因为张爱玲的作品本身的魅力。任何一种"热"，都有复杂的社会因素和时代因素，不是少数人能煽起来的。（《记者访谈录——之二》，1994）

为文学界有意识忽略掉的张爱玲去争取一个她应得的文学位置，柯灵的理由与夏衍一样，都是爱才、惜才。但他比夏衍又多一条理由：当年张爱玲迅速走红，与他和《万象》多少有关系，至少起了"培土"的作用吧。还有，他们之间交往不多却不错，称"爱玲老友"。"遥寄"之"遥"确实，"不见张爱玲三十年了"，而且张爱玲远居美国，遥隔重洋。但他收藏了张爱玲的几乎全部的作品，连"张爱玲研究"、胡兰成回忆录都读了。他自我感叹：哪怕是只有一位读者，这样来对待我的作品，也就心满意足了。

个人喜欢是一回事，说作家张爱玲是另一回事，须得说出些文学道道。《遥寄张爱玲》中，他以松弛和怀旧的口吻说起张爱玲以及两人交往的来龙去脉。随后，话题转到张爱玲的创作，主要有以下几点：第一，以次要参与者的身份解读傅雷的《论张爱玲的小说》和张爱玲意气的回应。第二，以当事人的身份，对香港唐文标教授的《张爱玲研究》中解释《连环套》中断的原因，表示"没有阐明真相"。第三，解释张爱玲何以崭露头角、走红文坛，并对张爱玲创作的价值进行重估：

> 中国新文学运动从来就和政治浪潮配合在一起，因果难分。五四时代的文学革命——反帝反封建；三十年代的革命文学——阶级斗争；抗战时期——同仇敌忾，抗日救亡，理所当然是主流。除此以外，就都看作是离谱，旁门左道，既为正统所不容，也引不起读者的注意。这是一种不无缺陷的好传统，好处是与国家命运息息相关，随着时代亦步亦趋，如影随形；短处是无形中大大减削了文学领地。譬如建筑，只有堂皇的厅堂楼阁，没有回廊别院，池台竞胜，曲径通幽。我扳着指头算来算去，偌大的文坛，哪个阶段都安放不下一个张爱玲；上海沦陷，才给了她机会。日本侵略者和汪精卫政权把新文学传统一刀切断了，只要不反对他们，有点文学艺术粉饰太平，求之不得，给他们什么，当然是毫不计较的。天高皇帝远，这就给张爱玲提供了大显身手的舞台。

这段议论，是全文的"出击点"，深思熟虑，见解独到，合理而精辟。他其实明白，张爱玲的出现和《万象》的出版有相似之处。第四，张爱玲离开内地后在香港写的《秧歌》和《赤地之恋》是"坏作品"。并不是因为这两部小说的政治倾向："致命伤在于虚假，描写的人、事、情、境，全都似是而非，文字也失去原有的美。无论多大的作家，如果不幸陷于虚假，就必定导致在艺术上缴械。"第五，质疑张爱玲现有的文学史地位：

张爱玲不见于目前的中国现代文学史,毫不足怪,国内卓有成就的作家,文学史家视而不见的,比比皆是。这绝不等于"不能为同时代的中国人所认识",已经有足够的事实说明。往深处看,远处看,历史是公平的。张爱玲在文学上的功过得失,是客观存在;认识不认识,承认不承认,是时间问题。等待不是现代人的性格,但我们如果有信心,就应该有耐心。

后来,柯灵在《隔海拜年》(1988)《金锁记》(1991)《与于青谈张爱玲》(1991)《打开金锁——〈昨夜的月亮〉电视片文学本代序》(1991)《张爱玲"畸情小说"赘言》(1992)等文中热情不减地论及张爱玲。1995年9月,张爱玲逝世于洛杉矶。柯灵闻讯,即于病中作《悼张爱玲》(1995.9),唯小诗一首,为"一代才女"画一个句号:

一代才女,从此永诀。广陵散已成绝响,遗音长留人间。爱玲老友,魂兮归来。

1986年,柯灵接受广东海南人民出版社约请,为即将出版的《中国现代文学序跋丛书——散文卷》写一篇"序",便是《回首灯火阑珊处——〈中国现代文学序跋丛书——散文卷〉引言》(1986)一文。此文可谓"序中之序",其分量和影响自然很大。集子收文五八五篇,时间以1920—1949年为起讫。他知道,集子编辑的方针是求全。全,就必然杂,难免泥沙俱下。而纯是经过澄滤的假象,杂才是本相。这样,一者,他无法回避对现代文学史上的作家、作品和事件作出评价。次之,他不必自讨苦吃,按通行的说法去做就可以了。但他不是一个敷衍了事的人。

他做序文总是在认真搜集、阅读和研究作品之后进行的。第三，他大约受集子的编辑方针影响，要发出一种个人的、"杂"的声音。文章细细梳理现代散文，加以恰如其分的点评，十分精彩。但其中又涉及到两场论争："鲁迅风"和"与抗战无关"论。前者波澜不惊，后者则属于"翻案"之举，这是一件"拔出萝卜带出泥"的事，就一波三折了。

他知道"与抗战无关"是最著名的笔墨官司之一，并余波未尽。1980年6月，在巴黎举行了一次国际性的中国抗战文学研讨会。内地作家刘白羽、艾青、孔罗荪、吴祖光、马烽、高行健等去参加了。会上，香港中文大学教授梁锡华咄咄逼人地宣读了论文《风暴之眼——梁实秋抗战时期的小品文》，主旨在于为梁实秋的"与抗战无关"论翻案。在座的孔罗荪，当年写了《"与抗战无关"》《再论"与抗战无关"》等杂文，最早地、及时地批评了"与抗战无关"论。他在会上作了一次集中发言，对梁锡华的观点表示不能同意，并得到大会的赞同。但孔罗荪等内地作家对梁锡华还是采取了相当宽和的态度。原因是多方面的，如新时期初正在对许多文艺问题进行反思，如炎黄学人团结和睦的真诚心愿，如梁实秋在文学写作上、社会行为上也有能够认可的方面等。

与上述风波无关，柯灵是从个人独立的思考出发来重提"与抗战无关"论的。当年论争时，他也写了批评文章。但对论争的本末，所知只是含糊笼统。这次他认真地看了原始材料，弄清了事情的来龙去脉，重新解读1938年底梁实秋接编国民党重庆《中央日报》副刊《平民》后的那篇"开场白"。柯灵摘引了其中作为引爆点的一段文字："现在抗战高于一切，所以有人一下笔忘不了抗战。我的意见稍为不同。于抗战有关的材料，我们最欢迎，但是与抗战无关的材料，只要真实流畅，也是好的，不

必勉强把抗战截搭上去,至于空洞的'抗战八股',那是对谁都没有益处的。"接着,柯灵发出自己的"声音":

  这一席话之所以爆发为一场轩然大波,原因不难理解。梁实秋一直是左翼文坛的论敌,虽然到了应该一致对外的抗战时期,看来彼此都没有消除宿怨,说这番话的场合又是在国民党的《中央日报》。但如果撇开这些政治、历史和心理因素,完整地理解前面引述的那段文字,却无论怎么推敲,也不能说它有什么原则性错误。把这段文字中的一句话孤立起来,演绎为"抗战无关论",或"要求无关抗战的文字",要不是只眼见事,不免有曲解的嫌疑。

然而,能够"撇开这些政治、历史和心理因素"来论事吗?难道当年那么多参与批驳、论战的作家,以及他们的抗战热情和战斗态度都有错吗?难道现在那么多现代文学研究者都看走了眼?"众人皆醉我独醒",他不惧"犯众怒"?但他是正直的,正直到把自己都拖进了难缠的历史旧账中。但他却是从自己独特的经历和感受中来形成观点的:

  我检查一下我自己在抗战八年中所写的东西,几乎可以说百分之百与抗战有关——包括直接间接。完全无关的是例外,那是在上海沦陷期间写的,格于环境,不得不然。但我这样做,完全是发乎自然,出于自愿,并不表示我服膺"抗战有关论"。恰恰相反,我并不止一次皮里阳秋,对"言必抗战,文必杀敌"的主张,投以讥讽,因为我一直怀疑这种偏狭和机械的办法是否真正有利于抗战。

他把自己暴露出来了。他难道不懂论争的策略吗？不是的，他根本无意去论争。或许，为梁实秋的"与抗战无关"论翻案还不是最终目的。那么，最终目的是要改变一种文坛上长久以来存在的不良风气以及去造成一种真正的"百家争鸣"环境？是的。

嘘气成云，飞唾为雨，一窝蜂的习惯势力长期在我们生活里占着优势。酷爱绝对化，不承认人的多样，世界的多样，事物的多样，不企求多渠道、多层次、多方位、多形式的多样统一。不相信"人之向善，谁不如我"这种平凡的真理。热衷于举世诺诺，不容许一士谔谔。这种宿疾，该到下决心根治的时候了。

这一年，他又应约为陈白尘、董健主编的《中国现代戏剧史》审稿。在《致陈白尘、董健书——谈〈中国现代戏剧史〉》(1986.9)中，论及文坛积弊和偏颇。由于《中国现代戏剧史》也鞭挞梁实秋的"与抗战无关"论，于是再度陈述自己的观点，与《回首灯火阑珊处》的观点一致。但表示：一，"请加指正"；二，"大胆而冒昧地预言，这重公案，现在不予清理，历史早晚会给它平反"。

1988年，为台湾《联合报》作《聊赠一枝春——向台湾友人隔海拜年》一文，其中说道："梁实秋是文学界前辈，素无交往，得读《雅舍小品》之快，也还是近期的事。说来惭愧，过去对这位前辈了解不多，对他的骂名却早已'如雷贯耳'。前年甘犯众怒，为'抗战无关论'大胆鸣冤，也只是出于一点求实之心。……最近看到大陆新出《中国大百科全书》的中国文学卷，依然一口咬定梁实秋'提出文学可以与抗战无关的主张'。我很怀疑这仍是百口悠悠，耳食吞吐的结果"。看来，梁实秋的《雅舍小品》等文学作品可以出版、承认，但他的"与抗战无关"论已成铁案。而柯灵的"微言大义"一面，却诚然可见。

孔罗荪是批判"与抗战无关"论的首先发难者。柯灵在《悼罗荪》(1996)中说："对批判梁实秋'抗战无关论'这一历史公案提出否定性意见。这事不但涉及当世权威和许多前辈，还等于有意和罗荪唱反调，推翻他早有定论的历史功绩。以'左'为荣，以'左'为进步，是过去的一代时风。'抗战无关论'的批判和对批判的否定，各有不同的环境和气候为依托。我和罗荪接触较多之后，深知他通情达理，不是那种僵硬的'左'霸。"柯灵与孔罗荪于50年代初认识，那时孔罗荪是上海作家协会秘书长。柯灵说：

在我的想像中，他大概是有棱有角的人物。一见面，却是服饰整洁，风度娴雅，很有绅士风。以后接触渐多，又发现他原来性情随和，极易相与，在人际关系中很得好感，办事干练，底子很厚道。——这正是重要的为人之道。

《不夜城》受到严厉批判时，孔罗荪仗义执言，肯定它"比较符合政策"，因而也受到牵连，"文革"中列为他的罪名之一。"文革"中，他们两人被一起关进"牛棚"，发配"干校"。孔罗荪病重时，柯灵为一本有关他的纪念册题了词，那是四句偈语式的文字：

生老病死事寻常　大喜深悲味最长　最是人生齮龁处　是悲是喜费思量（《悼罗荪》，1996）

三 《浪迹五记》

20世纪80年代，柯灵的生活中主要是两件事：在家埋头阅读、写作，外出参加会议和访问活动。两者大体上又能交融在一起。参加会议要写讲话稿，就是文章。会议和访问中大多又有参观活动，便作旅行日记，也就是游记散文。他的成就、资格和影响，使他拥有了一大串令人羡慕的头衔：全国政协委员、常委、中国民主促进会中央委员、常委，中国文联委员，中国作协理事，中国影协理事、名誉理事，上海文联委员，上海作协副主席，上海影协副主席，国际笔会上海中心主席等。有这么多头衔，自然经常接到邀请，便一年忙到头了。

随着海内外和中外文化交流的发展，他去了香港、台湾，去了日本、韩国、新加坡、马来西亚和阿根廷。《浪迹五记》（游记，1990年，人民日报出版社），除了50年代的保加利亚游记外，由80年代国外的阿根廷、日本、韩国游记和国内的甘肃、辽东半岛游记组成。《〈浪迹五记〉序言》（1989）中说：

> "读万卷书，行万里路"，是很可景慕的境界，自惭不文，两俱竭蹶，偶有机会出游，就像小孩子出门作客，视为至乐，行脚倥偬，浮光掠影，草录见闻，原意只为自娱、留供记忆。后来经朋友怂恿，才起了凡心，稍加润饰，公之于众，也借此骗点稿费。如果能供读者消闲破闷，聊当卧游，那就是我的意外收获了。

1980年，阿根廷首都布宜诺斯艾利斯纪念建城四百周年。吴作人、萧淑芳夫妇和柯灵、陈国容夫妇一行四人,受邀前往做客。柯灵太高兴了,一切都那么新鲜:第一次跑那么远,第一次去南半球,也是第一次和妻子一起出国访问。10月14日,他们从北京经印度孟买、希腊雅典、瑞士日内瓦和苏黎世,到达法国巴黎后逗留了两天。去了古典的"卢浮宫"、"凡尔赛宫"和现代的"蓬皮杜文化中心",欣赏了举世闻名的达·芬奇的《蒙娜丽莎》和毕加索的现代派作品。随后从巴黎经非洲达卡尔飞抵阿根廷。

在此后长达一个月的时间里,柯灵一行几乎天天有活动,饱览了南美阿根廷的历史文化和自然风光。足迹遍布阿国、布市:最知名的五月广场及民族英雄圣·马丁墓、铜像,现代化的圣·马丁剧院,陈列阿、英战争史迹的圣多明哥教堂,南美最大的哥伦布剧院,美术高等学校,草原上的索非亚庄园,世界上最宽阔的、与乌拉圭交界的拉普拉塔河,买卖旧货的"跳蚤市场",号称"南美百老汇"的高等商业区佛罗里达街,商品琳琅满目的、自选货物的"超级市场"。去了华侨联谊会"中国之家",相识了开饭店的常州人江福清、办过马戏团的吴姓华侨,还有一个台湾的、原国民党驻阿使馆的三等秘书刘家彬。听侨胞讲述他们在异国艰难的谋生经历,阿政府对华侨的政策,与当地人社会的游离,华侨中的流行娱乐打麻将。他们品尝了阿根廷风味的烤牛肉及红肠,欣赏芭蕾舞剧《血腥的婚礼》、阿根廷著名的民族艺术探戈歌舞及演奏。"阿根廷探戈"无与伦比:

歌、舞、演奏极粗犷豪放,富有阿根廷民间风味。舞台狭小,全场熄灯,惟蓝色壁灯点缀其间,而黑暗中星火点点,雾气弥漫,令人遐想草原夜色。

在布市的记者招待会上,柯灵热情地回答了"中国对阿根廷的文学了解不多,原因何在"、"林语堂现在中国有何影响"等文学的问题。也去访问了一些文化界人士,画家李勃罗·培第,收藏家、学者贝蒂斯台萨。遗憾的是想见却没有见到闻名世界的、"拉美魔幻现实主义"代表作家博尔赫斯。

柯灵把所见所闻都一一记入了"旅行日记",便是《阿根廷记游》(1980.10.14—11.13,与陈国容合作)。这是一个小小的"世界之窗",对刚刚进入改革开放时代的人们来说,充满了新鲜感,不仅是异国的历史、文化和自然风光,还有现实生活中的海外华侨状况,"每六人一辆"满街跑的小轿车等。尤其是在国内刚刚听闻的"超级市场":

> 门前有小车,顾客推车入内,随意选取货物,放在车里,事毕就到门口账台凭货付钱。货物很多,饮食、衣着、家具、炊具、儿童用品、日用杂物、书籍乃至电视机、录音机,琳琅满目,无所不包,显示了人民生活的富饶,食品都经过加工,多式多样的面包,大面包是切了片的,包在玻璃纸里;肉是切好了的,也用玻璃纸包着;水果(香蕉、橘子、苹果、梨、桃子)全是洗涤得干干净净,或用塑料薄膜和盒子包装……

结束了阿根廷之旅,11月9日飞抵巴黎。他们去游览了向往已久的、以前只是从书本上读到或银幕、屏幕上看到的协和广场、艾菲尔铁塔、巴黎圣母院、塞纳河畔、巴黎公社血战中曾经是炮兵阵地的蒙马特高地,枫丹白露宫和附近拿破仑经常出没打猎的森林,一家小旅社——周恩来旅法时的旧居。还有令全世界无产者肃然起敬的拉雪兹公墓和公社墙;

至拉雪兹公墓，先参观了公社墙，是利用当时的旧砖砌成的，中有一妇女雕像，挺起胸脯，仰面向天，长发披散，双臂平举，如卫护革命状，极为动人。断墙斑剥，多刻有人首形象，并有弹孔累累，墙下角则镌有雨果的语录。

公墓不少历史人物，劳拉·拉法格，欧仁·鲍狄埃，法共若干领导人，均营圹于此。鲍狄埃墓仅顽石一方，而庄严凝重，别有意蕴。秋风乍起，夕阳初坠，徘徊凭吊，不图花都巴黎，乃有此一境。

11月13日回到北京，"去月十四日出发，今日归来，耗时正好一月，环行地球半匝，可谓壮游"。但柯灵余兴未减，作为对"旅行日记"的补充，再作文《绿色的"南美巴黎"》（1981），细腻地描述布宜诺斯艾利斯的风韵：

如果拿城市比人，那么莫斯科是甲胄森严的骑士，柏林是冠服齐楚的缙绅，布拉格宛如雍容华贵的少妇，索非亚却像明眸皓齿的村姑，巴黎赛似花容玉貌、一顾倾城的名姝，布宜诺斯艾利斯却好比风鬟雾鬓、仪态万方的绝代佳人。

《歌舞南天春夜长——阿根廷剧场见闻》（1982）则是以"阿根廷剧场"为主题，对相关几天日记的内容进行增补，成为一篇篇精美的、系列的记游体散文。《画意绵绵》（1991）再写及耐人流连的、充满闲情逸致的巴黎蒙马特高地：

站在蒙马特教堂前面，凭栏眺远，下界密密麻麻的通衢、华屋、车尘、河流、烟树，苍苍茫茫，无边无际，好一片波翻浪卷的浩荡人海！许多我们面熟陌生的怨女痴男，茶花女、于连、包法利夫人、贝姨、高老头、搅水姑娘、钟楼怪人、冉阿让、约翰·克利斯多夫……他们悲欢离合的故事,都和这个城市有关,我们远隔重洋,曾为他们陪过多少笑声泪影,这时就会情不自禁地想起他们。

蒙马特真正吸引人的地方,隐藏在狭巷般弯弯曲曲的街道后面。旅客一路欣赏古趣氤氲的小酒店,五光十色的旅游纪念品商店,闲闲而来,蓦然凝眸,就会看到著名的露天画廊劈面相迎:小小的广场,聚集着大批的画家,一人一个摊位,摆设画具画架、轻便坐椅、各各陈列着画家本人的作品。

柯灵先后去日本、韩国参加了国际笔会的年会。1984年去日本东京参加"47届年会",得《东京暮春——国际笔会47届年会侧记》(1984年5月12—22日),为"旅行日记"。所宿饭店坐落在东京繁华的商业中心新宿区,原为荒野,60年代草莱初辟,今日已巨厦连云,不禁感叹:"返顾六十年代我国,'文革'正方兴未艾也"。游览了著名的风光景区富士山和箱根:

富士山高海拔二千七百公尺。山巅积雪皑皑,达山上游览区,道旁积雪,天风凛然。……富士一山之间,气候判如四季,山高处凛寒,如在严冬,草木枯萎,俯瞰山下,云雾迷漫。中部如在秋季。渐下,则樱花犹盛,春色烂漫。山麓浓荫,亭亭如翠盖,已是初夏景色矣。

游箱根,风景幽蒨,山道盘旋,青峰叠嶂,有湖澄碧,曰芦之湖。

还去游览了古城京都,那里的清水寺、岚山。从东京到京都搭乘

"新干线"高速火车,感"车行神速";初尝"寿司",感"道地日本食品";请在日友人代购物品如晾衣架、丝袜等,深感"托人办事,诚亦大难"。

他在会议上意外地遇到30年代上海一旧友崔万秋,后者曾把他介绍到《大晚报》去当记者。崔万秋言及在江青一案中被指为军统特务,言下悻悻。随又言及在国内有一子,于政治运动中致死,迄未平反,央为反映解决。后一件事,他回国后即托人调查,经核实后得平反昭雪。会上还见到了抗战胜利后在上海《新民晚报》共事的副刊编辑李嘉,因为分别已久而未打招呼。

1988年赴韩国汉城参加"52届年会",作《汉城九日记》(1988.8.27—9.4)。他对汉城的第一个印象是"建筑宏敞,繁忙匆遽中秩序井然","高速公路上下左右,层层交叉,蜿蜒不绝,远处灯火灿烂,汽车往来驰骋,不绝于途",真是一个现代化的大都市。由此想起:"亚洲四小龙"的蛟龙出水都在60年代,而神州大地却正在上演民族自戕的悲剧。那时汉江边还是一片泥泞,十年后江流依旧,景物全非,出现了"汉江奇迹"。他的心又一次被刺痛了。不仅是物质文明,而饭店服务员服装整洁、举止大方、彬彬有礼,使他感到这个城市精神文明的一种高度。

会议的规模很大,六百人济济一堂。他在自由选题发言会议上作了关于"创作自由"的发言,主要论点是:"思想需要自由,心灵需要自由,创作需要自由","创作自由是作家不可侵犯的权利"等。主持会议的韩国作家评价他的发言很重要,认为经过"文革"的中国大陆作家对自由的体会特别深刻。会议上安排游览了风姿绰约的汉城市容,汉城的最高建筑黄金之塔——六三大厦(楼高六十三层,因以命名),以十七亿美元巨资兴建的奥林匹克村,被称为"购物乐园"的南门大市场等。

柯灵期待与台湾诗人余光中在会上见面,但诗人没有来。很意外的是认识了台湾女作家林海音,惊讶于她性格开朗,作风爽飒。一个年轻的韩国学者、汉学家朴在渊是按着书中的照片找到柯灵的,两人便一见如故地谈起了中国当代文学。朴在渊翻译了《当代中国作家风貌》《伤痕》《苦恋》等作品,柯灵称赞他是一位值得感谢的中、韩文学交流的"桥梁工程师"。

见到了韩国著名诗人、高丽大学中文系教授许世旭,不但汉语流利,还能以纯熟的中文写作。他研究中国文学,正在用韩文写一部《中国文学史》。许教授请柯灵等到家里作客。这是一幢小楼,带小花园。书房里的藏书特别多,中国现代文学作品搜罗相当完备。柯灵在这里看到了韩国知识界生活的一个侧影。由此联想起:这自然是韩国小龙腾飞的结果,但看来更和这个国家的知识分子政策有关。听说韩国人均收入为二千八百美元,而大学教授是三万至五万美元,他感到十分意外。许夫人亲自下厨,使大家品尝了纯粹家庭风味的朝鲜菜肴。为这次中、韩作家难忘的聚会,主人建议大家题词留念。柯灵即兴留诗一首:

　　蒹葭秋露白于霜,久闻诗名满汉江;自是才人工感慨,骚心风骨尽馨香。

在国内,柯灵先后参加了全国政协组织的部分京外常委赴甘肃、辽东半岛的参观、考察活动。1987年赴甘肃,所作"旅行日记"为《甘肃掠影》(1987.7.19—8.15),从兰州去临夏回族自治州,回兰州后又去敦煌、刘家峡水电站。他觉得兰州有高原城市的气派,感叹昔日"丝绸之路"上的重镇,如今已是"旧貌换新颜"了。黄河边上的巨型雕塑《黄河母亲》,依山托崖形成参差错落三层建筑的白塔公园,流传汉骠骑将军霍去病浪漫故事的五泉山公园,海拔二千一百米的兰山公园,都使他兴致勃勃。

去临夏视察了一些国营、乡镇企业、农贸市场、民族商场，还看了回族将军马步青的公馆。几天下来，总体印象是"甘肃史迹，悠远炳煌，历史地位和地理地位都很重要，却不是一个富省，摆脱贫困落后，依然是首要任务"。但作为一个文化人，甘肃对他仍然充满魅力。他在省政协题词留念时，从王翰的《凉州曲》"葡萄美酒夜光杯"得到灵感，"赋得"二十字：

万里雄关在，黄河终古流，鸿猷展大漠，新词谱凉州。

一路西去，到敦煌县。晚饭后游览了风景名胜鸣沙山和月牙泉。有很多骆驼供游客骑游，遂感到"最具沙漠风情的是山麓散落的驼群"。生平第一次看到骆驼轮番地四蹄下跪，随牧人的意志指挥如意。心里便奇怪：这个庞然大物竟是这样的驯顺。不禁又想起几天前在兰州的一次招待便宴上，初尝过一味叫"三鲜驼羹"的菜肴。骆驼素有"沙漠之舟"的美誉，给人"任重道远"的激励，不意驼掌也可充席上之珍。从杜甫的"劝客驼蹄羹"句来看，这道名菜唐朝就有了。联想到毒蛇猛兽、猴脑熊掌，无不可供大嚼，顿感"从口腹供养这一点看，中国的创造性之丰富，真称得上是'万蝗之王'"。

敦煌莫高窟是许多文化人心中的向往。分上、下午看了七个窟龛，印象较深的是其中三窟：第十七窟，即著名的藏经洞，有许多稀世之宝，王道士得小钱、西方人大肆偷盗中国艺术宝物的民族悲剧故事就发生在这里；第二五七窟，北魏时所建，多为佛教故事的壁画；第六十一窟，北宋所建，是宋窟的代表，多是佛教、佛传故事。"尽管这样的浏览，不过是蜻蜓点水，蝴蝶穿花，还是不能不受到强烈的感染。我们的祖先，确实是伟大而聪明的!"参观途中恰遇日本一电影公司在拍摄根据井上靖小说改编的同名影片《敦煌》,受邀题词写下了四句,看似文不对题,实为表达自己参观莫高窟的真实感受:

敦煌文化,灿烂辉煌,汲之愈深,用之不竭。

去了黄河上游的雄伟壮观的刘家峡水电站。那是仅次于葛洲坝的大工程,分别为黄河、长江的两把锁钥。日前看够了无尽的广漠,几乎一色的纯黄世界,眼下转为群山点翠、满湖染碧的明丽,感受豁然开朗。水库尾端又有著名的炳灵寺和炳灵石窟。"世人艳称甘肃为'石窟艺术之乡',举世闻名的自然是莫高窟,可与媲美的,依次是麦积山和炳灵寺了。"

《辽东风情》(1988.9.26) 所记为赴辽东半岛的视察活动。大连是个好地方:

襟山带海,风景如绣。冬无严寒,夏无酷暑,属季风型大陆气候。空气爽适,不像青岛、香港等沿海城市的潮湿。物资丰富,靠海吃海,取之不尽,用之不竭,可以称得上得天独厚。

滨海路绵延二十公里,依海傍岭,山容水貌,令人心旷神怡。老虎滩公园摊贩成市,游人如蚁,海滩上彩色缤纷的游泳衣,灿若云霞。车绕行海湾,隔海遥望,恍如蓬岛蜃楼。

但旅顺却是个重负历史屈辱的地方。"7月31日日记":游旅顺,"是一次重温历史的旅行"。近代史上举世瞩目的甲午战争和日俄战争,旅顺都是主战场。甲午战争失败,清政府签下了《马关条约》，辽东半岛和台湾从此沦丧异国者数十春秋。日俄战争，帝国主义争夺辽东的火拼，竟以中国国土为战场，"弱国无外交"啊！日本鬼子比兽类还要野蛮残暴：甲午战争后，日军屠城旅顺三昼夜，妇女老幼皆不能幸免，留下一个"万人坑"；日俄战争一役，日军又一次在旅顺屠城，见人便杀。

从大连去营口市，后者也有一段屈辱的历史。第二次鸦片战争后，被迫签订《天津条约》，营口辟为通商口岸。营口炮台建于1889年，甲午一役，西炮台清军阻击日军曾有战绩。柯灵于荒凉故垒边徘徊凭吊，感慨深沉，特赋诗一首，用以排遣内心的郁结：

渤海滔滔浪接天，萧萧芦荻望无边，家国兴亡重检点，潮打荒台一百年。

观光营口新开辟的鲅鱼圈新港口，建筑、码头、泊位，一个现代化大型海港的面目已粗具轮廓，感到了一种改革开放、经济发展的时代脉搏。月牙湾海滨浴场蜿蜒千米，游人蚁聚，商肆成市，五色缤纷，夏日的风光十分浓郁。营口政协来要求题词留念，搜肠刮肚，想出了四句：

人工造化皆锦绣，创始筹远费绸缪，自是辽东新岁月，天高海阔任遨游。

《辽东风情》中的"7月31日日记"，因为爱国主义的教育意义，后由人民教育出版社选入《语文》课本，题为《重温历史的旅行》。柯灵根据日记材料，再作补充、整理，另成一篇游记散文《旅顺怀古》(1989)。

旅顺行后不到一个月,在 8 月 23 日的日本《朝日新闻》上,发表了加藤周一的《从南京大屠杀想到旅顺大屠杀》一文。文中说"由于日本方面忘记或歪曲了南京大屠杀的史实,日中关系出现了不协调的因素,这是众所周知的。即使侵略者忘记了,被侵略者是不会忘记的。但是,在南京大屠杀之前曾发生过旅顺大屠杀"。"时间是一八九四年十一月廿一日。当天开进旅顺市的日本兵在市中'不分军民老幼',大肆屠杀中国人四天。""一八九四年十一月欧美报纸上都登载了有关'旅顺大屠杀'的报道。""日本政府始终没有追究侵略者的责任,也没有采取善后政策,并对日本国民隐瞒了事实真相。因此,世界上特别是日本国内的人就逐渐将此事淡忘了。于是,四十三年后就爆发了南京大屠杀的惨案。"

柯灵从 9 月 26 日的《参考消息》中看到了加藤文章的译文。他认为,该文"谈到旅顺大屠杀,证明日本有许多坚持真理、对华友好人士,不同于少数总是想淡化和抹煞侵略的人物,这是很值得钦佩和感谢的。"(《辽东风情》中 7 月 31 日日记的"附记",并附加藤文章的全文)后又去信《致加藤周一先生》(1991.2.12),其中说:

历史可以过去,却不会泯灭,旅顺的碧海青山,创痕斑斑,可为明证。不幸贵国有些人士,近年来却一直在公开否认日本侵略中国的事实,这不但太不公平了,还会引起曾经深受其害的中国人民和东南亚各国人民的强烈反感,对日本人民也是有害无益的。值得感佩的是,贵国许多正直而有远见的人士,对此采取了光明磊落、完全相反的态度,在中日友好的时代洪流中,起了中流砥柱的作用。

四　情系绍兴

《小浪花》(1978)中说:"十年动乱期间,我先是铁窗面壁,然后局处上海,跬步不离……'四人帮'覆灭的隔年,不到五个月的时间里,我上了北京,游了西湖,踏遍韶山、井冈山,又一次登临庐山,屈指行程,不下万里。"新时期初,拉开了柯灵未来二十年出访、远足活动的序幕。1978年5月,在绍兴地区文化局的安排下,柯灵于"文革"后第一次回故乡。

绍兴城一条古朴小街学士街四十九号,按旧址旧貌重建了"秘监祠"。祠主原为唐代大诗人贺知章,其"少小离家老大回,乡音无改鬓毛衰"一句,为千古流传。回乡的一路上,他心里一直在体味着故乡诗人的这一名句。

> 5月,我回到了久别的故乡绍兴,离城区十公里的小镇斗门。相传夏禹治水之前,它只是一片汪洋。我离开斗门已经半个世纪,可是魂系梦萦,不减眷念之情,"少小离家老大回",同代人几乎凋零殆尽。我已经变成镇上陌生的来客,但如绣的丘壑田野,温暖的小街,沿河环绕的小河,河上随处架设的板桥和石桥,都还是那么亲切。我甚至还清楚地认得那些久历风霜的小屋,记得门墙的式样和色泽,屋主人陈旧的故事。而特别亲切的是那一片悦耳的乡音……尽管年代湮远,事随情迁,乡音对我却依然有莫大的魅力。足见乡土感情潜藏在灵魂深处,是多么执拗。(《小浪花》)

斗门镇上的一山一水、一街一屋,都勾起了他对童年、少年和青年时代生活的复杂记忆，那么久远却又是那么清晰，特别是每次看社戏的情景。还记得一个十一二的孩子，一边做卖糖小生意，他的篾匾里满是诱人的芝麻糖、薄荷糖、粽子糖、圆眼糖，一边痴迷地贪看台上的戏文，似乎看戏比营生更重要。"穿长衫"的小季琳曾多次向这个小"短衣帮"买糖吃。

回到绍兴城，文化局在胜利剧院招待观摩绍剧《孙悟空三打白骨精》。"三打"中有一个白骨精变的老汉，该角色由著名演员陈鹤皋扮演。柯灵觉得陈鹤皋看去有点面熟。60年代初，上海天马电影制片厂为绍剧"三打"拍摄过一部戏曲舞台艺术片。作为电影局顾问，柯灵因故未前去过问。看样片时，曾觉得其中的演员陈鹤皋有点面熟。两次都觉得陈鹤皋像那个"卖糖"孩子。演出结束去后台感谢演员。不料陈鹤皋凝视半天，问起"贵姓是不是高"？柯灵点头，反问"老家啥地方"？回答是"斗门。我和你是小同乡，还记得吗"？柯灵十分惊讶："你是'卖糖阿皋'"？一时间彼此默然，只是曾经"穿长衫"的手和"短衣帮"的手紧紧相握。这使我们想起鲁迅《故乡》中也有一个相似的情景。不过，"麻木"的中年闰土换成了名噪一时的绍剧演员，是一个喜剧性故事。

隔天，与陈鹤皋和著名的南派"猴戏"名演员六龄童一起，重话巴山夜雨。说到电影版"三打"中猪八戒的扮演者、才华横溢的七龄童英年早逝，大家欷歔不已。绍剧演员辛酸、屈辱，大多来自绍兴社会里一种叫"堕民"的贱民阶层，被人很瞧不起。但是即使旧社会贱如"卖糖阿皋"出身的艺人，极"左"时期竟也被控为"资产阶级反动权威"，从而赶下舞台。幸亏毛主席在杭州听到了他的唱片，给予"热血沸腾"的评价，方得以重返舞台。

1984年，绍兴市举行首次文代大会。柯灵应邀前去参加。

10月7日，大会在人民剧院开幕。他在开幕式上致以热情洋溢的祝辞。最后说：

> 让我用还没有忘记的绍兴话祝福：祝故乡经济日益繁荣，祝故乡在文艺上有极大的成就！
>
> 鲁迅先生早在五十多年前说过："天才并非天生的怪物，它需要培养它的土壤的。"绍兴的历史史实和现实生活证明，这正是这样的土壤，何况现在绍兴党、政领导如此重视文艺工作。我相信并且祝福在新的历史时期，绍兴会出现更多的王羲之，更多的陆游、徐渭！出现新的鲁迅，千百个鲁迅！我向大家深深地祝福！谢谢大家！

这次来绍兴，柯灵拉上了恰在上海的作家、翻译家楼适夷、裘柱常，还有在上海工作的文学研究员杨幼生。祝辞中，他介绍楼适夷、裘柱常"也都是越地人士"，杨幼生则"是长期在上海工作和生活的道地的绍兴人"。会后，市委、市文联的领导同志陪同他们一行去游览了禹陵、兰亭、戒珠寺等名胜古迹。

随后，他又特地去长塘镇、浔阳镇等地方寻迹问旧，了却一些长久以来的思念和愿望。去长塘，他看了小时候经常去的外婆家。物是人非，小溪依然潺潺地流动不断。他蹲在溪边，借助着助听器侧耳倾听，那水流声使他兴奋不已。到浔阳镇，但浔阳小学早已不复存在。镇上的陪同人员指了好几个地方，他都连连摇头。他凭记忆找到了浔阳江边，指着一个地方说，"我的学校就在这里"。恰有两个当地人走过，说这里过去确有一所学校，抗战时期日本人要木材修碉堡，把学校拆掉了。

1985年1月，绍兴市文联筹办《野草》杂志，这将是鲁迅的故乡1949年后第一本公开发行的文学刊物。2月，主编陈雪琛赴上海登门求教。柯灵十分高兴,一口应允担任名誉主编,并写发刊词。他认为鲁迅的故乡应当有文学刊物,提出《野草》要弘扬历史文化名城绍兴,希望办出自己的特色,乡土气息可浓一些,要成为当地青年作者的文学摇篮。

他给陈雪琛去信:"《野草》我看按计划办起来再说,全国刊物太多,得名家稿恐不容易,主要依靠本地的力量。如能具有绍兴的特色,挟历史与地理、人文优势,应可以办好。""建议考虑集中力量。就绍郡近代名人鲁迅、蔡元培、范文澜等人,搞些生平、家世等研究资料。蔡、范材料甚少见诸文字,似可作重点搞。"(《书简·致陈雪琛》,1985.3.19)

《野草》于1985年7月1日创刊。刊物以振兴鲁迅故乡的文学事业、宏扬古城的历史文化、培养文学新人为宗旨。以地方性为主要特色,开辟了《我谈绍兴》《嵇山镜水》《越州风情》等栏目。"鲁迅故乡文学园地,文化名城对外窗口",是在《野草》封面上的两句刊物口号。其中,可体味到柯灵的办刊思路对《野草》的影响和启示。

创刊号上的"卷首语"是柯灵的《对故乡文学工作者的期望》一文。该文即为上年在绍兴市第一次文代大会开幕式上的祝辞,根据录音记录、整理,征得他的同意并由他亲自修改。之前,他在信中说:"文代会发言记录,如你们认为可用,也无不可,但我要看一看才好。"(《书简·致陈雪琛》,1985.3.19)从中可见他对故乡文学发展的热情,人品的谦虚,和文品的一丝不苟、精益求精。

不久,发生一件家乡人对他热情有加的事情。那个当年与小高先生在朱储村务实小学同吃同住几年的傅姓学生,感念师恩急切,遂联络诸位当年的同学,共同建议绍兴县政府在斗门镇百丈溇为柯灵建一个纪念亭。柯灵闻之大惊,即付二信。一去信傅姓学生予以坚决制止，一去信陈雪琛请求帮助予以坚决制止。

  在百丈湆建纪念亭一事，无论如何也不能办，必须坚决打消此意。我对党对国家对人民并无什么贡献，对家乡尤未丝毫尽力，写点文章，薄有文名，有什么了不起，值得如此招摇！我感谢你们的好意，但千万不要陷我于荒谬狂悖之境，千万千万！（《书简·致傅天则》，1985.7.26）

  据说要在斗门百丈湆给我造纪念亭，这件事未免太荒唐了，使我大吃一惊。我何德何能，对党对国家对人民，都谈不上什么贡献，少小离乡，更没有对家乡出过什么力。写点东西，也许可以说薄有文名吧，但也并无什么成就。……千万向有关方面代为说明，坚决制止此事，务请大力协助，不胜感拜！（《书简·致陈雪琛》，1985.7.26）

  1985年，中国建筑工业出版社根据1982年国务院公布的全国第一批二十四个"历史文化名城"名录，计划出版一套图文丛书，其中绍兴榜上有名。绍兴市政协接受了《历史文化名城丛书——绍兴》的编著任务，聘请柯灵、陈桥驿、陈从周任顾问，并请柯灵作序。《颂大禹、勾践、秋瑾、鲁迅之乡——〈历史文化名城丛书——绍兴〉代序》（1985）洋洋洒洒，字字千钧，可品可诵，是柯灵一系列绍兴历史文化"颂歌"的首作，"序跋"散文的代表作之一。但又不是一味的"颂歌"，兼有冷静的批判，表现出在继承传统上的"吸收民主性精华、剔除封建性糟粕"的科学态度和思想高度：

绍兴的历史沿革，可以上溯至远古，夏禹治水，勾践复国，史笔照耀，口碑沿递，刻骨铭心，蔚为艰苦奋发的传统，已构成中华民族精神财富的一部分。禹迹茫茫，绍兴由古代"荒服之地"变为"珍宝所聚"之乡，就是这种精神的物质体现。绍兴山川映发，水木清华之美，从《世说新语》中"千山竞秀，万壑争流"的八字写真，遐迩传诵，可为印证。精诚所毓，灵秀所锺，绍兴代有人杰，夐绝千古，歆动中外，更是极为突出的特点。杰出的政治家、革命英雄、爱国志士，卓越的思想家、科学家、诗人、作家、画家、书法家，灿若群星，有的是一代宗师，有的是群伦表率，"言为士则，行为世范"。

历史的升华，累积为悠久的文明，绍兴所拥有的文化遗产，真可以算得是"富可敌国"；但历史也有渣滓，因循守旧，愚昧无知，夜郎自大，阿Q的"精神胜利法"，就都是的，绍兴自然也不在例外；而时代升沉，政治幽明，总是起着决定性的影响，绍兴素称富饶，为浙东著名的鱼米之乡，而兴衰演变，迭有起伏，可为龟鉴。

1986年是柯灵的乡邻前辈、教育家夏丏尊诞辰一百周年纪念。此前，文化、教育界人士胡愈之、叶圣陶、夏衍、丁玲、赵朴初、巴金等人两次建议浙江省文联并省人民政府举行纪念活动。6月15日，在上虞县城百官镇和春晖中学隆重举行"纪念夏丏尊先生诞辰一百周年暨逝世四十周年活动"。出席纪念活动的有：楼适夷、柯灵、叶至善、刘皑风、新加坡广洽法师以及夏丏尊的亲属，上虞县委、县府领导和春晖中学师生。

1946年夏丏尊逝世，柯灵即作《悼夏丏尊先生》一文，以示敬仰和纪念。这次新作《"欲造平淡难"——夏丏尊先生生辰百年祭》（1986），回顾长者丏翁的高尚品质、进步活动和文学成就：

> 夏先生的一生，是淳朴、谦逊而又切实的一生。淳朴中蕴藏厚重，谦逊中包含冲和，而切实使他执着和坚强。他是教育家、文学家和出版家，三者浑然一体，互相映发，互相渗透，共同的基础是对祖国和人民的热爱。他的生活准则，工作和事业，都贯串着这种特质。
>
> 他所从事和参与的事业都带有开创性。五四时代，北京大学高高树起新文化运动的旗帜，浙江第一师范桴鼓相应，成为东南半壁的进步堡垒，陈望道、刘大白、夏丏尊等就是其中的柱石；春晖中学侧处在浙东群山中的白马湖，却最早实行男女同学，以优良的学风闻名全国；在上海江湾创建的立达学院，又是新型的理想教育试验园地；开明书店则在出版界开创了稳健踏实的独特作风，至今为读书界所向往。

会后，柯灵顺道参观了春晖中学及夏丏尊故居"平屋"。他对这里20世纪30年代的建筑格局十分欣赏。后来电视剧《围城》拍摄时，经他向导演推荐，春晖中学为三闾大学的场景，"平屋"为教务处长汪处厚的寓所。他一直认为夏丏尊翻译《爱的教育》一书意义很大。后来上海有几位中学老师发起、成立了一个《爱的教育》研究会，在全市一百多所中学里推行"爱的教育"读书活动，倡导对学生作一种"爱的教育"：爱祖国、爱学校、爱同学，做一个正直、善良的人。他受邀担任该会的顾问，并为该会题词：

> 爱是教育的基础，没有爱，就没有教育。

1988年，浙江美术出版社出版"中国风光摄影系列画册"，其中有一册为《绍兴》。市领导通过《野草》约请柯灵作序。做同题的文章是难的，需要超越。《画里春秋看古城——中国风光摄影系列画册〈绍兴〉序言》(1988)再度挖掘绍兴的历史文化，历数越地古来的名人佳话，有许多细微的发现和新的亮点，文字古朴凝练。其中有：

> 绍兴是历史名城，岁月悠悠，复疆载土，尽管城郭更新，日迁月异，而风景依旧，不减古色古香。会稽山麓巍峨的大禹陵，龙山脚下苍劲的越王台，勾践冶金铸剑的若耶溪，秦王东巡望海的秦望山，城南的秋瑾故宅和畅堂，城中的周恩来祖居百岁堂，会把游人的高山仰止之情，像一瓣心香，一路燃烧，从远古直到现代。

画册出版时，序文在排印时出了小差错。他却是很认真负责的，在给陈雪琛的信中说及："《绍兴画册》收到，深谢费心。摄影美极，颇令人兴恋乡之情。文字用繁体，想为适应此书读者需要，但由简返繁，难免错认娘家，如'只'还原为'隻'，李白诗'只今唯有鹧鸪飞'，遂成'隻今'，青年读者，一定莫名其妙。"

1990年1月，《野草》举办全国范围的"金马杯"短篇文学大赛征文。这是创刊来最大的一次文学活动，《人民文学》《诗刊》《当代》《中国作家》《收获》《小说界》《江南》等刊物的主编多有参与、担任评委。柯灵担任评委会主任，并对初评后的杂文部分作审评和评定等级。11月，举行"金马杯"颁奖大会。柯灵发表热情洋溢的讲话："我作为一个远离故乡六十年的白头游子，能参加这样的盛会，特别感到高兴。绍兴历史悠久，文物绚烂，是夏禹治水之乡，勾践复国之邦，秋瑾殉难之城，鲁迅诞生之地，精神遗产，富可敌国。……《野草》得到全国作家和读者的支持，办得卓有成就，'金马杯'短篇文学奖的举办，一定会对绍兴文学的发展，物质文明的推动作出贡献。"他又为《野草》题词：

陆游的爱国热情，徐渭的独立不羁，秋瑾的从容就义，鲁迅的韧性战斗，越州精神永垂不朽！

他的怀乡情绪依然强烈。会后，他自费雇了一辆三轮车，饶有兴致地去城里的大街小巷穿行，在记忆中搜索当年自己的行迹。接着又去斗门，还在街河上雇了一条乌篷船，沿水路去朱储村，寻访当年的务实小学。两间教室还在。在船埠头巧遇当年校董陈宛香的儿子，还是他的学生呢，如今也年逾古稀了。又有两个老人闻讯而来，也是他的学生，依旧叫他"小高老师"，听来怪异却亲切，这是六十年后的一段师生重逢佳话。他们回忆起当年的一件趣事：小高老师和一群学生正在玩捉迷藏玩得十分起劲时，被前来学校检查教务的陈校董逮个正着，大家好不尴尬。

1993年，由《野草》转达约请柯灵为新落成的绍兴博物馆展厅撰写《前言》，类似一篇"碑记"，字数限于三百字左右。他完成后去信："绍兴博物馆'前言'完稿寄奉。按约定三百字左右，量体裁衣，颇费剪裁，春节假日都交给它了。三百字字是实数，标点不计在内，不知合规格否？"（《书简·致陈雪琛》，1993.1.29）《越州史镜——绍兴博物馆前言》（1993）满篇玑珠，惜墨如金，令人叹为观止。柯灵善造"文眼"，精彩绝伦：

舜培嘉谷，福被九州；禹治洪水，泽及万世，史称"古有三圣，越兼其二"。

1997年9月7日，柯灵小学举行落成典礼，柯灵夫妇受邀前往参加。柯灵小时候曾就读于斗门老镇上的"辨志小学"。后校名几经更改，于1996年秋恢复为"辨志小学"，并由柯灵题写校名。同时，开始在斗门新镇上筹建一所新的、现代化的小学，以"柯灵"命名。柯灵同意以"柯灵"命名学校，乃是出于对故乡和教育事业的关心。典礼在大操场上举行，彩球飘扬在蓝天上，彩带挂满了新楼。柯灵夫妇带上了鲜艳的红领巾，顿生"返老还童"之感，精神为之一振。柯灵向小朋友讲话："我是一个普通文化人，曾经做的也是教书育人的工作，我只是尽心地干，尽了自己应尽的力。现在家乡的学校以我的名字命名，我感到非常惭愧，不好意思说什么！好在我的本名叫高季琳，柯灵是我使用的笔名，我可以用它，自然学校也可以用它作名。现在学校领导还聘请我当名誉校长，对于这，我想我应该接受。教书育人是我的本分，我应做好它！"

典礼结束，柯灵夫妇遂去一江之隔的斗门老镇访旧。柯灵如数家珍，老闸头、宝积寺、磨坊桥、鹅池桥……像是在对国容说，又像是在对自己说。夫妇俩年事已高，镇政府特地为他们备了两辆轮椅车。东街连着西街，蜿蜒、绵长。镇上的陪同人员几次让他坐上轮椅，他都不肯。他拄着拐杖，要用自己的脚来感受旧石板路的亲切。国容有腿疾，早坐上轮椅了。行至高街沿时，原居委会主任王阿姨指着一幢灰色水泥楼告诉他，那里就是他家的老屋基。高家老屋在战争年代被烧毁了。他抑制不住内心的激动，甩掉拐杖登上了台阶，动情地对一起来的《文汇报》记者小万说："我的老家。"在一堆废弃的陈旧梁木、椽子前面，柯灵夫妇拍照留念。他左顾右盼，又找到一处石阶，在那里坐下后说："这是我小时候经常坐的地方，再坐坐。"黄昏时分，他还去了老镇外孩时常去的荷湖桥。

柯灵小学落成后，"辨志小学"成为其所属的分部。2004年2月，一所更大、更现代化的柯灵小学在斗门镇开发区的世纪街上落成，当地称"新柯灵"。原柯灵小学改称"斗门镇中心小学"，当地称"老柯灵"，为"新柯灵"的分部，"辨志小学"也属分部之一。"新柯灵"里成立了一个"柯灵文学社"，开展"柯灵主题"的文学活动。在这些小朋友中间，未来会有大作家出现吗？

1998年，柯灵受托为重建的飞翼楼作碑记。飞翼楼位于绍兴城内卧龙山的主峰上，始建于春秋末叶，距今二千五百年，是越国故都的主要建筑之一，古籍记载"范蠡筑飞翼楼以压强吴"。楼重建于1997年，高二十二米，凡五层，三重檐庑殿顶。请何人来撰写飞翼楼碑记？王羲之的《兰亭序》、王勃的《滕王阁序》、范仲淹的《岳阳楼记》，都以一篇杰出的碑文而超越建筑物本身。议者一致认为，碑文的作者，其道德文章须为世人所称道，所以乡内非柯灵不能当。经半年多，柯灵去信："《飞翼楼记》草成，随函奉上。文约三百余字，看了至少十万字以上的背景材料才动笔。我的意图是让旅游者参观了飞翼楼以后，对古代越国的历史和精神面貌有个粗略的印象。"（《书简·致陈雪琛》，1998.6.18）《飞翼楼记》（1998）力剖春秋"吴越争霸"事件，以挖掘越地的历史文化精神。其中有曰：

勾践劳身苦行，卧薪尝胆，十年生聚，十年教训，终达复国兴邦、报仇雪耻的宏愿。历史的可贵，正在于瑰玮博奥，发人深省。吴宫麇鹿，越社丘墟，封建霸业，早已成尘。五湖烟水,范蠡机先。金闾舞歇,浣纱石在。伍员惊涛,文种伏剑。波谲云诡,动魄惊心。而坚忍不拔、奋发图强的壮烈精神,发扬光大,蔚然成中华民族之魂。盛衰倚伏,宇宙清宽,时代潮流,滚滚向前。飞翼楼栉风沐雨,早已完成历史任务,当此改革开放之会,世纪交接之秋,鸠工新建,重见崔巍,承前启后,戮力新猷。

遂又去信,作解释、商讨:"'五湖烟水,范蠡机先',自是意在张扬古代政治家的雄才大略,知人善断,能够明察形势,不失机先,正如范蠡对文种所说的,'知进退存亡而不失其正,其惟贤人乎!'并以此与伍员、文种的悲剧性结局相对应,以示警策。'盛衰倚伏,宇宙清宽',则不仅阐明盛衰起伏的世道常规,还包含老子'祸兮福所伏,福兮祸所倚'的意思在内。而历史天空清明宽广,时代潮流奔腾推涌,不断向前,以'承前启后,戮力新猷'为指归。高明以为然否?"(《书简·致陈雪琛》,1998.7.17)

1999年2月,绍兴县电视台《越地风情》栏目策划拍摄电视专题片《柯灵与故乡》,用镜头来记录故乡的文学大师。柯灵接信后复信:"我太老了,自惭形秽,写作没有多少成就,对故乡更少贡献,拍电视的事,能免则免,不敢劳驾你们远来上海,但我怀念故乡。"5月,摄制组两个年轻人赴上海柯灵寓所。因为电话中没有言明此行拍片目的,前去开门的陈校长见到摄像机很感突兀。在了解了乡人的真诚意愿后,从书房里叫出了柯灵。

柯灵时九十初度。他用心与年轻人交谈,讲起20世纪中国的命运和他的个人旅程。接着播放由台里刚拍摄完成的电视专题片《斗门老街》,柯灵夫妇一时沉浸在思乡之情中。善良、大度的柯灵明白特殊客人的来意,遂回到书房,依旧阅读、写作。摄像机徐徐地转动,拍下了真实的一切。这是用镜头记录柯灵最后岁月里书斋生活的唯一史料。经过一年多的拍摄、制作,2000年底绍兴县电视台向观众播出了电视专题片《摇入乡梦——柯灵与故乡》。遗憾的是,"主人公"柯灵没能看到这部优秀的片子。

柯灵热心于家乡的事情多多,无私奉献多多。1991年9月,赴绍兴参加第二届绍兴黄酒节,纪念鲁迅诞辰一百周年及鲁迅铜像揭幕典礼活动。1993年,题写了"越中名贤系列纪念封"("徐锡麟诞生一百二十周年"、"秋瑾诞生一百二十周年"、"张岱诞生四百周年"等六位)。1993年为"绍兴市少年儿童艺术学校"题写校名。1994年,为绍兴书法家沈定庵的《定庵随笔》一书作序《兰亭遗韵》。1995年为福全镇秋瑾祖居题词:"青史璀璨,故里馨香。"1997年,为《绍兴的中国之最》一书中的《最早创作〈武则天〉电影剧本的作家》条目提了修改意见。1998年,市旅游局和《新民晚报》《绍兴晚报》等联合举办"看绍兴旅游征文"大奖赛,柯灵担任评委会主任,并为绍兴旅游题词:"山川秀丽,古迹辉煌;诗酒风流,锦绣之乡。"

柯灵为家乡做事,"分文不取",从始而终。他担任《野草》的名誉主编十五年,不取任何报酬。为《中国历史文化名城——绍兴》作序文后,给他寄去一百五十元稿费,寄去寄回,寄回寄去,最终还是被退回。为秋瑾祖居题词,寄去"润笔费"一百元,被全额退回。这些事情,可从一个方面见到一个老作家的"德艺双馨"之处吧。

有一个当年务实小学的学子朱卓贤,读完初小后到上海,从学生意到做小生意,到办工厂、办公司,从上海到香港、美国,事业有成。然而几十年间,每每于闲暇之余念及"小高老师"。1985年终于联系上柯灵,此后师生间鸿雁传书不断。1988年,他率全家登门柯师寓所谢恩。他提及当年因忙于农务杂活,时常缺课而成绩落下，全赖高老师给予及时补习。这又是一段阔别六十年的师生情。柯灵为《朱卓贤传》作序《朱氏通讯》一文，并赠以毛笔题写之书名，还盖上名章，使该书倍增光彩。柯灵作序并题签于同一著作的，实为罕见。朱夫人说：卓贤仰承了高老师的勤奋劬劳和敬业献身精神，从而为他的人格、人生发展打下了根底。

西班牙式小楼二楼（左门）柯府

上海复兴西路柯灵寓所

柯灵陈列室
（绍兴市图书馆）

柯灵小学（斗门镇）

柯灵作品集陈列（部分）

压台大戏

一 《上海一百年》、"序跋"篇

从 20 世纪 80 年代初开始,柯灵就在寓所门前高挂"免战牌":"下午四时前谢绝会客"。新时期,他的写作进入了第二个高峰期。他的一个宏愿就是写一部反映上海百年历史变迁的长篇小说《上海一百年》。他在上海生活、工作五十年了,对这个五光十色、变幻莫测和活力四射的大都市的了解,已达到了所谓"芯子"里面。他的艺术实践和积累,也足以支持他去完成计划中的这部鸿篇巨制。

可是"免战牌"形同虚设。来信、敲门不断,要为他人做这做那。他心里是很矛盾的。公家的事情他该做,要为社会、国家服务。私人的托请,就性质说大都并非为私人做事,其影响和效果也是社会的。再说,也有人情啊。再说,人家尊敬和仰慕你,你不能"一阔脸就变"。他的脾气是可以克扣自己,却不可克扣别人。最后是所谓"人在江湖,身不由己"吧。

但他为《上海一百年》"争取"过时间。1986 年,他给陈雪琛去信:"有一事奉托,请你费心向有关领导部门打听一下。我久已计划写长篇小说《上海一百年》,而终因干扰太多,未能上马。我今年已到虚岁七十八,时不我与,很想在绍兴找个地方,完成此一任务,要求的条件是清净,生活较为便利。更重要的是经济问题。如负担太重,为力所不及,也就事与愿违了。请先费心了解一下,便中见示,十分感谢。"(《书简·致陈雪琛》,1986.2.25)可以看到:一是在想办法、下决心要去完成长篇小说《上海一百年》;二是经济条件并不宽裕,名气和收入"名不副实"。家乡是一个温暖的怀抱。陈雪琛去闹中取静的"鲁迅纪念馆"商量,裘馆长一口答应,即为柯灵在馆内安排下一间幽静的房间,等待他的到来。

柯灵复信:"我离开故乡五十几年了,能在晚年回来,完成我计划已久的长篇小说创作,真是太高兴了。三月下旬全国政协开会,我要去一次北京,手头也还有些未了的文债要还,但我决心能争取于四月中旬来绍兴,具体日期,到时再作联系。先在此诚挚地谢谢您和裘士雄同志(但此事务请保密,因为我渴需安安静静地工作)。"(《书简·致陈雪琛》,1986.3.2)5月,又去信:"我自京返沪,即因病入医院治疗,昨始归寓,尚须休养一时。原拟回乡写作计划,不得不推迟了"(《书简·致陈雪琛》,1986.5.23)。一来诸多不便,二来名声大如柯灵者怎能从社会、文坛上轻易"蒸发"?隐于绍兴,埋头《上海一百年》,此事从此不提。虽然《上海一百年》最终只开了个头,但是柯灵同样笔耕不辍,散文写作的名篇佳作接连不断。所以只是作了一种写作的成果"交换",于总体成就上并不遗憾。

但他还是决心要写这部长篇:"我必须着手写向往了很久的长篇小说:《上海一百年》,放弃别的写作。上海养育了我将近一轮甲子,我为它消磨了自己的青春和壮年,它一直在召唤我,时间也不再等待我了。"(《答客问——〈文苑漫游录〉序言》,1986.12)这话道出了他写《上海一百年》的动机和推动力,也是他宁可"放弃别的写作"的原因。

上海电影剧本创作所已恢复。他在那里借了一间小室充作"创作室",闭门写他的小说。每天拎着包,像守纪律的学生早出晚归,风雨无阻。同时也向局里申请增配房子,以方便写作。那时上海住房之局促紧张乃全国知名,都是"螺蛳壳里做道场"。约两年后,总算增配到一间旧公寓的单间房子,有20多平方米。也算"雪中送炭"了。从此得以免受意外打扰,且也在同一条复兴西路上,两处寓所距离不远。他还是早出晚归,当然保密。

《上海一百年》构想上有"史诗"意味:百年的历史长度,包罗万象的社会变迁。而如果没有"史诗"式的规模,上海这座城市的历史感、沧桑感都无从表现。写作方法和过程是先从"史"入手,在了解和把握"史"的基础上再去挖掘"诗"。他着手搜集史料,正史野史、杂记掌故、旧小说旧报刊等,像燕子衔泥筑巢般一口口地积累,工作量十分大。他阅读和研究这些材料,从中选择创作素材,做了许多卡片、笔记,其精力耗费也十分巨大。实际也就进入了写作,情节、人物、结构等逐渐成形、活动起来了。

市文联、作协关心柯灵的创作。新任市文联党组书记李伦新原是作家,以前还曾当过南市区区委书记。他得知柯灵想去南市老城厢做实地考察的想法后,便陪同前往,还请了区规划局的老余做向导。李书记非常熟悉南市老城厢一带,说起那里老的建筑、民宅来如数家珍。那天,他们去看了一座清代修建的天主教堂,一片最早建造的石库门房子,仅存的一段旧城墙和一座关帝庙,还去了老街道李家宅、咸瓜弄等地方。柯灵连呼"有收获",一百五十年前的上海县城在他的脑海里变得越来越清晰了。

《收获》1994年第1期发表了长篇系列小说《上海一百年》

的第一部《十里洋场》的第一章。小说是这样开头的:

> 这是个古老的故事,发生在一百五十年前的上海。
> 据历史学家考证,早在公元前三、四百年间,七雄纷争的战国时代,上海就是楚国春申君黄歇的封地,所以名闻中外的黄浦江曾经叫做春申江,又名黄歇浦。《史记》描写春申君的故城宫室,钟鸣鼎食,盛极一时,门下宾客三千,上客都足登珠履,豪华盖代。……

从一百五十年前的上海写起,交代上海的沿革,紧接着描写上海县城的格局,写到衙门、城隍庙、豫园、露香园、大境阁、关圣殿,以及店堂商铺、花街柳巷,写文人、缙绅、县令、衙役、浪荡公子、算命先生、犯人,写姨太太的祝寿、城隍殿里木雕神船的传说、义仓的火药库爆炸、四月里开荷花的预兆等。确是"大动干戈",起笔宏大,包罗万象,要写一个大的"上海故事"。所涉史料丰富,描写细微逼真。人物塑造似在学习《红楼梦》的神形兼备的手法,也融会着细密的实物描写。如写做寿的"四姨太":

> 四姨太今天是主角,难得有这出头露面机会,自然要刻意加工打扮:头上梳着双盘心结,戴上珠花、金凤簪、点翠头面,留着俏丽的前刘海后刘海。宝石蓝对襟齐膝外套,大镶大滚,绣着五彩平金流云百蝠团花。妃红的白裥罗裙,前面一幅苹果绿镜面,绣的是百蝶穿花图案,周围缀上小银铃的绣花飘带,行动伴着细碎的铃声。在这喜庆场合,标准的妇女礼服,应该是大红裙子,遗憾的是她身份不配,未免美中不足。

第一章约二万字。背景是第一次鸦片战争时期英军攻入上海县城，主要写一个县衙门的典史——专职掌管监牢和缉捕的末位小官张行健，一个清廉正直、心地善良却困顿仕途的文人形象。在英军入城烧杀、中国官吏出逃和满城百姓遭殃之时，他利用自己小小的权力，打开牢门，毅然地放走了饥饿难忍的全部犯人。然后拜别天地君亲，投黄浦江自尽。人物及行为给人以惊心动魄之感。

小说发表后引来了众多的关注和好评。他说："我一直在准备写《十里洋场》（"上海一百年"的第一部），第一章已经发表在《收获》上。我写得很慢，每天写得很少，因为还有许多想不到的干扰。小说写的是一百五十年前的事，需要依靠大量的历史资料，工程很艰巨"（《记者访谈录——之二》，1994）。他继续写了第二章、第三章，可是自己并不满意，就撕掉了。就像俄国作家果戈理把自己不满意的《死魂灵》第二部一把火烧掉一样。那么，《十里洋场》或"上海一百年"长篇系列小说到底要写什么呢？《十里洋场》第一章中出现了苦难的文人或称知识分子主人公，作者难道要以苦难的知识分子命运来反映上海一百年吗？或许是的，他最熟悉苦难的知识分子命运，他自己是其中之一。

柯灵有多篇散文写及上海这座城市。《如果上海写自传》（1984）《为十里洋场绣像》（1993）是对上海历史文化的认识和概括，在一定程度上也是小说《上海一百年》的基础和内容。《摄影机下的上海一日》（1991）《地铁圆梦》（1995）《大潮冲到了门口》（1995）等表现改革开放的上海日新月异的变化。

1989年12月写的《在银色浪潮中游泳——我的八十年大事记》是一个多重意义上的"分水岭"：人生步入了八十高龄，

创作跨进了 90 年代，特别是 20 世纪来到尾声——最后的十年。在这样的时刻，他"盘点"起历史和个人的经历来：经历过封建帝制、半封建半殖民地社会、社会主义社会的"不折不扣三朝百姓"，经历过两次世界大战及长达八年的抗日战争，经历过军阀混战、北伐战争、解放战争的连绵不断的内战，经历过社会主义由梦想变为现实、十年"文化大革命"和改革开放之风的吹起。

　　（读者）也许会哑然失笑，责怪我过分自我膨胀，把世界大事记夸饰为个人的大事记，但是你无法否认，所有这些国际国内的头等大事，无一不和我直接间接相牵连，有的简直攸关生死。我也不得不承认，区区之我确实经历了一个伟大的时代。

　　但积八十年之经验，也给了我一种信念：美好的愿望都不可遏制，历史尽管曲折，总是向着进步和合理的方向发展，我的祝愿迟早总会实现！

　　柯灵的晚年写作主要是散文，达到炉火纯青的境地，能够当之无愧进入当代散文大师的行列。其中两类散文尤为引人注目：序跋散文，抒情散文。两者并无明显的区别：序跋散文中有抒情感怀，抒情散文中含有思想哲学。

　　序跋散文近百篇。一种是为自己的作品集作序，自叙生平与创作，有研究和史料价值。同时也是优美、抒情的散文。《应是展齿印苍苔——〈柯灵散文选〉序》《银海浮沉录——〈柯灵电影剧本续编〉前记》《〈煮字生涯〉自序》《非人磨墨墨磨人——〈墨磨人〉序言》等可属代表。另一种是为他人的作品集作序，数量是前者的两三倍。评作者评作品相兼，评作者实事求是，抓住性格特点、音容笑貌，评作品客观公正、有褒扬有批评，交代背景和影响。如《纪念许广平同志——〈遭难前后〉新版序》《舞台因缘六十年——〈李健吾剧作选〉序》。有些是为大型的、重要的文集作序，其工作量和难度都是很大的，如《回首灯火阑珊处——〈中国现代文学序跋丛书——散文卷〉引言》《第三个十年——〈中国新文学大系〉（1937—1949）散文卷序》《文酒风流二千年——浙江省文学志卷头语》等。

《文酒风流二千年》（1997）是一篇长达万言的序文。1995年6月，《浙江省文学志》主编盛钟健赴上海商请柯灵作序。柯灵表示作为浙江人，此事义不容辞，但提出一定要读过文稿后才能动笔。其时《浙江省文学志》还正在拟订纲目，再说让一位年近九旬的老人读百万字的文稿，终是于心不忍。于是商定拟出大纲目录寄给他后再动笔。

1996年，他着手写序，发现不是想像中那么简单：浙江与全国，文学与文化，个人与历史，有千丝万缕的联系。文中涉及的人物有百多个，每个人物不过一二句话。但他说："如果对人物缺乏全面的了解，就无法准确提炼这一二句话。"又说："文学志是地方志式的大辞典，应该有一定的权威性，丝毫马虎不得。"为此，他不断地要为查实某个人、某件事、某种背景，去搜集、阅读和研究很多资料。当然，夫人陈国容也就义不容辞地充当唯一的写作助手了。

他是作家，做学术并非长处。写作非常累，也非常慢。但他很乐观："从好的方面来说，写这篇序言的过程中复习历史、复习地理、复习文学，是很好的学习机会。"时间长达一年多，文稿修改多达七八次。1997年11月完稿，正逢去北京参加政协会议，便携稿前往，准备利用休息时间誊写。不料南北温差大，严重感冒发烧。所以，如果你读到这本《浙江省文学志》及序言，请记住一位九旬作家曾经为此做过艰苦而认真的工作。这篇内容坚实、丰富的"卷头语"是这样结束的：

> 浙江文学源远流长，一脉相承，香火不断。浙人重视历史，东汉初年，会稽人袁康、吴平著述的《越绝书》，最早记述了吴越史实，公认为地方志鼻祖，也可以看作是中国传记文学的滥觞。相继问世的是山阴人赵晔的《吴越春秋》。两书忠实地歌颂了越王勾践的雄才大略，也不避讳他可以共患难而不可以共安乐的阴鸷品性。"狡兔死，良狗烹，高鸟尽，良弓藏"，这种惨痛的历史教训，怵目惊心，足为千秋鉴戒。清末史学家章学诚，肯定了方志学的学术地位和重要作用。最近新编的《浙江省文学志》，贯通今古，缕述本省文学发展的眉目风神脉息，天缘地缘人缘，既是中国文学面貌的局部透视，又是民族文化传统的躅迹追踪。现在这项巨大工程大功告成，生为浙人，敬以瓣香之诚，感念乡土鞠育之恩，为本省文明建设日新月异之祝。

柯灵的序跋散文是20世纪八九十年代中国文坛的一道独特的风景。他为很多作家、作品写序，花费了宝贵的时间和无数的心血，但一切都没有白费。他的序跋散文表达了对作家、文学、社会和历史的真知灼见，而且也是难得的美文，树大气磅礴的文风，练精美深邃的文字。

柯灵晚年——八九十年代——的抒情散文多为回忆故人、往事之作，涉及许多文化名人，如茅盾、巴金、郁达夫、夏衍、周建人、夏丏尊、胡愈之、钱锺书、张爱玲、巴人、黄佐临、孔罗荪、楼适夷等。也有一些为文化、纪念活动而作，如"巴金文学创作生涯六十年展览"、"夏衍文学创作生涯展览会"、"纪念香港三联书店成立三十年"、"祝《文汇报》创刊五十年"等。他写了少量的杂文。其中值得注意的是《鲁迅如果健在——纪念鲁迅先生诞辰一百周年》（1981），以及论及杂文写作理论和方法的几篇。还有几组游记散文。柯灵概括了他的散文风格和精神：

> 以天地为心，造化为师，以真为骨，美为神，以宇宙万物为友，人间哀乐为怀，崇高闳远的未来为理想……（《应是屐齿印苍苔——〈柯灵散文选〉序》，1983）

人们往往有兴趣去知道，一个作家的"处女作"是哪一篇，而"压卷之作"又是哪一篇？柯灵的"压卷之作"是一篇抒情散文《上海大梦》（2000.1.10）。这篇抒情散文的独异之处，首先在于超乎寻常的豪华辉煌气派，只有"碑记"才能获得如此高的写作规格。那么，这是一块"碑"吗？一块什么样的"碑"呢？

柯灵晚年的写作宏愿是完成《上海一百年》，它无疑将成为一部他的压卷之作。当他已是91岁的耄耋老人且病魔缠身时，自感来日无多，要完成《上海一百年》实属不能，只能成为一个"大梦"。作为一种心愿的寄托和了却，遂作《上海大梦》。它是这样开头的：

> 上海是人海，苍苍茫茫，无边无岸。
> 一百五十年来，上海的传奇色彩，在世界名城中是独一无二的。五口通商，春申江畔一片沉睡的土地，蓦地一变，成为喧闹的十里洋场。鹊巢鸠占，喧宾夺主，从此华洋麇集，五方杂处，人口爆炸，形成一个世无其匹的生活大舞台，卜日卜夜，演绎各种大悲大喜，又悲又喜的戏剧，文戏武戏，正剧闹剧。……

这不就是《十里洋场》的开头吗？文随后写及"上海一百年"，十里洋场的诡谲，抗战八年的抗争和畸形的繁荣，四五十年前历史翻开人民做主人的新一页。百年的上海舞台上，活动着志士仁人、科学家、学问家、艺术家、实业家，也活动着帮会头目、马路政客、交际明星、花国名媛。从中可以看出他写《十里洋场》的思路：要了解上海——文学的描写也好，历史、政治史、社会学的研究也好——必须要了解人，特别是各行的代表人物：

> 文学是人学，历史更是人学。上海的发展变化，包含整体上海人的笑声泪影，血汗筋骨，心智精灵。但其中绝大多数是无名氏，只有各个领域和层面的代表，各以其大小不同的成就，进入名人的队列。因为只有这一类人物，是历史天平上举足轻重的力量。要了解上海，就必须了解这些人。

这就是《上海一百年》的全部的构思、主题、写作大纲和思想精华。率先在《十里洋场》中出现的有良知、遭苦难的文人，便是"历史上举足轻重的力量"之一，或许他们就是长篇小说的主人公。

柯灵晚年的著作出版丰富。大部分在上海、北京、浙江、湖南等内地出版，一部分在香港、台湾出版，计四十余种。散文类的《香雪海》《长相思》《煮字生涯》《墨磨人》《梦中说梦》《隔海拜年》《笑语平生》《天意怜幽草》《枫桥的梦》《应是屐齿印苍苔》《昨夜西风》《燕居闲话》《柯灵诗心美文》《往事随想》《柯灵散文选》《柯灵六十年文选》《柯灵七十年文选》等；电影剧本、评论、理论类的《电影文学丛谈》《柯灵电影剧本选集》《柯灵电影剧本续编》《柯灵电影文存》等；文学评论、理论类的《文苑漫游录》《文心雕虫》《剧场偶记》；杂文类的《柯灵杂文集》；游记类的《浪迹五记》《闹市的海鸥》；小说类的《世情小说》以及《柯灵书信集》等。

《柯灵文集》（六卷，文汇出版社，2001）是柯灵亲自编辑完成的——很少量的部分由夫人陈国容整理完成——最后的、最大的"柯灵作品集"。第一卷扉页题有"献给风雨同舟五十五年的妻子陈国容"。全部六册的封面用柯灵晚年在上海武康路——邻近、相交于复兴西路——上拍的一张彩色照片：时近晚秋，地上散落着一层金色的法国梧桐树叶，一派成熟、收获的景象；柯灵秋冬穿着，围巾、大衣，一头银丝和严峻沉思的脸容在画面中十分突出。这也是柯灵最满意、最喜欢的一张照片。封面的右上角是柯灵的手迹，娟秀而工整，并留有他的签名和两个章印。

柯灵最后一次主持的大型文学编纂工程是《民国名刊精选》丛书。柯灵主编、其他编辑分头编选的这套丛书由上海古籍出版社从1999年起陆续出版十种，包括《无花的春天——〈万象〉萃编》《钓台的春昼——〈论语〉萃编》《午夜高楼——〈宇宙风〉萃编》等。丛书的出版堪称弥补了现行文学史著的某些不足，具有很高的研究参考价值。

"庾信文章老更辣"。周而复说：柯灵"在散文、电影、话剧、杂文等方面，著作等身，煌煌巨著，时代烙印，诸多精品，可以传世。至于柯灵高风亮节，更是知识分子的楷模"。李子云说："许多文章都谈到柯灵的文品和人品，谈到他在统战、编辑、戏剧、电影、文学各个方面的贡献，特别是电影和文学方面的成就。他的自成一格的美文，更是令人惊叹不已"。钱谷融说："不管年龄、境遇如何，作者严肃执着地追求正义美好的心意始终不变。读其文，想见其为人，我感到十分欣幸地结识了一位志行高洁而心地极其宽厚的人。"余光中说：柯灵散文"意到笔随，无施不宜,真是从心所欲而不逾矩,达到富藏于俭之境。"夏志清说:"柯灵文笔之活,是大家称赞的。他同我先后评过张爱玲,建立在海外声誉,可说是文坛佳话。"

二 谢幕:"永别了,世界! 祝福你前途无量"

柯灵的人生命运是一个漂泊者的命运。一个"居地"的漂泊者:出生在广州,在绍兴度过青少年时期,青年以后长期居留在上海。既有乡镇、乡村的生活经历,更有大城市、甚至特殊的"租界"、"孤岛"、"沦陷区"、"英殖民地"香港等地方的生活经验。一个"职业"的漂泊者:教书,编辑报纸杂志,文学写作,出版,还有民主党派活动,从一种职业到另一种职业,或者同时操几种职业。还是一个"文学"漂泊者:进入各种文学写作的领域,主要是散文、杂文、电影和戏剧剧本,还有小说、儿童文学、诗歌、游记、人物速写、回忆录、电影理论、影评、剧评、文学评论等。

他的漂泊,往往并非出于自己的意愿,而是被某种环境或者情势所逼迫。开始的时候,他总是被命运所支配,而不由自主。但是,一旦漂泊停留在一个地方,就会像一颗有着顽强生命力的种子,在那里落地生根,茁壮成长,最后长出一片丰硕的果实。屡经风雨,他日益自信,掌握着自己的命运,最终成为一个大家。

90年代后期的几篇散文中,柯灵一再透露自己晚年的情境、心境:

我现年已经八十有六，平生经历的风雨雷霆很不少。我说过自己少无大志，老来颇以此欣欣自喜。无荣无辱，无得无失，不垢不净，不生不灭，正是我心向往之的晚晴境界。(《四面江山来眼底——祝香港〈明报〉创刊三十五年》，1994)

近年来经常梦想的是，不管寒来暑往，天地玄黄，只求能静居斗室，写点东西，安度余年。无奈尘心未净，总是对世事难免萦怀。(《水仙·腊梅·万年青》，1995)

我活得很认真，但也很潇洒，平生坎坷，这条命可以说是捡来的，但也并不因此觉得应该格外珍惜。听其自然，老老实实地做人，如此而已。(《祝楼适夷九十大庆》，1995)

近来我常常想起李商隐的诗句：天意怜幽草，人间重晚晴。

一天的风雨已经过去，天宇澄明，山川如绣，夕阳如画。我幸运地处在这样值得珍惜的天候。(《喜晚晴》，1995)

我出生于1909年元月，混迹人间，荏苒八十八年。去秋一病，病后颓唐，至今没有恢复到原来的健康水平。长寿非福之感，不觉油然而生。……

矛盾的焦点，在于来日苦短，精神体力日渐不济，世故因人，而又不能抽刀断水，毅然割弃文字因缘，顾此失彼，难以周全。(《别了，贺年片》，1996)

在80年代后期的《甘肃掠影》《辽东风情》《汉城九日记》

等"旅行日记"中,如"血压本低,又复小降;脉搏过缓","不慎发了一阵倾倒症,这原是我胃切除的后遗症"等,道出身体状况已不如前。

1984年,他立下遗嘱:财产只有书,将来赠出一部分,遗体捐给医学事业。如今在绍兴图书馆的"地方文献室"里有一个专辟的"柯灵陈列室",书架上可见到一批捐来的柯灵作品集,比较完备,供读者自由取读。室内摆放着一座深褐色的铜铸柯灵胸像,神情专注而饱经风霜。这些代表绍兴人民、读者对他的怀念和敬仰。

1990年的《画好句点》可看作柯灵的一篇文学的"遗言"。文中有:

> 生活是一部永远读不完的大书。生而有涯,每个人只能读到有限的章节,因此必须认真地读。
>
> 必须画好生命的句点,不辜负自己到这瑰玮的人世走这一遭,使自己能够安静而轻快地作一次最后的发言:
> "永别了,世界!祝福你前途无量!"

1997年9月,柯灵到绍兴参加了柯灵小学的落成典礼后,又去斗门老镇走动,在"老高家台门"的宅地边拍了照。按照绍兴地方的说法,是老年人在"收眼光",意思是看一次少一次了。

2000年6月19日晚8时20分,柯灵走完了九十一年的人生之路。相濡以沫五十五年的夫人陈国容动容地说:"一支笔没有了。"

20世纪的"风雨"已去,"漂泊"的人到达了彼岸。

上海诗人赵丽宏几年前曾经为柯灵写过一首诗,题为《你的生命融化在文学里》。诗是这样结束的:

凝视着你一头霜雪般的白发
我忍不住想像你当年满头黑发的形象
请告诉我，这些黑发是怎么变白的？
我相信，它们已经变成了深刻的思想
变成了动人的故事，变成了真情的诗行
变成了被一代人又一代人传唱的歌
永远留在了这个世界上

你的生命已经融化在文学中
你的声音将在无数热爱文学的读者心中回响

参考书目

《中国文艺副刊史》，冯并，华文出版社，2001年5月第1版。

《中国现代报史资料汇辑》，王文彬，重庆出版社，1996年9月第1版。

《绍兴新闻事业九十年》，邵梦龙，海天出版社，1994年12月第1版。

《中国电影发展史》，程季华，中国电影出版社，1963年2月第1版。

《当代中国电影》，陈荒煤主编，中国社会科学出版社，1989年1月第1版。

《上海文学通史》，邱明正主编，复旦大学出版社，2005年5月第1版。

《抗战时期的上海文化》，齐卫平等，上海人民出版社，2001年5月第1版。

《上海"孤岛"文学回忆录》，上海社会科学院文学研究所编，中国社会科学出版社，1984年3月第1版。

《文坛这一边——现代杂文二十家漫论》，应国靖，上海文艺出版社，1990年10月第1版。

《现代六十家散文札记》，林非，百花文艺出版社，1980年3

月第1版。

《中国现代散文十六家综论》，俞元桂等，华东师范大学出版社，1989年6月第1版。

《散文十二家》，吴周文，人民文学出版社，1992年12月第1版。

《纸上烟云》，何为，文汇出版社，2004年1月第1版。

《怀念柯灵》，本社编，上海文艺出版社，2001年8月第1版。

《斗门史说》，朱飞，天马出版有限公司，2005年3月第1版。

《水乡绍兴》，沈福煦、李玉祥，三联书店，2001年9月北京第1版。

《抗战时期的上海文学》，陈青生，上海人民出版社，1995年2月第1版。

《上海"孤岛"文学》，杨幼生、陈青生，上海书店，1994年8月第1版。

《年轮——四十年代后半期的上海文学》，陈青生，上海人民出版社，2002年1月第1版。

《中国当代散文英华》，冒炘、庄汉新，江苏教育出版社，1992年6月第1版。

《中国现代作家评传》，徐迺翔主编，山东教育出版社，1986年12月第1版。

《从风雨中走来》，《文汇报》报史研究室编，文汇出版社，1993年1月第1版。

《家在文缘村》，徐开垒，文汇出版社，1999年11月第1版。

《旧闻杂记》，徐铸成，辽宁教育出版社，2000年9月第

1版。

《懒寻旧梦录》,夏衍,三联书店,2006年8月北京第2版。

《柯灵文集》(1—6卷),柯灵,文汇出版社,2001年7月第1版。

《掠影集》,柯灵,世界书局,1939年7月初版。

《遥夜集》,柯灵,作家出版社,1956年4月第1版。

《恨海》,柯灵,开明书店,1947年8月初版。

《夜店》,柯灵、师陀,海峡文艺出版社,1992年7月第1版。

后 记

  两年前，去申报绍兴市的社科研究课题。与市社科联的周幼涛先生几经商讨，定下了研究题目《柯灵评传》，后获准立项为绍兴市哲学社会科学规划课题。一个寒暑下来，计划中的二十万字数已基本完成。然而没有如释重负之感，却有再起炉灶之意。因为觉得有不少地方还可写得更为细致、深入一些。

  柯灵一直是我喜欢的作家。他的作品中写到的绍兴、上海，因为生活和工作的关系我都很熟悉，也就特别容易体会到其中的细微之处。写作期间，几次去斗门镇老街踏访，还拍了一些照片。听说在附近的荷湖村上，有一个柯灵早年在乡村小学当教师时的傅姓学生，已八十多岁了。我去拜访了他。他的耳朵已失聪，但记性还好。他的讲述，我则以纸笔为交流工具，从而获得了一些口述资料。

  为了搜集资料，去了绍兴、上海的几家图书馆。今年又去了北京大学。北大图书馆藏有许多种上海旧报刊。旧报已严重老化，尽管小心翼翼地翻阅，桌上还是一片纸"雪"。国家图书馆的"缩微文献阅览室"，所藏报刊资料更为丰富。首都图书馆也好。几家图书馆跑下来，拍了不少数码照片。选了一部分做插页，以补充书的"实物"内容。

  今年5月，三十多万字的《柯灵评传》完成后，我的同事寿永明先生建议去申报我校越文化研究中心（浙江省江南文化研究基地之一）课题。7月，获批准立项为浙江省哲学社会科学规划课题。我的北京朋友苗圃、张晓强先生热心奔波，为我联系了中国社会科学出版社。出版过程中，营销策划部主任王磊先生、编审张小颐女士提出了许多有益的意见，并做了大量的工作。

我工作所在现当代文学组的同事始终给予关心和支持。我的忘年交裘士雄先生十分热情，提供了一些研究资料。我"三口之家"中的傅支伟、张西翔，在解决电脑技术等方面，十分踊跃。

就这样，我的写书一事便告从无到有。在《柯灵评传》即将出版之际，感谢所有热心地、无私地帮助过我的人。

张理明

二〇〇七年十二月十六日